全国出版专业技术人员职业资格考试辅导教材

出版专业实务

国家新闻出版署出版专业资格考试办公室 编

中级

2020年版

商务印书馆
创于1897 The Commercial Press
中国书籍出版社
China Book Press

图书在版编目(CIP)数据

出版专业实务：中级：2020年版/国家新闻出版署出版专业资格考试办公室编.—北京：商务印书馆：中国书籍出版社，2020(2023.8重印)
ISBN 978-7-100-18715-2

Ⅰ.①出… Ⅱ.①国… Ⅲ.①出版工作—资格考试—自学参考资料 Ⅳ.①G23

中国版本图书馆CIP数据核字(2020)第113806号

出版专业实务·中级
(2020年版)
国家新闻出版署出版专业资格考试办公室 编

商务印书馆
中国书籍出版社 出版
商务印书馆发行
(北京王府井大街36号 邮政编码100710)
北京中科印刷有限公司印刷
ISBN 978-7-100-18715-2

2020年7月第1版 开本880×1230 1/32
2023年8月北京第7次印刷 印张16½
定价：58.00元

2020 年版
全国出版专业技术人员职业资格考试
辅导教材审定委员会

主　　任　梁言顺

副 主 任　郭义强　杨小平　魏玉山

委　　员　（以姓氏笔画为序）

于殿利　王　平　王　岳　王瑞书　方　卿
刘　杭　许正明　孙文科　李　岩　邹华清
辛广伟　沈元勤　张增顺　陆嘉琦　陈　丹
周蔚华　赵剑英　贺耀敏　敖　然　耿长有
聂震宁　顾　青　柴剑虹　高　思　黄书元
龚　莉　傅祚华　靳　琼　臧永清　潘正安
潘振平

2020年版
全国出版专业技术人员职业资格考试
辅导教材编辑委员会

2020 年版

全国出版专业技术人员职业资格考试辅导教材

编写与修订工作人员

（以姓氏笔画为序）

马　迁	王　平	王　珺	王　静	王为衡
王卉莲	王晓光	王德胜	文　娟	方　卿
石　雄	代晓明	白立华	包卫国	冯玉明
吕海春	朱　宇	乔　永	刘　颖	刘　睿
刘锦宏	闫　翔	汤吟菲	许　炜	严　立
李　弘	李文娟	李文毅	杨　钢	杨　颖
杨全美	杨伯勋	邱　恋	邹　卫	邹华清
沈元勤	张　峻	张志强	张晓东	张增顺
陆嘉琦	范　源	欧　剑	周蔚华	郑立新
屈明颖	赵　冰	胡　涛	段艳文	敖　然
夏剑钦	徐丽芳	徐嘉营	郭　绪	郭康松
黄先蓉	龚　莉	蒋建民	傅祚华	靳　琼
隋淑光	路育松	缪宏才	潘正安	潘振平
魏　蕊	魏玉山			

全国出版专业技术人员职业资格考试辅导教材
各版次编写与修订工作人员

（以姓氏笔画为序）

万　智　马宪平　王　岳　王　炬　王　强
王　勤　王有朋　王华良　王晓光　方　卿
方　鹏　邓普君　叶　路　田胜立　田海明
代晓明　乐嘉民　包卫国　吕海春　朱明钰
乔　永　任　彦　任余白　刘　杲　刘　睿
刘成芳　刘光裕　刘奇惕　刘拥军　刘国辉
刘琳琳　刘晶晶　刘锦宏　齐相潼　许　洁
许乃青　阮光页　孙　洁　孙文科　孙宏达
苏　磊　李　弘　李　岩　李　斐　李文娟
李伟国　李红强　李钊平　李国章　李衍华
李桂生　杨　颖　杨　薇　杨伯勋　肖东发
吴永贵　吴忠华　吴培华　吴智仁　何承伟
邹华清　汪家明　沈兆荣　沈原一　宋　存
宋　岚　张　立　张　峻　张　儒　张友彬
张志云　张国强　张建浩　张洪波　张增顺
陆福庆　陆嘉琦　陈　昕　陈　楠　陈　鑫
陈少华　陈达凯　陈纪宁　陈丽菲　陈鸣华
陈奎宁　陈瑞藻　范　源　林久贵　郁椿德
欧　剑　欧阳仲华　罗维扬　金文男　金仲萍

周　皓	周　霞	周长岭	周亚萍	周建平
周春健	郑立新	郝明鉴	胡大卫	柳　燕
洪　嫚	洪祖年	贺　强	贺剑锋	敖　然
聂震宁	桂晓风	夏一鸣	夏丽英	夏剑钦
徐令德	徐庆凯	徐志伟	徐丽芳	高　昂
高　思	郭　强	郭康松	唐克敏	涂新林
谈　维	陶雪华	黄　娇	黄先蓉	黄如花
黄钧浩	盛新华	巢　峰	彭卫国	韩永梅
傅祚华	雷群明	鄢德平	虞信棠	路育松
阙道隆	蔡鸿程	熊国祯	潘正安	潘振平
潘瑛矗	魏玉山	魏昌富		

修订再版前言

建立出版专业技术人员职业资格制度，对出版专业技术人员实行资格考试，是加强出版行业人才队伍建设和深化人事制度改革的重要举措，也是坚持正确出版导向、不断提高舆论引导水平、促进出版业健康繁荣发展的重要保障。出版专业资格考试自2002年正式实施，迄今已成功举办了18年，对出版行业选拔、培养、评价人才起到了基础性作用，成为全面提升出版人才队伍素质能力的重要途径。

出版专业资格考试辅导教材及学习用书，是参加出版专业资格考试的考生重要的备考指导用书，同时也可以作为出版从业人员在职学习、高校有关专业教学和科研人员学术研究的参考用书。这套教材于2002年首次出版，共4本，分别是《出版专业基础知识·初级》《出版专业理论和实务·初级》《出版专业基础知识·中级》和《出版专业理论和实务·中级》。根据考试工作需要，遵循教材建设规律，分别在2003年、2004年、2007年、2011年、2015年对这4本教材进行了五次修订，书名也从2007年版开始更改为《出版专业基础·初级》《出版专业实务·初级》《出版专业基础·中级》和《出版专业实务·中级》。鉴于融合出版时代对出版从业人员素质能力的新要求，自2015年版开始辅导教材中增加了《数字出版基础》一书，供初级、中级共同使用。

此次修订，是出版专业资格考试辅导教材的第六次修订。修订工作深入贯彻落实党的十九大和十九届二中、三中、四中全会精神，以习近平新时代中国特色社会主义思想为指导，坚持稳中求进、与时代同步的原则，力求既保持教材主体的基本稳定，又及时传达党和国家对出版工作的新定位、新要求，及时吸纳出版实践的新经验、新成果，及时反映出版行业改革发展的新变化、新趋势。整个修订过程注重实践性、理论性和学术性的有机统一，严谨细致，精益求精。修订内容经全国出版专业技术人员职业资格考试辅导教材审定委员会审定。

出版专业资格考试辅导教材的编写和修订，既是出版行业的一项重要工作，也是思想文化教育领域的一项基础性工作，长期以来，得到了出版界、教育界和文化界的高度关注和热情帮助。参加本套辅导教材编写和历次修订工作的，主要是我国出版界和高等学校长期从事编辑出版实际工作、理论研究和专业教育方面的专家，也有部分其他相关专业的专家。对2020年版辅导教材的修订工作，中央宣传部相关局室、中国新闻出版研究院、中国出版集团公司、时代出版传媒股份有限公司、上海世纪出版集团、长江出版传媒股份有限公司、中国工信出版传媒集团、人民出版社、人民教育出版社、高等教育出版社、化学工业出版社、中国书籍出版社、上海出版印刷高等专科学校、武汉大学、南京大学、湖北大学、中国编辑学会、全国科学技术名词审定委员会、中国历史文化研究院等单位给予了大力支持；参与此次修订的专家学者，秉持强烈的政治责任意识，发扬奉献精神和工匠精神，投入了大量心血和精力。在本次教材修订期间，新冠肺炎疫情暴发，各位专家在严格疫情防控的同时坚持工作，积极应对，克服了很多困难，付出了艰辛努力，切实保证了工作进度和质量。在此向有关单位和个人表示衷心的感谢！

社会在发展，技术在进步，出版工作实践也在不断深化，出版理论尚处于变化和建构过程之中，所以出版专业资格考试辅导教材的修改和完善没有止境。2020 年版辅导教材仍难免会存在缺点和不足，我们欢迎广大读者和有关专家一如既往，继续提出宝贵意见和建议，以便今后更好地加以修订，使教材不断改进、完善。

国家新闻出版署

出版专业资格考试办公室

2020 年 6 月

2011年版

序

出版工作是一项综合性的工作，承载着引导社会、教育人民、推动发展的重要职责，对于人才有着更高的要求。近期，新闻出版总署发布了《新闻出版业“十二五”时期发展规划》，人才规划作为子规划之一同时予以发布，充分说明总署党组对于新闻出版人才工作的高度重视。

北宋胡瑗曾言，“致天下之治者在人才”。我历来强调人才对于新闻出版工作的重要作用，除在工作中关心、支持行业人才工作外，还直接参与到行业人才的培养工作中；同时，也深感人才难得，人才发展的体制机制尚需进一步理顺。面对世界范围内出版产业调整发展的新态势，面对西方发达国家对战略性新业态的高度重视和在出版高端领域展开的激烈人才竞争，如何进一步推动人才发展体制机制创新，统筹推进新闻出版人才队伍建设，全面提升行业素质，是摆在我们面前一项重大而紧迫的任务。

实施出版专业职业资格考试是出版人才发展体制机制改革创新的重要举措。加强和改进考试工作，对于出版人才队伍建设具有重要的作用。考试工作要及时反映出版业改革发展的新进展、新成果，这要求阶段性对考试辅导教材进行修订。日前，全国出版专业职业资格考试办公室完成了对2007年版考试辅导教材的修订工作，我高兴地看到4册修订稿在保持教材稳定性的基础上，做了大量修订，突出地反映了出版业改革发展对于人才的新要求，并在理论上有新突破。欣然为之序。

一

国家建立出版专业技术人员职业资格制度，对出版专业技术人员实行资格考试，是加强出版行业人才队伍建设和深化人事制度改革的重要举措。2001年8月，人事部和新闻出版总署印发《出版专业技术人员职业资格考试暂行规定》和《出版专业技术人员职业资格考试实施办法》，迈出了出版专业技术人员管理制度改革的关键一步。2002年6月，新闻出版总署印发《出版专业技术人员职业资格管理暂行规定》，推动全国出版专业技术人员参加职业资格考试，明确出版专业技术人员必须具有国家统一认证的职业资格证书，要求出版单位强化从业资格管理，实现了出版专业技术人员管理方式的重大变革。2011年3月，国务院颁布修订后的《出版管理条例》，对出版专业职业资格制度作出了明确规定。

出版专业职业资格考试于2002年9月首次举行，至今已经10年了。10年来，出版专业职业资格考试工作取得了优异的成绩，为出版行业人才队伍建设作出了突出贡献。

第一，出版专业职业资格考试为出版行业提供了科学、公正、客观的人才评价和选拔机制。出版专业实行职业资格考试制度后，不再进行该专业相应级别专业技术职务任职资格的评审工作。10年来，出版专业职业资格考试已经成为出版行业每年一度的重要的人才选拔与人才评价活动。参加考试获得从业资格已经成为出版单位用人和岗位聘用的门槛和基本标准，考试工作成为行业选拔、任用人才的重要杠杆。

第二，出版专业技术人员的整体素质得到显著提高。2002年至今，全国有10万余人参加考试，3.7万余名出版专业技术人员通过考试取得出版专业初级或中级职业资格。出版专业技术人员通过参加考试，比较系统地强化了从事出版工作所必须具备的思想政治素质和职业操守，比较系统地掌握了从事出版工作的知识和技能。出版专业职业资格考试已经成为出版行业规模最大、内容最丰富、考核最严格的综合性职业培训活动，有效地提高了出版行业人才队伍的素质和能力。

第三，出版专业职业资格考试，为推动出版人才流动和出版单位人事制度改革，为出版专业技术人员职业资格登记和责任编辑注册工作的开展，推动出版专业职业资格制度的全面实施，创造了坚实的基础条件。2008年2月，总署印发《出版专业技术人员职业资格管理规定》，在出版专业职业资格考试的基础上，开展了出版专业技术人员职业资格登记和责任编辑注册工作，标志着出版专业职业资格管理工作走上了新的阶段。

第四，出版专业职业资格考试有力地促进了出版学科建设。自2001年开始，从每一版考试大纲及辅导教材的编写、修订、出版，到每一年的考试命题、组卷、审卷、阅卷等，每一项工作，每一个环节，都凝集着丰富的学科内涵，成为出版行业中学科领域涵盖广，制度化、规范化开展的学科建设活动。

第五，就考试工作本身而言，10年来，出版专业职业资格考试工作取得了圆满成功，不仅得到了出版行业的认可，也得到了人力资源和社会保障部的充分肯定，成为全国职业资格考试的标杆，为出版业赢得了荣誉。

出版专业职业资格考试工作所取得的成绩，离不开有关部委特别是人力资源和社会保障部的大力支持和有力指导，离不开出版行业内外领导、专家和同志们的关心和支持，离不开各级新闻出版行政主管部门和出版单位对于出版专业职业资格制度建设的重视和有力实施，离不开出版专业技术人员的积极参与和勤奋努力。在此，我代表新闻出版总署向所有关心、支持、参与和推动出版专业职业资格考试工作的单位和个人表示衷心的感谢。

二

高质量的教材是做好考试工作的前提条件。出版专业职业资格考试能够连续9年无差错，成为全国职业资格考试的标杆，其重要原因之一就是有一套高质量的辅导教材，并遵循行业发展进程和教材建设规律，不断进行修订、升华。

出版专业职业资格考试辅导教材包括《出版专业基础》（分初级本和中级本）、《出版专业实务》（分初级本和中级本）。此外还有初级和中级合用的学习用书《有关出版的法律法规选编》。这套辅导教材，系统梳理了出版学科已有成果，并给予其科学发展，已经成为出版专业职业资格考试的必备学习教材和行业从业人员在职学习、有关人员开展学术研究、高等院校编辑出版专业教学的不可或缺的参考资料。

自2007年版教材出版以来，国家经济、文化和社会发展取得重大成就，中国特色社会主义建设实践不断创新，理论内涵不断丰富。新闻出版业作为我国文化建设的排头兵，改革发展取得重大成就，在中国特色社会主义四位一体总体布局中的地位不断提升，初步探索出一条中国特色新闻出版业科学发展之路，我国正在由新闻出版大国向新闻出版强国迈进。出版专业职业资格考试要反映国家和新闻出版业改革发展的新进展，反映出版学科理论建设的新成果。为此，全国出版专业职业资格考试办公室组织修订了全国出版专业职业资格考试的《考试大纲》。根据新的《考试大纲》，全国出版专业职业资格考试办公室组织全国各地出版界的有关专家及相关学科的专家，对2007年版辅导教材进行了修订。修订后的辅导教材仍为4册，即《出版专业基础·初级》《出版专业基础·中级》《出版专业实务·初级》和《出版专业实务·中级》。本次教材修订突出做了以下几个方面的工作。

第一，体现中国特色社会主义建设实践的新成就，体现中国特色社会主义理论发展的新成果，体现党和国家关于文化建设的新精神，体现党和国家对于新闻出版工作的新要求。主要根据党和国家有关文件，对教材中有关内容作了修改。

第二，体现出版行业的新发展。主要根据出版体制改革取得突破性进展的新情况，出版业新媒体、新业态快速发展，出版新技术不断创新和“走出去”力度不断加大的新形势，增加了关于出版业改革成果、数字出版、我国港澳台出版业概况、世界发达国家出版业概况、国际出版合作等内容。

第三，体现出版理论研究的新成果。随着出版实践的快速发展，新概念、新范畴的不断涌现，政策、管理、技术和标准等方面新举措的不断推出，更新着人们对于传统出版概念和范畴的认识，或者赋予传统概念和范畴新的内涵。本次修订吸纳了一些比较成熟的新概念、新提法，对于一些传统概念和范畴给予了更加科学的界定。

第四，更加贴近出版工作实际。主要是根据出版专业技术人员工作实际情况，对有关内容进行了增删。如在《出版专业基础·初级》教材中，增加了有关我国社会主义出版业的形成和发展过程及出版历史知识的内容；在《出版专业实务·初级》教材中，增加了有关非印刷型出版物编辑业务，有关期刊的审稿和编辑加工整理及图书再版基本常识等内容。在《出版专业基础·中级》教材中，增加了关于出版社的发行管理的内容。在《出版专业实务·中级》教材中，增加了有关采用版税方式付酬时测算图书定价的方式，有关校对的量化管理和社外校对管理，有关数字印刷的特点和种类等内容。对一些与出版专业技术人员日常工作关系不大的内容，如关于印刷机械种类及其工作原理、关于各种录音和录像器材的特点、关于出版社经营管理中的决策步骤等，则做了大量精简甚或删除。

第五，进一步区分同一科目（“出版专业基础”或“出版专业实务”）的不同级别之间、同一级别不同科目之间的层次和结构。根据出版工作实践对初级、中级专业技术人员的不同要求，对两个级别教材中的知识模块进行了调整，除了极少量的共性知识内容外，其他知识模块都基本上不再重复，并在中级教材设置了对初级教材的参见指引。就同一级别而言，进一步区分了“应知”和“应会”，基本做到了两个科目之间内容不重复，提高了互补性。

这次修订，在保持考试辅导教材已有成果的基础上，又有了新的突破。这是出版专业职业资格考试工作和出版专业学科建设的又一个新成果。希望这一版教材能够为广大出版专业技术人员和相关人员掌握出版专业知识和技能、开展学术研究和教学，提供更加有益的帮助。

出版工作的政治性、科学性、专业性和实践性都很强，涉及多个学科和知识领域。因此，辅导教材的编写、修订，是一项综合性的、系统化的工作，要组织多个领域的专家参与，要经过多个层次和环节的流程，加之出版实践不断发展，出版学科建设尚不成熟，辅导教材的编写、修订工作更是头绪繁多。这方面工作之繁重，可想而知。

本次教材修订，于 2009 年年底启动，到 2011 年 4 月审定。先后完成了编写修订大纲，编写初稿，对书稿进行初审、复审和终审等工作。在一年多的时间内，专家们为教材的修订投入了大量的精力，付出了艰辛的劳动。有时候，专家们集中审改书稿的时间长达一个多月；一天中连续伏案审改书稿的时间经常超过 12 个小时。在此，我代表新闻出版总署对专家们表示由衷的慰问。

三

静坐案前，眼前的修订稿散发着淡淡的墨香。伴随着书稿那一页页纸张被轻轻地翻过去，令人思绪悠悠地忆起往昔岁月。回溯出版专业职业资格考试辅导教材编写、修订工作的轨迹，分明能看到长长的、一串串闪亮的足印。需特别指出的是，从 2001 年出版专业职业资格考试工作启动以来，以刘杲、桂晓风等同志为代表，形成了一支高素质的教材工作专家队伍。这支高素质的专家队伍知识丰富，作风严谨，认真负责，甘于奉献，是出版专业职业资格考试辅导教材编写、修订工作得以成功的根本保证。大到教材结构、篇章的确定，小到每一个字、词的敲定，都凝结着专家们的智慧和汗水。专家们在编写、审定出版专业职业资格考试辅导教材时，一丝不苟，严谨细致，字斟句酌，精益求精，倾注了大量心血，作出了突出贡献。在他们的言传身教下，教材建设工作带出了一支高素质的队伍，形成了高度负责的工作作风、严谨求真的科学态度、精益求精的专业追求、呕心沥血的职业品德和不计名利的奉献精神。这些精神风范，是在今后的教材建设工作中应该始终保持和发扬的优良传统和作风。

今年是国家“十二五”规划开局之年，国家“十二五”规划对文化建设提出了新的更高的要求，明确提出推动文化产业成为国民经济支柱性产业。《新闻出版业“十二五”时期发展规划》明确了新闻出版业改革发展的新目标新任务，确定了新闻出版业“十二五”时期发展的主题主线，凸显了党和国家对新闻出版业地位、作用的新要求，反映了人民群众对新闻出版业的新期待。新闻出版业必须以改革为动力，以发展为目标，以创新为重点，深刻理解科学发展这一主题，认真把握转变发展方式这一主线，抓住机遇，用好机遇，攻坚克难，实现又好又快发展。

人才资源是新闻出版业第一资源，是新闻出版业的核心竞争力。为完成“十二五”规划的目标，出版行业人才队伍的素质和能力都要有一个新的提高。出版专业职业资格考试工作肩负着重要而艰巨的历史责任，要戒骄戒躁，在已有的基础上开创新局面、实现新突破、争取新成绩，为新闻出版业科学发展作出新的更大的贡献。

柳斌杰
2011 年 5 月 19 日

2007年版

前言

全国出版专业职业资格考试辅导教材和学习用书初版于2002年，2003年出版第二版，2004年出版第三版。关于编写、出版这套辅导教材和学习用书的背景、组织情况、指导思想，以及编写、修订、审定和出版的经过，刘杲同志已经在“2004年版前言”中作了说明。有关叙述十分完整、清晰、精练，准确地归纳和记载了从2001年到2004年三年多艰辛而卓有成效的工作。所以，这次2007年版出版，仍收入刘杲同志的这篇前言，以反映历史的全貌，供读者了解和参考。

需要对前三版的编写出版工作加以补充说明的是：从2001年8月人事部和新闻出版总署部署在全国实行统一的出版专业技术人员职业资格考试制度，到2002年第一版辅导教材的编写和出版，时间特别紧迫。出版专业技术人员职业资格考试（简称“出版专业职业资格考试”）在当时是一项全新的工作，而出版工作又是一项综合性工作，政治性、科学性、专业性和实践性都很强，其工作对象涵盖了人类的整个知识体系，涉及的知识和能力的范围非常宽。在不到一年的时间中，要完成辅导教材从构建体系、确定体例到撰写、统稿、审定再到出版、发行的全过程，其难度可想而知。以后2003年和2004年两次修订，情况也是这样。因此，参加编写、修订、审定的专家和承担出版任务的三家出版单位，承受了特别大的压力。参加编写、审定的专家，大多在本单位出版或教学工作中身负重任，部分老专家虽已不再担任领导职务，学术研究、审读、辅导青年同志的任务也很繁重。我当时正在新闻出版总署机关负责有关工作，目睹了在刘杲同志主持下专家们为编写、审定辅导教材书稿"呕心沥血，夜以继日"（"2004年版前言"中语）工作的感人情景，亲身感受到上海、湖北两地新闻出版局和专家们所在单位对全行业人才培养工作的支持，受教育良深。这套辅导教材中，多处强调了出版工作的整体性，而这套辅导教材本身，正是整个出版行业协作的产物。有关单位和专家在这项工作中表现出来的全局观念、质量意识、科学精神和严谨作风，值得认真总结，在同类工作中加以坚持和发扬。

全国出版专业初级和中级职业资格的考试已经连续进行了五年。全国出版专业职业资格考试辅导教材也在广大考生的使用和考试中经受了检验。各方面对它们的总体反映是好的，认为基本上能适应实行出版专业职业资格考试制度的需要。高等学校编辑、出版等相关专业的师生也对它们表示欢迎。此外，行业内外还有不少同志，把这套书作为了解出版专业知识乃至语法、修辞、逻辑、信息检索、著作权等方面知识的常备参考书，他们的总体评价也是积极的。

2004年版辅导教材使用的三年中，国家形势和出版工作的理论与实践都有重要的新发展。为此，全国出版专业职业资格考试办公室修订了《全国出版专业职业资格考试考试大纲》（以下简称《考试大纲》）。根据新的《考试大纲》，全国出版专业职业资格考试办公室和中国编辑学会共同组织全国各地出版界专家对2004年版辅导教材再次进行了修订。修订后的辅导教材仍分初级和中级两个级别，仍为四册，书名则分别改为《出版专业基础·初级》《出版专业实务·初级》和《出版专业基础·中级》《出版专业实务·中级》。其中，《出版专业基础》初级本和中级本讲述出版的基础理论知识和从事出版工作所必备的相关学科的基础知识，主要体现从事出版工作的“应知”要求，对应《考试大纲》的“出版专业基础知识”科目；《出版专业实务》初级本和中级本讲述有关理论在实际工作中的应用，强调规范性的操作，主要体现从事出版工作的“应会”要求，对应《考试大纲》的“出版专业理论与实务”科目。

由于 2007 年版《考试大纲》对初级、中级两个级别的考试要求作了调整，扩大了两者的区分度（对初级技术人员的考试要求，着重于“入门”；对中级技术人员的要求，以已经具备初级职业资格条件为前提，是在初级基础上的进一步延伸、综合和提高，以能够独立从事关键性的岗位工作、能够独立承担责任编辑或责任校对、责任技术编辑的工作职责为标准），2007 年版辅导教材在 2004 年版的基础上作了较大修订，在调整总体框架结构的同时，还采用初级与中级“互分有无”“互分详略”和“少量重复”的方式对知识模块作了增删调整，以进一步体现两个级别之间的程度差异。

至于改正差错、更新材料，则是修订工作的题中应有之义。2004 年版教材中尚未发现重大错失，但是存在一些讲述不到位或与出版工作实践稍有出入的情况，这次修订时都尽量予以完善。更新材料的范围较大一些，主要是反映国家的新规定、出版业发展的新情况及其对专业技术人员的新要求，而初级教材还着重增加讲述出版专业基本知识的内容。

初级和中级合用的学习用书《有关出版的法律法规选编》

这次也出了新版，根据国家对有关法规的调整情况对收录的文件作了少量增删。

2007年版全国出版专业职业资格考试辅导教材和学习用书已经由新闻出版总署全国出版专业职业资格考试辅导教材审定委员会审定。

本版辅导教材和学习用书出版的时候，出版专业职业资格考试工作正面临着新的形势，有若干值得重视的新情况。

一是出版工作的重要性进一步凸显。这是因为，以“十一五”规划的顺利开局为标志，我们伟大的祖国已经站在新的历史起点上，新的国际国内形势把社会主义先进文化的建设推到了全局性、战略性的地位。从国内看，正在全面建设小康社会，加快构建社会主义和谐社会，人民群众精神文化生活需求大幅度上升，经济的发展、社会的稳定更多地依靠文化，必须创造民族文化的新辉煌；从国际看，文化力在综合国力竞争中的分量越来越重，文化安全日益成为国家安全的重要因素，必须大幅度增强我国文化的国际竞争力。两方面的要求结合起来，就是要在中华民族伟大复兴的进程中，实现中华文化的伟大复兴。在这种背景下，出版工作作为记载、传播、积累和交流文化成果的重要手段，面临着前所未有的发展机遇，也面临着前所未有的重任。

二是确保和提高出版物质量的问题引起出版界乃至全社会的进一步重视。越来越多的出版单位和出版工作者认识到，由于出版物的作用对象是人的精神世界，而且这种作用具有程度深、时间长和范围宽的特点，出版物的质量具有比物质产品的质量更加重要的意义，所以，确保和提高质量是出版工作永恒的主题。不管是新技术革命还是文化体制改革、出版单位转制，都没有也不可能改变这一主题。由于出版物的质量主要在编辑环节决定，必须从编辑工作入手，采取切实措施，包括严格执行编辑规范，坚决扭转当前一部分出版物中出现的品位低下、差错充斥、语言失范、逻辑混乱等质量下滑的现象，把优质产品奉献给人民。

三是对提高出版专业技术人员特别是编辑人员的素质进一步形成共识。出版物的质量，归根到底是由出版工作者的素质决定的。而编辑人员作为出版物内容的策划者、选择者、加工者和推荐者，是出版物质量的主要把关人，对民族文化的发展、民族精神的培育、国民素质的提高、国家软实力的提升有着重要影响。因此，在为实现中华文化伟大复兴而奋斗的进程中，一定要更加重视出版队伍的建设，大力提高出版工作者的思想道德素质和科学文化素质，尤其要抓好编辑人才的培养。为此，要加快出版行业干部人事制度改革的步伐，抓紧建立科学的编辑出版人才的评价机制和使用机制。毫无疑问，全面推行出版专业职业资格制度，加快职业资格制度建设，坚持和改进职业资格考试，在政府宏观指导下，开展以岗位要求为基础、社会化的出版专业技术人才评价工作，是其中一项重要而紧迫的工作。

我们正是怀着这样的认识，组织和开展了这次修订工作。我们衷心地希望专家们的努力能够转化为提高辅导教材和学习用书质量的实际成果。我们更由衷地祝愿，所有有志于在新世纪新阶段从事出版工作的青年朋友，能够更加强烈而深刻地意识到出版职业的崇高和对工作人员素质的要求，全面地、出色地掌握从事这项工作所必需的知识和技能，为发展祖国的文化力建功立业，并在这一过程中成长成为更高层次的人才。

桂晓风

2007年5月

2004年版

前言

为了科学、客观、公正地评价和选拔出版专业技术人才，以加强出版专业技术队伍的建设，人事部和新闻出版总署决定，实行全国统一的出版专业技术人员职业资格考试制度。2001年8月，人事部和新闻出版总署下发了《出版专业技术人员职业资格考试暂行规定》和《出版专业技术人员职业资格考试实施办法》。

根据人事部和新闻出版总署的规定，在图书、期刊、音像、电子出版物等出版单位中从事编辑、出版、校对等专业技术工作的人员，都应参加出版专业技术人员职业资格（以下简称“出版专业职业资格”）考试。实行全国统一的出版专业职业资格考试制度，由国家统一组织、统一时间、统一大纲、统一试题、统一标准、统一证书。出版专业职业资格分为：初级资格、中级资格和高级资格。目前只进行初级资格和中级资格的考试。取得初级资格的，可以按照有关规定，聘任助理编辑（助理技术编辑或二级校对）职务。取得中级资格的，可以按照有关规定，聘任编辑（技术编辑或一级校对）职务。出版专业初级资格和中级资格考试，均设“出版专业基础知识”和“出版专业理论与实务”两个科目。出版专业实行职业资格考试制度后，不再进行该专业相应级别专业技术职务任职资格的评审工作。

出版专业职业资格考试辅导教材和学习用书，包括《出版专业基础知识》（分初级本和中级本）、《出版专业理论与实务》（分初级本和中级本）和《有关出版的法律法规选编》（初级和中级合用，试题不同）。这些辅导教材的第一版为2002年版。第二版为2003年版，其中，《出版专业基础知识》（初级本和中级本）为重新编写，《出版专业理论与实务》（初级本和中级本）和《有关出版的法律法规选编》均为2002年版的修订。现在的第三版即2004年版，均为2003年版的修订。这次修订，框架没有大的变动，着重在质量的进一步提高。主要包括：调整个别段落，统一全书主要的出版专业名词解释，纠正已经发现的知识性差错和其他差错，增收了若干新的法规，引用文件采用最新版本，更新重要的资料，等等。

全国出版专业职业资格考试的工作在新闻出版总署的直接领导下进行。总署成立了由副署长桂晓风担任主任的全国出版专业职业资格考试辅导教材审定委员会。总署委托上海市新闻出版局、湖北省新闻出版局和中国编辑学会承担具体工作。上海市新闻出版局和湖北省新闻出版局各自依托上海市编辑学会和湖北省编辑学会，分别成立了辅导教材编审委员会。我们非常感谢上海市新闻出版局和湖北省新闻出版局，在人力和财力上对这项重要工作的大力支持。

连续三年参加辅导教材的编写、修订和审定的，有长期从事编辑、出版、校对的实际工作和理论研究的专家，有在高等学校编辑出版学专业从事教学与科研工作的专家，也有在国家出版行政管理部门和出版单位长期从事管理工作的专家。编写、修订和审定工作，依据人事部和新闻出版总署批准的《全国出版专业职业资格考试考试大纲》以及有关规定进行。每年编写、修订和审定的任务都很繁重，时间因受限制而非常紧迫。因此，参加这项工作的专家们，每年都要付出大量的辛勤劳动，呕心沥血，夜以继日。对他们为发展出版事业做出的重要奉献，我们表示由衷的感谢。

现在辅导教材2004年版已经送到读者手上。应当肯定这套辅导教材的实用价值。它将为参加出版专业职业资格考试的考生提供帮助。同时，对于广大的在编辑出版岗位上的工作人员，编辑出版部门的管理人员，编辑出版学专业的学生、教学和科研人员，以及其他与出版专业有关或者愿意了解出版专业的人员，都会有用。

按照专业考试辅导教材编写和使用的经验，一般说来，三年之后编写工作告一段落。我们这套辅导教材的编写也已三年了，应当告一段落。今后，除个别更改之外，第三版即2004年版将继续使用几年。尽管我们做了很大的努力，毕竟经验有限，加以每年时间仓促，目前这套辅导教材难免还有不足之处。编写工作虽然告一段落，考试工作还要长期进行。因此，仍然欢迎读者提出批评，以便我们继续努力改进。

刘杲

2004年5月

目 录

第一章　出版物选题策划

重点提示：选题策划的概念，选题策划的基本步骤，主题出版的选题策划。图书选题策划中对内容与形式的设计和市场预测，选题的实施方案。选题立项的程序，选题论证的方式和内容，选题的优化。选题计划的类型、结构与特点。组稿的方式和步骤，约稿后的工作。

第一节　选题策划概述

选题策划是出版物编辑过程的最初阶段，也是对出版物成败影响至关重要的阶段。编辑工作在进入审稿阶段之前，通常都要经历信息采集、选题设计和组稿等环节。其中，信息采集是为选题的设计打基础，防止闭门造车；组稿是按论证后的选题要求组织作者（包括著者、编者和译者等，下同）创作作品，将选题的意图落到实处。这些环节密切相连并有一定的交叉，构成相对独立的编辑工作起始阶段。因此，选题策划工作不仅仅限于选题设计，也包括信息采集和组稿工作。不过，由于选题设计是其中的中心环节，所以，在出版工作实践中，为了强调选题设计重要性和便利实际操作，也常用“选题策划”特指选题设计环节。

对于作者自投稿或者推荐稿、引进稿，编辑仍然需要审阅稿件，并在对收集的各种信息进行分析的基础上，按照选题策划的要求作出判断，决定是否提出选题。

提高出版物的质量，选题的优化至关重要，而优化的前提就是做好选题策划工作。

一、选题与选题策划

在出版领域，选题是指经多方面分析、考量而选中主题后拟实施的出版项目。选题一般以未来出版物的题目作为名称，故在出版工作实践中，有时还用以指代出版物本身。编辑人员为满足消费者的需求而建议进行某出版物品种的生产时，首先要提出选题。选题是庄稼的种子，是建筑的蓝图，是出版物编辑工作的基础。

选题有多种不同的类型。从规格来看，选题大体可以分为系列性选题、成套性选题和单项性选题三类。以重要性区分，选题可以分为重点选题和一般选题两类。根据列入计划与否区分，选题可以分为计划内选题和计划外选题两类。前者是指已经列入出版计划的选题，后者是指计划外临时增补的选题。

选题策划的内容主要是对出版物内容与形式的设计，通常还包括实施方案和营销方案的设想，资金投入与产出的预测，涉及编辑、复制、发行的全过程。因此有人提出“全程策划”的概念：编辑要将视野扩展到出版物生产的整个流程，了解、熟悉各个环节，做到全程策划，并在出版流程中不断落实，协同配合，整体推进。

选题策划是编辑人员开发出版资源、设计选题的创造性活动，具有把握出版工作方向、落实出版工作方针、保障出版生产秩序、保证和提高出版物的质量与塑造出版单位品牌形象等重要作用。

一般来说，选题往往来源于编辑在信息采集过程（详见《出版专业实务·初级》）中产生的某种意向或愿望。编辑在采集信息并对这些信息作分类整理、分析研究的基础上，综合对消费者需求、市场前景、出版单位自身条件诸方面因素的周密思考，才逐步形成具体的选题。

在选题策划过程中，编辑要围绕着选题的形成进行艰苦的智力劳动，如广泛采集信息，周密分析、研究主客观条件，反复思考出版项目的总体设计方案，并在多方论证的基础上不断优化，等等。

二、选题策划的基本步骤

选题策划工作大体上包括以下步骤。

（一）信息梳理

对搜集到的各种信息进行梳理是选题策划最基础的工作，也是信息采集环节的延伸。如果缺少这一步骤，凭空想象、盲目跟风，选题将成为空中楼阁。

编辑采集到的信息通常是分散、零乱的，需要经过筛选、识别、核实，将其中过时的、重复的、不准确的信息剔除出去，把有价值的信息保留下来，达到去伪存真、去粗取精的目的。在此基础上，按照初步设想的出版项目主题方向，把与其相关的各种信息组合在一起，经过整理、分析，形成系统的、有一定规格的信息数据资料或调查研究报告等，为具体选题的设计打下扎实的基础。

对编辑工作有意义的那部分信息，往往呈现动态的、相互交叉的状态，因此不能机械地、孤立地、静止地使用信息。为了保证信息能为编辑工作所用，需要使信息融合，升华为思想、思路、灵感、创意。为此，在信息使用过程中要以编辑目的为参照，注意编辑经验的积累和多种信息的交融，将思维做多元化、多角度的延伸，将信息融合成求新求变的观念，化成丰富的想象力，从而使选题的策划富有创意。

（二）选题设计

选题设计是指编辑人员整合信息并在此基础上构思、拟订出具体出版项目总体方案的工作。它一般包括四个方面。

1. 捕捉新的选题生长点

选题设计是一种精神劳动，是在看不见、摸不着的思维过程中进行的。表面上看，某个选题的萌发似乎是灵机一动的产物，实际上却是编辑长期思考的结果。在现实生活中，一项政策的实施，一项技术的应用，一条经验的推广，一次活动的开展，都可能蕴藏着丰富的选题资源，关键在于编辑要善于发现。

一个具有良好职业素养的编辑，应能自觉学习法律法规和相关的方针政策，善于观察国际国内形势的新变化、经济社会的新动向，以及人们阅读生活的新需求，密切保持与作者、读者的联系，随时关注国内外出版物市场的情况；能依据收集到的各种信息，凭借职业敏感，积极主动创新思维，努力捕捉各种有新意的点子，促使其生长形成新选题；与此同时，还应保持积极的精神状态和可贵的职业追求，随时发现并紧紧抓住现实生活中的“亮点”或“热点”，使之转化为新选题。

2. 总体构思出版物

编辑最初捕捉到的选题意向，也许只是一个念头，一点触动，一种感觉。在这之后，编辑要根据市场的需求和出版单位自身的条件在总体上对出版物进行构思。这时，编辑既要设想作品的内容及其表现形式，又要对出版物的形态结构有初步设计。

进行出版物的总体构思时，编辑要对选题的价值重新进行确认，并对细节逐一考虑，从而使选题从模糊变得清晰，从笼统变得具体，从粗糙变得精细。构思既是深入思考的过程，也是进一步调查、求证的过程。

编辑的构思和作者的构思具有不同的特点：作者往往会凭借创作冲动进入创作过程，边动手边思考，逐步完善，甚至中途改弦易辙；编辑则必须通过构思，形成尽可能周密、详尽的方案。这是因为编辑不仅要用它来明确自己的思路，还要用它来统一各相关工作环节的思想，并与作者的创作对接。

3. 拟订出版项目的运作方式

要使对未来出版物的设想最终形成出版物成品，并在适当时机问世以达到选题策划的目标，还需要编辑人员对该出版项目的运作方式进行构思。一方面，编辑要对作者对象的选择、时间进度的安排拟订计划，以保证出版物产品能按时完成生产，进入市场。另一方面，在市场经济条件下，编辑还需要考虑出版项目的资金投入与产出状况，预测生产成本、估算销售价格和销售数量，而为了保证出版物产品能够达到一定的目标销量，编辑还应当对营销方案提出一定的设想。

4. 撰写选题报告

编辑对于选题的设计，应该以选题报告的形式体现。选题报告既是对选题作集体论证时必需的文件，又是选题列选的凭据和出版物生产流程中的基础性文件，与以后的各项业务活动密切相关。因此，编辑人员必须按照对选题报告的规范要求，认真撰写好选题报告。

（三）选题立项

个人独自设计或数人共同设计的选题，由于种种原因，难免还存在某些问题，因此，对选题必须进行集体论证，这是选题策划中必不可少的一个步骤。经集体论证通过的选题，才能立项。

选题论证实际上是凭借集体的智慧对选题作更进一步的设计。论证人员从不同的角度对于编辑提出的选题作分析判断，提出意见。如果选题设计得较好，可以成立，就予以通过；如果选题基本可以成立但还存在一些问题，就提出进一步改进的意见、建议，以使选题达到更完善的程度；如果选题的设计存在不少较大的问题，就予以否定，不允许其实施。

（四）选题优化

对选题进行优化是选题策划工作中的重要步骤。这项工作并非只进行一次，也没有固定的次序。除了在设计选题的过程中需要反复优化外，负责设计选题的编辑还要根据选题论证的意见，根据在组稿、审稿、编辑加工整理、整体设计甚至校样处理等实施过程中各个环节的实际情况，对选题不断予以改进和完善。经过优化的选题，无论在内容、形式方面，还是在实际操作方面，较之原有的选题均会有长足的进步。

社长、总编辑根据出版单位建设发展的需要，根据社会生活和出版环境的发展变化，调整选题的规划，可以看作总体的选题优化。

三、主题出版的选题策划

（一）主题出版的内涵

主题出版是以特定"主题"为出版对象、出版内容和出版重点的出版活动。具体来说，就是围绕党和国家的重点工作和重大会议、重大活动、重大事件、重大节庆日等集中开展的重大出版活动，其基本作用是服务党和国家工作大局，巩固壮大主流思想舆论，动员全社会团结一心谱写实现中华民族伟大复兴中国梦的历史新篇章。

2003 年新闻出版总署开始实施主题出版工程。十几年来，作为国家意志和时代精神的风向标，它服务于党和国家的中心工作，占据越来越大的市场份额，成为出版市场最为强劲的文化增长点和新经济增长点。

总结主题出版近些年的发展情况，从中可以发现一些新的特点和趋势。对其进行分析和梳理可以帮助我们更全面、准确、深刻地认识主题出版，为做好这项工作提供有益的参考。

第一，选题类型从单一发展到多元化。既重视党史、新中国史、改革开放史、社会主义发展史及重大节庆等传统题材，也关注中华优秀传统文化类、科技文化类、国家意志类、当代中国现实与治国理政类等选题。第二，选题角度有所扩展，由以党、政、军为代表的宏观层面，向以地域和行业为代表的中观层面以及以普通人的生活为代表的微观层面拓展。第三，出版单位的市场意识发生变化，从过去完成任务式地策划，转而主动策划面向市场的主题出版物。第四，主题出版物的产品形式逐渐由传统纸质图书向融媒体转变，“纸”和“电”的结合更加紧密。第五，出版单位更加注重打造主题出版作者队伍和编辑策划队伍。第六，出版单位在策划主题出版物方面，从短期之作向长远布局转变，逐渐告别临时赶节点式的出版策略，开始向纵深挖掘，向深耕战略转变。第七，大部分主题出版物开始走向国际市场。

（二）主题出版是出版业的核心工作

主题出版是中国特色社会主义出版事业最显著的特点，是社会主义意识形态在出版领域的贯彻与体现，是出版业的核心工作。主题出版对教育出版、专业与学术出版、大众出版具有统领性和指导性。这些出版领域如果离开了主题出版所体现的思想观念、价值观念等的指导，就会失去灵魂、失去方向。因此，在进行一切出版物策划时都要注意体现主题出版的政治性、思想性和导向性。从另一方面看，主题出版不是一种图书的分类标准，而是一种工作分类方法，是推动出版工作服务党和国家大局的一种抓手。从这个意义上说，每个类别的图书都可以策划出主题出版物。

作为出版从业者，要想成为时代的优秀编辑，就要积极投身于主题出版工作，深入了解与把握其运行特点和生产规律，策划出精品力作。

（三）主题出版选题策划的做法

近些年，由于党和国家的宣传导向及政策支持，使得主题出版拥有了越来越广阔的平台。众多出版单位积极开展创新实践，生产出大量优秀的主题出版物，从中可以总结出一些行之有效的经验和做法。

第一，大处着眼。进行主题出版物策划要“胸怀大局、把握大势、着眼大事”，准确把握和服务党和国家工作大局，把握时事形势，密切跟踪党和国家的重大决策等，大力宣传党中央的理论方针政策，宣传中国特色社会主义伟大事业取得的辉煌成就，解读党中央的战略决策和战略部署，回顾和总结党和国家走过的光辉历程等。第二，提前策划。主题出版的部分主题是可以预见和确定的，出版单位可以对此提前部署和策划。第三，注重创新。创新也是主题出版的永恒主题，这包括内容上的创新和形式上的创新。第四，深度挖掘。出版单位注意把内容的深刻性作为主题出版物的一种追求，对一些大的选题进行系列化的深度开发。第五，形式多样。从形式上来说，主题出版物既有图书，又有音像制品；既有史料图书，又有研究著作，还有文学作品；既有传统出版物，又有新媒体或与新媒体融合的出版物。第六，扩大影响。主题出版物的传播形式也多样化，不仅有图书和音像电子出版物，还有网络版。出版单位在策划主题出版物时，通过与新媒体的融合，可做到一个内容多种创意、一个创意多次开发、一次开发多种产品、一种产品多个形态、一次销售多条渠道、一次投入多次产出、一次产出多次增值，既可扩大主题出版物的影响力，又可提高其经济效益。第七，在坚持社会效益第一的前提下，实现社会效益与经济效益相统一。主题出版首先要立足社会效益的实现，同时，要注意主题出版物的可读性，努力让主题出版物成为广大读者喜爱的大众读物，从而获得良好的经济效益。第八，努力使主题出版物成为“走出去”出版的主导产品。

第二节　选题设计

选题设计是选题策划的核心工作，有着极为丰富的内涵。编辑在设计选题时，一般应该考虑三个方面：一是出版物内容与形式的构思，二是选题实施方案的安排，三是出版物营销方案的设计。这三方面考虑周全了，选题的前景和操作也就大体明确了。

需要指出的是，除了出版物内容主题之外，选题设计中的其他内容在以后的实施过程中都可能发生变化，而且也允许发生变化，这些变化都是为了选题的不断完善而进行的。但在设计选题时，对这些内容都应该有一定的设想，其中体现的是编辑对选题内涵的理解和思考的深度。

各类出版物的选题设计，基本原则是相同的。但是，各类出版物在着重承载的内容上和对相应内容的表现形式上是各有特点的，不能一概而论。本节主要以图书为例，较系统地阐述一般选题设计的内容，而其他各类出版物在选题设计上的特点，则在本书相应章节中介绍。

一、构思出版物的内容和形式

马克思说过："蜜蜂建筑蜂房的本领使人间的许多建筑师感到惭愧。但是，最蹩脚的建筑师从一开始就比最灵巧的蜜蜂高明的地方，是他在用蜂蜡建筑蜂房以前，已经在自己的头脑中把它建成了。”[①] 编辑与建筑师一样，也能在自己的头脑中预构“蜂房”。编辑可以在对采集来的信息进行研究和分析的基础上，根据社会的需求和读者的阅读愿望，规划出出版物的蓝图，提出对作品内容与表现形式的具体设想，并想象出未来图书的形态。

编辑在构思出版物的内容和形式时，需要重点考虑以下问题：

第一，出版物内容所涉及的领域有哪些新的发展，它的前沿和制高点在哪里。认真思考这些问题，才能保证未来的出版物在立意上出新。

第二，社会生活呈现出怎样的发展态势，它与该出版物有多大的契合度。选题的社会效应如何，往往能从这个契合度上反映出来。

第三，社会的文化需求是什么，它与该出版物的特色是否存在关联性。未来出版物的竞争力如何，与这个问题能否解决好直接相关。

（一）明确读者对象

明确读者对象是构思出版物内容与形式的基础。读者对象不明，作者必定无法写出好的作品，未来的出版物也难以受到读者欢迎。

生产囊括人类各种精神文化成果的所谓“万宝全书”，是不可能的。读者的年龄、性别、受教育程度、从事的职业与阅读目的不同，会对出版物的内容有不同的需求，对不同的出版物形式有不同的偏好，对不同的出版物的接受情况也有不同。

---

① 马克思，恩格斯．马克思恩格斯全集．中文第 2 版：23 卷．北京：人民出版社，1972：202．

这就会形成各种不同的文化产品消费需求。

（二）设计主题与名称

设计主题是指选择该未来出版物中需要为读者提供什么样的知识和思想文化等方面的信息。

设计图书的主题时，首先要在对读者状况、出版物市场状况分析的基础上，将读者群体进行细分，研究特定群体读者的需求，分析其中有哪些需求是目前的出版物市场还没能够提供相应产品或者虽有产品但尚未充分满足的。然后，根据本出版单位的业务特长，确定未来图书的主题方向，即主要向读者提供哪个方面的知识信息，使图书具有哪些社会价值。

确定图书的主题方向，可以说是对图书的“定性”。然而，仅仅定性是不够的，还要“定量”，即对提供的信息数量予以大致确定。某个学科或领域中的信息往往是大量的，如果将它们无论巨细地都纳入一种图书中，就会使图书篇幅庞大、售价昂贵、使用不便，得不到特定读者群体的欢迎。这是因为读者对某学科或领域中信息的需求是不同的，或对其中某些信息的需求程度很高，或对某些信息的需求程度很低，甚至并不需要。如果一种图书中包含了大量并不是读者所迫切需要的信息，还要求读者为获取这些信息付费，那么，读者肯定会采取拒绝的态度。所以，在确定图书的主题方向后，就要对相应学科或领域内的信息内容进行梳理，明确其中哪些内容是目标读者群体需要的，从而将其纳入未来图书的内容范围。这是对信息数量的初步界定，其总量可能还是相当大的。因此，接下来还需要根据读者需求的程度高低再作调整，保留需求程度最高的信息，适当缩减需求程度相对低的信息，略去需求程度很低的信息。

完成了这些设计后，未来图书的主题内容才基本形成。

图书的名称应该能够明确体现图书的主题内容，揭示作品的体裁，在文字表述形式上也要讲究修辞，力求达到逻辑性与艺术性完美结合。尽量避免冗长、拗口、层次关系不清的文字表述形式；采用脱离事实、充斥低级庸俗味道的书名，则是选题设计的大忌。

设计选题时如果一时设想不出十分妥帖的书名，可以先用一个能够大体揭示图书主题的名称，标明“暂名”，留待选题通过后在正式实施过程中继续构思。

单册图书的选题一般拟一个名称，成套图书的选题则要拟总书名和单册书名。

（三）设计体裁和篇幅

图书的体裁设计，是确定提供知识、思想文化信息的具体方式。

读者群体的文化背景、认知能力、情感取向、生活经历、职业特征等不同，会影响到对信息的接受程度。对图书体裁的设计，就是根据对目标读者群体在这些方面具体特点的精细分析，确定以什么样的具体形式向他们提供既定的主题内容。譬如，是采用理论阐释形式，还是通俗讲解形式；是采用文艺作品形式，还是采用科学作品形式；是采用一般读物形式，还是采用工具书形式；是采用原理阐述为主、实例分析为辅的形式，还是采用以实例分析为主、结合实例讲解原理的形式；是采用以文字介绍为主、图片表现为辅的形式，还是采用以图片表现为主、文字作补充的形式，或者采用图文并重、相互补充的形式；是采用单向讲解的形式，还是采用一问一答的互动形式，等等。

对体裁的设计是相当重要的。同样一种信息内容提供给同样的读者，如果采用不同的提供方式，读者对它的认可程度就会不同，有时甚至会差别很大。所以，无论是从图书传播信息的效果来看，还是从图书出版后的市场接受程度来看，体裁设计都具有重要作用。

图书篇幅的设计主要应考虑图书的主题内容和体裁，以及生产成本和目标读者群体的购买力状况等因素。

一般来说，图书主题的范围越广，采用的体裁普及性越强，图书的篇幅就越大。所以，编辑在确定了图书的主题和体裁后，必须对图书的篇幅进行估算。

如果估算出来的篇幅过大，那么未来图书的售价就会因生产成本的增加而提高，而售价的提高显然会在一定程度上抑制读者的购买欲望，从而减少发行数量。这时，就需要再回过头去对主题范围作调整，予以紧缩；或者考虑采用其他体裁。但是，如果估计采用其他体裁会导致读者对知识信息的接受程度大大下降，那就应该以缩减主题范围为主。这是因为，一种图书的主题范围不够广，可以通过接续出版姊妹篇、后续本等途径予以弥补，而体裁对读者接受程度的影响是较难弥补的。

如果估算出来的篇幅过小，也是不适宜的，这不但会导致图书的相对性价比下降，而且一种图书信息量太少，内容不够丰富，读者会感到“物非所值”，也同样会减弱购买动机，从而影响发行数量。所以，对于估计篇幅过小的图书，在选题设计时也需要进行调整，将主题范围相应地予以扩大，增加图书的信息量，从而让目标读者觉得“物有所值”。

可见，对于图书篇幅的设计，还涉及对图书生产成本的测算，尤其是对图书生产直接成本的测算。

（四）设计开本、装订样式和版面形式

对图书开本、装订样式和版面形式的设计，属于对图书成品物质形态的设计，需要根据图书整体设计的基本原则，综合考虑图书的性质（即其主题和体裁）、篇幅、用途和主要读者对象的特点等诸多因素。因此，在策划图书选题的过程中，编辑人员必然需要运用图书整体设计知识进行一定的规划设计。

当然，在策划选题时，对于图书的整体设计基本上仅着眼于大的方面，即对开本和装订样式提出大致设想，对版面形式也只考虑单色印还是彩色印或双色印，版面是否分栏，文字采用横排还是竖排形式，每个页面大致容纳的字数等方面，进一步的设计要求是在稿件发稿时才具体设定的。

（五）比较同类出版物

在蓬勃发展的出版物市场上，各种主题的出版物琳琅满目，其中常常不乏与编辑自己设想的选题在内容主题方面相类似者。面对这样的出版物市场，为了使自己开发的选题能够保持一定的市场竞争力，编辑在设计选题时，必须做好与同类出版物的比较工作。

与同类出版物的比较，主要从它们的基本内容、主要特点和读者反应等方面进行客观的、细致的分析。

编辑需要通过这种比较和分析，明了自己设计的图书在哪些方面与它们相同，哪些方面有区别，同时要仔细考虑这些区别之处对读者会产生什么效果。如果这些区别之处并不会对读者产生很大的吸引力，那么，未来的图书就很难有良好的销售业绩，一般应该放弃这个选题。如果这些区别之处会对读者产生很大的吸引力，那么，就需要有针对性地对策划中的选题进行调整，着意强化、突出这些区别性特点。出版物在内容上或

表达方式上的特点，是其竞争力所在。“跟风”出版，简单重复，没有自己的优点和特色的选题，往往不能达到预期的效益。

二、设计实施方案

选题仅仅是一种构思，要使选题能够顺利转化为图书产品，编辑需要设计具体的实施方案。图书的出版，需要有作品作为前提，还要有一定的生产环节和时间。因此，对作者的选择和对生产周期的大致安排，是编辑策划选题时必须考虑的问题。

（一）选择作者

在设计选题时，编辑就应该有关于本书最合适作者对象的初步设想。到设计实施方案时，就要在全面考虑思想水平、学术能力、写作风格等的基础上选定作者。

如果在设计选题时就能基本上确定合适的作者人选，是最理想的状况。有的选题意向来自相关领域的专家学者，他们很可能有较强的写作意愿，如果具备必要的写作能力，就可以确定为作者。但最合适的作者往往由于各种各样的原因而不能成为最后的入选作者。所以，在实施方案中，除了确定可以落实的具体作者对象之外，也可以拟出数名备选的对象。

大型图书，如百科全书、词典往往需要众多作者分工合作完成。这就需要选择最合适的作者撰写相关的内容。同时，为组织工作的方便和效率着想，作者宜相对集中一些。德高望重的著名学者和年富力强的中青年专家适当搭配，往往能取得很好的效果。

（二）拟订进度计划

对进度计划的拟订包括大致确定组稿落实时间，交稿时间，审稿时间，审稿以后有可能需要的退修时间，编辑加工时间，审定发稿时间，校样处理时间，印刷、装订时间，出书时间等。

拟订进度计划应该尊重编辑出版工作的规律，要根据书稿的内容难易、篇幅大小、编辑力量的多少和制作生产的复杂程度等，安排长度适当的时间段，并且一般要留有比较充分的余地，以防止由于意外情况（如原先的选题设计有所变化，作者未能按计划交稿，稿件需要作较大幅度的修改等）出现而导致原订的计划落空。

（三）预测成本与估计定价

图书生产作为一种商品生产，应该对资金的投入、产出有一定要求。因此，在设计选题时，必须对图书生产的成本进行预测，在此基础上运用“本量利分析”的原理，再考虑影响图书定价的各种因素，提出图书的估计定价。

初步估算的图书定价还需要结合读者的购买力状况和市场上同类图书的定价进行分析，或者说，需要考虑该定价是否符合图书市场的“行情”。如果定价与市场行情差距过大，对于未来图书的销售或者对于出版单位的扩大经营是不利的，就要作适当调整。

对参照市场行情调整之后的定价，策划者还应该进行“本量利”分析，从而做到对于该图书是赢利还是亏损心中大致有数。

三、设计营销方案

出版物作为商品，需要通过市场实现销售，才能实现价值，从而收回生产成本，并带来一定的利润，使出版单位在经济上具有持续发展的能力。因此，编辑在设计选题时，应该对市场营销方案有足够的考虑。设计营销方案的要点，是通过市场分

第三节　选题立项

编辑设计的选题，要经过一定程序列入出版单位的选题计划后，才能开始实施。这个过程就是选题立项。编辑个人提出的选题，经过申报、论证，吸取集体智慧，往往能够在原有基础上有所提高，得到优化。

一、选题的申报

一个选题要进入立项程序，首先必须申报。进行选题申报前，编辑需要准备好选题报告。

选题报告由设计选题的编辑起草。如果一个选题由几个人共同设计，可以由其中一人执笔，其他人参与修改。

选题报告由若干项目组成，除了反映选题设计内容的项目之外，有时还需要增加一些补充说明性项目，如提出选题的原因、依据，选题形成的过程。此外，对翻译作品的选题，要注意说明在原著中是否发现有政治性问题；介绍原著作者的情况、该书在国外出版后的市场反应、国内同行专家对该书价值的评估；还要写明译者的简况，包括译者的业务水平和试译稿的质量；若已有译本出版的，则要写明复译的必要性和复译稿的特点。对古籍整理类选题，一般还要写明所据的版本及校勘的情况，写明是否有注释和题解，以及原作者简介、注释者情况等内容。

编辑拟就选题报告后，应该将其提交编辑室主任。编辑室主任审核后，如果认为应该补充、修改的，可以退编辑处理，或者与编辑一起商量修改。编辑室主任审核后认可的选题报告，一般经过编辑室内的集体论证后，以编辑室的名义提交出版单位的分管领导。分管领导审核选题报告后，如果认为还需要修改，可以提出意见或建议后退给编辑室处理；如果基本认可，则可以还给编辑室安排选题申报立项。

申报选题立项时，一般由提出选题的编辑填写选题申报单，附以选题报告，交给编辑室主任。编辑室主任审核同意后，报出版单位总编室。总编室根据整个出版单位申报选题的情况，统筹安排集体论证的时间和地点，经总编辑同意后，召开选题论证会。

二、选题的论证

选题论证是选题立项过程的重要环节，它是通过评估选题设计质量来确定其是否可以组织实施的一项具体工作。

选题论证对于保证选题质量具有极为重要的意义。对于出版单位的生产全局而言，选题论证是确定选题计划的决定性环节。选题不仅要在设计过程中经过设计者个人的论证，还要通过一定的程序进行集体论证。

（一）选题论证的方式

选题论证通常以选题论证会的方式进行，有一级论证和分级论证两种。

一级论证是直接通过全社范围内的选题论证会分析选题的价值、可行性、社会效益和经济效益，筛选选题，形成选题计划。

分级论证是先组织编辑室论证会，进行初步筛选，形成部门意见，再提交全社论证会讨论。编辑室的选题论证会，由编辑室主任主持，全体编辑人员参加。然后，根据讨论意见对选题进行修改，再由编辑室主任汇总，将签有本编辑室意见的选题申报单连同选题报告一起交总编室。全社论证会由社长或总编辑主持，编辑、营销、宣传人员共同参加。必要时（如出版物需要特殊装帧或需要较多的投资）则吸收出版部门（即技术编辑与复制管理部门，习称“出版科”或“出版部”等，本书下文一般都称“出版部门”）、财务部门负责人或代表参加。如果是大型套书、丛书一类的重点工程，还可另组织有关的学者专家从可行性、专业性等方面进行论证。论证会除了从整个出版单位的选题结构及品种数量上来考虑新报选题的合理性外，还要对各个选题进行多方面论证，如设定的消费者对象是否准确，选定的出版物主题是否确实具有一定价值，设计的出版物内容与形式是否确实与消费者的需求对路，编辑人员关于出版物的制作建议是否合适，营销建议是否可行，经济预测的可靠性如何，等等。

选题论证要坚持民主和集中相结合的原则。在选题论证会上，人人平等，各抒已见，做到有理有据、科学分析，力争取得一致意见。在意见不一致的情况下，既可以通过投票表决方式决定取舍，也可由社长、总编辑最后决定是否列入选题计划。选题若要优选、优化，论证时就要多加“阻力”，通过后则要多加“助力”。“阻力”有助于大家从不同角度作正反两方面的深入思考，可以有效地抵制平庸选题出笼；“助力”则可促进好选题在不断完善的条件下尽快转化为出版物。

（二）选题论证的内容

选题论证主要包括四个方面的内容。

1. 精神文化价值判断

今天的选题将孕育为明天的出版物。对选题的论证，应该坚持高标准，选题必须达到一定的价值水平才能列入选题计划，不能降格以求。选题提供作品的基本框架和创作要求，还不是作品，在论证时通常根据主题的现实意义、作者的创作实力与内容可能达到的高度，从引导性和独创性上来评估未来出版物的精神文化价值及可能产生的社会效益和经济效益。

（1）引导性

作为文化产品的出版物，应该对人们具有精神上的引导作用。一个好的选题，无论是基本立意，还是主要内容，都应该是传播先进文化，弘扬社会正气，引人积极向上、奋发进取的，从而体现出明确的引导性：或是政治上的导向，或是思想上的启发，或是道德上的熏陶，或是科学知识上的传授，或是几方面兼而有之。

（2）独创性

一个好的选题，无论是内容的选择，还是形式的设计，都应该体现出编辑独到的眼光、独有的特色。1915 年，商务印书馆推出《辞源》。这是我国第一部大型新式汉语词典，出版以后大受欢迎。1936 年，中华书局推出另一部大型汉语词典《辞海》，取《辞源》之所长而又有所创造，在词典出版史上树立了新的里程碑。这两部词典，虽然同为大型工具书，但各有千秋，充分体现了选题的独创性，因而它们既各自独立，又相互辉映。诸如这样富有独创性的选题，显然非常值得开发。

当然，独创性有大有小。如果选题能够实现学科建设中的“第一次突破”，理论探讨中的“第一次提出”，艺术创造中的“第一次尝试”，科学研究中的“第一次发现”……其独创性之大是不言而喻的，无疑值得实施；如果选题并未达到这些“第一”，但在理论观点的阐发上、作品结构的组织上、讲述知识的方式上、对已有研究成果的整理上或者消费者使用的便捷上具有创意，也可着意开发。

2. 市场适应性判断

实现社会效益与经济效益相统一，是出版单位经营的重要目标。在市场经济条件下，出版单位要实现这个目标，必须在坚持把社会效益放在首位的前提下，强化营销意识，充分考虑选题的市场适应性。

对于选题的市场适应性，可以从针对性和前瞻性的角度进行评估。

（1）针对性

人类的文化生产和社会的精神需求，有着内在的联系。出版物作为文化传播的载体，应该具有现实的针对性，不能无的放矢。

针对性首先要求有明确的目标消费者定位，适合出版物市场细分的特点。消费者对象模糊不清、笼统地称“为广大消费者服务”的选题，显然针对性不强，必须加以改造。

其次，针对性要求出版物有明确的功能定位，能适应目标消费者的实际需求，为他们提供真正的帮助——或者服务于他们的学习和研究，或者服务于他们的工作和生活。从这个意义上说，针对性也就是实用性。针对性强的选题才可能有市场竞争力，才是好选题。

（2）前瞻性

从选题到作品，有一个创作周期；从作品到出版物，又有一个出版周期。当前出版物市场竞争激烈，其表现之一，便是新陈代谢的节奏加快，出版物很容易失掉时效，成为明日黄花。这就更加要求编辑在设计选题时具有前瞻的眼光，能预见市场的发展和变化，并作为创作要求传达给作者，以保证出版物面世时不过时，而且具有较为持久的市场生命力。

3. 效益判断

出版工作要始终把社会效益放在首位，实现社会效益与经济效益相统一。可以说，效益是衡量选题成功与否的标尺。

在坚持把社会效益放在首位的前提下努力获取经济效益，是出版单位维持和扩大再生产的必要条件。某些有很大或较大社会效益的选题，虽然实施后会因出版物发行量很少而发生亏损，在出版单位财力允许的条件下，也还是应该列入选题计划。除此之外，一般选题都应该尽量保本、赢利。因此，要通过对同类出版物出版情况的考察，分析选题的市场空间，预测选题的市场潜力，还要审核选题的经济预算，使之取得尽可能好的经济效益。那些既无社会效益又无经济效益的选题，徒然浪费人力、物力和财力，就不应该列入选题计划。

4. 可行性判断

选题的设计应该以具备必要的实施条件为前提，否则，设想再好的选题也难免成为“水中之月”，只能停留在纸面上而不能实现。因此，在进行选题论证时，要以高度负责的态度审查选题是否切实可行。如选题是否超出了出版单位的业务范围，作者的创作能力是否胜任，开发选题所需的投资本单位能否承受，选题的特殊专业要求编辑能否驾驭，等等。出版工作应增强理性，克制“冲动”，无论个人还是单位，都应量力而行。

三、立项选题的管理

集体论证没有通过的选题，应该废弃或者退相关编辑室。被退回的选题作修改后可再次申报。集体论证通过的选题，表示已经决定立项，须视具体情况进行管理。

一般性选题，由总编室负责建档，编入本出版单位的选题计划。不是要求当年出版的选题，编入下一年份（或更加往后的年份）的选题计划，按照国家规定报出版主管部门备案；要求当年出版的选题，则应该作为当年的增补选题，在发稿前一个月报省级出版主管部门审核；特殊急件则应随时报批。在总编室办理选题建档备案工作的同时，编辑就可以开始安排选题的实施。

属于国家规定应当备案的重大选题范围的选题，必须向出版主管部门办理重大选题备案手续。备案获得认可后，出版单位才可以将其列入年度选题计划，开始安排实施。

四、选题的优化

对已立项的选题进行优化，一方面是使选题的清晰度进一步提高，可操作性进一步增强；另一方面是根据出版物市场的变化，适时地对选题的内容进行修改、补充和调整。

编辑在实施选题的整个过程中，还要不断努力提高选题的智慧含量。如有一家出版社为适应古典戏剧研究者的需要，策划并通过了一套总名称为“中国古典戏剧选”的选题。出版社在选题实施过程中，通过广泛听取文学艺术界和美学界的意见，调整了编选思路，在顾及通俗性、大众性的前提下，精选剧目，从而增强了选题的经典性和学术性，最后将其改名为《中国十大古典喜剧集》《中国十大古典悲剧集》和《中国十大古典悲喜剧集》出版，结果不仅达到了原来的出版目的，而且广受好评。这正是选题优化的结果。

选题的优化，从出版单位选题配置的层次上讲，则涉及选题计划的优化及计划执行期间必要的调整，如集中品牌、人力、物力等优势突出重点选题，舍弃某些不必要的或过时的选题等。

第四节　选题计划

选题计划是按照一定的编辑思想而形成的选题的组合，由出版单位根据出版方针、本单位的业务范围与出版资源条件，综合分析消费者需要和市场情况，对经过论证决定立项的选题进行梳理之后编制而成。它是出版单位的“施工蓝图”。

一、选题计划的内容与类型

选题计划的内容一般包括“总则”（或文字说明）和“列题”两部分。

总则扼要说明出版的方针、目标、规模、重点，并对列入选题计划的选题作分类统计与分析。列题部分是用表格的形式将已决定列入计划的选题按门类或学科分别列出，一般包括的项目有：分类类别、选题名称、内容简介、拟约或已约作者姓名及其单位、主要消费者对象、估计规模（字数、插图数量等）、预约交稿日期，等等。

选题计划可以分成不同的类型。

从提出计划的主体来看，可以分为国家有关部门组织制订的选题规划和出版单位制订的选题计划，其中以后者居多。

从计划的时间跨度来看，可以分为跨度较长（三年或五年甚至更长）的长期选题计划和年度选题计划两种。年度选题计划应报省级出版主管部门审核后报国家出版主管部门备案。

从计划包括的选题范围来看，可以分为综合性选题计划和专项选题计划两类，常见的选题计划通常是综合性的。此外，选题计划还可以按照出版物的学科门类、使用功能或者重要程度划分。

二、选题计划的结构

从多种角度对选题计划进行分析，可以发现它相应地表现出多种结构，而对于一个完善的选题计划来讲，多种结构应该互相协调，亦即处于优化状态。分析选题计划结构，是研究出版物细分市场、判断竞争优势的重要方式。

（一）选题计划的结构种类

大体而言，选题计划存在以下几种结构。

一是选题知识结构。这是不同门类、不同学科的选题在选题计划中所占比例的状况。

二是选题层次结构。这是学术出版物、实用技术出版物、通俗普及出版物等方面的选题在选题计划中所占比例的状况。

三是选题功能结构。这是不同功能出版物（如普通书、工具书等）的选题在选题计划中所占比例的状况。

四是选题消费者结构。这是面向不同消费者对象（如少年、青年、老年、妇女、公务员、研究人员、专业技术人员等）而设计的选题在选题计划中所占比例的状况。

五是选题效益结构。这是重点出版物选题、畅销出版物选题、亏损出版物选题在选题计划中所占比例的状况。

（二）选题计划的结构优化

出版单位一般根据本单位的出版方向与定位、品牌影响力、效益原则等来确定其选题结构。一个出版单位的选题结构是否合理，对于能否贯彻出版方针、树立出版单位品牌、保证出版物的总体质量、满足不同消费者的需要，以及改善出版单位的经营管理等，都有密切的关系和重大的影响。

优化选题结构，使各类选题在计划中保持合理的比例关系，是制订选题计划时需要研究解决的重要课题。选题结构怎样才算合理，要根据出版单位的性质、方针和任务作具体分析。就多数出版单位而言，应在本单位业务范围内突出重点，同时保证各类出版物的选题都能占有适当的比例，避免同类选题大量重复或某个方面的选题空缺，并合理安排重点出版物选题和畅销出版物选题，注意亏损出版物选题的比例，努力实现社会效益和经济效益相统一。

三、选题计划的特点

选题计划的特点一般体现在以下几个方面。

（一）整体性

选题计划在结构上具有整体性，因为它是对于即将出版的出版物的总体构思，必须综合考虑所列选题的知识结构、层次结构、功能结构、消费者结构和效益结构，做到统筹兼顾、突出重点。

（二）指导性

选题计划对日常选题策划工作具有指导性。也就是说，选题计划要对一定范围、一定时期的出版物产品生产进行规划和指导，解决好贯彻出版方针、执行出版政策、形成出版特点、提高出版物质量等一系列重要问题。

（三）稳定性

选题计划制订之后要认真执行，不可随意更改变动，否则会导致出版单位各个相关部门无所适从。这就是选题计划稳定性的体现。不过，这种稳定是相对的。

（四）灵活性

由于主、客观情况在不断变化，选题计划在执行过程中还应保持一定的灵活性，为适应新情况可对计划进行必要的调整和修订。不过，这些调整和修订一般只涉及选题计划的局部，不宜对已经制订的选题计划做“伤筋动骨”的更改。

四、选题计划的制订与调整

选题计划事关重大，必须精心设计，反复论证，科学决策。

选题计划编制之初，通常由社长、总编辑会同相关部门提出选题计划的总体构思，其中包括指导思想、基本原则、整体目标、品种规模等。编辑人员则根据本单位的出版专业方向和选题计划的总体构思，提出具体的选题建议。

选题计划是否制订得合理、高效，通过选题的实现率可以反映出来。因此，在执行选题计划的过程中，出版单位应当根据社会环境和消费者需求的变化及时对选题计划，尤其是长期选题计划进行适当的调整，以提高选题的实现率。如有些选题经过实践检验，发现原有的设计不完善，论证不充分，需要撤销或修改；有些选题找不到合适的作者承担创作，或者原定作者改变创作计划，选题被迫撤销或推迟；有些选题由于同类出版物增多，丧失了原先估计的独特性，需要重新设计或者取消；随着科学文化事业的发展及读者需要和出版物市场的变化，有些选题已经变得陈旧过时，有些选题则需要增补，等等。

第五节　组稿

组稿是发现、选择、组织作者完成作品创作的活动。没有切实有效的组稿活动，选题的设计就会成为一纸空文。因而，选题通过之后，编辑就要为使选题中的设想形成作品而落实作者，并进行一系列相关工作。在这个过程中，编辑需要付出大量的劳动。

一、组稿的方式

从我国出版单位的实践情况来看，组稿的方式主要有三种。

（一）个别约稿

个别约稿是编辑直接约请作者创作稿件的组稿方式。这种组稿方式是最常用的，也是最主要的。

编辑可以采用信函、电话、传真、电子邮件、QQ、微信等各种通信手段与作者取得联系，提出约稿要求。更好的方式，则是在征得作者同意后，选择适当的时机登门拜访或者约请作者来出版单位，当面就稿件创作问题进行洽谈。由于双方直接接触，因此可以谈得比较具体、深入。具体做法可视选题重要程度和编辑与作者的交往程度而定。如1931年赵景深在北新书局编《青年界》，因为稿荒，向老舍求援。他的约稿信上只有一个大大的“赵”字，并且用红笔圈起来。老舍见信心领神会，立即复信“元帅发来紧急令，内无粮草外无兵！小将提枪上了马，《青年界》上走一程”，并随信附上短篇小说《马裤先生》。这次约稿被传为文坛佳话。约稿信如此幽默，那是因为赵景深和老舍是相交很深的朋友，一个字便可以心领神会。如果编辑与作者只是初次交往，那还是要采取比较郑重的态度，否则效果会适得其反。

在与作者交往过程中，编辑对老作者或新作者、名人或非名人，都要真诚、坦率，必须尊重、体谅作者，不能凌驾于作者之上。

（二）群体集稿

群体集稿是指出版单位通过有效的组织工作，约请一批有实力的作者创作稿件的组稿方式，如向有关部门、科研单位、学术团体等的作者群体组织稿件。如在组织丛书、大型专业图书、工具书的稿件时，聘请有声望的学者担任主编组成编委会，由他们协助出版单位物色和约请一批合适的作者共同完成稿件的撰写。

（三）社会征稿

社会征稿是出版单位通过一定的媒体或其他传播手段，向社会公开征集稿件的方式。采用这种组稿方式，不外两个原因：一是选题要求高，组稿的对象人数众多，分布广泛，或由于其他原因一时无法明确具体属意的人选；二是把这种组稿方式视为一种宣传手段，希望借此提高本选题乃至本出版单位的知名度。

这种组稿方式，期刊编辑工作经常采用，其他出版物的编辑工作偶尔也可采用。如大型志书《中华文化通志》在选题确定后，有关单位先在《光明日报》刊登启事，公布 10 卷 100 册的目录，提出写稿要求，公开征集作者。这样做，既可以为出版物造声势，又便于对作者进行比较，以发现最佳人选，保证稿件创作质量。

二、组稿的步骤

组稿需要依据选题设计作品的内容和形式，发现、选择适合承担作品创作任务的作者，直至获得基本符合出版标准的作品。整个过程一般包括四个步骤。

（一）组稿的准备

为了使组稿取得预期效果，编辑一定要作充分的准备。无论是登门拜访作者，还是采用写信或QQ、微信等即时通信工具方式组稿，虽然表现出来的也许只是一两个小时的交谈、一封千把字的书信，或者在即时通信工具上的一组对话，但很可能需要编辑用上自己的许多文化知识和社会阅历。

在设计选题的过程中，编辑实际上已经在为组稿作准备，但到了要正式组稿时，仍有不少准备工作要做，其中最主要的是三个方面的工作。

1. 深入研究选题

编辑对选题的认识如何与组稿能否成功有着很大的关系。组稿工作的目的，是要为选题寻找最合适的作者并且把作者的创作引导到符合选题要求的轨道上来。为此，编辑必须在组稿前再次充分研究选题的性质和要求，才能以充分的说服力，让作者看到市场的需求、选题的价值和设计的合理性，相信自己能够胜任。只要选题本身有吸引力，编辑又能把这种吸引力展示出来，作者一般是会接受的。编辑能否把这种吸引力展示出来，则在很大程度上取决于对选题的把握。所以，在组稿前再次深入研究选题是十分必要的。

为了让作者创作的思路迅速与选题构想对接，有些出版单位的编辑在联系作者之前便拟出初步的体例和创作要求，供作者参考。是否采用这种做法，取决于编辑对选题研究的深度及对市场的把握程度。编辑主动提前介入作者的创作，对于保证作品尽快达到出版要求是比较有利的。

2. 制订组稿方案

组稿是出版单位的一件大事。如果选题存在问题，还可以修订、调整甚至撤销，而一旦组稿，作者已经开始创作，再作变更就很不易。如果组稿不妥，虽然作品在出版之前还可以再修改，但肯定费工费时，很容易导致丧失良好的出版时机。所以，在开始组稿前一定要制订具体的组稿方案。大的问题如向谁组稿、由谁组稿，小的问题如交稿时间、出版时间、付酬标准……都要考虑清楚，并经过一定的审批程序，让负责组稿的编辑做到心中有数。

凡事预则立，不预则废。有了组稿方案，不管是书面的还是口头的，编辑便可处于主动地位；没有组稿方案，一切临场处置，难免会考虑欠周，措手不及，影响组稿效果，甚至带来严重的不良后果。

3. 物色合适作者

物色合适的作者是选题成功的关键。在进行选题策划时，一般对作者人选已有设想，开始组稿时则须再次从各方面进行衡量，以确认最合适的作者人选。

编辑经常面临的问题是：有了好的选题，却找不到合适的作者，或勉强找到的作者并不是理想人选，结果可能导致选题流产，或一流选题做成三流产品。合适的作者，不但在学术造诣（或艺术修养）、思想水平和创作能力上都能够胜任，而且还能充分理解选题的具体要求且志趣与之相合，同时又熟悉消费者的特点，能使作品风格适合他们的要求和口味。

对重点书、成套书如需组织编委会，要确定主编人选。主编人选的条件一般是：

第一，有很高的专业知识水平，是某方面的专家，德高望重，有号召力；

第二，有较强的组织能力和协调能力；

第三，有相当的语言文字功底。

要想物色到合适的作者，编辑须平时就注意收集作者资料，建立作者数据库。为此，编辑要做有心人，不仅要耐心细致，还要敏锐热情。无论是读书看报、开会访友、浏览网络媒体，只要发现有价值的线索，都要随时记录在案。要关注名家、专家的动态，因为他们是作者队伍中的主力和骨干，更要发现尚无名望但有潜力的新人，也许他们正是未来选题的最合适的作者。一个编辑有丰富的作者资源，就能在选择作者时游刃有余，顺利完成组稿任务。

（二）联系作者

编辑对选题的要求和作者人选有了明确、细致的了解之后，就可以联系作者。联系方式有请人引见、写信、打电话、发电子邮件以及采用 QQ、微信等。如果编辑打算与作者见面而与作者并不熟识，除非万不得已，一般都应该事先预约，征求对方同意。

值得注意的是，联系上作者不等于作者就一定会接受约稿要求，这里存在着编辑如何与作者沟通的问题。通过沟通，编辑与作者由陌生到熟悉，由相识到相知，不仅有智慧的交流，而且有情感的交流，这样才能进入良好的合作境界。作者接受约稿，首先是对选题的认同，同时也包含着对编辑的工作态度、工作作风和工作能力的认可。钱锺书为什么愿意把自己的作品交给中华书局的周振甫？在很大程度上是因为他与周振甫相熟相知，能够沟通，有共同的语言。

（三）商讨撰稿事宜

合适的作者确定以后，编辑要向作者全面介绍选题策划意图，商讨稿件的结构、体例、要撰写的内容及各部分的篇幅。作者接受约稿之后，编辑一般要请作者根据内容要求写出编撰大纲或稿件目录。若设立主编，则由主编负责组织编委会，制订出编纂计划。编纂计划应是整个稿件编写和审稿工作的指导性文件，是撰稿、审稿的依据。编纂计划要规定该稿件的创作宗旨、消费者对象、编辑方针、创作内容、篇幅、编写要求、编撰体例，以及创作人员的分工等。

为稳妥起见还应要求作者提供样稿，以了解作者的语言文字能力和对专业的把握程度。重点书或成套书也最好请作者先写出样稿。样稿存在重大缺陷或语言文字能力达不到要求的作者应予以更换。

（四）确定约稿关系

与作者商讨好撰稿事宜后，出版单位就可以用口头约定或与作者签订约稿合同的方式确定约稿关系，请作者正式开始创作。

约稿合同的内容一般包括：

（1）出版单位和作者的名称、地址、联系方式，签约因由及时间；

（2）作品的名称、主题内容、结构体裁、篇幅和配图要求、质量要求、交稿时间；

（3）违约责任，包括由于出版单位原因致使所约稿件不能出版时出版单位应承担的责任和由于作者原因导致稿件不能出版时作者应承担的责任。

此外，如果作者要求，约稿合同中也可以对作品出版后的付酬方法及其标准作大致的约定。

约稿合同不能代替出版合同，后者须在稿件全部完成并审稿通过后签订。

很多出版单位都备有类似《著译指南》的材料，在组稿时交付作者，目的是让作者在创作过程中参照其统一全稿的体例，注意标点符号、计量单位等的规范使用，从而提高原稿的技术质量，保证出版物成品的编校质量。

三、约稿后的工作

上述约稿步骤到位，后续环节如编辑加工等就比较节省时间，能取得事半功倍的效果。然而，完成约稿的步骤，并不意味着组稿工作已经万事大吉、胜券在握。如果编辑掉以轻心，约稿后不再过问，仍可能产生不良的后果：或者是热点稿、畅销稿被其他出版单位挖走；或者是最后交的稿件在质量上不够理想，导致后期的修改量较大；或者是作者因种种原因而一再拖延交稿，以致耽误出版时机。

因此，在约稿后、获得理想稿件之前，编辑还要做好一系列与组稿相关的工作。

（一）做好参谋

编辑要充分发挥参谋的作用，帮助作者完善创作计划，坚定创作信心，选择最佳创作方案。对于那些由编辑自己提出的选题，因为已经过深思熟虑，编辑应能提出很有参考价值的意见。

编辑约稿时，作者还没有进入创作状态，编辑的参谋作用就可以引发作者的创作欲望。如当年鲁迅住在绍兴会馆抄古碑，并没有想到写小说。《新青年》的编辑钱玄同"偶或来谈"，一次捉住了一个机会："我想，你可以做点文章……"鲁迅于是说出了那个著名的"铁屋子"的比喻：他不忍心让在铁屋子里熟睡的人们意识到"临终的苦楚"。这位《新青年》的编辑却说："然而几个人既然起来，你不能说决没有毁坏这铁屋的希望。"鲁迅终于被说动了，于是有了新文学史上第一篇白话小说《狂人日记》，而且从此"一发而不可收"。如果没有钱玄同的参谋，鲁迅也许不会那么快登上文坛吧。

即使作者进入了创作状态，编辑的参谋作用也同样是不可忽视的，因为作者有时会出现"当局者迷"的情况。如20世纪70年代末，一家出版单位约请美学家朱光潜撰写美学通俗读物。当时，朱光潜正为美学方面的写作而苦恼。他收到很多年轻人的来信，对他们提出的各种美学问题根本来不及答复，在报刊上发表几篇文章也无济于事。这位编辑建议他仿照50年前写的书信体作品《谈美》，重新写一本《谈美》，给来信未复的青年作一次总的答复。从50年前的《谈美》到今天的《谈美》，在形式上前呼后应，给人一种亲切感，而且作者也可以借此总结一下自己的美学思想，更重要的是，采用书信体的形式，作者驾轻就熟。这显然是一个合适的写作角度。朱光潜欣然答应，几个月后便交稿了。这便是至今仍在流传的《谈美书简》。

作者拟出的提纲和撰写的样稿，编辑都要认真审读，必要时向有关专家征求意见，然后及时与作者商量、讨论，提出修改意见，以使未来的作品更加完善。对缺乏创作经验的新作者，更要多加关心，要经常沟通，当好参谋，尽早发现问题，以免稿件完成后还要做大的返工。

如前所述，丛书、工具书和大型图书一般设有主编或编委会。编辑要尊重和依靠他们，充分发挥他们在拟订编撰计划、明确分工、统一体例、审定样稿、掌握进度、内容把关等环节中的作用。同时，编辑又不能抱有依赖思想而放弃参谋的职责，仍应积极参与其间，穿针引线，提出建议，发表意见，协调各方的关系，阐明出版单位的意图等。

（二）做好服务工作

编辑工作既需要创造精神，又需要服务意识。

在审稿和加工环节，编辑要在作者原稿上花费大量心血，这是编辑的本分工作，自不必说；在组稿环节，编辑同样要在进行思想、智慧交流的同时，辅以真诚、热情的服务。如作者接受稿件创作任务后，编辑要就创作要求向作者做详细解释；作者开始构思，编辑要与作者做同步思考；作者交出提纲和样稿，编辑要及时审阅并向作者反馈意见，必要时召开座谈会征求意见；作者缺少资料，编辑要尽可能提供帮助，等等。有时甚至还包括对作者日常生活方面的照顾。被誉为“出版事业模范”的邹韬奋，把“服务精神”列为“生活精神”的内容之一，并把它看作生活书店的“生命”。美国作家菲茨杰拉德从小失去父母的爱，编辑珀金斯在向他组稿的同时，还像父母一样关心他的健康，照顾他的生活，使他很受感动，更用心于创作。他称珀金斯是“最忠实和最亲密的鼓舞者和朋友”。珀金斯之所以能成为著名的编辑家，与他的服务精神是分不开的。

（三）跟踪进度

编辑在关心作者、做好服务工作的同时，也要密切跟踪作品创作进度。编辑与作者经常沟通交流及做好服务工作，作者按时完成创作任务的可靠性就大大增强，从而出版单位就能够顺利地按时获得稿件，以便及时进入编辑工作的后续环节。

思考题

1. 什么是选题？什么是选题策划？

2. 选题策划包括哪些基本内容？

3. 主题出版选题策划的做法包括哪些方面？

4. 图书选题设计中的内容与形式设计包括哪些方面？

5. 选题实施方案中应该考虑哪些问题？

6. 图书选题设计中的营销方案需要分析哪些情况？

7. 选题的申报有什么程序？

8. 为什么要进行选题论证？选题论证的方式一般有哪几种？

9. 选题论证应该从哪几个方面进行？这些方面的论证各有什么要求？

10. 什么是选题的优化？如何优化？

11. 组稿的方式有哪几种？

12. 组稿通常包括哪些步骤？各个步骤中需要做好哪些工作？

13. 与作者约稿后，编辑还应该做好哪些工作？

第二章　图书编辑

重点提示： 三审制的基本要求，三审制的作用，各个审级的任务；稿件外审的目的和对外审者的要求；对稿件内容质量和形式质量的评价；审稿结论与相应的稿件处理。出版合同的主要内容及签订出版合同的程序。编辑加工整理与审稿的关系，编辑加工整理的内容；审定发稿过程中编辑需要做的工作；编辑的校样处理工作内容及相应要求。图书辅文的作用，辅文的主要种类及其要求；与图书辅文相关的编辑工作。图书的重印及其程序，图书的再版及其程序；重版率的概念，计算重版率的意义。

第一节　审稿与签订出版合同

审稿通常是指对稿件进行审读、评价、决定取舍，以及对可接受出版但需要修改的稿件提出修改要求和建议的编辑活动。广义的审稿还包括通过加工整理使决定采用的稿件达到出版规范要求的编辑活动，体现为审读、审改和审定等工作内容。

审稿的主要目的，是通过审读人员的把关，决定稿件的取舍，提高稿件的质量，让那些导向正确、内容健康、有益于读者、有益于社会的图书面世，防止有害或低劣的作品出版，从而对社会文化负责，对读者负责，对作者负责。这是出版工作者所担负的最重要的职责。

一、审稿制度

审稿制度有两种。第一种是国家进行出版管理的审稿制度。根据国家规定，凡是选题需要报请备案的，其稿件也必须按规定送交国家有关部门审读，这是出版单位必须认真、严格执行的制度。第二种就是出版单位内部实行的通常简称“三审制”的审稿制度。这里所说的是后一种审稿制度。

（一）三审制的基本要求

由初审、复审和终审三个审级组成的审稿制度，称为“三级审稿责任制度”或“三审责任制度”，简称“三审制”。这是我国出版单位长期以来一直实行的审稿制度。

有关出版工作的规范性文件历来对三审制有明确的规定。1952 年 10 月，国家出版总署发布《关于国营出版社编辑机构及工作制度的规定》，确认："一切采用的书稿应实行编辑初审、编辑室主任复审、总编辑终审和社长批准的编审制度。"1955 年 4 月，对书稿的采用由"社长批准"改为"总编辑终审决定"。1997 年 6 月新闻出版署发布的《图书质量保障体系》第八条再一次规定，"坚持稿件三审责任制度"，"初审，应由具有编辑职称或具备一定条件的助理编辑人员担任"，"复审，应由具有正、副编审职称的编辑室主任一级的人员担任"，"终审，应由具有正、副编审职称的社长、总编辑（副社长、副总编辑）或由社长、总编辑指定的具有正、副编审职称的人员担任（非社长、总编辑终审的书稿意见，要经过社长、总编辑审核）"。同时还规定："三个环节缺一不可。三审环节中，任何两个环节的审稿工作不能同时由一人担任。"

三审制是出版单位必须严格坚持的基本制度，任何时候都不能减少审级，各个审级的责任也不能互相取代。对于一些重点稿件、内容复杂的稿件与一些难以决定取舍的稿件，同一审级之中可以安排多人多个审次，并广泛听取有关专家的意见。

负责三级审稿的人员各自具有不同的特点和不同的优势。普通编辑有一定专业特长，且可以用较充裕的时间投入一本书稿的审读，从宏观到微观认真细致地审核；编辑室主任一级人员通常都有比较丰富的审稿经验，熟悉各种相关专业书稿容易存在的共性问题；总编辑应该有比较高的政策水平和大局观。这样，不同特长的三级审稿合起来，形成一种比较完善的审稿程序，可以有效调动与合理运用出版单位各个层次的人力资源，既让出版单位每个编辑人员都有用武之地，又能尽量保证对稿件判断、评价的客观性，最大限度地避免由于某级审稿者的知识不足或责任心不强或工作疏漏而导致的偏差、失误。

就程序而言，从编辑到编辑室主任到总编辑的三审制，具有由下级到上级的递进特点，而这种递进又同时兼具前一审级服从后一审级、后一审级制约前一审级的特点。就目标而言，因为三审制中每一审级的工作重点不同，所以也就具备了后一审级督查前一审级和不同审级相互补充的特点。

需要强调的是，作为制度的分级审读的三审制，在任何情况下都应该坚持，绝不容许开任何减少审级的“口子”；每个审级的职责，在任何情况下都不能随便取代。经过退修的稿件也要再次进行三审。

（二）三审制各审级的任务

三审制中各个审级的职责、任务各有差异。每位审稿者都应在明确本审级职责、任务的前提下，按照标准把本审级的工作做好，以达到全面、客观、恰如其分地评价与判断稿件的目的。三个审级的任务分别如下。

1. *初审*

初审是三审制中的第一级审稿。

初审者要在通读全稿的基础上，对稿件的政治导向、思想倾向和出版价值（社会价值、科学价值、文化价值、艺术价值、市场价值等），稿件的具体内容、体例、文字以及是否有学术不端行为等进行全面审查。在此基础上，对稿件的优点和缺点进行分析，进而对稿件的质量作出实事求是的评价，对它可产生的社会效益与经济效益进行预估。最后，以“审稿意见”的形式表明是否可以采用，是否需要退修及如何退修，是否需要外审等，并将审稿意见随同稿件一起依次报送复审、终审，由终审者作出最终决定。

稿件如果决定采用，一般由初审者担任责任编辑，负责加工整理等后续工作。稿件如果需要退修，由初审者根据终审意见草拟退修信，提出修改意见。稿件如果不采用，则由初审者草拟退稿信。退修信和退稿信都要经复审者、终审者核签后与稿件一起交作者。

作为三审制基础的初审，工作量最大，任务最繁重。初审者只有对全部稿件进行认真、细致的审读，才有可能在全面了解稿件情况的基础上对其作出客观的、实事求是的判断与评价，也才有可能对其出版后可产生的社会效益与经济效益作出合理的预估，从而为复审和终审提供分析、判断的基础。

2. 复审

复审是三审制中的第二级审稿。

复审者应通读全部稿件，以对稿件的内容有一个全面的把握。以此为前提，对初审者关于稿件优缺点、价值、质量、效益的审稿意见进行审核与判断，表明自己或认同，或反对，或补充，或存疑的态度。对于初审中提出的原则性问题，尤应注意分析；如果与初审者的看法不同，复审者应充分说明自己的意见。对于初审者遗留的问题，复审者应予以弥补，帮助解决。对于不符合质量标准的初审，复审者有权要求初审者返工。对于初审提出的稿件处理意见，复审者应表明自己的态度。

一般来说，复审者必须在把握全稿基本情况的基础上，对某些需要特别注意的部分进行更为仔细的审读。复审者应站在比初审者更高的层次上，以更高的要求来审视稿件，并撰写复审意见为终审者提供决断依据。

3. 终审

终审又称“决审”，是三审制中的最后一级审稿。

终审者主要审查稿件的政治导向与思想倾向，要从更高的角度审视稿件是否有违法律法规与有关的方针政策，是否有悖社会主义精神文明建设的宗旨和社会道德规范，是否具有学术价值或文化艺术价值，能否产生一定的社会效益和经济效益。同时，要从本单位的业务范围、出书特色、种类结构、品牌营造、经济实力诸方面综合考虑，避免重复出版、毫无特色、徒然浪费人力和财力等情况发生。虽然在三个审级中，终审所花的时间与精力相对最少，但因为终审者的处理意见是最终决定性的，其重要性自然不言而喻。

一般稿件，终审者可以重点抽查审读部分内容，重点稿件或内容复杂、难度较大的稿件，应进行全面的审读或约请其他人员帮助审读。在此基础上，终审者还应该对初审者、复审者的审稿意见有全面、充分的了解，并对他们提出的问题表示明确的看法。对于他们相左的意见，尤应予以重视，必要时应召集初审、复审者一起商量，相互交流与沟通，以期达成一致。最终的处理意见由终审者决定。

二、外审

外审是指将稿件请本出版单位以外的专家或有关部门审读。外审不属于三级审稿制度的基本组成部分，只是对出版单位审稿工作的一种补充，因此并非每种稿件都要经过外审。通常是那些因出版单位缺少相应专业的编辑人员、难以把握其中专业性内容质量的稿件，才需要进行外审。

进行外审的目的是对稿件作准确评价，避免错误，以提高图书质量。因此，选择的外审者首先必须是专业人员。他们或是其他出版单位相应专业的编辑，或是相关专业的专家。他们应该具备的条件是：具有较高的专业知识水平；熟悉该专业研究的最新进展和该专业著作的出版状况；有较好的文字功底；学术上无门户之见，能作出客观的学术评价。外审者的主要任务不是文字方面的修改或是枝节问题的解决，而是重点解决送审单位审稿者无法判断、解决的相关专业问题。

编辑在审稿过程中，如果觉得单凭自己的水平难以把握稿件中的学术理论问题或专业性特别强的专业问题，就可以提出需要送请有关专家外审的送审报告。送审报告的内容一般包括原稿和作者的基本情况，编辑对原稿的看法，需要进行外审的原因，需要请外审者解决的问题，拟请的外审者人选，外审的费用标准等。送审报告按出版单位具体规定经有关负责人批准后，编辑才可将稿件送交外审。

因为外审不属于三级审稿制度的基本组成部分，所以它不能替代三审制中的任何一个审级。外审者可以以特约编辑、特约编审、顾问、编委会委员等身份出现，但不能担任责任编辑，更不能取代复审者或终审者。外审意见只供本社决策者参考，不能作为最终决定。

三、稿件质量评价

审稿中对稿件质量的评价分两个层次：一个层次是对稿件内容质量的评价，另一个层次是对稿件形式质量的评价。

（一）对稿件内容质量的评价

对稿件内容质量进行把关并作出评价，是审稿工作最为基本的内容。审读各种稿件时，都应该从政治性、思想性、科学性、知识性和独创性方面对稿件的内容质量加以衡量和评估。这是审稿工作的根本性任务，在《出版专业实务 · 初级》中已经详细讲述，这里不再重复。此外，对有些类型和性质的稿件往往还需要从稳定性、艺术性等较特殊的方面进行评价。

1. 稳定性

稳定性是指稿件所包含知识信息的时效较长。

图书的内容相对稳定，是有益于文化积累的，也是图书有别于报纸、期刊的特点之一。因此，对于相当一部分书稿尤其是工具书、资料书，审稿时都要衡量内容的稳定性，判断稿件的内容是否能在较长时间内具有使用价值，能发挥长期效益。

体现内容稳定性的时效长短，应该根据不同的学科或领域的实际情况来衡量。有些学科或领域的发展需要相当长的时间才能体现出来（尤其是一些基础学科，更是如此），稿件稳定性的时效就比较长。有些学科或领域（如计算机软件、信息网络技术、通信技术）的发展非常迅速，稳定性的时效就比较短。

2. 艺术性

艺术性是指稿件表现出独特的艺术特点、对读者产生审美感染力的程度。它表现为构思具有创意，运用语言文字或艺术手法的技巧，具有一定艺术特色，能给读者带来较多的审美愉悦。

具有艺术内容的图书，尤其是画册、图文书、文艺书等，更应该有很高的艺术性。

（二）对稿件形式质量的评价

稿件的内容再好，如果形式的质量不合格，给读者的使用造成困难，就难以起到顺利传播知识信息的作用。因此，对稿件的形式进行衡量并作出质量评价，也是审稿工作不可或缺的一个方面。

对稿件形式质量的评价，主要着眼于稿件的结构框架、行文格式、表述形式三个方面。

1. 结构框架

稿件的结构框架是指稿件中的内容层次安排形式。

合理的结构框架有助于突出稿件的主题，方便读者把握图书的实质内容。因此，任何稿件都应该具备合理的结构框架。

结构框架的合理性主要表现为：各个部分的前后次序遵循一定的逻辑规律，体现出一定的系统结构，概述与分述的关系明确，都有明显的层次安排。各个部分的内容互相不矛盾；对于本身存在交叉情况的内容，各个部分的阐述不是简单重复，而是详略有别，同时又互有呼应。对内容的阐述方式，无论是采用演绎式还是采用归纳式，在同一个部分中都保持一致，在不同的部分中，则根据阐述对象的具体情况而相应采用最合适的阐述方式。

2. 行文格式

行文格式的统一是任何稿件都必须具备的条件。唯有这样，读者才能按照格式的提示明了一段段文字之间的逻辑关系，从而在脑海中构成比较系统的知识模块。

格式的统一，主要表现为各级标题采用互有区别的格式标志，而相同级别的标题均采用相同的格式标志。在正式出版的图书中，各级标题的区分常通过使用不同的数字形式（包括相同数字与不同附加符号的搭配）、采用不同字号或不同字体的印刷字等方式来实现。对于作者提供的稿件，当然不能强求以字号、字体作标题的格式标志，但是可以要求以不同的数字形式作标志，而且要求各级标题的序次一致。

格式的统一还表现在各种注释的标志应该一致。一部稿件中使用哪几种注释，这些注释各采用什么样的格式标志，都应该一致。这样才显得条理分明，便于读者阅读。

全稿中图片、表格和公式等的标注形式是否一致并符合规范，外文字母的大小写、正斜体、上下角，数字和符号的形式等是否符合规范，也是审稿时需要注意的。

辞书的行文往往还有一些特殊要求，其中最主要的，是要求凡相同性质的条目都应该具有统一的“模式”。如人物条目，先讲别称、生卒年，还是先讲生卒年、身份，或者不介绍别称等，全书应该统一。释文项目既不能多于或少于辞书编写体例的规定，而且前后次序也不能颠倒。除非某项内容（如别称）没有，该项才可以不出现。

3. 表述形式

稿件的表述形式是指稿件中对语言文字、量和单位的应用状况。

任何稿件的表述形式都应该符合相关的规范。否则，就可能让读者产生理解上的困难，甚至导致误解。

对表述形式的质量要求体现在两个方面：一是语言文字的应用必须符合规范，二是量和单位的使用应该符合国家标准。

（1）语言文字规范

语言文字的规范性体现在语言和文字两个方面：

从语言角度，语句的结构应规范，没有成分残缺或成分“串位”的现象；表达某种意义时使用的词语应该准确，避免词不达意；语言表达方式应该符合特定的语体要求，除了文艺作品之外，带有不同语体修辞色彩的词语一般不宜混用；带有褒贬意义色彩的词语不能用错地方等等。

从文字角度，首先是应该没有错字、别字；其次是对异体字、繁体字的使用应该符合国家有关规定；再次是异形词应该尽量使用推荐词形；最后是数字的用法应该符合国家标准的规定。

（2）量和单位使用规范

《中华人民共和国计量法》规定："国家实行法定计量单位制度。国际单位制计量单位和国家选定的其他计量单位，为国家法定计量单位。"因此，稿件中一般不应该使用市制和英制的计量单位，某些公制单位在国际单位制中已经更换成其他单位，稿件中也不宜再使用。量和单位的名称、中文符号或字母符号的使用，应该符合国家有关标准的规定，并与稿件的主题内容和目标读者相适应。

四、审稿结论及稿件处理

全面审读稿件，并从内容和形式两个方面对其进行衡量后，审稿者应该对稿件作出评价，形成审稿结论。三级审稿都完成后，编辑应该将审稿结论及时通知作者。

（一）审稿的三种结论

审稿的结论分为接受出版、退修和退稿三种。

1. 接受出版

作出接受出版的结论，就是表明审稿者认为稿件的内容质量和形式质量都已经基本达到出版的要求，经过编辑加工整理后可以作为生产图书的原稿。

接受出版的稿件，在内容质量上必须符合上述政治性、思想性、科学性等方面的要求，在形式上也没有大的问题，或者仅仅存在少量经过编辑加工就可以改正的问题。

2. 退修

退修又称“退改”。作出退修的结论，就是表明审稿者认为稿件的质量在总体上接近出版的要求，但同时还存在一些问题，需要由作者修改。

需要退修的稿件必须在内容质量上基本符合上述各方面的要求，仅仅在个别地方尚不够妥当或存在错失，需要增删修改；或者内容基本合格，但是在形式方面，尤其是在框架结构上还存在较多问题，需要调整和改动。

如果稿件内容十分出色，对于推动社会的物质文明和精神文明建设具有重大意义，即使在形式上存在许多问题，也不宜简单地予以退稿，而应该尽量请作者再作修改。

对于需要退修的稿件，审稿者在作出审稿结论的同时，还应该对稿件的修改或调整提出详尽的具体建议，有时甚至还要帮助作者进行具体修改。

3. 退稿

作出退稿的结论，就是表明审稿者认为稿件的质量达不到出版要求，不能接受出版。

凡是在内容上存在重大原则性错误，并且这种错误贯穿其整体的稿件，必须退稿。有些稿件虽然内容上没有重大错误，形式上却十分混乱，或逻辑不清，或体例混乱，或语言文字与量和单位的使用大量违反规范。这种稿件也宜退稿。

也有的稿件内容本身并没有严重问题，但不符合出版单位品牌战略的需要，或出版单位已经出版了内容类似的质量较好的出版物，也需要退稿。

（二）审稿结论的形式及后续工作

作出审稿结论，必须采用撰写书面审稿意见的形式。

关于一般的审稿意见撰写方法，《出版专业实务·初级》中已经介绍。这里再结合初审的特点，对一些较为特殊的审稿意见的情况作些补充。

稿件如果曾送外审，要介绍外审者的资质及外审情况，并附上外审专家意见。

初审者如果在审读过程中遇到一些疑点、难点，觉得自己难以把握，需要提请复审、终审帮助解决，应该在审稿意见中设专门条款把这些问题一一列出，同时说明难以把握的原因。

经过三级审稿后形成的审稿结论，就是出版单位对稿件的处理意见。

一般由担任初审的编辑人员负责与作者联系，把出版单位的审稿结论及时通知作者。但是，编辑不能简单地把审稿意见原封不动地转告作者，而应另行以出版单位的名义给作者专门提交信函。这一方面是以示郑重，另一方面是因为作为出版单位内部业务文件的审稿意见不宜直接与作者见面，以免引起误会。

对于接受出版的稿件，只要告诉作者稿件已经决定接受出版，同时也可就签订出版合同的事宜与作者沟通，征询作者对合同主要条款的意见，以便出版合同能够顺利签订。

对于需要退修的稿件，应该将稿件退还作者，同时附上书面形式的修改建议。修改建议包括全局性的和局部性的。前者包括观点、见解、重要的史料、稿件结构和体例、表述形式等方面的问题，后者包括个别事实的出入、个别提法的斟酌等。如果可能的话，不妨与作者约定时间进行面谈，这样可以使双方的沟通更加方便，有助于作者理解出版单位修改稿件的意图，以使修改后的稿件能够较为顺利地达到出版要求。如果作者交来的稿件是电子文件形式的，需要将留有审稿过程中所作各种批注的版本退给作者；如果作者要求返还光盘、U 盘等稿件物质载体的，出版单位应当无条件返还。

对于需要退稿的稿件，如果是手写稿，应该将稿件退还作者。但是其他形式的稿件，包括电子文件形式的稿件一般不必退还，因为作者通常留有备份。如果作者坚持要求返还，出版单位就应当把当初作者所交电子文件连同其载体一起返还作者。对出版单位主动组织作者创作的稿件，还要根据退稿的原因及组稿时与作者的口头或书面约定，妥善处理好相应事宜（如给予一定经济补偿等）。

五、签订出版合同

对经过三级审稿后决定接受出版的稿件，出版单位要按照著作权法的规定及时与作者签订出版合同。签订出版合同的目的是要明确约定双方的权利和义务，既可以保证稿件顺利出版，又能够使双方的合法权益依法得到保障。即使在组稿时已经签订约稿合同，在决定接受出版该稿件后，也仍然需要签订出版合同，因为这两种合同在性质、目的和双方约定的内容方面都有很大差别。

（一）出版合同的主要内容

出版合同一般须包括的主要内容有：

签约双方的名称、住所地和联系方式（如地址、邮政编码、电话号码、传真号码、电子邮箱等），签约日期；

作品名称；

著作权人对合法享有该作品著作权的保证；

著作权人授予的图书出版权是否专有，以及该权利所涉及的文种、期限、地域；

出版权可否转授权及转授权后所获利益的分配；

著作权人是否同时授予电子版本出版权、信息网络传播权、翻译权、改编权等其他权利；

作者审读校样的责任；

出版者向作者支付报酬的方式、标准、时间和方法；

图书重印、再版的条件与报酬；

作者样书的赠送办法和作者的优惠购书条件；

违约责任；

对发生纠纷时所用解决方式的约定，其中一般应说明对仲裁机构的约定；

双方认为需要约定的其他内容。

对于多人合作创作的稿件，出版合同中一般应该明确说明作者的署名顺序与稿酬的分配方式。

（二）签订出版合同的程序

出版合同一般由责任编辑代表出版单位与著作权人协商后起草，经编辑室主任和出版单位领导审核后，交著作权人审核。

如果著作权人提出意见，编辑应该及时向编辑室主任和出版单位领导反映并表明自己的处理意见，经领导同意后再次与著作权人协商，直至双方达成一致意见，并对合同作相应修改。

合同经双方认可后，编辑要按所需数量打印出正式文本，报出版单位法定代表人或其正式授权的负责人员审核、签署，并加盖出版单位公章（或合同专用章）。如果合同文本不止一页，为了防止发生意外，应该在每张纸的边缘加盖骑缝章。而后，编辑把合同文本交作者签署，双方各自留存一份或若干份。

需要强调的是，任何情况下编辑都不应该擅自代表出版单位签订合同，因为这是一种严重违反法律规定的越权行为，极可能导致出版单位和编辑个人需承担民事赔偿责任。

有些出版单位往往在组稿时便与作者签订出版合同，这虽非绝对不可，但是如果出现稿件不符合选题策划的要求，或者未能达到可以出版的质量标准而又难以修改的情况，出版单位就容易陷入被动。类似情况导致法律纠纷的实际例子是常有的。因此，如果作者坚持在组稿时就要签订出版合同，那么，合同中就必须含有类似“如果作品达不到可以出版的质量要求，出版者有权退稿”的条款，并约定出版单位是否要向作者作经济补偿及补偿标准，同时也要约定作者的交稿时间。

实践证明，在经过审稿认可稿件的质量之后再签订出版合同是比较稳妥的做法，对于双方都是公平的。当然，也可以在组稿时先签一个意向性的约稿合同，到作品经过审稿被接受出版后再签订正式的出版合同。

第二节　编辑加工整理与审定发稿

编辑加工整理通常简称“编辑加工”“加工整理”或“加工”，是对已决定采用的稿件再次从各个方面进行审核并作修改润饰和规范化处理的活动。审定发稿是将完成编辑加工的稿件按一定的要求作整理，并填写各种必备的格式文件提交审定；然后根据审定意见，或直接发往有关部门安排印制，或对稿件作相应处理并再提交审定后发往有关部门安排印制。

一、编辑加工整理

（一）编辑加工整理与审稿的关系

编辑加工整理工作是审稿工作的继续，两者都属于广义上的审稿工作的一部分，不能互相取代，也不能合二为一、同时进行。

编辑加工整理必须在稿件经过审稿已经决定采用并且签订了出版合同后开始。

审稿与编辑加工整理两个环节之所以不可同时进行，是因为两者的职责、要求、标准不同。将两者合一，往往会仅注意末节而疏忽大端，不易察觉稿件中存在的较重大的问题。如果稿件实际上是应该退修或退稿的，提前进行编辑加工整理轻则白白浪费时间和人力，重则导致与作者产生著作权纠纷，甚至还可能让不合格的作品变成出版物流入社会，对社会和出版单位都带来不良影响。

编辑加工整理必须在审稿的基础上进行。从一个方面看，加工整理的对象是经过前一环节的三级审稿而决定采用的稿件；从另一个方面看，在加工整理的过程中，必须先对稿件进行审核，才能发现其中的缺漏或不足之处，然后再作出妥善的修改、规范统一、润饰等处理。

编辑在履行把关职责、提高稿件质量的过程中，要避免在未能完整、准确理解作者原稿的情况下就随意修改，造成错改等失误。

（二）编辑加工整理的内容

编辑加工整理要按照图书的质量标准，在内容和形式上作全面、认真的审核和加工，优化稿件，使之能够进一步提高质量。该项工作由责任编辑负责。

编辑加工整理时，必须遵循三大原则——尊重作者，忌强加于人；改必有据，忌无知妄改；依据规范，忌滥施刀斧。编辑加工整理一般分为准备、计划、实施、总结四个步骤。（详见《出版专业实务·初级》）

编辑加工整理的内容包括以下方面。

1. *消灭差错*

出版前的稿件存在各种差错是难免的，编辑加工整理的首要任务就是消灭差错，尤其是消灭政治性的差错。如果放过了政治性的差错，对国家的危害自不待言，对出版单位来说，轻则将所出图书停售报废，重则被责令限期停业整顿乃至被吊销出版许可证。因此，对政治性问题绝对不能掉以轻心。一般来说，在审稿时就应发现政治性差错，并退作者修改。如退修后还有问题，就必须在编辑加工整理时予以清除。

对于稿件中思想性、知识性、科学性和文字、语法、修辞、逻辑、标点符号等方面的差错也要一一改正。尤其要注意消除常识性错误，如人名、地名、年代等方面的讹误。常识性错误如果得不到改正，会成为笑柄，且最易暴露编辑人员知识的贫乏和工作态度的漫不经心，从而严重损害出版单位的声誉。改正别字、用错的标点符号与文理不通的语句等，也是加工整理中必须精心做好的工作。

2. 规范统一

规范是指按照国家的规定统一有关用法。量和单位、科技名词的选择，数字用法，汉语拼音拼写方法，标点符号用法，简化字、繁体字、异体字的使用，外文字母的大小写等方面，都有明确的规范要求。如果作者用得不合规范，编辑加工整理时应该将它们一一改正过来。

统一是要求同一部稿件中的人名、地名、书名、事物名、相关的材料和数据、格式等前后一致。尤其是丛书、成套书稿件及其他由多名作者合作的稿件，常常由于写作者的习惯不同而造成大量的不统一，编辑在加工时应该特别注意。

3. 润饰提高

编辑根据出版目的和读者对象特点，对稿件进行增删、修饰，使其质量得到提高的工作就是“润饰提高”，具体包括强化主题、调整结构、理清层次、梳理文字、删削赘文、弥补缺漏等。编辑要调动自己的知识积累，充分发挥自己的创造性，对作者的稿件精心修改，使稿件的主题更加集中、鲜明，结构更加紧凑、合理，层次更加分明，逻辑更加严密，文字更加流畅、精练。总之，编辑要通过加工整理，使稿件的质量得到提高。有人把编辑人员比作美容师，主要就是指其在润饰稿件方面所起的重要作用。

出于润饰提高而进行的修改，并非属于对错误或不规范现象的改正，尤其需要征得作者同意。

4. 其他工作

编辑加工整理还包括核对引文、查对资料、校订译文、推敲标题、撰写和规范辅文等工作。这些工作可以根据稿件的不同而在具体要求上有所区别，但都是加工整理的重要内容，不能忽视。

（1）核对引文

编辑对引文一般应全部核对。个别特殊稿件引用的资料过多过专，不能一一查对，编辑方可随机抽查。若发现引文差错严重，可提出意见，退回作者核改。在收到退回的修改稿后，还要抽查，以确认作者是否认真作了核改。

（2）查对资料

对于稿件中使用的各种资料，如统计数字、时间、地点、人物、事件、公式、图片等，都必须仔细查对。

（3）校订译文

这主要见于翻译稿件的加工整理工作。编辑应该对照原文，按照“信、达、雅”的翻译标准，核对译文。译文的语句次序有时可以与原文不尽相同，但是必须忠实地表达原文的意义，不能增加或者减少原文的意义成分。

（4）推敲标题

书中的各级标题，一般来说是由作者确定的，但编辑也要仔细推敲。标题必须准确概括相应部分的内容，否则应作修改；同时标题的风格、形式应全书统一。标题的设置要考虑图书的性质，如学术专著标题宜严肃凝重，通俗读物标题宜通俗易懂，章回小说标题宜对仗工整，诗和散文标题宜精练含蓄。论文集、全集之类图书中的标题由原先的文章决定，一般没有必要改动。

（5）撰写和规范辅文

除了正文中的各种注释外，图书中常常还包括一些相对独立的辅文，其中有些是作者撰写的，有些是需要编辑撰写的（详见下文）。编辑加工整理时对作者撰写的辅文要像对待正文一样进行加工。

二、审定发稿

在完成对稿件的编辑加工整理后，即可进入审定发稿阶段。与审稿一样，审定发稿同样必须严格实行三审制。在此阶段，责任编辑应该进行复查稿件、清稿誊抄、检点稿件、编排次序等稿件整理工作，使稿件达到“齐、清、定”的发稿要求，然后随附各种必备的文件逐级报送具备复审、终审资格的人员审定。

复审者要审阅对稿件的编辑加工整理是否已经达到消灭差错、统一规范、润饰提高等要求，是否已经做好核对引文、查对资料、校订译文、推敲标题、撰写和规范辅文等项工作。如审核后认为该稿件已经达到发稿要求，就可以提交终审；如认为尚未达到发稿要求，就应该指出稿件中的疏漏或者错讹，指导和帮助责任编辑加以修正。

终审者要对稿件进行最后的审阅。除了把握稿件的全貌外，着重于政治把关，并根据加工的情况，对是否可以发稿表明态度，作出决断。

经复审者、终审者审查后退回的稿件，责任编辑必须仔细翻阅检查，处理所提出的意见。如果复审、终审者提出的意见涉及内容、结构的调整或要求作其他较大改动，责任编辑必须进行相应的加工处理后，把稿件再次呈报复审、终审者审核；如果复审、终审者提出的意见仅涉及个别地方的文字表述问题，责任编辑按照意见作相应修改后，就可以安排发稿；责任编辑如果对复审者或终审者的意见有不同看法，应该及时向复审、终审者反映，经商量并达成共识后再对稿件进行处理。

复审、终审者审核通过的稿件，一般要交作者再复核，请作者对编辑加工整理过的原稿进行检查、认可，并对存在的问题或对编辑的改动不予认可之处进行修改。经作者复核退回的稿件，责任编辑还要进行统一检查整理，使之符合发稿要求。对于作者所作一般性修改，只要不违反有关规范、不会导致体例不一，责任编辑应尽量吸取。责任编辑如认为某些修改不能采纳，应该及时向作者作出说明、解释，取得作者的认可。如果发现作者有较重大的修改，责任编辑必须及时向复审、终审者汇报，共同商讨处理办法，并在与作者沟通之后作出正式处理。

为了节省时间，在不涉及重大修改的情况下，稿件反馈作者的环节也常常被出版单位安排在稿件发排之后，即与校样审阅环节相合并，稿件以校样的形式交作者复核。

做好上述工作后，责任编辑就可以把随附各种必备文件的稿件按出版单位既定的程序发往总编室（或其他相应部门），由总编室登记后，根据出版社的计划发到出版部门安排印制等。

三、发稿后的编辑工作

稿件发出后，编辑工作并没有结束，责任编辑还要做好校样处理、样书检查、图书宣传、收集反馈信息，以及建立书稿档案等后续工作。有关这些工作的内容，《出版专业实务·初级》大多已经讲述，这里再扩展讲述校样处理工作的要求并补充介绍建立书稿档案的要求。

（一）校样处理工作

稿件排出校样后，在校对部门校对的同时，还要送作者和编辑审阅，责任编辑要作适当处理。这是编辑在图书成书前的最后一次把关机会，应该认真做好以下工作。

1. 审读校样

责任编辑审读校样，一般采取通读方式，主要是检查和解决原稿排版后出现的新问题，同时还要处理编辑加工整理阶段遗留或疏忽的问题。

长期以来的出版工作实践证明，在原稿编辑加工过程中不易察觉的一些问题，往往在校样上会突显出来。在处理校样时，编辑与校对既有分工（注意的侧重点有所不同），又需合作，对校样的审读与对校样的校对相互不能取代。编辑审读校样时，对校对人员提出的质疑要仔细甄别，并注意检查上下文中可能还有类似情况，统筹考虑。必要时需要查阅工具书、参考书去核实，逐一判断是否修改、如何修改。既不能照单全收，也不能一概拒绝。责任编辑必须仔细通读全部校样，不能因为有校对人员负责校对而产生依赖思想，只是随意翻阅浏览一下便了事。

如果责任编辑要在校样上作涉及内容的重大修改，应征得作者同意与复审者、终审者批准。

2. 处理作者的修改和校对人员的质疑

校样应该送交作者审核。尤其在由于种种原因而未能将原稿送交作者复核时，必须请作者通过审读校样来认可编辑加工中的修改，以避免侵犯作者的修改权。

作者审阅校样，由于多种原因，往往会作出一些修改，有时修改量甚至很大。对于作者在校样上的一般性修改，责任编辑应在仔细分析后区别对待：凡是必须的、合理的，要予以接受；凡是可改可不改甚至改糟了的，可不予采纳。作者在校样上所作的重大修改，责任编辑更要认真仔细地审读和加工，并须经复审者和终审者审核后才能决定取舍。责任编辑对校样的处理情况，要向作者作必要的说明。

校对人员从不同角度对校样上的文字、内容、格式等提出的疑问和修改建议，责任编辑应该认真对待，并在校样上一一明确作出恰当处理：如果认为校对提出的意见是可接受的，应以编辑使用的色笔（与各校次校对人员使用的几种色笔区分开）将校对人员以铅笔书写的修改文字再描一遍，或另外书写更恰当的修改文字；如果认为校对的修改建议不能接受，要用铅笔把质疑文字划去，表示对该质疑已经作了处理，但不宜用墨水笔、圆珠笔，以免校样版面杂乱。

3. 检查付印清样

责任编辑必须检查全书的付印清样。这项工作包括两个方面：

第一，从排版质量角度检查付印清样，查看格式是否统一，该更改的地方是否都已经改正，等等。

第二，从全书的结构组成角度检查付印清样，查看封面（包括面封、书脊、底封、勒口等）、书名页（包括主书名页正面的扉页、背面的版本记录页，有时还有附书名页）、插页等结构部件与出版说明、前言、后记、目录、各种附录等辅文的内容是否齐全，与正文中相关的部分是否一致。因为这些内容发排常有先后，又常是由不同部门制作的，编辑稍有疏忽就容易出错。

付印清样经过检查后，如果还需要作涉及捅版等的大改动，责任编辑可在清样上批注“改正后复对付印”，表示改样后重新出一份清样并交编辑和校对人员进行复核；如果只有少量不涉及捅版但可能会捅行的小改动，责任编辑可以批注“改正后抽复付印”，表示改样后将有改动的页面再打出清样由校对人员核红；如果只有极个别并不涉及捅行的改动，责任编辑可以批注“改正后付印”，表示由排版单位改样并仔细核对后可以直接出胶片或将付印排版文件用于计算机直接制版；如果完全合格而没有改动，就可以批“同意付印”，表示不必再作任何改动就可以出胶片或由计算机直接制版。出版单位要在对片/对蓝样时复核付印清样的改样情况。

有些出版单位还要求责任编辑检查付印清样后填写付印单，明确说明全书各个组成部分的印订次序。

（二）建立书稿档案

书稿档案是图书编辑出版过程的历史记录，也是考核编辑人员业务水平、工作态度和业绩的重要资料。

每一部书稿应该分别建立一卷或数卷档案。归档的文件材料包括：选题报告，约稿、出版情况记录，与书稿有关的合同、协议书（包括合作出版）；初审、复审、终审的审稿意见，外审意见，编辑加工整理的记录；出版单位有关书稿出版过程的请示、报告，上级的指示、批复，有关会议记录；作品原稿或复制件（原件退作者的应有退还签收单），封面设计稿、有关题词手迹；与作者有关书稿的往来信件和退修意见；校样，样书；稿费通知单；获奖或受查处情况的记录；有关书稿的读者来信、报刊评论等。

书稿档案由责任编辑负责收集整理，移交相关部门统一保管。重要书稿的档案是国家科学文化发展的记录，是国家档案的组成部分。

第三节 图书辅文

图书辅文是图书正文的辅助文字。一般来说，正文指图书中作品主体部分的文字、图片、表格等，而相对于正文的目录、序、跋、凡例、注释、附录、索引等统称为辅文。

辅文的“辅助”意义是相对正文而言的，实际上不少辅文是图书中不可或缺的组成部分，具有重要的作用。

一、图书辅文的作用

图书辅文的作用主要有保证图书的完整性，强化图书的功能，指导购买和阅读，利于检索查考等。

（一）保证图书的完整性

书名页等辅文通常是一本图书必须具备的部分，否则这本书就存在残缺，不是一本合乎标准的正式图书。设置其他辅文，往往也是为了保证图书的完整性。如一本涉及很多外国事物或从国外引进的工具书中，中文译名都是“似曾相识”却又使人不敢大胆相认，全书又没有一份规范的译名对照表可供比照，它就很难称得上是一本完善的图书。诸如出版前言、序、跋、出版后记、内容提要、作者简介之类的辅文，则可从作者的基本情况、创作意图、创作背景、撰稿过程、资料来源，以及图书的基本内容、主要特点、读者对象等多种角度加以补充。

（二）强化图书的功能

对读者而言，图书的教育、查考、欣赏等功能可能蕴含于欣赏的愉悦里，可能体现在知识的获取上，也可能表现为对研究、探索的引导中。许多图书的这种教育功能，正是借助各种辅文而得到强化的。例如，一部阐述历史事件或者历史人物的专著，如果配备事件、人物所处时代的大事年表，将会使叙述的事件、人物更具有历史大背景中的生动凸现感。又如，一本学术专著，除了各种注释之外，如果资料、引文出处详细和准确，参考文献齐全和完整，那么它的特定读者当然也会有更加丰富的收获。

（三）指导购买和阅读

读者在选购图书时，除了书名、作者名、出版者名以外，最先阅读的总是封面宣传语、内容提要、作者简介、出版前言、目录、序、跋、出版后记这些介绍、说明或检索性辅文。要在相对短的时间内决定对一本书是买抑或不买，这些辅文起着相当大的作用。如果短短的封面宣传语一下子吸引了读者，如果内容提要、目录展示了读者意欲了解的内容，如果出版前言、序、跋、出版后记揭示了读者感兴趣的创作背景和写作过程，同时也帮助他了解了该书的特点，那对读者的购买行为无疑具有指导和推动作用。同样，诸如出版前言、序、跋、出版后记这些说明性辅文，注释、名词解释、参考文献、大事年表、译名对照表、人物表这些参考性辅文，在读者阅读过程中的指导作用也是明显的。这些辅文不但从各个角度、各个层次对正文的内容表述有所辅佐、补充，而且可以帮助读者加深对正文的理解。

（四）利于检索查考

目录、索引等检索性辅文的功能是帮助读者找到需查阅项目所在的位置。这些辅文编制得越科学、严密，读者查阅到的结果就越准确，查阅速度也越快捷，可以事半功倍。

二、图书辅文的种类

图书辅文的种类很多，它们的撰写要求、表现形式与编排方法也都各有特点。这里主要介绍常用、常见的一些辅文种类。

图书辅文一般可以按照其功能进行分类。但是，由于实际上有不少辅文兼有两种甚至更多的功能，下面的分类仅仅是大略的，是按照它们的主要功能进行划分的。

关于辅文的排式，可参见本书第四章“书刊整体设计”。

（一）识别性辅文

识别性辅文主要有封面文字和书名页文字。

1. 封面文字

封面文字是图书的面封（亦称封一）、书脊和底封（亦称封四）上设置的文字。

封面文字分为必备的和非必备的两类。必备的内容是根据国家有关规定必须设置的，它们能够起到将一种图书与另一种图书相互区分开来的作用，即识别作用，如书名、作者名、出版者名、定价、书号及其条码等。非必备的文字则是出版单位可以自由选择登载的，它们一般并不具有识别作用，但是可以帮助读者加深对本书的认识，如丛书或成套书的总书目、对书中要点的提示、说明封面书名题词者等。

2. 书名页文字

书名页文字是主书名页的扉页、版本记录页和附书名页上设置的文字。这些辅文的具体内容，应该符合相应的国家标准。

（二）介绍性辅文

介绍性辅文主要包括内容提要、作者简介和封面宣传语等。

1. 内容提要

内容提要一般置于图书醒目易见的位置，如印在封面（或护封）的前勒口或后勒口上，也有印在底封、版本记录页上的。它是对图书内容和特点的简要介绍和说明，没有固定的写作格式，但大致可分为评论型、说明型、梗概型、悬念型，一般二三百字之间。在撰写内容提要时必须注意以下几点：第一，抓住关键，提析要点。第二，文字简练，以吸引读者。第三，把握分寸，实事求是。

2. 作者简介

作者简介一般印在封面（或护封）的前勒口或后勒口上，也有印在底封或在版本记录页后单列一页登载的。它是对作者的身份、生平和主要成就的简要说明，包括姓名、笔名、年龄、籍贯、学历、经历、职务、重要成果、代表作品等项内容，在一二百字之间。在写法上，作者简介有突出重点、不求全面、形式多样、不拘一格的特点；同时还要注意做到：材料要真实，评价要恰当，文字要简明。

3. 封面宣传语

封面宣传语通常置于图书的底封、面封和腰封上。字数多少根据构思的要求而定，但要尽量简明扼要。内容主要是对本书的评价、推荐和赞美，最好是一语中的，让读者看一眼就忘不了；也可摘出该书的精彩内容、要目、对话、数据等，使读者初看之后能够产生进一步细看的冲动。

（三）说明性辅文

说明性辅文主要包括出版前言、编者按、序、前言、凡例、跋、后记、出版后记等。

1. 出版前言

出版前言印在目录之前。它是从出版单位角度向读者说明有关该书出版情况的文字，内容通常包括该（套）书的出版目的、编撰体例、选文标准、版本源流、内容搜集、整理过程、著作价值、作者介绍、编审要略、使用注意事项等。撰写出版前言时应该注意以下几个问题。

第一，在写法上必须与图书的个性贴合。

第二，篇幅以短为宜，力求精练。

第三，写作态度应严谨求实，力戒空话。

第四，出版前言中对作者和作品的评价，是代表出版单位作出的，尤应注意立论中肯，持论有据，切忌以个人好恶随意褒贬。

2. 编者按

部分书刊中有编者按，常用醒目字体标示，以引起读者注意。它由编辑撰写，是编辑关于一期文稿、一组文稿或某篇文稿的“发言”。前两种编者按，一般由期刊编辑部负责人撰写；最后一种编者按，则多由责任编辑撰写。根据内容特点，编者按大致可分为介绍型编者按、提示型编者按、评论型编者按三种类型。在撰写编者按时要注意以下问题。

第一，以短为宜，力求精练。要简单明了，旗帜鲜明，将主要观点讲清即可，不宜旁征博引，大发议论。

第二，行文要平实，态度要冷静、客观，尽量不使用修饰词。

3. 序、前言

序和前言是置于正文前的独立文章。序亦称“叙”“序言”，前言亦称“引言”“前记”“写在前面”等。序与前言的内容和要素基本相同，但在习惯上序多用于学术价值、文化内涵较高的作品，而前言多用于教材和演绎作品。

序可以分为自序、他序、代序、原序、译序、修订版序、第 × 版序等，均排在出版前言之后。

自序由作者撰写，内容一般包括该书的创作意图、基本内容、编撰体例、写作背景、资料来源、撰稿过程、主要特点、存在问题、读者对象，以及作者的写作分工、所获帮助等，都是不宜写入正文而又有必要向读者交代清楚的问题。

他序由他人所撰写，但署为“序”即可。他序可以不止一篇，内容一般包括作者介绍，对作品的分析、价值评判，以及就某些问题作探讨等。如果自序与他序同时存在，他序应在自序之前，以示对他序作者的尊重。

代序是在没有自序或他序时被作者选用来代替序言的某篇文章，“代序”两字放在该篇文章标题后的括号内即可。

原序一般只存在于引进版图书或编选图书中，指的是原著作者的序。

译序一般也只存在于引进版图书中，除了说明翻译缘由、翻译过程、翻译分工的文字之外，也可以介绍原作者的基本情况、创作意图、写作背景，以及作品的基本内容与对其的分析、价值评判等。如果译序与原序同时存在，译序应在原序之前，以示译序介绍的是包括原序在内的作品整体。

修订版序或第 × 版序只在该书出修订版时才存在，一般是因新版中对原来内容有了补充，对原来观点有了修正，需要在新序中加以说明。如新序与旧序同时存在，旧序应标明版别（如“初版序”），新序应在旧序之前，以示新序介绍的是包括旧序在内的作品整体与其中包含的变化、发展。

序的长短不限，重要的是必须言之有物，盲目的自赏或廉价的吹捧是序文大忌。

4. 凡例

凡例亦称“发凡”“例言”，一般置于目录之后、正文之前。它是作者或编辑为方便读者而撰写的介绍图书内容、编纂体例、使用方法的说明性文字，多用于工具书、资料汇编、地图册、科技专业书等，其主要内容包括编纂意图、基本内容、读者对象、编纂体例、资料来源、选文标准、收词原则、条目编排、释义范围、释文要求、行文规格、检索方法，以及其他所有必需的技术性说明。

需要说明的是，一般图书通常可以不设专门的凡例，相关的内容可以在“出版前言”或“前言”中简要说明，但专业性较强的工具书、资料汇编等，则应有独立的凡例。

5. 跋、后记

跋是放在书末的说明性文字，它的内容、要素与通常所说的“后记”“附记”相似。跋是相对于序而言的，而后记、附记则是相对于前言、引言、绪言等而言的。

跋、后记与序、前言既有区别又有联系。序与前言一般说明本书的创作意图、基本内容、编撰体例和读者对象，而跋与后记则或补充序与前言之不足，或对稿件完成后的新情况加以说明，或对他人在写作过程中给予的帮助致以谢意等。

跋和后记一般由作（译）者撰写，少数也有请他人撰写的。跋排在图书的出版后记之前。

6. 译后记

译后记只存在于翻译图书中，在该书无译序或译者前言时，译后记有代替译序、译者前言对原作者和作品进行评介的功能，如有译序或译者前言，译后记则重在说明译校过程及其他技术性问题。

7. 出版后记

出版后记或称“编后记”。它置于全书的最后，是从出版单位角度向读者说明有关该书出版情况的文字。无出版前言时，出版后记可以包括出版前言的内容；如有出版前言，则出版后记主要应补出版前言的不足，或对书稿出版过程中的某些事务性、技术性问题予以交代。在很多情况下，出版前言和出版后记的主要内容和写法是相近的。

（四）检索性辅文

检索性辅文主要包括目录和索引等。

1. 目录

目录或称“目次”，置于出版前言和序言之后、凡例和正文之前。它表明图书基本内容和层次结构，一般包括正文及部分有关辅文的标题，兼有检索性和介绍性功能。

设置目录内容要坚持详略得当的原则，避免巨细不分的烦琐。有多级标题的图书，目录中至少应收入两级，三、四级及以下标题可根据实际情况考虑是否收入。图书如果系多人合集，每篇作品的标题后面应有作（译）者名。序言、后记、跋等如系他人撰写，亦应注明姓名。

目录一般由作者编制，编辑进行检查核对、修正补充，也可由编辑编制。

2. 索引

索引亦称“引得”“通检”。它是将图书正文中的专项或多项内容加以摘录，标明所在页码、区位，按一定次序编排的检索工具。索引是辞书的必备内容，学术著作和资料书亦应配有索引。

索引按标目性质可分为主题索引、人名索引、地名索引、词语索引、作者索引、文献索引、综合索引、引文索引等；按印制形式可分为书后索引（置于跋或后记、出版后记之前）、单卷索引等。

索引中款目的编排通常采用印刷型工具书常用的各种编排法。

索引有时由作者完成，但有经验的编辑或其他有关的出版工作人员可以将此项工作做得更好。编制索引的原则是款目详略得当、简明，地址准确，编排科学、规范，易于检索。

（五）参考性辅文

参考性辅文主要包括注释、参考文献表、名词解释、译名对照表、大事年表、附录等。

1. 注释

注释是对正文中某些内容或文字作补充说明，但又不宜作为正文来叙述的文字。注释的种类比较多，情况也各有异同：有解释词语、符号的，有交代资料来源、引文出处的，有对正文内容加以订正、校勘、补充的，有进行评论、阐发的，等等。

随附于正文中的夹注或附注（对正文中词语所作的诠释或对引文出处附带的说明，夹印于正文之内，与正文用括号隔开），一般视为正文的组成部分，而其他种类的注释则列入辅文范畴。各类注释的分类原则并不一致，包含的内容亦各有侧重，因此在实际表现时会有交叉（如脚注、文后注往往可以是自注，也可以是编者注、译者注）。

这里列举的是较常见的几种主要的注释形式。

（1）脚注

脚注也称“边注”“页末注”“页下注”。它或对正文中词语作诠释，或对引文出处作说明，或对文中内容加以订正、补充及作阐发性说明等。内容为引文出处的脚注应包括一定的基本著录项目。

（2）文后注

文后注的内容与脚注相同，集中印于图书正文的某一部分之后（按该部分的性质，又可分“段后注”“章后注”和“篇后注”）或者全部正文之后（即“书后注”）。被注文字按先后顺序编列注码，文后注的序码须与正文中的注码前后一致。

（3）呼应注

呼应注是指某一词语在前文中已有注释，若其再次出现，则以此注说明参见前某页某注；或根据该词语在不同地方的用法差异进行说明，各有侧重，互相呼应。

（4）译注、原注

译注的第一种含义，是指对古籍作品的内容既加注释又以现代汉语进行翻译；译注的第二种含义，是指翻译图书中译者加的注释。

原注是古籍、翻译图书、多人合集的某部分内容中原作者的注释。

（5）自注、编者注

自注是本书作者加的注释。

编者注是主编者或出版者在选编或编辑过程中加的注释。

2. *参考文献表*

这是在全书正文之后或各部分之后一并列出的参考、引用资料名单。

参考文献表一般分为两类：一类是与正文中所引用文字、观点等直接相关的参考文献的列表，指明所引用内容的出处；一类是正文中并没有直接引用其文字或观点，但作者在创作过程中参考、借鉴过其中材料和观点的参考文献的列表。前一类参考文献表期刊中使用最多，通常位于文章末尾，图书中有时也使用。后一类参考文献表通常只见于图书，位于全书正文之后。

前一类参考文献表对所引文献的著录方式分为“顺序编码制”和“著者 - 出版年制”。

后一类参考文献表与正文并不直接挂钩，只是集中列出所参考、借鉴过的文献。表中文献条目的编排形式一般是以作者姓名为序，而文献发表年份在文献条目中的位置或前或后均可。

同一种书刊中应该统一采用某类参考文献表及某种文献著录方式，不能混用。

参考文献表一般由作者完成，其中文献条目的排列顺序、应包括的基本著录项目及其表达形式应该符合国家标准《信息与文献　参考文献著录规则》（GB/T 7714—2015）的规定。

参考文献表中所列的文献条目应是作者参阅过的有实际价值的文献。参考文献表的刊印既表现出学术规范的要求和对原作者的尊重，也为读者的查检、研究提供方便。

3. *名词解释*

名词解释是对正文中一些专门名词的说明，多用于社科、科普类图书与翻译图书。它一般由作者撰写，亦可由编辑撰写。

撰写原则为简明扼要。

4. 译名对照表

译名对照表将有关的中外人名、地名、事物名与其他专有名词的原文和译名对照列出，兼备参考性、检索性和说明性功能。

一般翻译图书和涉及外国事物较多的图书（尤其是工具书）常附译名对照表于正文之后。它可以按汉字排序，亦可以按外文排序。译名对照表的编制应该遵照翻译规范。

5. 大事年表

大事年表按年月日顺序记载重大事件，兼备参考性和检索性功能。附于某本图书中的大事年表多为与该书基本内容相关的某一方面的内容，少数亦有提供全面背景的。大事年表一般由作者完成。编制的原则是全面而详略得当，简洁而有利参考。

6. 附录

这是附于图书正文后面，与正文没有直接关系或虽与正文内容有关但不适宜放入正文的各种补充性材料。从狭义的角度看，它包括对正文内容有所增补的文章、文件、图表等有关资料；从广义的角度看，有时还包括参考文献表、译名对照表、大事年表、索引等。

附录可由作（译）者完成，亦可由编辑视需要而制作。附录的制作要求是简明、可靠、新颖、实用。引用其他著作中的内容作为附录时，要妥善处理好著作权问题。

（六）其他辅文

除了上述几种之外，属于图书辅文的还有呈献页文字、题词页文字、勘误表等。这些辅文比较简单，而且现在实际使用较少，故不再细述。

三、编辑与图书辅文

有些种类的辅文是作者在创作图书正文的过程中一并完成的，有些种类的辅文则是责任编辑在进行编辑加工整理的过程中撰写的，也有的辅文是请其他人撰写的。因此，责任编辑就有选择辅文设置、选择辅文作者和审读加工辅文这三项任务。

（一）选择辅文设置

每本图书的性质和内容都不相同，因而每本书所需要的辅文种类也不一样。责任编辑需要根据图书的性质、内容来选择设置必要的辅文，使之能分别产生前述的四种作用。

（二）选择辅文作者

辅文是否可以达到预期的效果，除了设置得当之外，选择合适的作者也相当重要。对辅文作者的选择主要依据其对作品的了解程度、撰写该类辅文的适宜程度与对相应文体的熟悉程度。

（三）审读加工辅文

图书辅文的种类各式各样，撰写要求与撰写方法自然也不一样。但是，既然各种辅文作为图书正文的辅助物都要起到应有的作用，那么，责任编辑在审读和编辑加工时，除了遵循常规标准和与正文保持一致之外，还要特别注意辅文是否符合这样几条原则：

第一，立意正确适当。

第二，评价准确实际。

第三，资料准确无误。

第四，方法科学简便。

第五，行文简明精到。

第四节　图书重印与再版

在图书重印或者再版时，需要做好相应的编辑工作。

一、重印和再版的条件

图书重印和再版的首要条件，都是图书的高质量所引发的不间断的读者需求。图书质量高，一般都会受到读者的广泛欢迎，从而需要出版单位源源不断地保证供应。读者的需求量越多、越持久，重印或再版的次数就越多。如果没有持续的读者需求，重印或再版图书就只是徒然地增加库存，浪费生产资金。

再版不同于重印的地方，还在于需要具备“作者配合”这个重要条件。一般来说，图书再版往往需要作者调整总体构思和具体表述，创造性的劳动是必不可少的。因此，作者是否愿意作重大的修改或者再次进行与原书有许多相似之处的创作，对于再版能否顺利实现具有至关重要的作用。

此外，图书（尤其是大型图书）的修订再版，与重印相比，需要出版单位投入多得多的人力、物力和财力，与生产初版书的成本几乎相当。因此，出版单位在对图书的再版作决策时，必须对本单位的人力、物力、财力等条件有周密的考虑，妥善作出安排。

二、重印的程序

出版单位如果重印一种书，应该按照规范的程序做好相关工作。

1. 进行市场调查

图书重印前，应进行必要的市场调查，了解拟重印图书的市场销售情况，包括该书的销售数量、销售速度、读者反映、市场覆盖率，以及市场上同类书的销售情况，从而推断该书的市场饱和程度并估量潜在销售空间。特别应了解基层书店的销售情况，不能仅仅以批发商的要货数量为依据，尤其要警惕虚假的“畅销”情况。

重印书市场调查可以由发行部门进行，也可以由编辑或专门的市场调查机构承担。

2. 查验出版合同

对于准备重印的图书，责任编辑首先应该及时查验相关的出版合同，以确认出版合同是否仍然有效。

如果合同有效期已过，出版单位必须先与作者签订新的出版合同，否则，擅自重印即构成侵权。如果在合同有效期内，责任编辑也应在确定要重印后及时与作者联系，了解作者有无需要修改之处。

3. 提出重印报告

在对市场状况进行调查、分析的基础上，出版社发行部门和编辑部门均可以提出重印建议。

通常由发行部门填写书面的重印报告单，送交相关编辑部门会签。编辑部门会签时应该如实陈述自己的意见。重印报告单最终送交出版社领导审批，由社领导决定是否重印。

重印报告单的内容一般包括：书名、出版合同的编号和有效期、作者、本版出版时间和上次印刷时间、字数、印张数、市场调查情况、重印理由、拟重印的数量、出书时间、效益估计，等等。

重印书的印数，要根据图书的性质、读者对象、市场调查结果等作出比较科学合理的估计。一般来说，不同的书应该有不同的重印起印数，畅销书的起印数可多一些，长销书、学术书的起印数则要少一些。在印刷技术进步、印制周期缩短的情况下，宁可每次印得少一些而多印几次，也不要一次印得过多而造成积压。如果重印数量比较少，可采用按需印刷方式生产，但印制成本比较高。

如果图书脱销而出版单位坚持不重印，作者有权根据著作权法提前终止出版合同。所以，出版单位在决定是否重印时，要进行比较周密的市场调查和科学分析。

4. 审读重印书

责任编辑对拟重印的图书要重新审读一遍，并汇总作者和读者的意见（如果有的话），写出书面审读报告，说明审读情况和结果，明确有无修改。如有修改要提供改正的样本，以便出版部门安排修改；如果责任编辑的审读意见与作者的修改意见不一致，应该说明责任编辑取舍的情况和理由。重印时版面不宜作大量改动。

如果原责任编辑已调离，可以由出版单位领导指定继任者审读。

应该特别注意的是，重印书也要坚持三审责任制。责任编辑必须将审读报告与改正的样书一起送交复审者和终审者审定。

复审者和终审者是否通读全书，可以根据图书的不同性质、内容，以及与上一次印刷的间隔时间长短等实际情况决定，但是至少应对修改之处进行审核，并认真审读书中政治性、时效性较强的内容。

5. 办理重印发稿手续

责任编辑应该填写重印书发稿单，经三级审读者签发后，连同审读报告、重印书改正样本交总编室（或相应部门）登记后发出版部门。出版部门按照要求安排印前制作处理和印制。

重印书如果要重新设计封面、扉页、护封等，应当由责任编辑重新填写装帧设计单，交美术编辑室办理。

三、再版的程序

再版的程序与出版初版书的程序大同小异。大同主要是就自审稿起的各个编辑环节而言，小异主要存在于审稿之前的各个环节。

由于再版是在已有图书的基础上进行的，因此，选题策划一般都以原书的基本框架结构为基础，并根据采集到的新信息对原书作适当调整和充实。修订工作一般由原书作者承担（某些著作权不属于执笔者个人的图书也可由著作权人委托其他人修订），责任编辑应该及时与修订者共同研究和制定修订方案，确定修订的原则、范围和重点，经过集体论证后开始实施。

出版单位收到再版书稿件后，应该按照初版书的要求审稿、编辑加工整理和审定发稿。与初版书相比，再版书由于已经有一定的基础，其编辑工作的难度相对较小。但是，如果因此而掉以轻心，就不仅难以达到优化、提高图书质量的目的，而且很容易出现差错。所以，担任书稿审读、编辑加工整理任务的编辑人员，必须像对待初版书那样对待再版书，千万不可麻痹大意，各个环节绝对不能放松。

四、重版率

重版率是全年出书种数中重印书与再版书种数之和所占的比例。重印和再版的书越多（重印书的品种往往比再版书多得多），重版率越高。

重版率的高低是衡量一个出版单位经营效率的重要参考指标。

能够重印和再版的书，一般来说，都是质量比较好、使用价值和文化积累价值比较大、能够广泛流传的好书。这样的书越多，对社会的影响就越大，产生的社会效益也就越高。可见，重版率高，就意味着出版单位所出的书质量好、社会效益高。

重版率也与出版单位的经济效益状况密切相关。许多经济效益好的出版单位，重版率都在50%以上，而利润的大部分来自重印书。这是因为，与新版书相比，重印书的成本低得多，其利润空间就相应地比新版书大得多。值得再版的图书，也往往都有重印的可能。所以，重印和再版的书越多，利润相对也越高，经济效益也就越好。

思考题

1．三审制的基本要求是什么？有哪些作用？

2．三审制中的各个审级分别应该承担哪些任务？

3．稿件送请外审的原因和目的各是什么？对外审者有哪些要求？

4．对稿件内容质量的评价包括哪些具体要求？

5．对稿件形式质量的评价包括哪些具体要求？

6．审稿结论包括哪几种？对相应的稿件应该如何处理？

7．出版合同包括哪些主要内容？应该如何签订并注意哪些问题？

8．编辑加工整理与审稿有什么关系？

9．编辑加工整理包括哪些内容？

10．审定发稿时需要做什么工作？责任编辑对复审、终审退回的稿件还要做哪些工作？

11．责任编辑处理校样包括哪些工作内容？要求各是什么？

12．什么是图书辅文？它们有什么作用？

13．图书辅文主要有哪几种？它们各有什么特点？

14．责任编辑在图书辅文方面应该做哪些工作？

15．图书重印应该按照什么样的程序进行？

16．图书再版应该按照什么样的程序进行？

17．什么是重版率？计算重版率有什么意义？

第三章 期刊出版

重点提示：期刊的定义及其构成要素，期刊的媒体特点，期刊的数字出版与融合发展。国家对期刊的创办和变更登记的规定，国家对期刊发行范围的规定；国家关于期刊标准化标志的规定，国家关于期刊编辑出版活动的规定；国家关于期刊质量的管理规定；国家关于期刊广告经营的规定。期刊的市场定位及其意义、要素和途径。期刊编辑工作的总体特点；期刊的内容策划；期刊的组稿、审稿和编辑加工，期刊校样页面余缺的处理；期刊的稿件管理。学术期刊在摘要、关键词标引和参考文献著录方面的基本规范；期刊编辑者学术不端行为。期刊与广告的关系；经营广告的原则和策略，广告经营与期刊发行量、生产成本和销售利润的关系。

第一节　期刊概述

期刊作为一种独立的传播媒体，至今已有三百多年历史。它以连续出版的形式，在特定领域对目标受众产生持续影响，从而成为重要的出版物种类之一。

一、期刊的定义和构成要素

期刊又称“杂志”。1964 年 11 月 19 日联合国教科文组织在巴黎会议上曾通过决议指出：“凡是同一标题连续不断（无限期）定期与不定期出版，每年至少出一期（次）以上，每期均有期次编号或注明日期的称为期刊。”2005 年 9 月 30 日中华人民共和国新闻出版总署发布的《期刊出版管理规定》说明：“本规定所称期刊又称杂志，是指有固定名称，用卷、期或者年、季、月顺序编号，按照一定周期出版的成册连续出版物。”

根据上述定义可知，构成期刊的要素是：第一，有一个固定的名称；第二，连续出版；第三，有一定出版周期；第四，以卷、期或年、季、月等顺序编号；第五，呈现一定数量页面集合成册并有封面的形态。

这些要素是期刊不可或缺的。把它们综合起来，就可以将期刊与报纸、图书等纸质出版物区别开来。

此外，期刊还有其他几个比较明显的标志，如一般不重印，也不修订再版；不设专门的扉页，版本数据常以“版本记录块”

的形式与其他内容合用页面；通常汇集多名作者的作品而成；同一作品通常独立占用若干页面，仅极少量页面由两篇或更多作品共用；设置多个栏目，由编辑者将在某方面具有共性的单篇作品汇编纳入；形态和篇幅在一定时期内相对稳定，各期刊物的开本、装订样式、页面数量、版心规格等都完全相同，如果确需变更，一般也要从某年的第一期开始，且之后各期（至少当年内各期）都应与之相同，等等。

二、期刊的媒体特点

期刊是继图书、报纸之后出现的又一类出版物，虽与图书、报纸有着诸多共性，但在形态和功能上有其自身特点。

（一）期刊与报纸的比较

期刊与报纸都是连续出版物。两者相比，差异主要表现在以下四个方面。

1. 外在形态

我国期刊较常用的开本有 A4、大 16 开、16 开、B5、大 32 开和 32 开等，而报纸的开张则以对开和 4 开为多。期刊通常要装订成册，而报纸多为散页，一般采用大张纸对折。

2. 出版周期

期刊一般有周刊、旬刊、半月刊、月刊、双月刊、季刊、半年刊和年刊，而报纸出版周期大多以“日”计，即使是“周报”，出版周期也不过七天。显然，期刊的出版周期通常比报纸长。

3. 信息时效

期刊的信息时效性弱于报纸，但可以对报道客体作较长时间的调查、观察与分析，从而有效地增加内容的深度和广度。

4. 版面形式

由于期刊和报纸的版面大小不同，它们的版面形式也有着明显的差异。期刊版面形式流畅，注重前后版面的衔接，在统一中求变化；而报纸版面形式丰富，不同版面往往自成单元，在变化中求统一。期刊的绝大多数版面都是“单用”的，即一个版面上只有一篇作品或其中一部分，仅极少量版面多篇作品“合用”；而报纸的版面在绝大多数情况下都为多篇作品“合用”，较少出现一篇作品“单用”现象。

（二）期刊与图书的比较

期刊与图书也有不同之处，可以归纳为五个方面。

1. 延续性

期刊是连续出版物，而图书是非连续出版物，所以延续性是期刊与图书的主要区别。只要没有特殊情况，一种期刊可用同一名称无限期地连续出版内容各不相同的单本，而图书的出版没有这种延续性。

单本的期刊往往不及图书厚重，但随着一期期刊物的连续出版，不仅内容不断丰富，而且后出者往往还在前出者基础上作进一步延续深化和价值积累。因而，从总体上看，期刊具有在某一领域不断深化认识、积累文化的功能。

2. 时效性

期刊要求贴近现实社会生活、文化发展和学术研究前沿，新出版的刊物往往与当时的时代背景有着较为密切的联系。期刊传达的信息相对较新、传达的速度相对较快，有较强的时效性。图书的内容则具有一定的稳定性和系统性，时效性相对较弱。

3. 周期性

期刊出版有固定的周期，按照不同的时间节奏定期出版。

图书的出版时间一般没有这种限制。

4. 一次性

期刊一般不会再版或重印（但可以结集出版，如出版合订本、精选本等）。图书的有效销售时间则比较长，可以多次重印甚至再版。

5. 定向性

期刊具有相对明确的受众，因此可以采用预订等形式定向发行，形成稳定的读者群。图书虽也有自己的读者对象，但每种新书都有一个获得市场认可的过程。

由于期刊具有定向、定期发行的特点，且拥有相对稳定的发行量，往往可以成为良好的广告载体。图书则基本上不刊登广告，即使偶尔申请刊登，其传播效果一般逊于期刊。

三、期刊的数字出版与融合发展

随着互联网的普及和数字技术的进步，人们获取信息的方式和阅读习惯发生了很大改变，数字技术在出版领域得以广泛运用，传统媒体与新兴媒体逐步融合。期刊的数字出版与融合发展为我国期刊业注入了新的活力，呈现出强大的生命力和广阔的市场前景。

（一）期刊的数字出版

20 世纪 70 年代，国外开始将电子技术用于期刊的联机检索，出现了最早的数字期刊——电子期刊。随着互联网的普及和数字出版技术的进步，数字期刊的载体形态、传播方式、表现形式及生产方式都在不断变化、创新和丰富，在短短几十年里取得了巨大发展。纸质期刊数字出版主要有以下几种方式。

1. 加入数据库

对于大多数期刊来说，加入大型数据库是期刊实现数字出版的一种方式，也是期刊初步尝试数字出版最便捷的途径之一。期刊加入大型数据库，几乎没有网络运营成本和管理成本，也没有任何技术壁垒，只要将期刊的最终排版文件提供给数据库企业，就可以利用数据库网站的规模效应，实现期刊内容资源的二次发布，拓宽传播渠道。目前，我国学术期刊数据库建设和应用较为成熟，如中国知网、万方数据、超星在线网、维普数据、龙源期刊网等大型数据库平台，已经成为我国期刊的主要出版和传播媒介，对期刊的发展具有重要的影响。

2. 自建网站

期刊出版单位自建网站是期刊实现数字出版的重要途径。1995年，我国第一份网络期刊《神州学人》（*Chisa*）上线。随后，各类期刊出版单位纷纷开始自建网站，将期刊内容发布在网站上，供读者浏览、查询、下载。这类由期刊出版单位自建的网站，也称为“网络版期刊”，主要用于发布期刊内容。网络版期刊凭借其及时性、便捷性、大容量、多媒体、交互性等特点，吸引了大量的读者，获得快速发展。

随着数字技术在出版领域的广泛应用，网络版期刊不再仅仅复制、发布纸质期刊的内容，刊载内容不断扩展、丰富，表现形式包含了文字、图片、音频、视频、动画等各种媒体形态，为读者提供高效快速的检索方式和便捷友好的互动交流。网络版期刊在迭代发展中，不断适应数字化传播规律、满足读者需求，同时也改变着期刊的生产方式和读者的阅读习惯。比如，目前在学术期刊中应用较普遍的协同采编系统和基于XML（可扩展标记语言）结构化的在线排版系统，可以做到集投稿、采编、审稿、编辑加工、排版、校对、数字化出版于一体，优化期刊出版流程，提高工作效率，期刊内容一次制作就可实现多媒体、多渠道、多样化传播。

3. 开发期刊App

随着移动互联网技术的发展，特别是智能手机和平板电脑的普及，人们在社交、娱乐、学习和商务工作中越来越多地使用各种App。"App"是英文"application"的缩写，主要指安装在智能手机、平板电脑等移动终端的应用程序，有时也被称为"移动客户端"。智能手机和平板电脑具有便携性、触摸交互性等特点，很快成为多媒体网络版期刊的最佳载体。这类期刊在原有网站内容的基础上，开发基于移动终端的期刊App，如《中国国家地理》《第一财经周刊》等都开发了非常优秀的App。期刊App在保持期刊定位、办刊宗旨和编辑风格的基础上，扩展了内容的丰富性，增强了阅读的互动性，拓宽了传播的渠道，提升了期刊品牌形象。

4. 利用自媒体平台

社交网络迅速兴起，作为自媒体的微博、微信不仅改变了人们传递个人信息、相互沟通的方式，而且越来越多地担负起向公众传播的功能。我国大多数期刊已开始使用微博、微信公众号、微信群、QQ群等社交媒体与读者、作者互动。相对而言，微信公众号在期刊数字出版中的应用更加普及，功能也更加完善。期刊出版单位利用微信公众平台为读者和作者提供个性化服务，进行互动交流，实现期刊内容的精准传播。

（二）期刊的融合发展

2014年8月，中共中央办公厅、国务院办公厅发布的《关于推动传统媒体和新兴媒体融合发展的指导意见》，对我国出版的融合发展起到了助推作用，期刊的数字出版进入融合发展阶段。

目前，我国大多数期刊已建立自己的门户网站或移动客户端，初步实现数字化生产和网络化传播。期刊的数字出版应以编辑为中心，对纸质期刊、网站、App、微博、微信等传播媒介进行整合和统筹规划，根据不同媒体和受众的特点对内容素材进行分类加工，实现一次制作、多次发布。例如，《中国新闻周刊》已经发展成为拥有一刊、一网、两微和新媒体矩阵协同发展的全媒体形态；源自《三联生活周刊》的“中读”App，以版权为核心，通过媒体融合实现产品升级，打造社交阅读和知识服务的平台。

大数据、云计算、物联网、区块链等新技术为期刊业带来了理念更新、技术革新与出版模式创新，也为期刊融合发展注入了蓬勃发展的动能。多年来，期刊业借助新技术推动期刊融合发展，逐步实现内容资源的动态聚合、实时分发、精准投放、互动分享，推动传统期刊媒体和新媒体在内容、渠道、平台、经营、管理等方面深入融合。同时，通过期刊出版与相关产业跨界融合的实践，使传统期刊产业延伸、服务下移，不断满足读者新需求，在实现社会效益的前提下，经济效益也有所增长，实现期刊与相关产业的深度融合。

第二节　国家关于期刊的管理规定

期刊社以及附设于法人内部的期刊编辑部都属于出版单位，因而《出版专业基础·初级》和《出版专业基础·中级》关于国家对出版管理的相关内容，基本上都适用于对期刊的管理。本节主要介绍与期刊相关的管理规定。

一、关于创办期刊的规定

出版单位创办期刊，经主管单位审核同意后，主办单位须按规定向所在地省级新闻出版主管部门提出申请，省级新闻出版主管部门审核同意后，报国家新闻出版主管部门审批。

国家新闻出版主管部门给批准创办的期刊颁发国内统一连续出版物号。主办单位持国家新闻出版主管部门的批准文件到省级新闻出版主管部门领取并填写《期刊出版登记表》，省级新闻出版主管部门审核《期刊出版登记表》后，向主办单位发放《期刊出版许可证》。主办单位持《期刊出版许可证》到国家市场监督管理部门办理登记手续，依法领取营业执照。公开发行的期刊，可以向 ISSN 中国国家中心申领中国标准连续出版物号（ISSN），并向国家新闻出版主管部门条码中心申领条形码。

两个或两个以上单位合办期刊，须确定一个主要主办单位负责办理申报审批手续。期刊出版单位和主要主办单位须在同一行政区域。

二、关于期刊变更登记的规定

期刊出版单位变更名称、合并或者分立、改变资本结构，期刊变更名称、主办单位或主管单位、业务范围（包括办刊宗旨、文种），均应依照有关创办期刊的规定办理审批、登记手续。

期刊变更刊期，国家新闻出版主管部门可以委托省级新闻出版主管部门审批。但是，期刊变更刊期为周刊的，由国家新闻出版主管部门审批。

期刊出版单位变更期刊开本、法定代表人或者主要负责人，在同一登记地内变更地址，经其主办单位审核同意后，由期刊出版单位在 15 日内向所在地省级新闻出版主管部门备案。

期刊休刊，期刊出版单位须向所在地省级新闻出版主管部门备案并说明休刊理由和期限。休刊时间不得超过 1 年。休刊超过 1 年的，由国家新闻出版主管部门撤销《期刊出版许可证》，所在地省级新闻出版主管部门注销登记。

三、关于期刊发行范围的规定

我国期刊的发行范围指出版物发行的地区和读者对象，分为公开发行和内部发行两种。公开发行指对发行地区和读者对象不做限定的发行方式，内部发行指对发行地区和读者对象加以限定的发行方式。

四、关于期刊标准化标志的规定

我国正式出版的出版物都须载有表明其“身份”的标准化标志，这既是为了表示出版物的合法性，也是为了保证出版活动的有序开展。我国期刊所用的标准化标志有国内统一连续出版物号（CN）和中国标准连续出版物号（ISSN）。根据国家标准《中国标准连续出版物号 第1部分：CN》（GB/T 9999.1—2018）和《中国标准连续出版物号 第2部分：ISSN》（GB/T 9999.2—2018），国内统一连续出版物号（CN）是“国务院出版行政管理部门分配给在中华人民共和国境内出版的连续出版物的唯一代码”，中国标准连续出版物号（ISSN）是“在中华人民共和国境内分配的与国际标准连续出版物号（ISSN）的编码结构一致的连续出版物的标识符”。《出版专业基础·初级》教材对国内统一连续出版物号（CN）和中国标准连续出版物号（ISSN）的结构和格式已有较详细的讲述，这里不再赘述。

国内统一连续出版物号采用一种连续出版物分配一个号的原则。针对期刊的具体内容包括：“一种一号”，即一个国内统一连续出版物号只能分配给一种期刊，不同语种的期刊应分配不同的国内统一连续出版物号；“一型一号”，即一种期刊以不同类型载体出版，不管其题名是否相同，应为不同载体版本分配不同的国内统一连续出版物号；“改名改号”，即期刊名称无论发生任何变化，都应分配新的国内统一连续出版物号；“变更登记地改号”，即一种期刊出版地从一个省级行政区转移到另一个省级行政区，应重新分配一个国内统一连续出版物号。

公开发行的期刊，主办单位可以向ISSN中国国家中心申领中国标准连续出版物号（ISSN），并向国家出版主管部门条码中心申领条形码。分配给一种期刊的中国标准连续出版物号（ISSN）是其唯一识别代码，不得用于出版图书或其他出版物。

五、关于期刊编辑出版的规定

国家关于期刊编辑出版的管理规定，主要涉及期刊的编辑出版活动、期刊出版形式和编排的规范化、出版增刊和合订本等方面。

（一）期刊的编辑出版活动

关于期刊编辑出版活动，国家主要有下列规定。

第一，为了保障期刊刊载内容符合国家法律法规的规定，期刊出版实行编辑责任制。期刊不得刊载《出版管理条例》和其他有关法律法规以及国家规定的禁止内容。期刊刊载涉及国家安全、社会稳定等方面内容选题，即重大选题，须根据 2019 年 11 月国家新闻出版署颁布的《图书、期刊、音像制品、电子出版物重大选题备案办法》，按程序办理备案。未经备案批准的，不得出版发行。

第二，期刊除了可以发表原创作品外，还可以依照著作权法的规定，转载、摘编其他报刊上已公开发表的作品，但必须注明作者姓名和最初刊登该作品的报刊名称、期号。转载、摘编作品，必须尊重著作权人的各项合法权益。公开发行的期刊不得转载、摘编内部发行的出版物和其他内部资料性出版物的内容。期刊转载、摘编互联网上的内容，必须按照有关规定对其内容进行核实，并在刊发的明显位置标明下载文件网址、下载日期等。

第三，期刊出版单位应有符合本专业要求的专职主编和一定数量的专职编辑，负责具体的编辑工作。任何情况下都不得擅自转让编辑出版权，不得出卖、出租、转让本单位名称及所出版期刊的中国标准连续出版物号、名称、版面，不得转借、转让、出租和出卖《期刊出版许可证》。

第四，期刊采编业务与经营业务必须严格分开。期刊的广告经营者限于在合法授权范围内开展广告经营、代理业务，不得参与期刊的采访、编辑等出版活动。期刊不得刊登任何形式的有偿新闻。

第五，经国家出版主管部门认定具有新闻采编业务的期刊出版单位在登记地以外的地区设立记者站，参照原国家新闻出版总署《报社记者站管理办法》的规定，必须报经拟设机构所在地省级新闻出版主管部门批准。记者站不得从事与新闻采编业务无关的其他活动，不得从事出版物发行、广告经营、开办经济实体等经营活动，不得再设立分支机构。其他期刊出版单位一律不得设立记者站。

第六，期刊刊载内容不真实或者不公正的作品，致使公民、法人或者其他组织的合法权益受到侵害，其出版单位应当公开予以更正、消除影响，并依法承担其他民事责任。被侵害者要求更正或者答辩的，出版单位应当在其最近出版的一期刊物上予以发表。

第七，期刊出版单位如需与境外出版机构开展合作出版项目，须经国家新闻出版主管部门批准。

（二）期刊出版形式和编排的规范化

关于期刊出版形式和编排格式的规范化要求，主要有下列规定。

1. 刊名与期刊编号

刊名，即期刊名称，须置于刊物的面封（封一）、目次页、页眉以及版权记录等重要位置，面封中其他信息的字号应不大于刊名字号。中文期刊应加注刊名的汉语拼音，可印刷在刊物的适当位置，如面封，或目次页版头，或版本记录块内。外文期刊应在面封同时刊印其中文刊名。刊名不得随意变更，如确实需要，按规定审批备案后，刊名变更应从新的一卷（年）开始，变更后原刊名应在面封的显著位置出现至少 1 年。

期刊编号指期刊在编辑出版过程中所采用的卷、期、年、月标识。年、月、期、卷等顺序编号须置于期刊面封的明显位置，不得以总期号代替年、月、期号。期刊的单册和合订本，其书脊厚度大于等于 5 毫米时，在书脊上排印刊名、卷号、期号和出版年份。

2. CN 号和 ISSN 号

CN 号即国内统一连续出版物号的代码，ISSN 号即中国标准连续出版物号（ISSN）的代码。CN 号应固定印在版本记录块、封一（面封）、封四（底封）下方等任意位置上；ISSN 号应印刷在出版物的封一右上角、题名页、刊头、版本记录块或目次页和封四下方，应尽可能印在封一的右上角；CN 号和 ISSN 号如合在一起印刷，应置于版本记录块、封一右上角或封四下方。中国标准连续出版物号（ISSN）条码，应优先置于封一的左下角，也可置于封四的右下角。[对中国标准连续出版物号（ISSN）及其条码的位置和格式的规范要求，详见《出版专业实务·初级》。]

3. 版本记录

期刊须在底封（封四）或版权页上刊载版本记录，内容包括：期刊名称、刊期、创刊年份、卷号（或年份）和期号、出版日期、主管单位、主办单位、总编辑（主编）姓名、编辑单位及其地址、出版单位及其地址、印刷单位、发行单位、中国标准连续出版物号、定价等。用少数民族文字或外文出版发行的期刊，其版本记录应采用相应的文字。期刊的总期号一般也可以列于版本记录中。如果出版增刊，版本记录中还需载明增刊备案号。期刊经营广告的，版本记录中还应载明广告经营许可证号。

（三）出版增刊

关于期刊出版增刊，主要有以下规定。

第一，期刊可以在正常刊期之外出版增刊（包括精选本、精华本、珍藏本），每种期刊每年可以出版两期增刊。

第二，期刊出版单位出版增刊前，应当经主管单位审核同意后，由主办单位报所在地省级新闻出版主管部门备案。增刊面封上须刊印正刊名称，注明“增刊”字样，不得省略正刊名称和突出增刊要目名称，也不得以增刊副题名称代替正刊名称。

第三，增刊的内容必须符合正刊的办刊宗旨和业务范围，必须与正刊的开本和发行范围相一致。非学术期刊不得利用增刊出版学术论文版。

第四，增刊的版本记录中除须刊印期刊名称、CN 号和 ISSN 号等正刊必备的项目之外，还须刊印增刊备案号。

（四）出版合订本

期刊合订本不得对内容另行编排，须按原期刊出版顺序装订，并在其面封明显位置标明期刊名称及“合订本”字样。如出版主管部门认定期刊中已刊发的文章存在违法内容，存在违法内容的相关篇目不得收入合订本。已经注销登记的期刊，不得出版合订本。

六、关于期刊质量的管理规定

期刊的出版质量包括内容质量、编校质量、出版形式质量、印制质量四项。四项均合格的，其质量为合格；四项中有一项不合格的，其质量为不合格。

期刊内容符合《出版管理条例》第二十五、二十六条规定并符合国家新闻出版主管部门核准的办刊宗旨和业务范围的，其内容质量为合格；不符合的，其内容质量为不合格。

期刊编校质量检查依据相关国家标准、行业标准及规范。差错率不超过万分之二的期刊，其编校质量为合格；差错率超过万分之二的期刊，其编校质量为不合格。编校质量差错率的确定依据《期刊编校差错率计算方法》。

期刊出版形式质量检查依据《期刊出版形式差错数计算方法》。差错数不超过 5 个的期刊，其出版形式质量为合格；差错数超过 5 个的期刊，其出版形式质量为不合格。

期刊的印制符合相关国家标准、行业标准及规范的，其印制质量为合格；不符合的，其印制质量为不合格。

七、关于期刊广告经营的规定

期刊刊载广告必须严格遵守国家有关法律法规的规定。

（一）发布广告

关于期刊发布广告，国家主要有以下规定。

第一，期刊出版单位要经营广告，必须向国家市场监督管理部门申请，经批准登记后方可经营，并在每期的版本记录中注明“本刊广告许可证号 ×××”。

第二，期刊发布广告之前，期刊出版单位应严格审查广告客户是否具有发布资格。如对化妆品广告应当查验营业执照和《化妆品生产企业卫生许可证》《化妆品生产许可证》等证明文件；对药品、医疗器械、农药、兽药等商品的广告，必须查验有关行政主管部门的批准文件。麻醉药品、精神药品、医疗用毒性药品、放射性药品等特殊药品，药品类易制毒化学品，以及戒毒治疗的药品、医疗器械和治疗方法，不得做广告。对各种出版物的广告，必须查验出版许可证。

第三，严禁以新闻报道形式发布广告。期刊发布的广告应当有广告标记，与其他非广告信息相区别，不应使消费者产生误解。

第四，广告用语应当使用普通话和规范汉字，不得单独使用外国语言文字。广告中数字、标点符号、量和单位等的用法，应当符合国家标准和有关规定。

第五，期刊每年刊载公益广告的版面应不少于商业广告版面的 3%。

第六，酒类广告的刊载每期不得超过两条，并不得置于面封。

第七，期刊不得刊载或变相刊载烟草制品广告。

（二）广告刊载内容

对于期刊刊载的广告内容，国家主要有以下规定。

第一，广告不得含有虚假的内容或者引人误解的内容，不得欺骗和误导消费者。

第二，广告中不得含有妨碍社会安定，危害人身、财产安全，损害社会公共利益，妨碍社会公共秩序，违背社会良好风尚，妨碍环境、自然资源保护的内容；不得含有淫秽、迷信、恐怖、暴力、丑恶的内容；不得含有民族、种族、宗教、性别歧视的内容。

第三，广告中不得使用我国国旗、国徽、国歌，不得使用国家机关及其工作人员的名义，也不得使用“国家级”“最高级”“最佳”等用语。

第四，广告中不得含有国家法律、法规、政策禁止的其他内容。

第三节　期刊的市场定位

期刊的市场定位，是在期刊出版经营活动中，办刊人根据细分市场需求对刊物内容和风格特色等所作的一种总体策划与设计。它是一项基础性工作，体现办刊人的主体意识和市场判断能力，直接决定了一种刊物的市场表现和未来的发展。

一、市场定位的重要性

市场定位是期刊生存发展的关键。准确的市场定位，有助于期刊迅速赢得目标读者关注，形成鲜明的个性特色，塑造独特的品牌形象；它还关系到期刊品种结构的合理布局，关系到出版物市场的健康发展。

我国期刊市场竞争日益激烈。如果期刊定位不准或不具有定位上的优势，就很难在市场竞争中获得读者认可。

二、市场定位的要素

内容定位、读者定位和风格定位是期刊市场定位的基本要素。

（一）内容定位

期刊作为精神文化产品，内容是其立身之本。一种期刊的办刊宗旨，总是通过内容来体现的。内容定位是办刊人对内容范围、知识层次、表达形式等所作的设计和选择，应该遵循以下原则。

1. 需求原则

人类的精神需求多种多样，与之相对应，包括期刊在内的精神文化产品也应该丰富多彩。因此，时政新闻、文艺休闲、时尚生活、新知探索、学术理论等刊物就应运而生。

人类的精神需求总是与特定的政治、经济、文化背景联系在一起，不同时期有不同的精神需求。因此，及时捕捉、准确判断社会需求，对于期刊的市场定位至关重要。

2. 优势原则

期刊的内容定位，既要从社会的需求出发，也要从办刊人的资源优势出发。只有把这两者结合起来，才能做到有的放矢，从容面对市场竞争。高等院校为什么能办好学术性强的专业刊物，与其拥有的作者优势有关；教育部门为什么能办好教学刊物，与其拥有的信息优势有关。作者优势、编辑优势、社会信息优势以至经济优势，都可以转化为办刊优势，关键是办刊人要对本刊物、本单位、本行业等方面的优势具有清醒的认识，并善于充分利用。

优势是相对而言的，也会随着外部环境和内部条件的改变而变化。原来的优势既可能得到强化，也可能由优转劣。因此，这里所说的优势原则，还包括要不断巩固、发展优势。这是刊物不断发展、长盛不衰的前提之一。

3. 差异原则

我国现有期刊已超过1万种，已形成门类比较齐全、结构日趋完整的现代期刊出版体系。办刊人在考虑期刊内容定位时，必须充分认识这一现实，作出正确抉择，找到期刊的最佳定位。

差异原则的核心是利用市场细分原理，在市场中开垦别人没有发现的处女地，或者是在成长性较好的热点领域寻找“缝隙”，尽量避免同质化竞争。实施差异原则，有助于期刊扬长避短，进行良性竞争，也有利于整个期刊市场布局的合理性。

（二）读者定位

期刊要生存，就必须拥有自己的读者群；为读者服务，满足特定读者的阅读需求，是期刊生存和发展的落脚点。读者定位就是要通过市场调研，发现和明确期刊的目标读者群，并为其提供特定的阅读内容和广告宣传等方面的服务。从某种意义上讲，期刊就是为目标读者群打造的“社区”。近年来，期刊读者小众化、细分化趋势明显。明确读者定位，才能做到有的放矢。

读者定位应该做到以人为本，通常要考虑读者的自然条件、社会条件和心理条件。

1. 自然条件

读者的自然条件，包括读者的性别、年龄、婚姻、民族、生理特征及其所处的地理环境等因素。

按照这些自然条件，可以从不同角度将读者划分为许多类型，期刊可以专门面向某种类型的读者。只有细分读者，才能细化服务。例如，女性时尚类期刊就可把女性划分成不同的年龄段，然后再按照各个年龄段读者的审美特点与接受心理设计刊物的内容。

2. 社会条件

读者的社会条件，包括读者的文化程度、经济水平、职业、专业、社会地位与所属社会阶层。

针对不同职业的群体，可出版不同的期刊，如机电、建筑、印刷、农业、教育等方面的期刊；针对不同专业的人员，也可出版不同的期刊，如法学、经济学、物理学、化学、信息科学技术等领域的期刊。读者的文化、经济水平各不相同，也为期刊的定位提供了不同的选择。

3. 心理条件

人的心智千差万别，因此，期刊定位只考虑读者的自然条件、社会条件是不够的，还需要准确细致地把握读者的心理需求，如读者的情感、志趣和爱好等因素。在此基础上，再进一步选定有共同心理取向的读者，求取“公约数”，根据他们的特点确定定位，设置栏目，编辑内容，不断以优质内容满足读者需求。

期刊的读者定位应当综合考虑上述三方面的条件。成功的读者定位在于找准读者自然条件、社会条件和心理条件的最佳结合点，做到浑然一体。法国知名女性期刊《她》（*ELLE*），就是一个成功的综合定位实例：从自然条件来讲，这是一种给年轻和成熟女性阅读的期刊；从社会条件来讲，它适应大多为职业女性且经济水平和文化程度较高的读者的阅读习惯；从心理条件来讲，它满足女性读者追求时尚、体验品质生活的需求。

对于一种期刊来说，读者定位既要十分明确又非一成不变，需要根据社会发展、读者阅读需求及期刊市场的变化不断地调整。办刊人对刊物的实际读者和目标读者都必须有准确的把握，为此就要不断地发现读者，研究读者，分析读者，为读者做好服务。

（三）风格定位

风格定位是指期刊在内容与形态方面要有特色，并能够有效地吸引目标读者。

风格是一种期刊区别于其他期刊的特色，也是被读者感知、接受和认同的魅力所在。期刊要根据市场的需求和读者的阅读兴趣，经过一段较长时间的创造性实践、强化和积淀，形成其在内容和形态上都相对稳定的独特性。要做好风格定位，需注意以下几个问题。

1. 保持期刊内容的个性魅力

大凡成功的期刊，内容上都有其他刊物无法替代的独特个性。尤其是办同类期刊，更要在内容上做到“人无我有，人有我新，人新我变”。

期刊要保持自己的个性，就必须做到：

第一，不断强化特色，将特色凝聚为风格。

第二，坚定不移地执行既定的办刊宗旨和编辑方针，不为期刊市场的一时变化所左右。比如《咬文嚼字》，既不因为被认为缺乏学术深度而关在象牙塔里做研究，也不因为有人批评其缺乏市场意识而把自己变成教辅刊物，而是始终针对社会语文运用，树立了自己“语林啄木鸟”的独特品牌形象。

第三，密切关注社会生活发展，与时俱进，开拓创新。比如《读者》，始终坚持“与读者一起成长”的办刊理念，1981—1984 年率先介绍新知识、新技术、新思潮，满足了读者对知识的渴求；1985—1989 年根据形势的要求，增强了弘扬中华文明和爱国主义的内容；1990 年始，则提出了贴近时代、贴近生活、贴近读者的三大编辑主张。

2. 增强期刊形态的鲜明特色

期刊的形态包括封面装帧、版式设计等诸多因素。形成期刊外在形态风格的手段，较常见的有以下几种：

（1）选用恰如其分的标志色

独特的颜色组合能够给人留下深刻的印象，能够体现期刊的总体风格特征。彩色标志较单色标志更具吸引力，但标志色一般不宜超过三种。

（2）选用富有表现力的标志字符

字符作为一种象征符号，能表达较为丰富的内涵。如法国期刊《她》（*ELLE*）的刊名采用修长的美术字体，字母之间分得很开，不与封面上的人物形象相冲突。汉字是形、音、义的结合体，是线的艺术，利用汉字的文化特点进行美术设计更有广阔天地。

（3）选择与期刊总体风格相符的标志图案

许多出版社都有自己的社标。将社标印在本版图书的显著位置上，这对于树立出版社品牌形象有一定作用。期刊出版单位也可设计期刊的标志图案。

上述三种方法也可组合起来运用。品牌形象设计确定后应及时登记注册，此外还要通过多种传播途径广而告之，以加深作者和读者对它的认知程度。

近年来，我国有不少期刊都非常注重形态的创新，在装帧设计上力求别具匠心，如开本的变化、用纸的讲究、新的印刷工艺的采用等，不仅在增强刊物鲜明特色上取得了不少宝贵的经验，而且也给读者带来了阅读上的审美愉悦。

3. 品牌期刊要有独特的风格设计

风格是期刊成熟的标志，期刊形成品牌的过程也是风格形成的过程。品牌期刊大多同时也在风格上胜人一筹。

品牌形象是一种无形资产，它的树立会给期刊的发展带来诸多好处：品牌形象是期刊的标志和代号，有“识别器”的作用，可减少读者在选购期刊时所花费的时间和精力；品牌形象的知识产权为期刊所有，并受法律的保护，这就有利于期刊与其他期刊特别是同类期刊的竞争；品牌形象还有利于实行品牌推广和品牌延伸战略。

打造品牌期刊，最为重要的是对于凸现自身特色的内容风格要有执着的追求，努力保持较高的水准。与此同时，也要精心设计期刊的形态风格，使之与内容风格完美契合、相得益彰。

三、市场定位的途径

对期刊进行市场定位的途径有很多，这里主要谈办刊过程中常用的三种途径。

（一）通过市场调查确定市场定位

创刊过程中，要摸透读者的精神文化需求，预测期刊在市场竞争中的位置。为此，就得进行市场调查。市场调查的方法多种多样。

按调查方式分，有问卷调查法、征订调查法、观察调查法等。

按调查范围分，则包括：普查法，即对所要掌握的市场情况毫无例外地逐一调查；抽样调查法，即按照随机原则抽选一定数量的读者进行调查，并以其结果推算有关的总体数值；间接调查法，即通过中介组织进行调查研究，分析期刊市场的发展趋势；典型调查法，即选择典型的读者或地区作调查，达到认识和掌握期刊市场供需变化总体特征的目的。

1923 年，美国的亨利 · 鲁斯和布里顿 · 哈顿在创办《时代》周刊前，通过市场调查发现：当时美国已经有了一些新闻期刊和评论期刊，还诞生了商用无线电广播，却没有一种能够简明有趣地介绍一周新闻的期刊。于是，他们便创办了《时代》周刊以填补这一空档。实践证明，以出版周刊来介入新闻业是期刊经营的一种有效方式。

（二）通过试刊校正市场定位

经过初步市场调查所确定的市场定位，难免会有偏差，需要通过市场检验来加以修正。出版试刊是校正市场定位的一种有效途径。根据我国关于期刊的行政管理规定，试刊必须在新创办期刊获得批准后进行。

出版试刊是根据刊物的性质和宗旨，设计一定的栏目、选择相应的文章组成一期刊物出版后，选择一定的测试市场进行试销，了解目标读者的反响。根据读者反馈，对市场定位作适当校正，以便使正式推出的刊物能更好地适应市场。

试刊是对新办期刊的具体内容设置、形式设计进行探索，一定要充分体现刊物的特色，要把它办成最好的自我宣传品，并有效地开展试销工作。这样，才能达到摸清市场、准确定位的目的。

（三）通过改刊调整市场定位

市场定位要保持基本稳定，但也并非一成不变。随着外部环境和内部条件的变化，刊物原有定位可能与新的市场需求脱节或者游离，此时即可考虑对原来的期刊定位进行调整。

调整定位往往首先表现为更改刊名，如《广东妇女》创办于1982年，经批准于1983年1月更名为《家庭》，并推出试刊号。当时全国各级妇联组织主办的期刊除《广东妇女》外，还有《中国妇女》《内蒙古妇女》和辽宁的《妇女》等。随着形势的发展，《广东妇女》编辑部意识到，原来的期刊地域上受限于“广东”，题材上又受限于妇女工作，很难成为一本广泛销售的大众文化休闲类刊物，于是决定更改刊名，重新调整市场定位。改刊后刊物面貌焕然一新，发行量节节攀升。

需要说明的是，通过改刊对期刊的内容与形式进行彻底的改革，从而寻找新的市场定位，应该是改刊的真正目的。这种改刊与创刊没有实质性的区别，必须按照新办期刊的要求报请国家新闻出版主管部门审批。如果只停留在更换刊名的层次上，而不作实际的改革，是不可能在市场定位上重新取得主动权的。

第四节　期刊的编辑工作

期刊编辑工作与图书编辑工作具有相当多的共性。图书编辑工作的各种基本要求和基本方法，以及编辑过程的各个环节，也适用于期刊编辑工作。但是，期刊编辑工作又有自己的特点。本节所讲的期刊编辑工作特点，有些是期刊编辑工作总体上具有的，有些则存在于编辑工作的某一阶段或某一方面，同时又是总体特点的某种具体体现；有些基本上不见于图书编辑工作，有些虽在某些种类图书（如辞书、教材、丛书）的编辑工作中间或存在，但在期刊编辑工作中则是普遍的、经常性的。

一、期刊编辑工作的总体特点

期刊编辑工作的总体特点与期刊本身的特点紧密相关，是适应期刊的特点而形成并不断完善的。它突出地表现在三个方面。

（一）主体性策划

编辑一本好书与办好一种有影响的期刊，同样都需要编辑充分发挥策划能力，但相比之下，期刊编辑的主体性策划作用表现得更为明显。

每一种期刊在创刊之前，编辑团队就应当对于为什么办刊及办什么样的刊物有全面、深刻的认识。创刊之后，刊物的市场定位、办刊宗旨、风格特色、读者对象等，都需要编辑精准把握，并能根据市场变化适时调整。编辑必须充分发挥自己的知识水平、判断能力、操作技巧等，从题材范围、内容重点、表现角度、表现手法、结构层次等方面选择和刊登作品，才能使刊物始终保持自己的鲜明特色。

期刊编辑工作的这一特点，常会使刊物打上编辑尤其是主编风格的烙印。20 世纪二三十年代的《生活》周刊，就是一个典型的案例。《生活》周刊创刊于 1925 年 10 月，由中华职业教育社主办、王志莘主编，创办初期，社会影响甚微。1926 年，邹韬奋继任主编，他大幅度调整内容，注重短小精悍的评论和“有趣味、有价值”的材料，并以极大的热情开设“信箱”栏目，讨论读者所提出的种种问题；对于编排方式和照片、插图，也一一作独特处理，力求新颖和生动，刊物面貌焕然一新。后来，邹韬奋又对《生活》周刊的内容和形式不断革新、改进，使该刊在社会上的影响日渐扩大。《生活》周刊的这一变化，显然与邹韬奋的努力是分不开的。

要办好一种期刊，稿件资源固然很重要；但更为关键的，是编辑尤其是主编能否提出独具慧眼的策划方案，能否持续不断地实施编辑创新。因此，期刊编辑具有十分强烈的主体意识。出版界早就有“刊如其人”的说法，还有人说“有什么样的编辑，就有什么样的期刊”，“有什么样的主编，就有什么样的期刊”，这实际上都强调了期刊编辑和主编主体性策划的作用。当然，期刊编辑的主体性策划作用会受到客观现实的制约。一个时代的社会政治、经济、科技、文化教育等方面的客观状况，都会对编辑策划作用的发挥产生一定程度的影响。

（二）结构性组配

期刊本身内容的丰富、多元化性质，要求期刊编辑善于进行结构性组配。

一期完整的刊物，通常是由不同作者、不同题目的多篇作品集合而成的；一定时段的各期刊物虽然相对独立，但应该呈现整体一致的风格，就像一串“珍珠项链”。因而，如何使期刊内容既丰富多样，又完整统一，就成为期刊编辑工作的关键。

为了让原本看似互不关联、各自独立的一篇篇作品，成为一期刊物有机整体中的内容单元，必须进行结构性组配工作；为了让一定时段出版的各期刊物保持延续性，编辑必须着眼于期刊的整体特点进行结构性组配工作。

准备一期刊物的稿件时，编辑要根据所选稿件的内在联系（如内容相近）或表现形式（如体裁相同）分别组成若干个版块，设置相应的栏目；或者根据特定栏目的内容和形式要求，选配合适的稿件。这样才能使刊物的结构具有整体上的一致性或相关性。

编辑要根据刊物的性质和市场定位，设置互有关联的栏目，并且随着社会的发展，在保持基本稳定的前提下适时进行调整。这些基本稳定的栏目在各期刊物中反复出现，其中各篇作品又在内容或形式上相互关联，就保证了刊物结构的整体一致。

编辑的结构性组配工作，可使期刊的整体结构层次分明，完整统一。能否着眼于期刊的整体特点进行结构性组配工作、组配得是否合适，常常是期刊编辑水平高下的集中体现。

在图书编辑工作中，类似的结构性组配不具备普遍性，只有丛书、工具书、汇编书等才有结构性组配要求，并且通常由作者和编辑共同完成。对于期刊编辑来说，这种结构性组配工作具有普遍性，是每个编辑都要做的，并且一般没有作者参与。

（三）时效性要求

期刊编辑工作有明显的时效性要求，这主要表现在两个方面。

1. 内容策划要与社会同步

社会是不断发展进步的，读者需求也随之变化。因此，编辑在策划期刊内容、组织稿件时，应该始终与社会发展保持同步。

从宏观上看，要在保持刊物市场定位与办刊宗旨不变的前提下，与时俱进，努力反映社会政治与经济的发展、科学技术的进步、文化教育的创新等，将最新成果及时奉献给读者。

从微观上看，具体组配各期稿件时，要有一定的前瞻性。这是因为刊物有一个印制过程，发稿时间和正式出版时间不可能同步，而为了让读者看到的刊物具有贴近感、新鲜感和时代感，编辑在组配每期稿件时要把握社会生活发展的趋势，及时“预测”读者的阅读趣味，保证策划、组稿和发稿都有一定的提前量，运用编辑的智慧来使刊物内容与社会同步。

对于一些社会新闻性期刊来说，内容策划上的同步还体现为对社会热点的密切关注。编辑要积极组织稿件来介绍相关信息，报道社会事件的最新进展，保证内容的及时传播。

2. 工作安排要有周期性

期刊与图书的一大根本区别，就在于期刊是定期连续出版的。因此，刊期便是期刊编辑的工作周期，编辑人员必须在特定的周期内完成全部工作流程。

期刊编辑人员必须严格按照刊期确定每年的工作周期。如对于月刊，每年就要划分成 12 个周期；对于周刊，则须分成 52 个周期。在每个周期内，又要根据刊物编辑出版流程的规范化要求，分别确定审稿、加工整理、审定发稿、校样处理、签发付印等各个环节的时间限量和具体时日安排，并保证落实。

工作周期内各阶段的时间安排，一般要留有余地，以便将刊物的内容策划、稿件组织、联系作者和读者等工作，有机地穿插其间进行，同时也可为某段时间工作日的减少（如遇到较长的法定假期、临时发生一些须及时处理的事件、需参与一些社会活动，等等）而预作准备，及时作适当调整，从而保证每期刊物按时出版。

二、期刊的内容策划

期刊的内容策划一般包括栏目设计、专题策划和作品组配等方面。

（一）栏目设计

一期刊物由多篇作品集合而成。期刊编辑要将在内容上或表现形式上具有相同特征的文章编排在同一版块，形成栏目，多个栏目组合成一期完整的刊物。所谓“栏目”，是指反映、讨论、研究某领域、某主题、某事件以及具有某种表现形式的一组作品，并有一个提示性、概括性的名称。

1. 栏目的作用

栏目并非为期刊所特有。然而，一般期刊都有栏目，这是与栏目的作用分不开的。

第一，栏目可以使期刊眉目清楚，条理明晰，让读者一目了然，阅读方便。

第二，栏目可以使原本单独存在的各篇作品体现出内容上或形式上的内在联系，塑造期刊的整体形象。

第三，别具一格的栏目还可以强化期刊的个性，展示编辑的智慧，吸引读者阅读。

2. 设计栏目的要求

期刊的栏目一般由编辑设计，是编辑主体性策划的产物。编辑设计的新栏目要经过编辑委员会或主编批准后，才可以正式实施。

设计栏目应注意以下几点。

（1）符合宗旨，体现特色

栏目的设计应该符合刊物的定位和宗旨，体现期刊的整体结构性组合。对于新创办的期刊来说，栏目设计就是构筑刊物的整体结构。对已有刊物来说，栏目设计是为了在整体上更好地体现期刊既定的办刊宗旨、编辑方针与风格特色。

（2）点面结合，结构合理

栏目的设置要有面，即全方位满足读者的需求；也要有点，即从几个角度切入来突出展现期刊的宗旨和性质。点面要相互结合，形成一定的版块结构。

各种期刊的栏目数量多少不等，多者可达数十个，少者只有四五个。总的来说，栏目数量的设置要有“度”，要根据具体期刊的定位和读者对象等来考虑，因为过多容易导致全刊结构松散，过少则显得比较单调。

同时，各个栏目宜有轻重之分，编辑要善于按照本刊宗旨，始终抓住重点栏目，通过“拳头产品”来提高刊物的整体水平。

（3）既要稳定，又求创新

栏目的设置不能经常变动，也不能一成不变，要在基本保持稳定的同时开设新栏目来满足读者的新要求。如《故事会》杂志的十多个栏目都是逐步形成的：1993 年推出“16 岁故事”，1996 年推出“百姓话题”，1998 年推出“名人讲故事”，2000 年推出“3 分钟典藏故事”。这些栏目的适时推出不但开辟了故事领域的新天地，而且还带动了一大批新作者加盟故事创作队伍。

设计新栏目时要考虑有一定的稿件资源支持，否则，栏目再好也难免捉襟见肘，行之不远。

（4）名称简明，内容贴切

栏目的名称要精心设计，力求简明，让读者看到后有“眼前一亮”的感觉，马上知道是怎么回事；让作者一看就理解该栏目包括哪些方面的作品，在创作中不会产生误解。

栏目的内容设计要贴切，与刊物的整体结构相吻合，既新颖别致、不落俗套，又不显得突兀。

栏目如果设计得好，往往是刊物的亮点之一，因而也是争取读者“眼球”的重要手段。

（二）专题策划

所谓“专题策划”，是为了产生较为深远的社会影响而围绕同一主题组织一组作品并推出。

专题策划是期刊编辑的一项经常性工作。它有助于增强期刊的内容深度和作品力度，吸引更多读者关注。

专题策划能否成功，关键在于提炼的专题是否合适，组织的作品是否到位，刊发的时机是否适宜。这些都能充分体现期刊编辑的主体意识强弱和策划能力高下。

同一专题的一组作品，通常是在同一期刊物中集中推出，也可考虑在一定时间内连续刊登。如 1986 年《书品》创刊号发表了杨伯峻先生的文章《我和〈左传〉》，在社会上引起了一定反响。许多读者给编辑部来信，认为杨文扼要地概括了自己几十年来研治《左传》的经历，实则是一篇个人治学经验的小结，写得亲切生动，读来如同和作者面对面交谈。编辑部认为这一信息非常重要，马上组织编辑进行专题策划。后来陆续约到了几十位名家的文章，连续刊出后造成了一定的声势，产生了较好的影响。

结合专题策划还可同时开展相关活动。如《咬文嚼字》“众矢之的”栏目，从1996年开始每年都有一项专题策划，同时组织一次有创意的活动——发动读者检查文字差错。1996年查《人民日报》等12家报纸，1997年查化妆品广告，1998年查《半月谈》等12种发行量领先的期刊，2000年查王蒙等12位知名作家的文章，2001年查12种明星图书。后来又组织12家出版社开展编校质量擂台赛，发起检查北京等12座大城市的街头用字状况，给包括中央电视台在内的12家电视台荧屏用字“亮分”，给商品文字进行“体检”……这些活动几乎都成了社会关注的热点，促进了语言文字的规范化，客观上也提高了刊物的社会影响力。

（三）作品组配

作品组配，就是根据期刊结构的要求，为每一期刊物选择一篇篇长短不一、内容各异的作品，并将之合理地组配成一个整体。

作品组配要注意以下几个方面。

1. 突出重点

一种刊物有诸多栏目，每个栏目有多篇作品。虽然编辑主观上总想做到“个个栏目耐读，篇篇作品精彩”，但事实上很难做到。因此，期刊编辑不但在栏目设计上要善于抓住重点，在为一期刊物进行作品组配时也要突出重点。除了保证每期必有重点栏目之外，还要保证每期有大多数读者都关注的重点作品。重点作品的数量不必很多，有两三篇甚至一篇即可，但必须保证作品具有较高的水准，并能引起读者的广泛关注。

2. 合理布局

在突出重点栏目的同时，要兼顾其他一般栏目，以“一般”对“重点”作全面烘托，从而构建一个网状的阅读面。

一般栏目不必每期都有，但也不宜长期空缺，可根据稿件储备情况，适当地轮流出现。

在突出重点作品的同时，也要适当配置读者感兴趣的一般作品，要充分照顾到各个层次读者的阅读需求。

结构的合理还体现在对作品篇幅的调配上。从整期刊物来看，一般应该长短作品兼顾，从而让读者阅读时可调整阅读节奏，调节认知器官的紧张强度，提高阅读效果，并且使版面也显得错落有致。从某个栏目来看，同一期中该栏目各篇作品的篇幅则不宜有太大的差别，要有一定的均衡，避免因篇幅悬殊而使读者对作品的重要性产生误会。

3. 控制总量

图书的总篇幅一般有比较大的弹性，而期刊的总篇幅是相对固定的，就是说，在某一时间段内（少则一年，多则数年、十来年甚至更长）任何一期刊物的开本大小和页面数量都是基本稳定的。

根据期刊的这一特点，编辑在进行每期刊物的作品组配时，必须从两个方面控制入选稿件的总量。

（1）控制总字数

一般要对拟选稿件的总字数作测算，如文中有插图，可将图所占空间折合成字数，以便计算。

通常要作两次总字数控制测算：一次是在组配作品结束须确定本期拟发稿件的目录时，一次是在拟发稿件加工整理完毕即将发稿时。

前一次测算时，稿件的总字数应该稍稍偏多些，因为加工整理过程中一般总有删减；后一次测算时，则应使总字数尽量接近刊物的固定篇幅，以避免在校样上大增大减。

（2）控制总篇数

一种期刊在某一时间段内各期刊物所刊登作品的篇数宜大体接近，只在一定的范围内增减。

作品篇数太少，刊物会显得单调，无法体现期刊“杂”的特点；作品篇数太多，刊物显得零碎、散乱，有损期刊的整体感。

各期刊物的作品篇数时多时少、相差悬殊，是作品组配的大忌，会严重损害期刊的同一性和连续性。

4. 前后呼应

一种期刊是一个有机的整体，而每一期刊物是其中的有机组成部分。因此，在进行作品组配时，就要考虑到期刊的整体定位和一贯风格，保持期与期之间的一致性与衔接性，不能顾此失彼、前后矛盾。

三、期刊的组稿、审稿和编辑加工整理

期刊与图书都是有很长历史的出版物。不少出版单位既出版图书又出版期刊，因此，在组稿、审稿和编辑加工整理等环节，图书编辑工作与期刊编辑工作常常互相借鉴，彼此汲取成功的经验，彼此引入有效的方法，由此形成了大同小异的状况。因此，这里讲述的期刊组稿、审稿和编辑加工整理工作，也主要着眼于与图书编辑工作稍有差异的地方。

（一）期刊的组稿

不同的期刊，包括组稿在内的编辑运作模式多有不同。比

如，有些期刊采用采编合一、编撰合一的模式，即编辑、记者（或撰稿者）职能统一。选题确定后，稿件由刊物的编辑、记者（或撰稿者）自行完成，很少向外组稿。但是，大多数期刊需要向外组稿，并且与图书编辑相比，期刊编辑的组稿工作更为频繁。

期刊组稿工作有两大特点。

1. 组稿对象更为广泛

期刊的两个特点——主题内容方向相对固定和目标读者群相对固定——使得它的作者与读者相互交叉。一种期刊的作者往往也是它的读者，而期刊的读者也常常能成为它的作者。因此，期刊编辑在采用个别约稿方式的同时，还有可能大量采用社会征稿方式组稿，“征稿启事”甚至成为不少刊物的固定内容。

由于每期刊物大都由多人的多篇作品汇集而成，作者数量就比较多。一般来讲，期刊编辑的作者数据库中，存储的作者数量要比图书编辑多得多，其中有已经建立相对固定关系的核心作者，还有大批外围作者。通过这些作者以往发表的作品，编辑已经对他们有较多的了解。于是，在策划了一个新的栏目或者一个新的专题时，编辑就有可能根据这些作者的创作特长，进行定向组稿。

2. 组稿过程灵活高效

期刊编辑组稿的目标是获得单篇或数篇文章，通常要求主题明确，重点突出，篇幅较小（少则数百字，多则数千字，超过一万字的很少）。所以，稿件的结构、体例等也就相对简单，不像图书稿件那样复杂，写成后要进行修改、调整等也有很大的回旋余地。期刊稿件的这些特点使得编辑组稿的过程比较灵活，相当于图书组稿进程的“快进版”或“缩略版”。因为灵活，编辑组稿的效率也可以比较高，通过一次交谈或两三次通信联系，编辑与作者就能达成有效的沟通，商定稿件的内容主题、基本框架、大致篇幅等，基本确定约稿关系。积累了一定实践经验的期刊编辑，以自己的职业敏感性和对本刊宗旨、性质、特色的充分把握，常常能够在参加学术会议、社会活动的过程中，甚至在与一些专家、学者的个别交流中，就能捕捉到有价值的选题，进而深入“追踪”，组织到稿件。

此外，因为期刊稿件篇幅小、结构相对简单，编辑在组稿过程中能够较快地与作者商定写作提纲，所以一般也没有让作者提供编撰大纲、样稿的必要。

（二）期刊的审稿

期刊审稿的总体要求与一般图书的审稿相同，即必须把握作品的政治性、思想性、科学性、知识性和独创性。除此之外，期刊的审稿还具有“从期刊出发”的特点，具体表现为：要求稿件符合期刊的宗旨、定位和适合特定栏目的风格，否则，即使稿件内容不错，也不能采用；把握时效性，及时跟上社会发展变化；尽量发掘并突出稿件中一点一滴的创造性，为发现、培养新作者打好基础，拓展方向；要充分考虑一期刊物的容量大小和组配文章的均衡性，要求稿件的篇幅适宜。《出版专业实务·初级》对此已有较详细的讲述，这里就不再展开。

（三）处理好页面余缺

期刊编辑加工整理的总体要求和具体方法与图书基本相同。除此之外，期刊由于其特有的媒体特点，还具有统一格式、写好导引文字、处理校样页面余缺等特殊要求。对前两个要求，《出版专业实务·初级》已经详细阐述，所以，这里主要讲述处理校样页面余缺的问题。

期刊编辑在进行作品组配时，一般根据拟发稿件的估计字数安排版面，因此难免发生误差，导致校样的页面或多于或少于期刊较固定的计划页面数。因此，期刊编辑必须对校样的页面余缺情况进行处理，这实际上是原稿加工整理工作的必要延续。

期刊编辑对页面余缺的处理，应在初校样上完成，并且涉及改动的页面应尽量少。二校样或三校样上的大块文字改动或调整，是包括图书编辑在内的每个编辑都应该力戒的，因为这不但使排版成本上升，而且最容易导致出现编校差错。

期刊的页面余缺处理具有很强的技术性，因为这是在受到较多客观条件限制的情况下，须综合考虑期刊编辑工作的各种因素来实施的。能否完美地对校样上的页面余缺进行处理，往往是衡量期刊编辑业务能力高下的又一个重要方面。

处理页面余缺的方法一般有抽稿、转页、缩行、增稿和补白等。在实际工作中，这几种方法常常可综合起来使用，从而使一期刊物的总页面数经处理后符合计划要求。

1. 抽稿

抽稿是从已经排版的校样中删除整篇文章。在某期刊物中抽下的文章，一般应该在下一期刊物中及时登载。

抽稿这种方法一般仅在校样的页面数超过计划页面数较多，并且各个页面都排得较满的情况下才采用。

抽稿时要考虑两个因素：一是可减少的页面数基本符合要求（有少量出入可采用其他方法再调整）；二是抽掉该稿不致对本期刊物的整体结构造成重大损害。实在难以兼顾时，也可考虑用内容、体裁相当但篇幅较小的其他稿件替换原来的稿件。

作抽稿处理后，应该及时改动相关的项目，如目次、页码、页眉等。

2\. 转页

转页是将某篇文章末尾的部分文字转到另外一个页面。

如果校样的页面数过多，但同时有几个页面的文字量较少，不足半面，就可以考虑将其中一些页面作转页处理，以此来减少总页面数，达到需要保持的计划页面数。

转页会影响读者的阅读感受，因此，期刊编辑在处理页面余缺问题时，应尽可能少采用转页方法。如果只能采用转页的做法，尽可能把前一篇文章的末尾安排到后一篇文章起始页面的下半部分，以保持阅读的连贯；如果无法安排到后一篇文章的起始页面，也应尽量使文字向后面的页面转，不要向前面的页面转；只有在迫不得已的特殊情况下，才采用文字逆向前转的做法。

3\. 缩行

缩行是将某个字行缩减掉，即通过对某段落中文字、标点等的调整而使该段落占行数减少一行或者数行。

缩行可以把整篇文章所占的行数减少，使其末尾“溢出”的少量字行“挤入”前面的页面中，将原来所占的最后一个页面变成空白面，从而减少刊物的总页面数。

在校样页面数过多，同时某些页面上又只有寥寥几行文字的情况下，就可以采用缩行的方法，缩掉的行数恰好等于原来文末独占一面的行数。

进行缩行处理时，首先要在文章中寻找出那些最后一行只有极少量文字的段落，然后对该段落中的标点符号进行调整，先把相当于一个汉字宽度的全角标点改为仅相当于半个汉字宽度的半角标点。如果仅减少标点符号所占空间还无法缩行，就要设法删去该段中个别不重要的词语。

有时也可以在一个段落中删除若干字行，但是必须保证这些文字的删除不会影响文章的主要内容。

4. 增稿和补白

增稿和补白都是在校样中增补新的文章，区别在于增稿是增加安排篇幅稍大的文章，补白是增加篇幅很小（一般仅数百字）的文章补足页面的空白。

在校样的页面数过少时，一般就要增稿。增补的稿件放在哪个栏目、置于已有的哪篇稿件之前或之后，都要从保持期刊整体结构性的角度细加斟酌。所增补稿件的篇幅，应该比需补页面的字图总容量稍小，以避免因增稿而使页面数溢出。

通过抽稿、增稿、转页、缩行等方法对校样进行处理后，校样的总页面数已经符合要求，但是某些页面还可能存在较大（超过页面 1/3）的空白，这时就需要采用补白方法来解决。需要注意的是，补白性文章不能转页。编辑在选择相应稿件时，要对篇幅作恰当的控制。

四、期刊的稿件管理

期刊的稿件篇幅小而数量多，并且处于持续不断的流动状态。因此，期刊编辑就比图书编辑多一项稿件组织管理的工作。

（一）认真处理来稿

期刊编辑几乎每天都会收到作者的来稿，其中自投稿又占相当大的比重。这与图书编辑工作显然有很大区别。

期刊编辑处理日常来稿时要注意做到三个“及时”——及时登记、及时审读和及时答复。

1. 及时登记

根据不同期刊的要求，作者通常是通过期刊编辑部公布的投稿邮箱，或是登录期刊网站通过协同采编系统进行投稿。不管以什么方式投来的稿件，编辑都要做好来稿登记工作。来稿登记是期刊编辑工作有序开展的重要保证。

登记的项目一般包括稿件名称、作者姓名、联系方式、邮寄地址、收稿日期等。稿件审阅后，还要将处理的结果和时间也作好登记，以便日后有案可查。

2. 及时审读

作者将作品投给期刊，是出于对期刊的信任；期刊编辑及时认真审读稿件，是对作者的尊重。建立良性的编辑和作者关系，是期刊发展的基础。

期刊编辑部应制订切实可行的稿件审读制度，明确从登记到发稿或退稿的每一个责任环节。凡是承担审稿任务的编辑，都应该在规定时间里完成审读任务，提出采用、退修或退稿的处理意见。特别是具有时效性的稿件，编辑应在第一时间审读，给作者留下另行处理的时间。

3. 及时答复

编辑部应将处理意见及时反馈作者：符合用稿标准的，就告诉作者已决定采用；基本可用但尚存在一些问题的，可提出意见退作者修改；不符合用稿标准的，说明不采用的理由。

期刊的审稿时限，即编辑部收到稿件后应作出答复的时间，国家规定为收到稿件后 30 天；有的期刊因审稿难度较大（如须送请外审的）等原因，也可以适当延长，但必须事先在刊物上以“启事”“声明”等形式明确公告，作为与所有作者的约定。在审稿时限期间，作者承担不将同一稿件投给其他期刊的义务；

在此时限之外，作者就不再有这项义务。因此，若由于期刊编辑部超过审稿时限未答复而造成作者“一稿两投”的，责任在期刊编辑部。

为了让那些总体上质量不错但不符合本期刊定位、风格的稿件不致被埋没，编辑在退稿给作者时，不妨建议作者改投相应性质的其他期刊。

（二）保持适当储备

期刊编辑部必须始终保持一定数量的稿件储备。这是由期刊在整体结构上的多元化和编辑出版周期上的时间性所决定的，是期刊编辑特有的工作内容之一。

保持稿件储备要注意三个问题。

1. 储备稿件的总量要适当

稿件储备过多，许多稿件积压在编辑部，不能及时刊登，既影响期刊的声誉，又影响作者的投稿积极性，还可能使一些稿件因积压过久而失去发表价值，损害作者的权益。

稿件储备过少，会不敷使用，轻则在作品组配时捉襟见肘，重则导致刊物因稿件不足而难以正常出版。

稿件储备总量的控制范围，根据期刊的刊期长短而各有不同。

2. 储备稿件的类型要均衡

不同的栏目对稿件有不同的要求，适合用于甲栏目的稿件不一定能用于乙栏目。因此，编辑在储备稿件时，要按照期刊整体结构性的要求，综合考虑各种稿件的类型特征，保证期刊各个栏目都有一定的备用稿数量。

均衡并非是稿件数量的绝对平均，而是要求各栏目储备的稿件均可保证一定时间的用稿需要。因此，用稿量大的重点栏目，稿件储备数量要多一些；用稿量较小的一般栏目，备用稿数量就可以少一些。

3. 灵活调控稿件储备量

各种各类稿件在质量上不可能完全相同，总会有高下之别。期刊编辑在决定稿件的取舍时，要考虑同类型稿件的储备情况，作出比较灵活的处理。某类稿件储备量相当大的，不妨把“采用线”提得稍高些，让质量更好的稿件“入围”；某类稿件储备量不足的，则可以将“采用线”稍微降低些，让一些质量基本合格的稿件也能“入围”。

第五节　学术期刊的编辑规范化要求

学术期刊编辑规范化的项目比较多，本节仅根据国家标准《科学技术报告、学位论文和学术论文的编写格式》（GB/T 7713—1987）、《信息与文献　参考文献著录规则》（GB/T 7714—2015）、《学术出版规范　关键词编写规则》（CY/T 173—2019）、《学术出版规范　期刊学术不端行为界定》（CY/T 174—2019）等，主要介绍关于摘要、关键词和参考文献著录的要求，以及期刊编辑可能涉及的学术不端行为。出版专业技术人员在工作实践中，如果需要进一步地详细了解有关细则，应该查阅国家标准原文。

一、摘要及关键词的要求

学术性期刊刊登学术论文，应该同时刊载该论文的摘要和关键词。

摘要和关键词通常由作者提供，期刊编辑应根据规范化的要求进行审核和加工整理。

（一）摘要

摘要是论文的内容不加注释和评论的简短陈述。为了国际交流，有的期刊论文还提供外文（多用英文）摘要。

摘要是一篇完整的短文，可以独立使用，以便让读者用最少的时间获得论文的主要信息，确定有无必要阅读全文。其位置一般在题名（即文章名称）、作者名之后，关键词之前。

对于摘要的撰写，主要有下列要求。

第一，具有独立性和自含性，摘要的内容应包含论文的主要信息，可以独立使用，供文摘等二次文献采用。

第二，摘要一般应说明研究工作目的、研究方法、结果和最终结论等，而重点是结果和结论。

第三，摘要应客观反映论文的主要信息，不是正文的补充、注释或总结，不可加进论文内容以外的解释或评论，尤其不得进行自我评价。

第四，结构要严谨，表达要简明，语义要确切。中文摘要一般不宜超过 300 字；外文摘要不宜超过 250 个实词。如果有特殊需要字数可以略多。摘要一般不分段落。

（二）关键词

关键词是表达学术论文主题内容的词或词组，是一篇学术论文中需要标引的主题因素。关键词应能准确、充分揭示论文的主题内容，同时也能提供重要的可检索信息。根据学术论文研究的深度和广度，一般宜选择 3 ～ 8 个关键词。为了促进国际交流，学术论文还应编写英文关键词。

关键词应按照反映主题的重要性排序。表达核心主题因素的关键词排在前面，表达非核心主题因素的关键词排在后面。

关键词置于摘要之后、正文之前。在关键词之前宜加“关键词”字样，并在其后加冒号。关键词之间宜用分号隔开，最后一个关键词后面不加标点符号。

例如：《明代图书出版体系探析》

关键词：图书出版体系；出版史；明代

二、参考文献的著录要求

期刊中的参考文献表主要是索引性的，明确标示引自他人的学术思想、理论、成果和数据，既体现对他人劳动的尊重，又表明了学术的继承性和严肃性。读者可以通过参考文献表进一步检索有关资料、核实数据或共享资源。

凡征引文献，均应列入参考文献表，说明其来源。

（一）参考文献标注体系

参考文献既可以集中著录在文后，也可以分散著录在页下端。参考文献标注体系有两种，即顺序编码制和著者－出版年制。每种期刊可任选其中的一种，但全刊应保持一致。

1. 顺序编码制

按照顺序编码制，依正文中引用的文献出现的先后顺序连续编码，将序号置于方括号中。如果顺序编码制用脚注方式时，序号可由计算机自动生成圈码。

相应的参考文献表中，各篇文献按正文部分标注的序号依次编排。

2. 著者－出版年制

按照著者－出版年制，各篇文献的标注内容由著者姓氏与出版年构成，并置于“（ ）”内。如果只标注著者姓氏无法识别该人名时，可标注著者姓名。集体著者著述的文献可标注机关团体名称。如果正文中已提及著者姓名，则在其后的“（ ）”内只著录出版年。

相应的参考文献表中，各篇文献首先按文种集中，可分为中文、日文、西文、俄文、其他文种五部分；然后按著者字顺和出版年排列。中文文献可以按著者汉语拼音字顺排列，也可以按著者的笔画笔顺排列。

（二）参考文献表的著录项目与格式

在顺序编码制与著者－出版年制中，参考文献表的著录项目与格式基本相同，区别仅在于著者－出版年制中的“出版年”项应位于“主要责任者”项（包括“析出文献主要责任者”和“专利申请者或所有者”）之后，并用“，”号隔开。这里只按顺序编码制简要介绍参考文献表的著录项目与格式。

1. 专著

专著的著录格式为：

主要责任者. 题名：其他题名信息［文献类型标识/文献载体标识］. 其他责任者. 版本项. 出版地：出版者，出版年：引文页码［引用日期］. 获取和访问路径. 数字对象唯一标识符.

其中，“文献类型标识”“其他责任者”为选择项，“获取和访问路径”“数字对象唯一标识符”为电子资源必备项。

例如：

[1] 余敏. 出版集团研究：第 1 卷 [M]. 北京：中国书籍出版社，2001：179－193.

[2] 哈里森，沃尔德伦 . 经济数学与金融数学 [M]. 谢远涛，译 . 北京：中国人民大学出版社，2012：235–236.

[3] 中国造纸学会. 中国造纸年鉴：2003[M/OL]. 北京：中国轻工业出版社，2003[2014–04–25]. http://www. cadal. zju. edu. cn/book/view/25010080.

2. 专著中的析出文献

专著中的析出文献著录格式为：

析出文献主要责任者 . 析出文献题名［文献类型标识/文献载体标识］. 析出文献其他责任者 // 专著主要责任者 . 专著题名：其他题名信息 . 版本项 . 出版地：出版者，出版年：析出文献的页码［引用日期］. 获取和访问路径 . 数字对象唯一标识符 .

其中，“文献类型标识”“析出文献其他责任者”为选择项，“获取和访问路径”“数字对象唯一标识符”为电子资源必备项。

例如：

[1] 马克思．关于《工资、价格和利润》的报告札记 [M]// 马克思，恩格斯．马克思恩格斯全集：第 44 卷．北京：人民出版社，1982：505.

[2] 白书农．植物开花研究 [M]// 李承森．植物科学进展．北京：高等教育出版社，1998：146 – 163.

3. 连续出版物

连续出版物的著录格式为：

主要责任者 . 题名：其他题名信息［文献类型标识 / 文献载体标识］. 年，卷（期）– 年，卷（期）. 出版地：出版者，出版年［引用日期］. 获取和访问路径 . 数字对象唯一标识符 .

其中，“文献类型标识”“年卷期或其他标识”为选择项，“获取和访问路径”“数字对象唯一标识符”为电子资源必备项。

例如：

[1] 中华医学会湖北分会 . 临床内科杂志 [J]. 1984，1（1）. 武汉：中华医学会湖北分会，1984.

[2] 中国图书馆学会 . 图书馆学通讯 [J]. 1957(1)– 1990(4). 北京：北京图书馆，1957 – 1990.

示例 [1] 只列出了期号，没有列出具体的页码，说明对该期连续出版物中的文献引用较多；示例 [2] 列出了时间段，没有列出具体的期号和页码，说明引用的文献基本上都来自这段时间内的该连续出版物，所以引用者就不再一一列举具体期号和页码。

4. 连续出版物中的析出文献

连续出版物中的析出文献著录格式为：

析出文献主要责任者.析出文献题名［文献类型标识/文献载体标识］.连续出版物题名：其他题名信息，年，卷(期)：页码［引用日期］.获取和访问路径.数字对象唯一标识符.

其中，“文献类型标识”为选择项，“获取和访问路径”“数字对象唯一标识符”为电子资源必备项。

例如：

[1] 李晓东,张庆红,叶瑾林.气候学研究的若干理论问题[J].北京大学学报：自然科学版，1999，35(1)：101－106.

[2] 余建斌.我们的科技一直在追赶：访中国工程院院长周济[N/OL].人民日报，2013-01-12(2)[2013-03-20].http://paper.people.com.cn/rmrb/html/2013-0l/12/nw.D110000renmrb_20130112_5-02.htm.

[3] 武丽丽，华一新，张亚军，等.“北斗一号”监控管理网设计与实现[J/OL].测绘科学，2008，33(5)：8-9[2009-10-25].http://vip.calis,edu.cn/CSTJ/Sear.dll?OPAC_CreateDetail.DOI:10.3771/j.issn.1009-2307.2008.05.002.

5. 专利文献

专利文献的著录格式为：

专利申请者或所有者.专利题名：专利号［文献类型标识/文献载体标识］.公告日期或公开日期［引用日期］.获取和访问路径.数字对象唯一标识符.

其中，“文献类型标识”为选择项，“获取和访问路径”“数字对象唯一标识符”为电子资源必备项。

例如：

[1] 邓一刚 . 全智能节电器：200610171314. 3[P]. 2006-12-13.

[2] 西安电子科技大学 . 光折变自适应光外差探测方法：01128777.2[P/OL].2002-03-06[2002-05-28].http://211.152.9.47/sipoasp/zljs/hyjs-yx-new.asp? recid=01128777.2&.leixin = 0.

6. 电子资源

电子资源的著录格式为：

主要责任者 . 题名：其他题名信息［文献类型标识 / 文献载体标识］. 出版地：出版者，出版年：引文页码（更新或修改日期）［引用日期］. 获取和访问路径 . 数字对象唯一标识符 .

其中，“文献类型标识”为选择项。

例如：

[1] 中国互联网络信息中心 . 第 29 次中国互联网络发展现状统计报告 [R/OL].（2012-01-16）[2013-03-26].http://www.cnnic.net.cn/hlwfzyj/hlwxzbg/201201/P020120709345264469680.pdf.

[2] 陈建军 . 从数字地球到智慧地球 [J/OL]. 国土资源导刊，2010，7（10）: 93[2013-03-20].http://d.g.wanfangdata.com.cn/Periodical_hunandz201010038.aspx.DOI:10.3969/j.issn.1672-5603.2010.10.038.

（三）有关参考文献表著录的一些细则说明

在参考文献表中，前述的著录项目和所用符号都是有特定含义的，这里对它们再作些简要说明。

1. 主要责任者或其他责任者

个人著者采用姓在前、名在后的著录形式。欧美著者的名可用缩写字母，缩写名后省略缩写点。欧美著者的中译名只著录其姓；同姓不同名的欧美著者，其中译名不仅要著录其姓，还需著录其名的首字母。依据 GB/T 28039—2011 有关规定，用汉语拼音书写的人名，姓全大写，其名可缩写，取每个汉字拼音的首字母。

著作方式相同的责任者不超过 3 个时，全部照录。超过 3 个时，著录前 3 个责任者，其后加“，等”或与之相应的词。

2. 题名

题名包括书名、刊名、报纸名、专利题名、报告名、标准名、学位论文名、档案名、舆图名、析出的文献名等。题名按著录信息源所载的内容著录。其他题名信息根据信息资源外部特征的具体情况决定取舍。其他题名信息包括副题名，说明题名文字，多卷书的分卷书名、卷次、册次，专利号，报告号，标准号等。

3. 版本

第 1 版不著录，其他版本说明应著录。版本用阿拉伯数字、序数缩写形式或其他标识表示。古籍的版本可著录“写本”“抄本”“刻本”“活字本”等。

4. 出版项

出版项应按出版地、出版者、出版年顺序著录。

出版地著录出版者所在地的城市名称。

出版者可以按著录信息源所载的形式著录，也可以按国际公认的简化形式或缩写形式著录。

出版年通常采用公元纪年，并用阿拉伯数字著录。报纸的出版日期、专利文献的公告日期或公开日期、电子资源的更新或修改日期及引用日期等按照“YYYY-MM-DD”格式，用阿拉伯数字著录。

5. 页码

专著或期刊中析出文献的页码或引文页码，应采用阿拉伯数字著录。引自序言或扉页题词的页码，可按实际情况著录。

6. 获取和访问路径

获取和访问路径是电子资源著录项目的必备项目，根据电子资源在互联网中的实际情况，著录其获取和访问路径。

7. 数字对象唯一标识符

数字对象唯一标识符是针对数字资源的全球唯一永久性标识符，具有对资源进行永久命名标志、动态解析链接的特性。获取和访问路径中不含数字对象唯一标识符时，可依原文如实著录数字对象唯一标识符；否则，可省略数字对象唯一标识符。

三、期刊编辑者学术不端行为

学术期刊是记载、传播、推动科学研究的重要载体。学术期刊中常见的学术不端行为有剽窃、伪造、篡改、不当署名、一稿多投、重复发表、违背研究伦理等。为了有效防范学术不端行为，期刊编辑应充分发挥编辑主体意识，严格把好期刊的学术质量关，当好“把关人”和“守门员”。

2019 年 7 月 1 日，我国正式实施由国家新闻出版署发布的《学术出版规范 期刊学术不端行为界定》（CY/T 174—2019）。该规定界定了学术期刊论文作者、审稿专家、编辑者所可能涉及的学术不端行为，以下主要介绍编辑者学术不端行为类型。

（一）违背学术和伦理标准提出编辑意见

期刊编辑不遵循学术和伦理标准、期刊宗旨提出编辑意见。表现形式包括：第一，基于非学术标准、超出期刊范围和宗旨提出编辑意见；第二，无视或有意忽视期刊论文相关伦理要求提出编辑意见。

（二）违反利益冲突规定

期刊编辑在处理稿件过程中，隐瞒与投稿作者的利益关系，或者故意选择与投稿作者有利益关系的审稿专家。表现形式包括：第一，没有说明可能会将自己排除出特定稿件编辑程序的利益冲突；第二，有意选择存在潜在或实际利益冲突的审稿专家评审稿件。

（三）违反保密要求

在匿名评审中，期刊编辑故意透露论文作者、审稿专家的相关信息，或者擅自透露、公开、使用所编辑稿件的内容，或者因不遵守相关规定致使稿件信息外泄，应界定为违反保密要求。表现形式包括：第一，在匿名评审中向审稿专家透露论文作者的相关信息；第二，在匿名评审中向论文作者透露审稿专家的相关信息；第三，在编辑程序之外与他人分享所编辑稿件内容；第四，擅自公布未发表稿件内容或研究成果；第五，擅自以与编辑程序无关的目的使用稿件内容；第六，违背有关安全存放或销毁稿件和电子版稿件文档及相关内容的规定，致使信息外泄。

（四）盗用稿件内容

期刊编辑擅自使用未发表稿件的内容，或者经许可使用未发表稿件内容却不加引注或说明。表现形式包括：第一，未经论文作者许可，使用未发表稿件中的内容；第二，经论文作者许可，却不加引注或说明地使用未发表稿件中的内容。

（五）干扰评审

期刊编辑利用职权和工作便利影响审稿专家的评审，或者无理由地否定、歪曲审稿专家的审稿意见。表现形式包括：第一，私下影响审稿专家，左右评审意见；第二，无充分理由地无视或否定审稿专家给出的审稿意见；第三，故意歪曲审稿专家的意见，影响稿件修改和发表决定。

（六）谋取不正当利益

期刊编辑利用期刊版面、编辑程序中的保密信息、编辑权利等谋利。表现形式包括：第一，利用保密信息获得个人或职业利益；第二，利用编辑权利左右发表决定，谋取不当利益；第三，买卖或与第三方机构合作买卖期刊版面；第四，以增加刊载论文数量牟利为目的扩大征稿和用稿范围，或压缩篇幅单期刊载大量论文。

（七）其他学术不端行为

除了上述六种学术不端行为，编辑者的学术不端行为还可能表现为：第一，重大选题未按规定申报；第二，未经著作权人许可发表其论文；第三，对需要提供相关伦理审查材料的稿件，无视相关要求，不执行相关程序；第四，刊登虚假或过时的期刊获奖信息、数据库收录信息等；第五，随意添加与发表论文内容无关的期刊自引文献，或者要求、暗示作者非必要地引用特定文献；第六，以提高影响因子为目的协议和实施期刊互引；第七，故意歪曲作者原意修改稿件内容。

第六节　期刊的广告经营

期刊广告是指刊登于期刊上向公众介绍商品、服务或企业信息等的广告。广告经营是期刊出版单位的业务内容之一，出版专业技术人员有必要了解期刊广告经营的基本知识。

一、期刊与广告的关系

期刊是诸多广告媒体的一种，期刊广告是常见的广告形式之一，因而期刊与广告的关系非常密切。

（一）广告是期刊的经济来源之一

根据传媒经济学的经典论述，包括期刊、报纸、广播、电视等在内的媒介产业，大多具有不同于一般产业的重要特点，就是存在“二元产品市场”，即生产一种产品，却可以参与两个独立的商品与服务市场——内容产品市场和广告服务市场，进而获得发行收入和广告收入。

期刊的运营，实际上也经历“多次售卖”：第一次是“卖内容”，即把期刊卖给读者，为读者提供内容信息服务，而读者无论是否付费，都要付出自己的注意力。第二次是“卖读者”，就是将读者群的注意力卖给广告客户。因此，广告收入在期刊经营中占有重要地位，甚至成为不少期刊的主要经济来源。第三次是“卖品牌”，即利用品牌资源发展衍生产品，例如出合订本，建网站，举办论坛、教育培训活动、技能竞赛等。

（二）期刊的媒体特色对广告效果的影响

作为一种媒体，期刊具有许多特色，期刊广告因而会产生一些不同于其他媒体的特有效果。

第一，期刊拥有比较固定的读者群，便于根据这个群体的消费需要，有针对性地刊登相关广告，更有效地实现广告目的。

第二，期刊尤其是品牌期刊的权威性、公信力，更容易直接“传导”给所刊登的广告，两者之间的联系也更为密切。

第三，期刊的阅读率较高，广告的被注意率自然就较高，且期刊有一定的保存期，可以随时翻阅，因而广告的时效就较长，平均传阅率也较高，具有良好的广告效应。

第四，期刊的纸张、设计与印制相对精美，尤其适合刊登一些高品质的广告图片。

二、广告经营的原则

期刊开展广告经营业务时，应该遵循下列原则。

（一）依法经营广告业务

严格执行国家关于广告管理的法律法规，是期刊广告经营的行为准则。要严格遵守广告刊登审核制度，对不符合广告法规定、手续不全的广告一律不予刊登。

（二）维护读者利益

期刊广告经营者要树立读者第一的思想，时刻为读者着想，坚持客观、真实地传播广告信息，在广告制作中不夸大其词、不大肆渲染，更要杜绝虚假广告。这样才能树立期刊的良好形象，为期刊的长远发展打下坚实的基础。

（三）保持期刊风格

期刊所登广告的内容，要与期刊的性质和风格相接近。这样，一则可以维护期刊的整体结构特色；二则也能提高广告的效果，因为如果广告信息与期刊读者的兴趣爱好存在相关性，便更加容易受到读者的关注。

（四）对广告客户负责

对广告客户的负责主要体现在两个方面。

1. 帮助客户依法发布广告

期刊广告经营人员如果发现广告内容违反国家规定，应该及时向客户指出，并提出适当的修改建议。简单地拒绝刊登是不可取的，因为一则无助于客户增强法制意识，可能今后会在别处重犯类似的错误；二则也意味着失去了该客户。以“文责自负”为借口，完全按客户的意图去做，同样是不可取的，因为会导致期刊本身违反国家有关规定。

2. 真诚对待客户

期刊广告经营人员应该真诚对待客户，不虚报发行数量，并在遵纪守法的前提下，尽量为客户提供一些方便。同时一定要信守诺言，切实履行广告合同条款，做到广告刊登的守时、到位。

三、期刊的广告策略

为了充分开发利用广告的潜能，期刊的广告经营除了要全面遵守法律法规的规定，还要注意以下策略。

（一）合理定价

合理定价包括期刊本身的定价合理和广告定价合理。

1. 期刊定价合理

期刊的定价直接影响发行量，而发行量是广告客户决定是否购买广告版面的重要指标。国外的一些商业性期刊，往往采取降低定价（甚至低于成本）的策略来扩大发行量，以吸引广告客户，争取更多的广告收入。这种做法不失为一种可行的价格策略，但具体运用时必须加强成本核算，处理好广告印张与期刊印数的关系。

2. 广告定价合理

制订合理的广告价格是广告经营的重要环节。一般来说，广告价格受一定市场行情的限制，不能无限上升。经营者要巧妙运用价格策略，参照本刊发行量、同类刊物广告价格、期刊所在市场的广告总量等多种因素，合理制订广告价格。对广告刊登量大或连续刊登的客户，可给予价格上的优惠，刊登的数量或次数越多，价格就越低廉，以此吸引长期客户和建立稳定的合作关系。

（二）巧分版面

期刊刊登广告的页数多少和版面位置直接影响到读者对广告的注意力。

一般情况下，期刊的广告页数越多，广告的被注意程度就越低。

不同版面上刊登的广告，读者注意的程度也不同。按读者注意力高低排序，通常依次为面封、底封、封二、封三、内页。读者对于内页的注意力一般是右面比左面高、上半版优于下半版。

内页最后一面的广告位置也十分值得利用，因为有些读者往往会自后向前地翻阅期刊。

期刊广告经营者要巧妙区分版面，并与合理的广告定价结合起来，以吸引广告客户。

（三）精心策划

期刊广告经营要获得理想的效果，应该进行精心的策划。

1. 专题广告策划

这是与期刊内容方面的某一专题策划相一致的广告策划。

一个好的内容专题策划往往会采用一定的篇幅，对某一行业的现状、存在问题、发展趋势作出较为全面的反映，具有一定的权威性和较强的说服力。广告经营者要善于作出精心策划，在相应期号的广告版面中配合推出该行业的品牌商品（或服务、企业信息等，下同）广告，扩大该品牌的社会影响。

2. 系列广告策划

这是利用期刊出版的连续性推出一系列相关商品的广告策划。如根据不同季节、不同时期的消费需求，适时通过广告向读者传播适合于该时期的相关商品信息，全方位地展示某种系列性商品。

（四）增强创意

期刊广告宣传商品或者服务，并不是简单地再现，而应该是生动形象、新颖有趣地呈现，以便给读者留下深刻印象。因此，期刊广告的设计一定要有新颖的创意，以提高读者对广告的注意力。

这种创意，可以是精心推敲的一句话，让读者回味无穷；也可以是一段生动感人的故事情节，让读者魂牵梦萦；还可以是充满魅力的视觉感受，等等。

四、广告与期刊本量利的关系

期刊的利润主要来自销售利润（即销售期刊本身的收入所带来的利润）和广告收入。期刊不同，两者的表现往往也大不相同：有的期刊只有销售利润而没有广告收入；有的期刊销售利润较少，甚至为负数，完全依靠广告收入，如许多时尚类期刊。

可能有人会认为期刊的发行量越大越好，因为发行量越大，一方面意味着可获得更多的销售利润，另一方面意味着可以争取到更多的广告客户，从而增加广告收入。确实，在不损害销售利润的前提下，发行量自然越大越好；但如果不顾销售利润，片面地追求发行量，再用这个发行量去争取广告客户，情况就不同了。

现代经济学对边际成本与边际收益关系的分析，十分适用于对广告与期刊发行量、生产成本和销售利润之间关系的分析。

边际原理告诉我们：如果边际收益大于边际成本，即增加每单位发行量的收入多于支出，扩大发行量是有利的；如果边际收益小于边际成本，即每单位发行量的收入小于支出，扩大发行量就会减少盈利，以至于发生亏损；如果边际收益正好等于边际成本，即增加每单位发行量的收入与支出相等，则发行量已达到了最佳点，而盈利也达到了最高点。

需要指出的是，在测算期刊的生产成本时，务必要考虑到广告本身的印制成本，并且考虑到这种成本会随着发行量的上升而增加。只有当广告刊费大于其本身的成本时，才能给期刊出版单位带来利润。如果广告本身的成本随着发行量的上升而增加到与其刊费相等，就说明广告已经不能给期刊出版单位带来利润。在这种情况下，广告数量再多也已没有什么经济效益，通过增加发行量来吸引广告客户是有弊无利的。

根据以上分析可以知道，在广告的印制成本小于广告收入的前提下：

如果期刊销售收入（指出版单位扣除发行成本后实际获得

的销售收入，下同）高于其生产成本，即销售期刊能获得利润，应该努力增加发行量，广告投放量自然也是多多益善。

如果期刊销售收入等于其生产成本，因发行量增加所导致增加的成本可由销售收入自行抵消，广告收入成为期刊经营者获取利润的唯一来源。发行量的增加如能吸引更多的广告客户，当然应该增加，以便带来更多的广告收入。

如果期刊销售收入低于其生产成本，即使增加发行量能吸引更多的广告客户，也应仔细分析、测算所增加的广告收入是否足以抵消因发行量增加而上升的生产成本。如果可以抵消而且还有多余，就还可增加发行量；如果正好抵消，就说明发行量已经达到最佳点，不可再升高；如果还不足以抵消，就要考虑削减发行量，以减少亏损。

这就是说，办刊人应该努力寻找生产成本、发行量、销售利润与广告数量的最佳结合点，只有这样，期刊的广告经营才会处于动态的良性发展之中。

思考题

1．期刊的定义和构成要素是什么？

2．期刊与图书、报纸比较，有哪些独特的媒体特征？纸质期刊数字出版的主要方式有哪些？

3．国家对于期刊的创办和变更登记各有哪些规定？

4．什么是中国标准连续出版物号？中国标准连续出版物号由哪些部分构成？在中国标准连续出版物号的使用方面应该注意哪些问题？

5．国家对于期刊编辑活动有哪些规定？

6．期刊刊名、顺序号、中国标准连续出版物号的规范格式？它们各应置于什么部位？期刊版本记录的编排格式？

7．期刊出版增刊和合订本各应注意哪些问题？

8．国家对于期刊的广告经营有哪些基本规定？

9．期刊的市场定位为什么非常重要？

10．期刊的市场定位包括哪些要素？有哪些具体途径？

11．期刊编辑工作有别于图书编辑工作的总体特点有哪些？

12．期刊的栏目设置有什么作用？设计栏目时应该注意什么问题？

13．什么是期刊的专题策划？其作用是什么？

14．期刊编辑进行作品组配时应该注意哪些问题？

15．期刊的组稿有哪些具体特点？

16．期刊编辑应如何处理校样页面的余缺？

17．期刊的稿件管理工作要注意哪些问题？

18．学术期刊中摘要、关键词标引和参考文献著录分别有何具体要求？

19．期刊编辑者的学术不端行为有哪些类型？

20．期刊发布广告有哪些独特的媒体效果？

21．期刊经营广告的原则是什么？策划广告需要注意什么问题？

22．广告与期刊的发行量、生产成本和销售利润之间存在什么样的关系？

第四章 书刊整体设计

重点提示：书刊形态设计中的开本、结构部件、书芯用纸和装订样式的选择。书刊美术设计的特点、手段、内容和要求。书刊表面整饰设计中装帧工艺材料与表面整饰加工工艺的种类，书刊表面整饰加工方案的设计。书刊版心大小与版心位置的设计，版面字数的设计。图书正文的版式设计，图书书眉和页码的版式设计，图书辅文的版式设计。期刊正文版式设计特点，期刊页眉、页码、目次页版式设计特点。图片的质量鉴别，版面位置设计，图片的排式，图文合成的样式；表格位置和排式的设计，一般表格的排式，特殊表格的设计处理。

第一节　书刊形态设计

书刊整体设计的质量，是书刊质量的重要方面。1997年新闻出版署颁布的《图书质量保障体系》规定："出版社每出一种书，都要指定一名具有相应专业职称的编辑为责任设计编辑，主要负责提出图书的整体设计方案、具体设计或对委托他人设计的方案和设计的成品质量进行把关。图书的整体设计也要严格执行责任设计编辑、编辑室主任、社长或总编辑（副社长或副总编辑）三级审核制度。"这项规定也适用于期刊的整体设计。

在《出版专业实务·初级》中，已经对书刊整体设计的概念、内容、基本原则、总体要求和书刊的形态作了详细的介绍。本节将进一步讲述书刊的形态设计，主要包括对书刊开本、书刊结构部件、书刊书芯用纸、书刊装订样式等的选择和确定。这些工作由文字编辑、美术编辑、技术编辑共同完成。

一、书刊开本的选择

选择开本时一般需要考虑下列因素：

一是书刊的性质、门类和用途。如画册、图集等，多采用大型开本或特殊开本；经典著作、学术著作、大型工具书、高等教育教材、期刊等，多用较大的中型开本；中小学教材则多采用较小的中型开本；小型工具书等便携类图书，多采用小型开本。

二是图表、公式的繁简和大小。如果书刊中的图表较大、公式较长，就不宜采用小型开本。

三是文字的结构和编排体裁。如诗集、谜语集、名言集等，可采用长开本。

四是版面字数的多少及篇幅的大小。版面字数多、篇幅较长的书刊，开本不宜过小。

五是材料的合理使用。较厚的图书及发行量较大的书刊一般采用常规开本，这样不仅能够充分利用纸张，而且印刷、装订也方便。

六是丛书、成套书及期刊的形态应统一。丛书、成套书的开本不能大小不一。期刊在一定时间内，开本也应该是稳定不变的。

具体来说，对图书和期刊的开本，可作如下选择。

（一）图书开本的选择

对于图书开本的选择，除根据图书的内容、性质和读者对象外，还应考虑到图片的尺寸和方便印刷、装订等，要有利于阅读。不要轻易使用异型开本，以免浪费纸张、增加印刷装订难度。

大型图书，以采用16开为宜，它的优点是版面容纳字数多，可安排无法再缩小的大型图表，便于各类公式、结构式的排版。政治、学术理论类图书，现在多采用小16开或A5开本、大32开，以示其厚重。普及型图书、青少年辅助读物、文学类图书，多采用A5开本。长32开适宜用于诗词类文艺图书，既显得轻巧、典雅，又实用、经济、美观。篇幅短或需携带方便的图书，例如字典、词典、手册等类图书，可采用64开。

（二）期刊开本的选择

期刊的常用开本为 A4、16 开等常规开本，因其幅面较大，所载内容相应丰富，文章内容及篇幅可根据需要而变化，还可刊登幅面较大的图片。有的画刊因有巨幅图片刊登，也有用 8 开的。以文字为主的普及性期刊，也可用 A5 和 32 开。一些文化生活类的期刊，为区别于其他期刊和体现其艺术性的要求，则采用 12 开和 24 开等特殊开本。

二、书刊结构部件的选择

书刊开本选定以后，就要对结构部件作出设计。书刊的结构部件有必备部件和可选部件之分。前者是任何书刊都必须具备的部件，否则就不成其为书刊；后者则是可以按照书刊的性质和用途等进行选择的。所以，书刊结构设计主要是对书刊可选部件的选择，同时也包括对必备部件和可选部件的位置安排和著录项目进行设计。

（一）图书结构部件的选择

图书结构设计应该考虑到图书的性质、类别、篇幅、用途、读者对象，以及工艺、成本等方面因素。如环衬多用于精装书，并且前、后环衬配对，有时为了增加图书的美感，也可用于平装书。讲究的精装本，如大型工具书、高档艺术画册等，常采用护封，既起到保护封面的作用，又能给人以雅致的美感，这类图书还常设有书签带，以方便读者使用。经典类图书、具有特殊意义的图书，可选用函套，以体现其高贵典雅的神韵；有时还可增加藏书票，强化其纪念意义。

设计图书结构部件著录项目，尤其是设计封面、书名页、目录页的著录项目内容和位置，必须严格执行有关国家标准和行业规范。必须在保证规定项目都齐备的前提下，才可增设其他项目。如图书底封必须在确定设有中国标准书号及其条码和定价后，才可以再增加著录出版单位的编辑、校对、整体设计等责任人员名单或者其他项目；扉页是主书名页的正面，应提供有关图书的书名、作者和出版者的信息。

各个部件在图书中的位置或一个部件内部各种项目的位置，也应该遵循有关的国家标准或行业规范进行安排。如附书名页必须设在主书名页之前，并在与扉页相对的双码页面上著录相关项目；版本记录页必须设在主书名页背面，内容包括图书的版权说明、图书在版编目数据和版本记录。

在《出版专业实务·初级》中，对各种书刊结构部件的位置和规定著录项目已经作了详细介绍，这里不再重复。

（二）期刊结构部件的选择

期刊的结构部件相对图书来说比较简单，但是其结构设计也应该考虑到期刊的性质、类别、篇幅、用途、读者对象、工艺、成本等方面因素。如文化生活类期刊以活泼变化为取向，根据市场的需要可设置大量的广告插页，而政治理论类期刊版式风格应工整严谨、端庄严肃。

三、书刊书芯用纸的选择

书芯用纸主要根据书刊的性质选择。大部分图书的书芯都采用胶版印刷纸或胶印书刊纸；工具书由于内容信息量大，又需经常翻阅，所以书芯用字典纸的较多，因为字典纸薄而不透明，质地洁白，强韧耐折，不易断裂。

近年来，中高档图书，特别是文艺类图书，书芯选择轻质印刷纸的日益增多。这种纸厚而轻，纸面挺括，不含荧光增白剂，多呈奶白色、淡米色，不刺激眼睛，长时间阅读不会造成视觉疲劳，而且可以保存多年不变质。

以图片为主或图文并茂的精美画册和期刊，书芯多采用低定量的涂布美术印刷纸（铜版纸）及轻量涂布纸。这几种纸由于纸面上涂有白色涂料，表面平整度高，彩色图像的再现效果好。

一般而言，选择书芯用纸不但要考虑书刊的性质、结构部件，还要考虑纸张价格因素。

四、书刊装订样式的选择

现代常用的书刊装订样式，有平装、精装、骑马订装、线装和散页装几类。关于这些装订样式的特点，《出版专业实务·初级》中已经作了详细介绍，这里不再重复，只介绍装订样式的选择。

（一）图书装订样式选择

设计图书的装订样式时，应考虑图书性质、类别、篇幅、用途、读者对象，以及可提供的材料、工艺等方面因素，并结合各种装订样式的特点和功能进行选择。如篇幅较大的经典著作、学术著作、中高档画册等，多采用精装样式；通俗读物、少儿读物、教科书、生活用书等，多采用结构较为简约的平装样式；页面不多的图书可以选择骑马订样式；考究的古籍图书，可采用线装的样式；教育类挂图和美术小品集等，多采用散页装的样式。

对于精装图书，设计时还要选择确定书脊的形状是平脊还是圆脊。

（二）期刊装订样式选择

期刊的装订样式通常采用骑马订装和平装两种。合订本多平装，供长期珍藏的则可采用精装。

采用骑马订装的期刊，其内文若用胶版纸印刷，书页不得超过 48 页（96 面）；若用铜版纸印刷，书页不得超过 32 页（64 面）。否则，只能采用平装。

当然，用纸种类和书页数量符合骑马订装要求的期刊，也可以采用平装。不过，这时的成本会稍有上升，印制周期也稍长些。

第二节　书刊美术设计

书刊美术设计，是运用美术创作手段为书刊形式所作的艺术构思。它既要遵循美术创作的一般规律，又必须凸显书刊装帧的特点、风格。美术设计需要根据书刊的性质和内容，通过艺术构思确立装帧艺术风格，并根据书刊装帧的整体需要，规定面封、书脊、底封、环衬、衬页、扉页、插页、护封、辑封等各部件之间的审美与物化的互补关系；还应根据信息传达中的阅读功能与审美创作规律，以形象、色彩、文字、纹饰、空间、符号等进行艺术形式的创造。

一、书刊美术设计的特点

一般来讲，书刊美术设计的特点可以归纳为两个“统一”和两个“结合”。

（一）从属性与独立性相统一

书刊的美术设计是一种从属性艺术。

所谓从属性，通常是指书刊美术设计必须为书刊的内容服务，受到书刊内容的制约。从这个角度看，可以说美术设计依存于书刊内容，对内容起映衬、补充作用。

书刊美术设计又必须使用它自身的独特艺术语言，遵循其独特的形式法则，并采用其独有的处理手法。这就是书刊美术设计具有的独立性。

从属性与独立性，这两者是既对立又统一的，不能简单地肯定某一方面而否定另一方面，必须从书刊整体的角度去设计各个部件，运用独特的形式法则和形式语言创作完美和谐的作品。

（二）文化性与商品性相统一

书刊是人类文化的载体。“书卷气”是书刊文化气息的体现，在美术设计上应予以重视与发扬，使之用得其所。这便是书刊美术设计中的文化性所在。

在市场经济条件下，书刊又作为一种商品存在、流通于社会，其美术设计必然具有一定的广告效能，即提供商品信息、反映商品品质。这也是书刊美术设计的功能之一。所以，书刊美术设计又要体现商品性。

一项完美的书刊美术设计方案，应该形式与内容相吻合，既能从形式上吸引和打动读者，同时又能在内涵上经得起推敲。这才是商品性与文化性两者之间应有的对立统一关系。

（三）艺术性与科学性相结合

科学技术已经渗透到各种艺术领域。书刊美术设计，无论是在专业属性、创作思想、设计手段上，还是在表现方式上，都强烈表现出其科学性的一面，体现出艺术与科学的结合。它涉及心理学、材料学、印刷工艺学等现代科学技术；其中材料学与印刷工艺学研究的成果，更是书刊美术设计需要利用的重要内容。

利用先进的科技为美术设计服务是现代设计的一个重要特征。实用、美观、经济的书刊美术设计原则是艺术性与科学性完美结合的具体体现。

（四）时代特色与民族特色相结合

书刊美术设计与其他造型艺术一样，在艺术风格上需体现一定的时代特色和民族特色。

时代特色，是指设计的创意要有强烈的时代感，能充分反映出时代精神和时代气息，随时代的脉搏而跳动，与时俱进。

民族特色，是民族文化中的精髓和灵魂的体现。我国书刊装帧艺术有着悠久的历史和浓郁的民族特色，现代的书刊美术设计要充分体现中华民族文化的底蕴，富有自身文化品格，同时又能兼容并蓄外来文化的精髓。

时代特色和民族特色，是包括书刊美术设计在内的一切当代文化艺术的标志。

二、书刊美术设计的手段

书刊的美术设计，是以一定物质材料和技术手段为基础的艺术创作。所运用的手段主要有艺术的手段、技术的手段、材料与印刷工艺的手段。

（一）艺术的手段

这是运用形象、图案、色彩、文字、纹饰等要素，以写实或写意的手法，使美术设计对象成为充分表现书刊主题内涵的艺术作品。这种手段在美术设计中，特别是在封面设计中，被普遍采用。

（二）技术的手段

这是借助计算机软件对文字、图形、图像进行处理，使设计对象更加完美。例如使用 Adobe Illustrator、Photoshop、InDesign 等软件，对文字、图形、图片素材进行编辑制作，可将对象的形体进行变形、缩放、旋转、斜拉、镜像、畸变等处理，对色彩进行增减、变换等处理，创造特别富有现代气息的艺术效果。

（三）材料与印刷工艺的手段

使用适宜的特种纸张、纸板、织物、塑料、皮革、电化铝箔、粉箔、丝带等材料，采用上光、覆膜、压痕、烫印等工艺和手法（详见本章第三节），都可以使设计对象体现一种精致、独特的艺术效果。

三、书刊美术设计的内容及要求

图书与期刊是两种类型的出版物，它们在美术设计方面的区别，主要是需要进行设计的对象稍有不同。图书的美术设计对象有封面（包括书壳，下同）、护封、环衬、衬页、扉页、插页、辑封、篇章页、函套和腰封等，而期刊美术设计的对象主要是封面和广告插页，偶尔也包括腰封。下面虽然分别分析图书和期刊的美术设计内容，但图书与期刊共有的美术设计对象，如封面、腰封，在设计要求上则有相同之处；图书特有的美术设计对象，其设计手法也可供期刊美术设计借鉴。

（一）图书美术设计的内容

图书美术设计的内容，主要是对封面、扉页进行整体上的有创意的艺术形式设计、加工，有时也包括对护封、环衬、衬页、插页、函套、腰封的设计。

1. 图书封面和护封的设计

对图书封面与护封进行美术设计，既能增加图书外形的美观，又能以这种美观体现图书整体的审美价值。因此，封面和护封的美术设计，无论是采用写实或写意的表现手法，还是运用具体或抽象的艺术手段；不管是文字、图案的使用与变化，还是色彩基调的确定与搭配，都应在视觉艺术效果中凸显图书的性质和主题内涵，体现独特的风格。

封面设计是图书美术设计的主体工程。图书的封面除了起保护书芯的作用之外，还标示图书的属性，并有宣传作用。封面设计一般包括面封（封一）、底封（封四）设计和书脊的设计，有的图书还需考虑勒口和护封的设计（见图 4–1）。

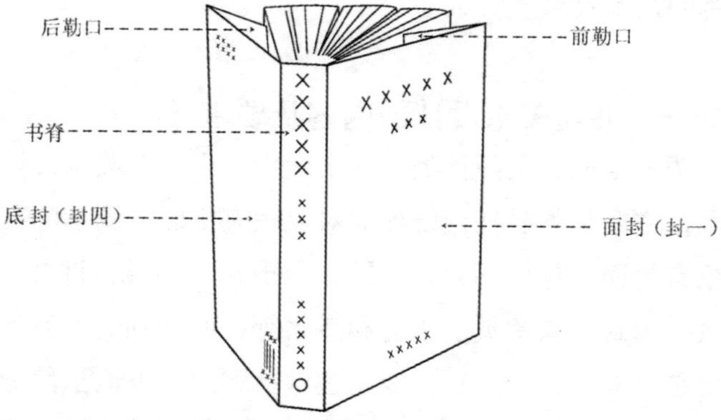

图 4–1 封面设计的范围

（1）面封设计

面封能对读者产生第一印象的视觉冲击，它的设计效果可在书刊的市场销售中起到较大作用。

图书面封常将与该书内容、风格一致的图案或纹饰作背景，其中常常不乏象征性内涵意义。面封上主书名、副书名、作者姓名、出版者名称的字体、字号、颜色和排式，可根据背景的风格设计处理。主书名一般用较大字号的字，副书名的字号应小于主书名。作者姓名的字号一般应小于副书名；作者在两人以上时，姓名与姓名之间应空 1 字，不加标点符号；古代作者应在姓名前注明年代，如“（唐）白居易 著”；翻译图书应在作者姓名前的括号内注明国籍，如“［美］马克·吐温 著”。

出版者名称一般采用出版单位专用的标准体，出版者的图案标志一般加在名称之前或之上。

面封文字横排时，一般是主书名、副书名、作者姓名由上至下依次排在上半部，出版者名称排在下方靠近书根处。面封文字竖排时，一般是主书名、副书名、作者姓名由右至左依次排在右半部上方，出版者名称排在书脊旁靠近书根处。根据图书性质、风格和美化要求，设计时对面封上各项文字的位置也可作一些调整，如把作者姓名置于书名之上（或之右），但主书名与副书名的位次不能颠倒。

（2）底封设计

底封对读者的视觉冲击力虽然不如面封大，但它与面封、书脊同为封面的有机组成部分，设计时应考虑到封面的整体效果。

图书底封的设计应与面封相呼应，常有把面封的底纹延伸、扩展到底封的。底封右下角应印中国标准书号及其条码和定价。此外，也可在底封左上角或适当位置印责任编辑、装帧设计、责任校对、责任技术编辑等的姓名。利用底封刊登丛书目录、内容提要、作者简介、新书预告等，也是比较常见的。

（3）书脊设计

书脊联结着面封和底封，处于两者之间，因此，书脊的色彩和图案设计应当与面封和底封都协调。书脊与面封、底封交界处的底色尽量避免明显的界线，这样整个封面设计可有很强的整体性，也便于装订。

书脊宽度等于或大于5毫米的，应在书脊上设置表示图书属性的识别性内容，以便读者对插在书架上的图书进行查检。书名的文字字形和大小应根据书脊的宽度来设计。如果书名长、书脊宽，可以用扁体字；如果书名短、书脊窄，可用长体字。书脊文字的色彩、字体应与面封和底封上文字的色彩、字体互相协调，文字不宜排得太满，应留有一定空白。

系列书和多卷图书书脊上的文字，须注意排列方向的整齐划一和整体设计。

书脊的宽度可由书刊总页面的数量来估算。

除轻质纸外，采用胶版纸、字典纸、铜版纸等一般纸张印刷的书刊，计算其书脊宽度的公式为：

$$\text{书脊宽度} \approx 0.0006\text{ 毫米} \times \text{纸张定量} \times \text{总页面数} \qquad (4.1)$$

例如：某图书采用定量为 60 克 / 米 ^{2} 的胶版纸印刷，总页面数为 376 面，则其书脊宽度为：

$$\text{书脊宽度} \approx 0.0006 \times 60 \times 376 \approx 13.5\text{（毫米）}$$

采用轻质纸印刷的书刊，计算其书脊宽度的公式为：

$$\text{书脊宽度} \approx \frac{\text{面数}}{2} \times \text{纸张定量} \times \frac{\text{纸张系数}}{1000} \qquad (4.2)$$

式中的“纸张系数”取轻质纸的纸张松厚度（厘米 ^{3}/ 克），一般为 1.3 ～ 2.15。

上例中的图书若采用纸张定量为 60 克 / 米 ^{2}、纸张系数为 1.5 的轻质纸印刷，则书脊宽度为：

$$\text{书脊宽度} \approx \frac{376}{2} \times 60 \times \frac{1.5}{1000} \approx 17\text{（毫米）}$$

由于不同产地、不同原料、不同造纸工艺生产的相同定量的纸张厚度不完全相等，尤其是轻质纸还要考虑其纸张系数，加上装订工艺使用的技术手段不同，书脊宽度会有一定的误差，因此利用上述公式计算出的书脊宽度只是约数。

（4）封二、封三设计

图书的封二、封三一般设计成空白页。但现在也有一些图书注重封二、封三的设计，使之或与扉页成为一体，或与面封、底封相呼应。有的系列书因册数较多，常将各册的书名印在封三作介绍。

（5）平装图书封面勒口设计

较考究的平装图书封面一般设有勒口。平装图书封面勒口的设计要与封面保持协调。

勒口上可以设置内容提要、作者简介或其他宣传性文字，也可以不设任何文字。

（6）护封设计

精装图书多有护封，护封须设有勒口。

由于护封在图书的最外层，故护封与封面各部分对应的位置都应该与封面一样印有规范著录项目。同时，护封的设计同封面设计既要有区别，又要有联系。在色彩、造型上应与封面设计相呼应，在风格上要求和谐、统一。

护封的勒口设计与平装书勒口设计相似。

2. 图书环衬、衬页、扉页和插页设计

图书中的这些部件，本身就已经具有结构性的装饰作用。因此，对它们的美术设计需要注意：一是应体现这些部件自身的结构性特点。二是应该发挥它们围绕封面、护封所起的补充、衬托、联系作用，要做到与封面、护封主次有别。三是它们应该能同封面和护封一起与图书的整体形象保持和谐、一致的审美效果。

3. 图书函套设计

函套有很强的装饰作用，所以其美术设计的艺术构思，除体现于装帧材料的选用和印刷、加工工艺的选择外，还表现在它们的形状及与其相匹配的配饰（如书名标志、花纹烫印和徽记镶嵌等）的设计上。

4. 图书腰封设计

腰封主要起宣传、介绍图书的作用。由于腰封的空间比较小，设计的宣传文字一定要简明，能够具有“一语中的”的效果。腰封的图案和色彩应该与封面、护封相协调，具有相互补充的作用，这样才能形成良好的整体审美效应。

（二）期刊美术设计的内容

期刊美术设计可以借鉴图书的设计方法，在这基础上再体现期刊的一些特点。

1. 期刊封面设计的内容和要求

国家对期刊封面的著录项目有明确规定。设计时首先要注意不遗漏任何必须著录的项目，在符合规范的基础上再充分考虑刊物的性质和主要内容，在位置、大小、色彩等方面妥善安排各种设计元素。

（1）面封设计

期刊面封上一般都设有与其主要内容相关的彩色图片，且底色或图片可每期不同。

期刊的刊名和顺序编号（出版年份、卷号、期号等）是期刊的重要识别标志，所以它们的字体、字号、位置必须在面封上显得最为突出和醒目，并且在一定时期内相对固定。刊名样式应当大方和富有个性，既可从计算机字库中选用，也可采用手写体。

此外，有些期刊常将当期的要目放在面封上，有的还登有该刊的宣传文字，以吸引读者。但该类文字的字号不能大于刊名，宣传文字的内容不能与广告法有关规定相悖。

期刊面封的信息要比图书多，因此期刊面封上文字、图案、色彩的设计，不仅要考虑与内容协调，而且要注意视觉上文字与文字间、文字与背景图案间的轻重、均衡。图案、色彩要符合该刊物的特点和风格。

期刊面封美术设计所具有的宣传、推广效果对于扩大市场销售有较大的作用，所以其视觉冲击力一定要强，不但要精美，还要能体现出刊物的性质和主要内容。

（2）底封设计

期刊底封的设计可将面封的装饰图案作延伸，也可设计独立的图案，不一定要与面封相呼应。

期刊底封也常常登载广告或刊物本身的宣传文字。

（3）封二、封三设计

期刊的封二、封三通常用来刊登广告或放置图片，也可以放置目次表。期刊的封二、封三与面封、底封一样，设计时可以视为独立的单元，图片、文字、色彩都不必统一，且其在设计中的重要性仅次于面封。

2. 广告插页设计

刊载广告是期刊经营的重要组成部分。因此，广告插页的设计在期刊美术设计中占有重要的地位。

广告插页上图案、文字内容的选择要符合我国广告法的规定，设计效果要吸引读者。

（三）书刊美术设计的要求

书刊的美术设计，既有一般造型艺术的共性，也有书刊装帧艺术的个性。

1. 社科类书刊的要求

这类书刊从内涵到文字形式都具有程度不等的理性色彩和论述性质，因此，其美术设计的特点是着意在具体内容与抽象概括的主题思想的对立统一中体现独特的风格。

2. 文学类书刊的要求

这类书刊因体裁、内容、作者国籍、时代的不同而丰富多彩，其美术设计的特点和风格也因此而多姿多彩，多以文本特定的艺术趣味为参照系。

3. 科技类书刊的要求

这类书刊的美术设计，要体现出科技读物的理性色彩，力求严谨、大方、简练，从而取得生动而明晰的视觉效果。

4. 艺术类书刊的要求

这类书刊又可分为普通型、豪华型两类。无论哪种类型，其美术设计都要体现艺术类书刊的审美个性，做到形与质的高度和谐。

5. 少儿类书刊的要求

不论是低幼读物，还是学龄儿童书刊，都应从不同年龄段的生理和心理特点出发，按照他们的视觉审美需要，结合书刊内容来进行设计，力求生动活泼。

6. 古籍类书刊的要求

古籍类图书与古籍整理研究类期刊，不仅给人以源远流长的历史感，还给人以文化底蕴的丰厚感。因此，古朴、典雅是其美术设计的共同风格。

7. 辞书类图书的要求

无论是百科全书、专科词典还是语言文字类的字典和词典，都既有信息密集、表述准确、行文严谨的共性，又有综合性或专业性强、学科分类严密的特点。因此，这类图书的美术设计，要突出其深博、厚重的风格，简约往往是它们的共性。

第三节　书刊表面整饰设计

书刊表面整饰设计，是对书刊装帧工艺材料与整饰加工工艺的搭配选择。它是书刊整体设计中的一个重要组成部分，在现代设计中往往起着重大作用。

一、装帧工艺材料的类别及其选择

书刊装帧工艺材料的选用直接影响到书刊装帧的质量，并给读者以不同的视觉感受，因而装帧工艺材料的选择是设计者强有力的表现手法之一。对具有创意的设计者来说，恰当运用材质元素，能取得事半功倍的效果。

面对品种繁多、各有特色的书刊装帧工艺材料，设计时要坚持“选用坚实、轻便、防潮、符合环保要求的材料”这一原则。

书刊装帧工艺材料可以分别从用途、材质两个角度分类。《出版专业实务·初级》中已经介绍过从用途角度作的分类，这里主要讲述从材质角度作的分类，同时介绍它们的主要适用范围。

（一）织物材料

这是精装本封面（封壳）常用的材料，一般有棉织物、麻织物、丝织物和化纤织物等。

1. 棉织物

这种材料质地自然、细腻，手感柔和，一般精装本书刊的装帧均可采用。

2. 麻织物

书刊装帧设计中较常用的是亚麻布，有本色、漂白粗纹（双丝）、细纹（单丝）之分，也可按设计要求染成各种颜色。亚麻布适用于画册等精装书的封面。由于亚麻纤维较粗，电化铝不易压实，所以烫印效果不佳，容易出现斑驳痕迹。为改善这种状况，可对烫印部位事先作局部压平处理。

3. 丝织物

书刊装帧设计中较常用的是丝绸、锦缎等。它们质地柔软，华丽富贵，光泽度比棉、麻织物强，并且容易作烫印、压凹凸处理，所以是书刊装帧的高级工艺材料，多用于高档精装图书。

4. 化纤织物

书刊装帧设计中较常用的有人造毛、人造丝、人造棉和仿皮革。它们价格适中，适用范围广，可用于一般性的精装本书刊。

（二）特种纸张

这类纸张多采用长纤维木浆为原料，以先进造纸技术加工而成。它们的面层不仅耐磨、耐折，而且纹路各异、风格多样，富有现代感。这里举其中较有代表性的几个品种。

1. 丝光铜版纸

这种纸张的纤维结构紧密，手感滑润，且具有高度吸墨性和不透明性。用这种纸印刷的作品极具立体感，非一般铜版纸印刷品可比。

2. 幻彩纸系列

这种系列的特种纸涂层均匀，压痕不露白；光泽闪烁多变又含而不露；金属质感强烈，色彩丰富艳丽，极具现代气息。

3. 花纹纸

这是经过特殊工艺处理的纸张，具有防水、防油特性，并且花纹的样式多种多样。

4. 其他品种纸张

属于特种纸张的还有彩色双胶纸、荧光色彩卡纸、象牙卡纸、硫酸纸、牛皮纸、防伪纸等。

特种纸张可用于各类书刊的封面与图书的环衬、衬页、书名页等，还常用于制作函套、宣传广告、书签、腰封等。

（三）塑料

塑料有软塑料、硬塑料、泡沫塑料等品种。书刊装帧设计中常用的主要是软塑料。

用具有一定厚度的软塑料做图书封面，不仅其本身的颜色可有多种选择，而且还能利用彩色油墨印刷、烫印、压凹凸等工艺手段在表面制作出各种图案、花纹。因此，它所产生的艺术效果别具特色。

软塑料中的透明塑料薄膜，可直接用作包封，亦可压贴在封面纸上。它不仅能增强封面的耐磨、耐污性能，还可增加封面的色彩亮度，使画面更有光彩。

选用塑料作为书刊装帧工艺材料时，一定要考虑它们是否符合环保要求，会对环境产生污染的塑料不宜采用。

（四）其他材料

在书刊装帧设计中偶尔还使用一些比较特殊的材料。如用于函套、锦盒的骨质插签，用于挂图的圆轴，用作活页的挂圈，用作书签带的丝带，等等。此外，一些能体现民族特色、民族风格的原材料，如宣纸、民间家织布、手工染纸、绣品等，经过科学的加工处理后，也可成为极富个性色彩的书刊装帧工艺材料。

二、表面整饰加工工艺

与书刊外部装帧设计具有较密切关系的表面整饰加工工艺，有上光、覆膜、压痕、特种印刷等。

（一）上光工艺

上光是在印刷后的纸张表面涂布上一层无色透明的涂料，经一定技术处理后形成薄而均匀的透明光亮（或亚光）层。采用这种工艺处理后，印刷品的光泽度、防水性、耐光性和油墨色彩耐久性都能得到改善，从而提高印刷品的装饰效果和使用价值。

上光的工艺技术多种多样，而从涂料固化方法来看，大致上可分两种。

1. 热固化上光

热固化上光习称“过油”或“印光”。这是先在印刷品表面均匀涂布一层无色透明的液体涂料，经流平、干燥后再在压光机上通过加热的电镀不锈钢片加压，从而改变涂层的表面状态，使其形成理想的镜面。

2. 紫外线固化上光

紫外线固化上光又称“UV 上光”（UV 是英文 ultra-violet ray 的缩略形式）。这是在印刷品表面涂布光固化型的无色透明液体涂料后用紫外线照射，使涂料成分产生光聚合反应而瞬间从液态变成固态，从而显得光亮并稍稍隆起，或产生其他特殊效果。常见的有亮光 UV、磨砂 UV、七彩 UV 等。

这种工艺方法比较适用于图、文的局部上光，常为突出图书封面上的书名、图案而采用。

（二）覆膜工艺

覆膜又称“贴膜”或“过胶”“贴塑”。这是将塑料薄膜刷上黏合剂后，在一定温度、压力下贴压在印刷品表面。

覆膜采用的塑料薄膜可以分为“光膜”和“亚光膜”两种。

1. 光膜

光膜的光亮度高，应用较普遍，但薄纸封面覆膜后易卷曲，最好加上较宽的勒口。用厚纸制作封面，可防止覆膜后卷曲。

2. 亚光膜

亚光膜的光亮度低，手感好，成品平整，但价格略高于光膜。

（三）压痕工艺

压痕是利用相互匹配的凹型和凸型钢模（或铜模）对印刷品施压，使印刷品基材在压力作用下发生塑性变形，从而表面出现凹凸痕迹，形成浮雕状的图形或印纹图案轮廓。

压痕加工可增强图案的立体感和艺术感染力，给读者以高贵雅致之感。压痕工艺主要有两种。

1. 凹凸压痕

这是在印刷品表面压出凹凸印痕。凹凸压痕的特点，在于印痕的所有凸起部分有相互一致的平面，所有凹下部分也有相互一致的平面，而凸起部分与凹下部分则不在一个平面上。

在书刊装帧中，精装和平装书刊的封面、环衬、衬页以及函套，常用凹凸压痕工艺加工，使文字、图案或线框等产生各种艺术效果。

2. 浮雕压痕

这也是在印刷品表面压出凹凸印痕，与凹凸压痕的不同，在于印痕有深浅层次的变化（即凸起部分不在相互一致的平面上，凹下部分也不在相互一致的平面上），从而使图像或图案与浮雕作品相似。

精装书封面上的浮雕人像或浮雕图案常用浮雕压痕工艺处理。

（四）特种印刷工艺

烫印是最为常见的一种特种印刷工艺。这是在木板、皮革、织物、纸张或塑料等材料制作的书刊封面上，用金色、银色或其他颜色的电化铝箔或粉箔，通过加热压印来印上书名或图案、线框等。封面经电化铝箔或色箔烫印后艺术效果更加突出。设计时可根据不同需要，选用有光的电化铝箔或无光的粉箔。

此外特种印刷工艺还有立体印刷、磁性印刷、浮凸印刷等，这些特种印刷工艺均有各自的特点，常用于一些特殊用途的礼品书、儿童读物、盲文读物等。

三、表面整饰加工方案设计

书刊表面整饰加工方案的设计，只有结合工艺材料的运用来选择合适的表面整饰加工工艺，才能达到最终形成完整、完美的书刊物质形态的目的。各种表面整饰加工工艺有着不同的特点，不同的材料也会产生不同的视觉与触觉效果。此外，对于工艺和材料的选择往往还涉及对书刊生产成本的考量。因此，设计者在为具体一种书刊设计表面整饰加工方案时，应该综合考虑书刊内容与市场需求、材料与工艺属性、生产成本三方面的因素。

（一）对书刊内容与市场需求的考虑

表面整饰加工方案的设计必须充分考虑书刊的内容和市场的需求。对不同种类、不同内容的书刊，要结合不同层次读者的需求特点来设计表面整饰加工方案。

部分书刊的装帧高贵化、精品化，可满足出版物市场上部分读者的收藏需求。因此，可选用凹凸压痕、浮雕压痕等工艺，并采用与之相适应的富有弹性的装帧材料。这样，设计语言不同凡响的表现力和创造力可以得到充分发挥，让书刊兼备传递知识和艺术美感的作用，还能体现一定的增值趋向，引发部分读者的收藏欲。诸如珍藏类书刊、富有价值的学术书刊、成套大型工具书等的装帧，就可考虑采用类似方案。

使用烫印或凹凸压痕等表面整饰加工工艺，能使书刊显得更具艺术效果，成为收藏、欣赏的佳品。普及型礼品书的装帧可考虑运用。

面向儿童的书刊，其装帧材料和表面整饰加工工艺的选用，要考虑儿童的特点，既耐磨耐污，又能显示鲜艳的色彩。

面向大众的书刊，其装帧就不宜多用高档材料和特种印制工艺，以适应大部分读者的购买力。

（二）对材料与工艺属性的考虑

书刊表面整饰加工设计方案对所用材料和表面整饰加工工艺进行选择时，要根据美术设计方案的特点，考虑加工工艺与材料是否匹配。如特种纸张因多有不同于一般纸张的肌理触觉效果，选择使用时应考虑到其与美术设计方案中艺术要素的精细程度是否适配。网点过于细密的图像，就不宜采用肌理触觉效果较强的艺术纸，因为纸张的肌理效果会影响印刷时的网点转移率，从而导致图像失真。又如，准备使用织物材料的表面整饰加工设计方案，就要求相应的美术设计方案采用简洁的表现形式，并采用凹凸压痕和烫印工艺等。只有熟悉各种类型表面整饰加工工艺的特性，熟悉各种装帧工艺材料的性能和规格，知道某种工艺可适用于哪些材料，从而有针对性地选择相应的材料和工艺，才能事半功倍地充分发挥物质材料和工艺技术的潜力。反之，如果缺乏对工艺特性的了解，在设计方案中选择采用的材料与工艺要求不匹配，那么，制作时就会产生重重困难：或者由于技术上不可行而根本无法做到；或者即使勉强做到，也与设计所要求的效果相距甚远；或者由于工艺复杂程度大大增加而导致生产成本大幅度上升，远远超过预算。

（三）对生产成本的考虑

有些表面整饰加工工艺的工价较高，会增加书刊的生产成本。因此，为了控制成品书刊的定价，在装帧设计时对加工工艺的选用要适当。选用得当，能提升书刊的质量品位，增强市场竞争力；过度使用，不仅徒增成本、造成浪费，而且往往还显得庸俗，使美感有减无增，反而降低市场竞争力。

第四节　书刊版心规格设计

版心是印刷成品版面中的图文印刷区域（不含出血图像），即版面上容纳文字图表（一般不包括书眉或中缝和页码）的部位。版心由文字、符号、图表、线条、底纹和间空构成。

版心面积的大小和在版面上的位置，对于版式的美观、读者的阅读和纸张的合理利用都有影响。

版心的宽度和高度，制约着版面字数的多少。

版心规格设计的形式美感应遵循绘画中“计白当黑”的道理，注意在统一、和谐中有变化。“天”与“地”的关系、整体的黑白关系，都是设计的要点。

一、版心大小的设计

版心尺寸大小与周空大小互相制约。开本类型确定之后，版心越大，周空就越小。凡周空较大的设计，版面显得疏朗、爽目；周空较小的设计，则版面显得饱满。

版心的大小，要根据书刊的性质、种类和既定开本来选择确定。例如，实用型、通俗型书刊和经济型小开本书刊，版心不宜过小，以容纳较多的图文内容；休闲类、美术类、随笔类、诗歌类等中型开本的书刊，周空可以相对大一些。

书刊正文部分全部页面的版心一般应大小一致，所以各个页面上的版心宽、版心高是完全相同的。但是，书刊辅文部分的版心，可以根据某种理念而设计成与正文部分不完全相同的规格。

二、版心位置的设计

周空的四条白边宽度相同时，版心在版面上的位置是上下左右均居中。如果改变某条白边的宽度，版心的位置便随之发生变化，给人以不同的感觉。因此可以说，周空设计是向版面注入生机的一种有效表现手段。

一般书刊版心在版面上的位置是左右居中略偏下，即天头略大于地脚（一般比例为 1.4 ∶ 1）。这样的版面布局比较匀称。但有些专业图书为了方便读者添加批注，天头或翻口留得大一些。也有的摄影集、画册等艺术观赏类书刊，将靠近天头或翻口的图片设计成超版心或出血形式，从而使天头或翻口的位置被占去部分或全部。

对于具体某种书刊的设计来说，版心在版面上的位置安排需根据内容而定，以免为形式而形式，造成版面空泛。

特别要注意的是，不同的订书方法，订缝大小亦不同，设计订口的尺寸时应该根据具体的订书方法充分考虑到订缝需占用的空间，防止发生因订口过窄而导致其附近文字难以正常展现的缺陷。因此，对于较厚的书，订口宜设计宽一点。对于设置在和合面上的表格或图片，相应页面上的订口大小不能与其他页面一模一样，而要根据订书方法来设计，否则，分别出现在两个页面上的图表会发生拼合误差，或被订缝占用掉一部分，或中间露出白缝，破坏图表的整体性。

三、版面字数的设计

版面字数的设计主要是在选定书刊正文主体文字所采用的文字大小后，选择确定每行所排字数和每面的行数，从而确定版心的大小，对一种书刊的页面数有个大致的估量，以确定总印张数和书脊的宽度。

（一）每行字数与版心宽度的关系

在不加大字距的一般情况下，以版心的宽度（单位为毫米）除以选定文字的每字宽度（单位为毫米），就可确定每行的字数，以点数制（磅数）为例，其公式为：

$$\text{每行字数}=\frac{\text{版心宽度}}{0.35\times\text{文字磅数}} \qquad (4.3)$$

例如：正文选定使用五号（10.5 磅）字，版心宽度为 96 毫米，那么每行可排字数为：

$$\text{每行字数}=\frac{96}{0.35\times 10.5}\approx 26\text{（字）}$$

同理，得知每行字数通过公式（4.3）也可以算出版心宽度。

（二）每面行数与版心高度的关系

书刊版面中，行与行之间必须有一定的间距，否则难以阅读。在版心高度已经确定的前提下，计算版心中可容纳的文字行数时，除了考虑每个字的高度，还必须考虑行距高度，且行距的数量必然比文字行数少 1。其公式为：

$$\text{每面行数}=\frac{\text{版心高度}-0.35\times\text{文字磅数}}{0.35\times\text{文字磅数}+0.35\times\text{行距磅数}}+1 \qquad (4.4)$$

例如：版心高度为 148 毫米，文字选用五号（10.5 磅）字，行距为字身高度的一半，则：

$$\frac{148-0.35\times10.5}{0.35\times10.5+0.35\times10.5\times0.5}+1$$

每面行数≈27（行）。

（三）字距和行距选择

一般情况下，字距在排版系统里已经自动设置，但在某些特殊情况下可以要求扩大，如少儿类图书。缩小字距则是不适当的，因为这会影响书刊的阅读效果。

行距可根据需要灵活设计。行距可以扩大，以使版面显得疏朗、轻松些；也可以缩小，以使版面显得紧密、严整些。

书刊由于性质不同，对行距也有不同的要求。一般分为宽行、标准行和密行三种。

1. 宽行行距

宽行行距为字高的2/3～7/8，多用于经典著作或者休闲类、艺术类、少儿类图书。

2. 标准行行距

标准行行距为字高的1/2，应用范围最广。

3. 密行行距

密行行距小于或等于字高的1/3，常用于篇幅较大、文字量较多的图书，尤其适用于工具书和经济型小开本书。

图书的行距一般应全书保持一致，而期刊各栏目中所用印刷字的字号有可能不同，此时行距也可以按照“基本均匀一致”的原则作适当调整。

此外，书刊版面中图与文、表与文、公式之间的间距，有时也可以作适当调整。

第五节　图书文字版式设计

本节所说的文字，是指在版面上基本呈线性排列的各种文字，包括正文文字、书眉文字、页码和辅文文字。至于各种表格，虽然也以文字为主，却在表现形式上与这些文字有所不同，具有与图片类似的“块”的特征，因而表格的版式设计将与图片的版式设计一起介绍。

一、正文版式设计

正文文字的版式设计包括对主体文字、标题、引文版式的设计。注文虽然属于辅文，但它们的版式常随同正文一起设计，故这里与正文一起介绍。

（一）主体文字版式设计

正文主体文字有横排和竖排两种基本排列形式，相应地形成横排版面和竖排版面两种版面类型。横排大量用于各类图书，成品书一般为左翻本；竖排多见于古籍类图书，成品书一般为右翻本。这里只讲述横排版面的版式设计。

1. 版面及其选用

按照对版心是否作分割及分割的数量，版面可以分成通栏、双栏、多栏（三栏及以上）等版面，对图书进行版式设计时可以按照具体需要选择使用。

图书中，无论是双栏排还是多栏排，其栏宽（即每栏字数）

一般应相等，栏之间留 1 ～ 2 字宽的空白或加上栏线。因此，在计算版心宽时要加上栏间空白的尺寸。

（1）通栏版面

通栏版面的版心不作分割，每行文字均从版心的一侧一直排到版心的另一侧。这种版面的行长相对较长，版式设计时如果选用这种版面，除小型开本的图书外，所用字号一般不能小于五号。如果用的字号过小，每行所排字数过多，就会产生阅读时因视力使用强度大、人眼疲劳而产生跳行等现象。

（2）双栏版面

所谓“双栏版面”，是将版心纵向分割成两大块而形成的版面。版式设计中采用这种版面，是从视觉效果考虑的。因为与通栏版面相比，双栏版面的行长缩短约一半，用字字号便可相对变小。这样，既适应了阅读时人的视力对字号和行长的要求，同时也使版心获得了尽可能多的图文容纳量。工具书多选用双栏版面。

（3）多栏版面

多栏版面是将版心纵向分割成三块或更多块而形成的版面。版式设计中采用这种版面，是为了解决图书开本相对较大、字号又相对较小的问题。所以，多用于大开本的工具书、资料书和这类图书的缩印本。

2. 字体的选用

正文主体文字应该选用清晰、整齐的字体，使人易读。一般多采用宋体、楷体、仿宋体。

宋体端庄，刚柔相济，浓淡适中，阅读最省目力，是大多数图书正文主体文字采用的基本字体。

楷体柔和悦目，适用于儿童读物和小学教科书。

3. 字号的选用

正文主体文字的字号应依据图书的性质、类别、开本而定。

一般图书采用五号字，开本较大的图书、老年读物、儿童读物和小学教科书可采用小四号字。双栏排的工具书等多采用小五号字，多栏排的工具书可用六号字。

（二）标题版式设计

标题的版式设计除选择字体、字号外，还包括对标题的序号、位置、字空、占行、转行等的设计。

1. 标题的字体、字号

标题的字体、字号，必须依据图书的类别、开本和相应标题的等级来确定。

一般图书标题所用字体，以黑体、标宋体、宋体、楷体、仿宋体等为主。

图书各级标题的用字，应遵循“由大到小，由重到轻，变化有序，区别有秩”的原则择定。在大小中见层次，在变化中显区别，切忌大小失序、轻重倒置(详见《出版专业实务·初级》)。

2. 标题的序号

图书标题一般可分为有序号标题和无序号标题两类。后者没有序号问题，所以这里主要讲前者。

标题序号可以采用“第 × 篇”“第 × 章”“第 × 节”等明确表明级别次序的形式。用这种序号的标题一般左右居中排，序号可以在题文上方单独占行，也可以空 1 字后接排题文。

标题序号如果不采用上述形式，或者用在比上述层级更低的层级，可采取改变数字、字母的书写形式或另加括号来标明其级别次序。表示标题级别的序号形式，一般从大到小依次为：“一、”“（一）”“1.”“（1）”“①”“A.”“a.”等。

其中的一般规则是汉字数字在前，阿拉伯数字在后，字母更后；不带括号的在前，带括号的在后；大写字母在前，小写字母在后。

可以根据标题实有级数，跳过某些形式的序号。如可以在标题序号“一、”之下就用“1.”作序号，跳过序列中的“（一）”这一层级。但是这些标题序号的序列顺序不可倒置。如不能以“（一）”为一级标题的序号，而以“一、”为二级标题的序号。

序号的字号应与题文相同。序号的字体一般也与题文相同或相近。

3. 标题的加空

标题必须设计得美观、大方。对于字数较少的左右居中标题，为了不显得紧迫局促、虚实失衡，除每一个字本身所具有的字间空距外，一般会适当增加间空。比如，2 字标题字间空 2 字距离，3 字标题字间空 1 字，4 字标题字间空 1/2 字，5 字及以上的或者占版心宽度 1/2 及以上的标题，字间则不用加空。要注意字的间空应等距，还要做到一本书或一套书保持一致。

左齐排的标题，开本大、版心较宽时，题字少的字间可参照上述做法适当加空。

4. 标题的占行

为了使标题鲜明、突出、醒目，凡字号大于主体文字的标题，其行距也要大于主体文字。这个空间的高度以主体文字行高为单位来计算，习称“占行”。

图书中各级标题的占行数，与标题等级相关。一般来讲，一级标题除可在篇章页上占整个页面外，最多宜占一面的 1/3。其下各级标题则逐步减少占行数，例如，二级标题可占 3～4 行，三级标题可占 2～3 行，四级以下标题字号如果与主体文字相同的可占 1 行或不占行（即后面接排正文文字）。

占 1 行以上的标题，可以上面多空一些，下面少空一些。这是因为标题一般是在前面内容告一段落后，对下面新内容的概括，它同下面的内容紧密相关。

各级标题的占行数一经设定，全书必须一致。

5. 标题的转行

左右居中的图书标题，其长度超过版心宽度的 3/4 时，应作转行处理。

标题转行，有转行齐左（又称“顶格”，即所转文字的第一字与标题序号平齐）、转行齐肩（即所转文字的第一字与标题序号后的第一字平齐）和转行居中三种形式。

无论采用何种转行方式，都必须严格遵守“不损文意、便于阅读”的原则，即标题转行不能割裂复音词，助词、叹词不能转为下一行的第一字，介词、连词不能单独留在上行末尾。

（三）引文版式设计

图书中的引文一般有两种。

1. 短句引文

对这种引文，一般选用与主体文字相同的版式。

2. 大段引文

对这种引文，为了与主体文字有所区别，版式可以另有特殊格式：选择与主体文字不同的字体（多用仿宋体或楷体）；一般另段起排，给引文以区别于主体文字的整段地位，同时还可将每行行首缩进 2 字或将行首、行尾均缩进 2 字，以使引文更为清晰。

一些篇幅相对较大、原本分成若干短行的引文（如诗歌），一般可以将其改成不分行的接排形式，但要在原来的行与行之间加斜线“／”分隔。如果要保留原有的分行形式，就要另段起排，并且为使引文位置不致过于偏左，每一行首都可缩进 2 字或更多，或者整行左右居中。

（四）注释版式设计

注释一般由注文、注码、注线构成，有些类别的注释则没有注线、注码，或者没有注线。许多注释基本上与正文在同一版心上，所以其版式设计还应考虑到与正文、标题、书眉、页码之间的协调关系。

1. 注文的格式

注文是注释的主体部分，注文无论何种形式，均计入版心，并有一定的格式。其原则一是检阅方便，二是版面结构合理，三是与正文文字的大小及排列上有所区别。

（1）夹注

夹注只有注文，没有注码、注线。因夹排在正文主体文字中，在形式上可以有所区别。

现代图书中的夹注多采用与主体文字相同的字行形式，加括号后直接插在主体文字中需要解释的文字之后；所用字体、字号既可与主体文字相同，也可稍小、稍轻。

（2）段后注

段后注没有注线，注文用字比主体文字稍小或稍轻，在正文的某个段落之后另行起排，用一定样式的注码表明与主体文字中被注释文字的对应关系。段后注多用于需注之处较多的图书，如古籍类图书。

（3）脚注

脚注也称“页下注”，因位于版心下方靠近地脚处而得名。脚注必须用一条注线与正文主体文字隔开，注码的序号以一个页面为单元编制。因其与所注正文内容处于同一个页面，检阅比较方便，是书刊中使用较多的一种注释。脚注的注文用比主体文字小的字排，行距小于正文主体文字，并要根据注文所占空间的大小作适当调整，使版心尺寸全书一致。注文转行有“齐肩排”和“顶格排”两种形式。转行齐肩排是第一行顶格或缩进2字排，而第二行与第一行注码后的第一个字排齐。转行顶格排也称“齐头排”，是第一行缩进2字排，而第二行顶格排，与一般段落的排法相同。采用这两种排法，可使注码排列清晰、齐整。

在稿件有很多脚注时，为了减少校样上可能出现的注文与正文中被注释文字难以位于同一页面的现象，可以将相对的两个页面视为一个和合面，而把脚注全部集中在单码面的下方。如采用这种方法后校样上仍然存在注文与被注释文字分离的情况，则在初校样上再进行妥善处理。

（4）篇后注

篇后注的注文集中排在一篇文章的末尾，注码序号以篇为单元编制。注释部分与正文或以注线相隔，或在其上列“注释”“附注”“注”等标题（用字格式小于正文主体文字，而大于或重于注释本身）予以区别。

篇后注的用字格式、转行形式等可与脚注相同，而行距一般与正文主体文字部分相同，也可稍小。

篇后注一般用于文集类作品。因其本身系若干篇专题文章汇集而成，采用“篇后”设注的方法，与各篇格局相宜，并且在注释较多、注文较长的情况下，仍可保证注文与正文中的被注释文字精确对应，避免注不随文的现象。各篇注文虽各随其正文，但全书注文格式应统一。

与“篇后注”相类似的还有设在图书中“编”或“章”后的“编

后注”或“章后注”。它们的排式与篇后注基本相同，但因为注释的数量较多，注码不宜用圈码，多用拼合码形式（见下文）。

（5）书后注

书后注排在全书正文之后，通常另面起排，也可接正文后排。注释上方不加注线，但应有“注释”或“附注”等标题，注码序号以全书为单元编制。书后注常用于注文不多的图书。其特点是注文不受版面正文的牵制，较长的、说明性、补充性的注文可有充分的排版余地。

书后注的排式与篇后注基本相同。

（6）眉批

眉批又称“眉头注”，多见于竖排本古籍图书，是将前人的批语、注释排在眉头（版心上方），所以有这个名称。眉批用字一般比正文主体文字的字号小 1 ～ 2 号，同正文一样竖排。每行多为 4 个字（眉批字多时，也可加长每行字数）。眉批的各行之间可不专设行距，利用印刷字的自然间隔即可。眉批与正文主体文字之间，应该留至少 1 字的间空。

（7）文后参考文献表

参考文献表集中列出各种参考文献的出处，也具有对正文内容作注释的功能。

参考文献表可分为两类。一类列出正文中直接或间接引用过其文字的文献出处，一般设在各篇、章的后面；另一类列出作者创作过程中参考、借鉴过，但没有具体引用其中文字的文献，集中排在全书正文的后面。

参考文献表中各条条目的著录项目内容及其标志符号，都应执行国家标准《信息与文献　参考文献著录规则》（GB/T 7714—2015）的规定。

分别列在各个篇、章之后的参考文献表，一般应设置标题，也可以不设置标题而仅以注线与正文主体文字相隔。其用字格式与文中表格大致相同，即标题用字应小于正文主体文字而字体可稍重，参考文献条目的用字应小于或轻于标题，行距一般也小于正文主体文字。

集中列在全书正文后面的参考文献表，应另面起排，并设置标题，其排式与图书中其他辅文（如出版前言、序言、后记等）的标题保持一致，而参考文献条目的用字要小于或轻于正文主体文字，行距则或比正文主体文字稍小，或与之相同。

2. 注码的排式

除夹注以外，其他的注释必须与正文主体文字中的被注释文字保持明晰的对应，以方便读者对照查阅。为此，在被注释文字和注释的首部都要对应设置一定的标记符号。这种标记符号称为“注码”。

注码一般采用数字，其具体形式较多。按照国家标准《信息与文献　参考文献著录规则》的示例，首选采用的注码形式是数字与方括号组合而成的拼合码，如［1］、［2］等，也可变通采用数字与六角括号组合的形式，如〔1〕、〔2〕等。此外，在出版工作实践中，也经常采用阳圈码（如①、②等）或阴圈码（如❶、❷等），偶尔也有采用汉文（如“注一”“注二”等）的。无论用何种形式的注码，全书必须统一。

一般注码都采用上标形式排在正文主体文字中相应词语后，字号也相应地较小。汉文注码的用字也比正文主体文字稍小，但排在相应词语后与正文主体文字基线平齐的位置，近似下标位置。

注释中的注码应与后续的注文间隔 1/2 字空。

在注文很少的情况下，注码也可不用数字而用“〔注〕”、星花“*”或剑号“†”等形式，全书应一致。同一面上有两条注文时，可用单星花和双星花“**”或用单剑号和双剑号“††”相区别；注文多于两条时，要采用数字形式的注码。此外，若对标题或作者需加注释的，通常用星花“*”作注码，并排在该标题或作者姓名所在页面末尾。

3. 注线的排式

注线是把注文与正文主体文字隔开的线条，其长度一般为版心宽度的1/4，也可以与版心宽度相同。

注线以用正线居多，偶尔也用反线或曲线。

脚注因其处在页下，所以与末行主体文字之间必须加设注线。篇后注、章后注也可用注线。

注线通常顶格排，也可与注文左齐。

因为注文通常用比正文主体文字小的字号排，注线与正文间的空距应等于或略大于正文主体文字间的行距；注线与注文间的空距要小于正文主体文字间的行距，但大于注文间的行距。由于版面上要用两种字号，注文的行数有多有少，所以注线上下的空距不可能一致，需要根据注文行数多少适当调整，灵活运用。

二、书眉版式设计

书眉是在版面天头处排列的文字，因为它好像版面的“眉毛”，所以有这个名称，一般也称作“上书眉”。有的图书在地脚排书眉文字，称为下书眉。书眉不仅可以方便阅读，还有装饰版面的作用。

（一）书眉的内容

书眉包括文字和书眉线，有时也包括页码。书眉文字的内容一般是集、部、篇、章、节等一级标题、二级标题的名称。一般双码面的书眉为上一级标题，单码面的书眉为下一级标题。如果因标题文字过多而空间不够，可以对书眉文字作适当删节，但删什么、留什么，全书必须一致。有时也可将丛书名、书名作为书眉，但是这样的书眉仅起装饰作用，不能在读者使用图书的过程中方便其检索。

辞书及各种工具书为方便读者检索，常将本页面上作为检索标志的字符列为书眉，通常是列出本页面上的全部部首、字头，或者是起讫字头（单词），所以书眉内容没有级别高低之分。

（二）书眉文字的排式

书眉用字的字号一般小于正文主体文字字号，而字体可酌选。

横排本的书眉文字位置，通常有居中或靠近翻口两种。

页码如果设为书眉内容，其位置一般靠近翻口。但是，辞书中的书眉为方便检索可将检索标志靠近翻口，页码位置可以居中或靠订口。

横排版面有时也可将书眉文字设计成在翻口处竖排。这样的设计，长处是文字因处于翻口位置，醒目程度胜于在天头处；短处是文字容易因版心规格偏差而过于靠边，甚至被切掉。

下书眉的左右位置一般比较灵活。

辞书书眉依抽取词条方式及排版位置的不同，有多种变化，常见的有以下两类：一类是抽取各页面的首、末词条（即各页面出现的第一个词条与最后一个词条），加连接号后排在书眉上靠翻口位置，或分别排在书眉上靠翻口与订口的两侧；另一类是抽取双首、单末词条（即双码面的第一个词条和单码面的最后一个词条），分别排在双码面书眉左侧靠翻口位置和单码面书眉右侧靠翻口位置。

三、页码版式设计

页码是标明版面顺序的序号，《出版专业实务 · 初级》已介绍页码的编序、位置和标示方式。这里主要介绍明码的格式。

横排图书的正文页码一般用阿拉伯数字，有的图书文前辅文页码使用罗马数字。页码不占版心。按照装饰方式的不同，页码可以分成不带装饰的与带装饰的两类。

（一）不带装饰的页码

不带装饰的页码中，各个数列离翻口的距离应该全书一致，不应因为位数不同而有所差异。也就是说，如果设计要求是页码离翻口 1 字，则不论页码有多少数位，也不论是单码或双码，其靠近翻口一侧的数字，离翻口距离都应为 1 字。不同位数的页码不能呈塔形，应呈阶梯形。如：

双码面	单码面
2	3
12	13
102	103

（二）带装饰的页码

页码两边可加装饰点或装饰线，但两边装饰点或装饰线之间的距离要以位数最多的页码为准，并且全书一致。如：

— 1 —	· 1 ·
— 12 —	· 12 ·
— 123 —	· 123 ·

此外，对页码还可作其他装饰，如围上或方或圆或椭圆的线框，加网线底纹框，设为“阴字”（即黑底白字）形式，等等。

这些装饰方式既可单独使用，也可组合使用。

四、辅文版式设计

图书的辅文种类繁多，这里仅介绍几种常用辅文的版式设计。

（一）目录版式设计

目录的版式设计应区别于正文。不同性质、种类的图书，其目录的版式设计也应体现其风格。目录页的版心大小可以等于或稍小于正文；所列内容的用字、行距等，应该在目录本身范围内进行设计。

目录自成一类，应另页起排，其本身的页码也应单独成序列，因而与正文的页码最好字体有所区别。

1. 目录的标题

图书目录的标题即“目录”两字，它在所有条目（即目录中收录的正文各级标题及其所在页码等）的上方居中排、字间加 2 字空，或采取其他灵活的设计；为了醒目，字号应大于条目所用字号。

2. 目录条目的用字

目录中各级条目的用字，一般应该是第一层次的字号大一些，以下各层逐次减小；但是有时也可一律使用同样的字号。

选用不同的字号时，最小一级条目的字号一般不小于正文主体文字，其上各级条目的字号适当相应递增。如正文用五号宋体，目录中三级条目的字号也为五号，则二级条目可为小四号，一级条目可为四号。相邻级别的条目，也可采用字号相同而字体轻重有别的方式，但应注意整体协调。

选用相同的字号时，一般一级条目用比较重的字体，其他各级按“由重到轻”的原则选用字体。

目录条目中标出的页码，应与正文相应标题所在页码完全一致，但是式样不必相同。无论各级条目使用何种字体、字号，其中页码部分所用的字体、字号应该全部自成一体，既可以单独用数字，也可在数字外加括号。如果加括号，所有括号大小应一致。

3. 条目中各著录项目位置的排法

条目中的著录项目，一般是正文的标题及其所处页面的页码，有时还有作者姓名。这些项目在目录中的位置比较灵活，但也有一些规则。

在一个条目内部，通常是正文标题文字居左、页码居右，标题与页码之间用细点线相连；或者标题后接排页码，中间空1字或用分隔号“/”相隔。每一标题均有作者名的，一般可以选用“标题、作者名、页码”的排列形式，标题与作者名之间加细点线，而作者名与页码之间空1字。根据版式设计的不同理念，这三者的前后次序都可变化。如采用“页码、作者名、标题”这种排列次序的也并不罕见。这时各项之间不加连线，而以字空相隔。

除了运用字体和字号体现条目级别层次外，还可以用标题位置依次前缩的方式来体现。一般是条目每低一级，前缩的量相应递增1—2字。

字数较少的二级或三级条目，可作接排处理，中间用分隔号“/”相隔，同时在标题与对应的页码之间空1字。

标题过长而需转行的，转行后的标题文字应作缩进1字处理。

如果目录内容较多，但各级条目的字数不太多，并且图书开本也较大，可考虑将目录排成双栏或多栏形式。

（二）前言、序言和后记的版式设计

前言、序言和后记等用字的字体、字号，可以与正文相同，也可以与正文不同，但不宜小于正文。

它们的版心规格可作适当变化。一般是通过增大翻口和订口（或仅订口）的宽度来缩小版心的宽度，使前言、序言和后记等的版心区别于正文，产生别具一格的效果。不过，这种设计宜在前言、序言和后记等较短的情况下采用，而且版心宽度也不宜过小，以免过于局促。

（三）附录版式设计

这里所说的附录是广义上的，它们在版式设计上同样也可区别于正文。

附录用字的字号可小于正文，但若附录中的文字性质与正文相同，可字号与正文相同，仅改变字体。

某些附录，如主题词索引、人名索引、地名索引、事件索引、专业名词索引等，因文字相对都比较少，可排成双栏或多栏，不仅方便检索，而且版面清晰、节省空间。

（四）辅文在图书中的顺序位置和页码编制

图书辅文有的排于正文之前，如出版前言、序言、目录等，这些辅文的页码独立排序，不进入正文页码序列。另一些辅文如跋、出版后记、参考文献表、附录等则排在正文之后，页码一般随着正文连续编排；有些附录品种较多的辞书，也可将附录部分单独编排页码，并在每个页码前增加“附录”等适宜文字，以区别于正文页码，方便查阅。

第六节　期刊文字版式设计的特点

本节主要从与图书文字版式设计相比的角度，介绍期刊版式设计在具体做法上的一些特点。

一、正文版式设计特点

期刊正文部分版式设计的总原则，是全刊各篇文章的编排格式要做到多样性与统一性有机结合，同一栏目内各篇文章的编排格式应协调一致。

（一）主体文字版式设计特点

与图书的版式设计相比，期刊正文主体文字的版式设计大致有以下特点。

1. 横排、竖排兼备

图书的正文主体文字都统一采用某种排列形式，如横排，则全书都横排；如竖排，也是全书全部竖排。但是，期刊正文主体文字的排列形式，却是可以横排、竖排兼有的。现代的期刊，通常是大部分文章横排，而少部分文章（主要是篇幅较短的文章）竖排。尤其是当一个页面上存在数篇文章时，横排、竖排兼用更是常见。

2. 页面合用

图书的一个页面上，一般只能出现属于同一篇作品的内容。但是，期刊的一个页面上，经常可以出现两篇甚至更多篇作品并存的情况。这或者是因为文章本身篇幅较小而排不满一个页面，或者是由于需要安排从别的页面转来的其他文章片段。

同一个页面上的各篇文章，必须有较明显的界限分隔，让读者一目了然。采用的主要处理方式，是在相应文章“块”边缘增加 1 ～ 2 字宽的空白。可以采用的辅助方式有：交替使用文字的横排、竖排两种排列形式；加设花线来强调分隔，这在文章本身已经分栏排的情况下，尤其必要；不同文章使用不同的字体、字号或分成不同的栏别，但如果是从别的页面转过来的文章片段，该部分的排式需与其前文保持一致。

3. 分栏多样

分栏是期刊版式设计的常用手段。在期刊中，各篇文章的分栏可以不一样，有的排通栏，有的分两栏或三栏。

一般来讲，属于同一个栏目的文章，分栏的数量相同。不同的栏目，分栏可以一样，也可以不一样，通常视栏目的内容性质而定。

需要注意的是，同一个栏目，一旦确定采用某种分栏形式后，在一定时间内应该保持相对稳定，不宜经常变更。

期刊的分栏还有一个特点，就是同一个页面上分属于不同文章的那些部分，可以采用不同的分栏形式。如一个页面涉及两篇文章，其中一篇分三栏排，而另一篇可以或分成两栏，或呈通栏形式。

期刊中同一篇文章分栏一般不设栏线，仅以栏空来表示。

4. 字体、字号多样

图书正文主体文字都统一采用某种字体、字号的印刷字，而期刊正文主体文字的用字在字体、字号上却比较灵活。可以按照设计需要为不同栏目、不同文章选择使用不同的字体和字号。所以，期刊版面上常常是多种字体、多种字号并存。

宋体字也是期刊正文使用的主要字体，篇幅较长的文章多用宋体字排，因其阅读效果最佳。但楷体字、仿宋体字的使用也不罕见，甚至还有采用属于基本字体变体的其他字体的（不过要注意不能将黑体字用作正文字体）。需要注意的是，有的期刊正文页面上加了底纹，这时就不能使用仿宋、细圆等笔画较细的字体；有的画刊中，文字就印在图上，如果图的颜色较深，文字可以采用阴字（反白字）形式。

期刊正文用字一般不宜小于小五号字，供少年儿童阅读的期刊应不小于五号字。一种期刊通常有一种基本字号，即适用于大部分文章正文的字号，而个别文章的用字字号可在基本字号的基础上加大或减小。

"字体、字号多样"的特点，是就一册期刊的整体而言的。期刊中同一栏目的文章，其属性相同的部分还是应该采用相同的字体、字号。

5. 线条与底纹多样

由于期刊正文有页面合用的特点，常用加设花线或铺设不同底纹的手法来强调对不同文章的分隔，所以期刊正文中线条与底纹应用较多且形式多样。

6. 文字可转页

期刊上的文章不可能每篇都恰好排成整数页面，总会有某些页面留有或多或少的空白。由于期刊版面有限，所以要以有余补不足，将某篇文章末尾的一部分文字转至其他文章末尾页面上留有的空白处续完。

不过，期刊中如果文字转页过多，会使读者感到版式混乱、阅读不便。所以，文字转页是不得已而为之的一种手段，应尽量少用或不用。这就要求版式设计者在设计时要比较精确地计算好每篇文章的字数，对它们占据的页面数事先有充分的估量，做好妥善处理。譬如，如果经过计算知道某篇文章将会剩余不足半个页面的文字，就可以事先将这些剩余文字安排在下一篇文章首面的下半部。但是，这种事先的估计常常难免与实际排版结果有些出入，所以，期刊还是经常需要对文字作转页处理。

一般来讲，如果某篇文章末尾仅留下不足 5 行的文字单独占了 1 面，就不宜将这些文字作转页处理，而应该尽量对文中某些段落作“缩行”处理，或者调整标题、插图、表格的版面面积，从而把整篇文章的占行数量减少，使之能够正好排在整数页面内。

内容非常重要、不宜删减文字的文章，或者末尾剩余文字数量超过半个页面的文章，都不能作转页处理，只可将其他文章末尾的多余文字转到该文章后的空白处。

如果文章末尾剩余的文字行数超过 5 行而不足半个页面，就可以作转页处理，但也可以保留不动而将其他文章的多余文字转到其下面的空白处。

必须作转页处理时，还应注意下列几点：

第一，被转文章主体部分末尾应注明“（下转第 ×× 页）”，所转文字开头也应相应注明“（上接第 ×× 页）”。

第二，所转文字应尽量转至该文主体部分所在页面之后，如能转至次面下半面，则更为理想，这时接转说明文字也可以省略。将剩余文字转到该篇文章之前页面上的逆转，应尽可能避免。

第三，转页文字不可喧宾夺主。剩余文字转至其他文章的版面中，好似“寄人篱下”，须有主次之别。如将甲篇文章的部分文字转至乙篇文章的版面中时，甲篇文章的文字只能位于页面的下半部，即使这些文字的数量多于乙篇文章末尾的文字，也应如此处理。

（二）标题版式设计特点

期刊标题的版式设计特点，主要体现在一级标题——文章篇名的安排上，文章内部的各级标题与图书基本相同，但还有采用段首形式的。此外，期刊中应该按照作者的意愿（用真实姓名或者笔名等）为每篇文章标明作者姓名（除非作者本人要求不署名），而作者署名的位置，通常要与一级标题在一起，形成一个“标题块”，有时也可以把作者姓名用比正文主体文字稍大或稍重的字体排在文末。下文所说的标题，如无特别说明，主要指包括文章篇名和作者署名在内的标题块。

在标题块内部，作者署名的格式比较灵活，位于标题之上或之下均可，既可左右居中排，也可左齐顶格排或右缩2字排；用字则应该与标题和正文主体文字有所区别，一般小于标题而大于或重于正文主体文字。如果是译文，除了标明原著者姓名、译者姓名外，还要附加说明翻译方式（如全译、节译、摘译、编译，等等）；原文出处则一般在文末标注，如译文不是直接按原著者所用语言的版本翻译，而是用另一种语言的版本转译的，还应注明中间译文的出处。

期刊中的标题不像图书那样要求全书格式一致，而是活泼多变的，仅在同一个栏目内有相对统一的要求。

1. 标题版面位置设计形式

期刊中标题的版面位置设计形式，大致上有下列几种。

（1）中心题

这是将标题镶嵌在主体文字中间的设计形式，如图4–2所示。

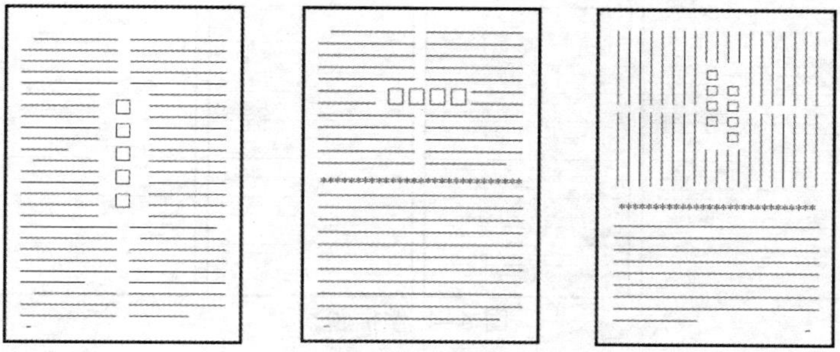

图 4–2 中心题

（2）对角题

对角题是将标题的两部分分别排在整个版面或其中某个相对独立区域的对角位置，如图 4–3 所示。

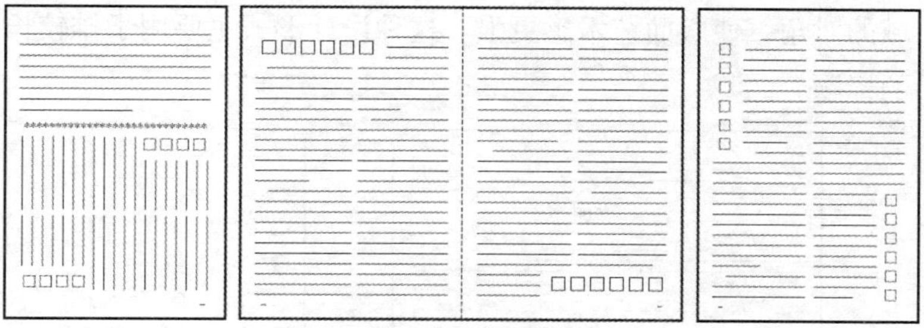

图 4–3 对角题

当标题两部分的文字字数相近，前后词语押韵时，可排对角题。这时标题相应两个部分的占位大小、字体、字号，以及串文的字数、行数和排版风格应当一致。对角标题可以活跃版面，引起读者的阅读兴趣。

（3）偏插题

这种标题版面位置设计形式，是将标题安排在版面的侧上角，使之仿佛“偏于一隅”，如图 4–4 所示。

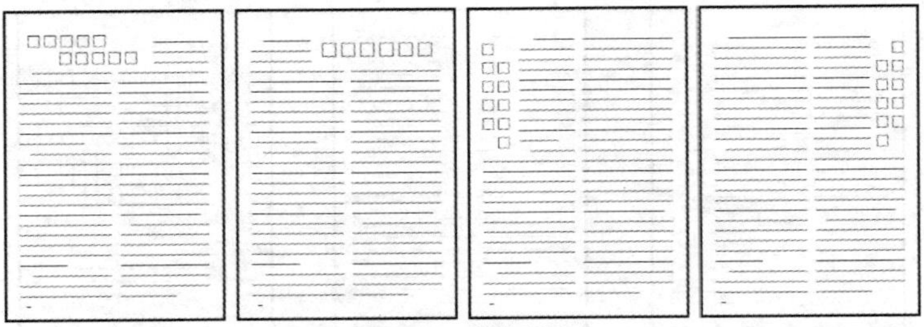

图 4–4 偏插题

（4）角式题

这种标题版面位置设计形式，是将标题文字排列成直角状，如图 4–5 所示。标题位置多设在正文的右上角，有时也可设在正文的左下角；当标题呈对仗状时，可排在某个相对独立的区域的对角，使版面艺术感更强。这种设计形式主要用于排较长的标题。

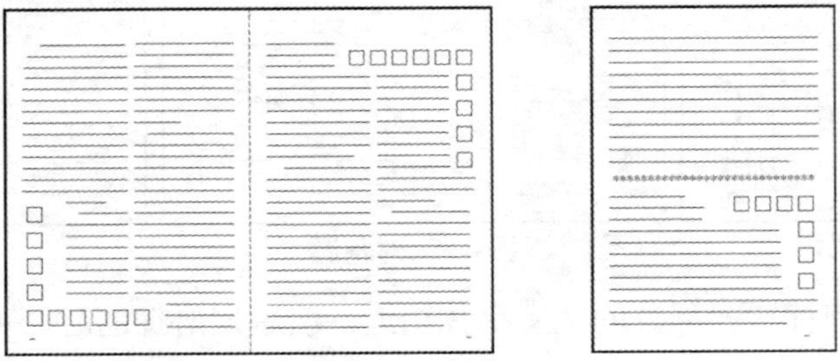

图 4–5 角式题

（5）段首题

这种版面位置设计形式与前几种不同，它主要用于文章内部的标题，亦即一级标题以下的其他标题。它的特点是标题占的行数较多，但是不将整行都占用，如图 4–6 所示。

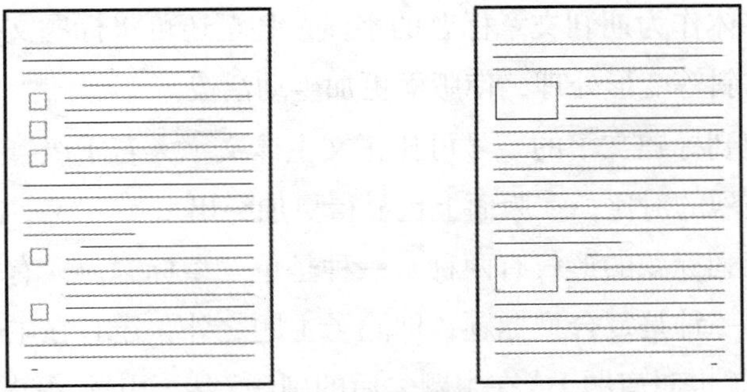

图 4-6　段首题

2. 标题装饰的设计

除了通过位置变化来活跃标题外，还可用线条、花边、图案等对它们作装饰，以达到美化的目的。经过装饰美化的标题称为“装饰标题”。正确地运用装饰标题，是美化期刊版面的简便易行的方法，因为这不需要另行绘图制版，只需利用计算机字库中现成的各种线条、花边、底纹、题花等，即可达到美化版面的效果。

对标题进行装饰时，应注意形式和内容的协调、文字和底纹的协调、字体和装饰符号的协调。内容严肃的版面，其标题的装饰应力求严肃、简洁；内容活泼的版面，其标题的装饰则也可以活泼些。字体较细的标题，可配细线、细曲线或线条较细的花边等装饰符号。给标题加装饰的设计手法，现在已被一些图书的设计借鉴。

3. 标题字体、字号和占行数的选择

期刊版面上，标题出现的频率较高，有时同一页面上会出现两个或更多一级标题。除了常用字体外，还可根据期刊性质、文章内容、版面大小、篇幅长短、标题字数多少和作品主体文字所占面积，选择使用隶书、行楷、魏碑或圆头体、琥珀体等艺术字体作为期刊文章标题的字体，甚至还可将标题文字作左斜、右斜等变形处理，使版面更加生动活泼。

期刊标题文字的字号可比正文主体文字大若干级，从而形成较强烈的对比，在版面上也显得更加突出。

期刊标题的形式有两种。一种是单一型标题，只有一个主题；另一种是复合型标题，即除了主题之外，还有在主题之前的引题（也叫肩题）或在主题之后的副题，甚至引题、副题兼具。对于复合型标题的引题、主题、副题，可用不同的字体、字号加以区别，且引题、副题的字号应该小于主题，其中主题最大，副题最小。

期刊标题的占行数也主要根据版面的大小、标题字的多少和文章主体文字所占的面积等进行设计。尽量做到不要因标题占行过多而使正文主体文字显得压抑；也不要因标题占行太少而影响整个版面的均衡。

居中的期刊标题，一般应在其长度超过版心宽度的 4/5 时才转行。

4. 处理好标题之间的关系

期刊的同一页面上经常会出现两篇甚至更多篇文章并存的情况。这时，如果各篇文章的标题采用相同字号，就可以为它们分别选用不同的字体，从而使之相互有别。它们的字号也可以互有不同，但是不宜相差过大。

除此之外，为了保证版面的构图美观，还必须对各篇文章的标题位置妥善处理，尽量避免出现“对题”和“叠题”的现象，如图 4–7 所示。

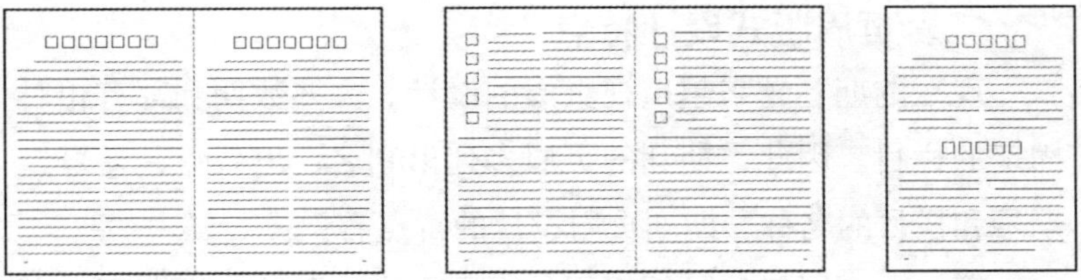

横对题　　竖对题　　叠题

图 4–7　对题与叠题

对题也称“并题”，是指在属于同一视觉范围的版面（如一个页面或和合面）中两个或数个一级标题呈并列对称状的形式。此种标题形式往往给人呆板、凝滞的感觉，一般应避免使用。

叠题也称“重题”，是指在版面中两个以上的一级标题呈上下重叠状的形式。这种标题形式，不仅呆板，而且无法表明上下两段文字有无关系。解决对题或叠题现象，可采用错开标题位置的方式，如图 4–8 所示。

图 4–8　错开标题位置

在期刊中，标题的形式变化是多种多样的。在一般情况下要防止的，在特殊情况下则可能产生较好的效果。这就要求版式设计人员不但要熟悉标题设计的一般规律，而且要能灵活运用这些规律，创造出更好的形式，为内容服务。

二、页眉版式设计特点

现在的期刊越来越重视页眉的设计。大多数期刊都有相对固定的栏目。因此，期刊的页眉多列出刊名、出版年、卷号、期号和栏目的名称。期刊页眉设计的特点有：

第一，不同栏目可用不同的页眉格式，因此一本期刊中常有多种页眉格式。这与图书不一样。

第二，期刊的页眉文字多加装饰，其位置多在天头靠近翻口处。也有排在地脚靠近翻口处，或者天头和地脚都设置页眉文字。现在许多期刊在天头排栏目名和文章一级标题，而在地脚排刊名和期号等。

第三，页眉多设置页眉线，页眉文字可与页眉线排在一行内，页眉文字连同页眉线与版心同宽度；页眉文字也可以排在页眉线之上或之下，这时页眉线可或与页眉文字一样长，或与版心同宽。

第四，与各个栏目对应的页眉格式一经设定，便在较长一段时间内保持相对稳定，在各期期刊中都基本相同。

三、页码版式设计特点

期刊页码的字体、字号无一定限制。为突破版面定式，对页码加以装饰或大幅度加重字体、加大字号或用阴字的实例亦不少见，总的原则是需美观得体。

期刊页码的位置，既可设在页眉，也可设在地脚，甚至设在翻口。

一定时期内的各期期刊，其页码应置于各页的固定位置。若需变更，宜从新的一卷（年）的第 1 期开始。

四、目次页版式设计特点

期刊的目次页在版式设计方面，存在一些有别于图书目录的地方。

（一）目次页的位置

期刊目次页的位置比较自由，既可以置于封二后的第 1 页，也可以置于封二、封三，甚至是面封或底封。

期刊目次页可以单独占一个或数个版面，也可以与期刊的其他内容合用版面。最为常见的，是与版本记录共用版面。这时，目次表部分一般占 2/3 版面，而另外 1/3 的空间排版本记录。两者既可以上下分列，也可左右分列。上下分列时，目次页的上部排目次表，下部排版本记录；左右分列时，一般是版本记录靠订口侧排，目次表靠翻口侧排。

目次页还可与期刊的卷首语合用版面。这时，卷首语一般靠翻口侧排，目次表靠订口侧排。

（二）目次表的版式

目次表的表题即“目次”两字，它一般在所有条目的上方左右居中排，字间加 2 字空。为了醒目，字号应大于目次条目所用字号。

期刊目次条目的等级有两级——栏目名称条目和作品条目。

期刊大多将文章按不同栏目分类，因此栏目名称是目次表的重要组成部分。但是，表示栏目名称的条目虽然级别比作品条目高，包括的项目却比较简单，通常只有栏目的名称而没有页码，并且也不可能有作者名。每种期刊目次表内所有栏目名称条目用的字体、字号和装饰一般都相同，而且比较醒目，明显有别于作品条目，既便于读者查找，又起到美化版面的作用。

作品条目一般由作品的一级标题、作者名、所在页的起始页码（或起止页码）组成。它们虽然都属于同一级别，却既可用相同的字体、字号排，也可用不同的字体、字号排，由设计人员根据期刊特点而定，但各期不宜作太大的变动。

作品条目的内容一般按标题、作者名、所在页的起始页码（或起止页码）的顺序排列，也可将所在页码置于标题前，或者把作者名置于标题前。各项之间距离较小的，宜留 1—2 字间空；距离较大的，宜以细点线连接。分期连续刊载的文章，在该文的题名后分别用圆括号加注“待续”“续 1”“续前”“续完”等字样。译文应在题名后加注原著语种标志，原著作者的译名后用圆括号注明其国别。作者不止一名时，各作者名间可加逗号或留 1 字间空。条目中刊出起止页码时，起始页码与终止页码之间用短横线形式的连接号“-”（又称“三分线”，即拼音文字中的连词符号）连接。

目次表内的条目若按栏目汇聚编排，主要栏目应排在次要栏目前面，同一栏目的作品按其在期刊中的先后次序排列。这时，全部作品条目的先后顺序与相应各篇作品在正文中的排列次序可能并不相同，只要保证页码对应正确就可以。可见，在期刊目次表内，页码部分不一定完全从小到大排列，可呈交叉状。

第七节 书刊图片和表格的版式设计

图片与表格在版心中都表现出“块”的特征，因此两者的版式设计具有相通之处。

一、图片版式设计

图片种类繁多。按色彩，可分为彩色图和单色图；按表现方式，可分为线条图和连续调图；按创作手段，可分为手绘图、摄影照片、印刷品，等等。但是，无论哪种图片，在版式设计中都是作为一个“块”来处理的，所以，它们的版式设计还是具有一些共性特点的。

（一）图片质量鉴别

在开始图片版式设计之前，需要对图片的质量进行鉴定，其质量的优劣直接关系到书刊的印制质量。

不同种类的图片有不同的质量鉴定标准，如彩色照片（正负片）、黑白照片等，必须图像清晰、层次感强、饱和度好；数字化图片，在图片原大的情况下，精度达到 300dpi（每英寸的像素），并且图片清晰、层次好；手绘图等必须色彩鲜明、色调准确、层次丰富。

（二）图片版面位置的设计

图片在版面上的位置，与文字既同又异。所谓“同”，是指图片排式同样受版面、版心、栏宽的规格和其他相关因素的制约；所谓“异”，是指某些图片在版面上的位置可以突破栏宽、版心，甚至超出版面，以产生特别的版式效果。要合理安排图片在版面中的位置，不但要求版面美观，而且要求便于阅读。

由于图片幅面大小不同，书刊版面风格要求不同，各种图片的版面位置设计也不同。

1. 串文图

串文图又称“卧文图”“伴文图”，是指在图片的一侧或周围穿插排有正文文字的图片位置设计形式，如图 4–9 所示。

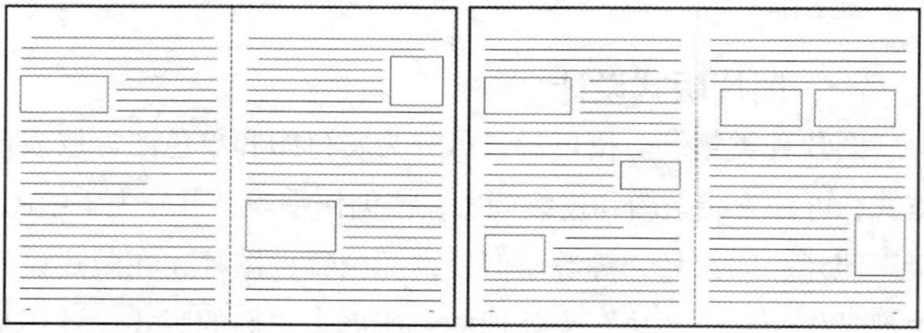

图 4–9 串文图

（1）适用串文图的版面

可以采用串文图形式的版面分普通式、紧密式和松散式三种。

① 在普通式版面中，当图片的宽度小于版心宽度的 2/3 时，应采用串文图。一般书刊的版面即为普通式版面。

② 在紧密式版面中，图片旁要尽量串文。如词典等工具书，为了节约篇幅，一般图片旁只要能排下 4 ～ 5 字都应串文。

③ 在松散式版面中，仅当图片规格非常小时，才在图片旁串文。如少儿读物及低年级教科书，要求版面应有较多的空间，因此尺寸稍大的图片一般可不串文。

（2）串文图的设计要求

图与正文文字之间应留不小于 1 字宽度的空白。

所串文字中如果包含较长的公式，应调整图片位置，尽量把公式排成通栏。

如果 1 个版面上只有 1 幅图，原则上应按“先外后内”的顺序确定其位置，即尽量靠翻口排，因靠翻口的位置比靠订口的位置相对醒目。但横排版式中的人物照片插图，若有统一格式，则不必机械照搬“先外后内”的原则。

如果 1 个版面上有 2 幅图，应对角交叉排。若上图靠翻口排，下图就应靠订口排。上下两图之间必须排有 2 行以上的文字。

如果 1 个版面上有 3 幅图，应三角交叉排。如上图、下图靠翻口排，中图靠订口排；或者上图、中图并列通栏排，下图靠翻口排。

此外，有些书，尤其是辞书，为了方便读者查阅，常常将全书图片设在相对统一的版面位置。如有些辞书不论一个版面上有多少幅图，均将图片靠翻口或靠版面右侧排。

若处于同一视觉范围的双码、单码两个页面均有串文图（见图 4–9），应根据图片和相应文字的内容与图片规格等因素，考虑串文图布局的匀称、协调、艺术感等整体效果。

应尽量避免把串文图排在版心的四角。

2. 通栏图

通栏图是图片位置横贯版心左右、两侧没有文字的图片位置设计形式，如图 4–10 所示。

一般书刊中，当图片宽度超过版心宽度的 2/3 时，可采用通栏图形式。有些书刊要求版面有较大的空白，即使图较小，也可通栏排。

采用通栏图形式时，图片要排在呼应文字之后，尽量不要插在一段文字中间，以免文字被切断而影响阅读。最好是排在版面居中偏上一些，较为美观。

图 4–10 通栏图

分栏版面的通栏图，文字部分应该按栏接续，即第一栏中在图片之上的文字，下接图片之下的本栏文字，而不能是邻栏的图上文字。

3. 跨栏图

跨栏图是图片位置超出一栏，但又不横贯版心左右的图片位置设计形式，如图 4–11 所示。它适用于双栏或多栏的分栏版面。

在分栏版面中，图片如宽度没有超单栏的宽度，称单栏图。图片宽度超过栏宽较多，可排通栏图。若图片比一栏宽而又不够通栏，就可以排成跨栏图，此时栏之间如果设有栏线，栏线应在图片处中断。

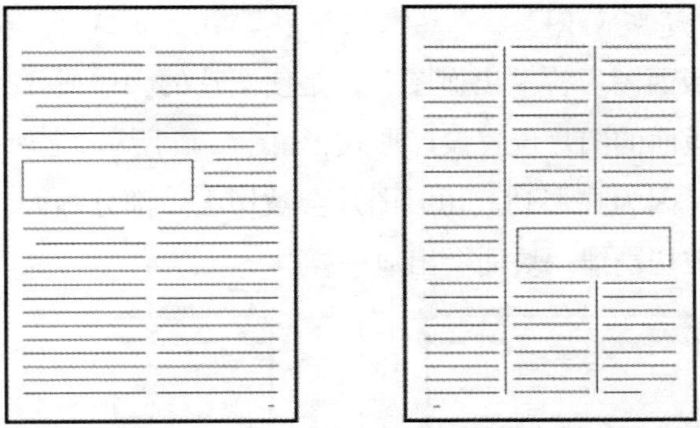

图 4–11　跨栏图

4. 超版心图

超版心图是使图片边沿超出版心但不越出版面的图片位置设计形式，如图 4–12 所示。

图 4–12　超版心图

采用超版心图这种形式时，为了避免裁切书刊时切到图面，图片边沿距离切口的尺寸应不小于 5 毫米。

这种图片位置形式，有时是为了美化版面而有意设计，有时是由于图片规格太大而不得不采用。有意设计的超版心图，应排在版心靠近翻口的上角或下角处。

如果超版心图占掉了书眉或页码的位置，该面可不排书眉或页码。

5. 超版面图

超版面图习称“出血图”，是使图片的一边或几边超出成品书刊版面的图片位置设计形式，如图4-13所示。之所以称“出血”，是因为在书刊裁切时图片会被切去一部分画面，好比动物肌体被切割掉一块而会出血一样。

图4-13 超版面图

设计超版面图不仅可以美化版面，还可使视面适当放大，便于欣赏。这种形式在画册和期刊中使用较多。在儿童读物中采用这种版面，可避免呆板单调，以提高阅读兴趣。

超版面图的设计应当紧密结合相应书刊的成品尺寸，图片超出切口的边缘一般以3毫米为宜。

（三）图片排式

图片的基本排式有竖排图和卧排图。

竖排图普遍适用于一般书刊的插图和插页图，以及画册和图集。

为了解决图片宽度大于版心宽度的问题，可把图片设计成卧排形式，即把图片逆时针旋转90度排在版面上，使图片处于与天头、地脚垂直状态，而阅读时须将书刊顺时针旋转90度。

卧排图在双码面上应靠翻口起排，在单码面上应靠订口起排（见图 4–14）。

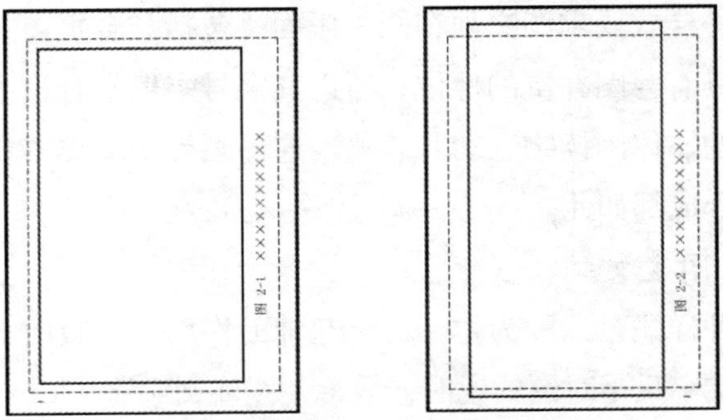

图 4–14　卧排图

对在一个页面上排不下的图片，可采用和合图排式，即把图片排在由双码、单码两个页面拼合成的一个大版面（即“和合面”）上。和合图多见于图文类书刊、大型画册和期刊中心插页。

（四）图文合成的样式

图文合成，是指图片与相应文字在版面上的编排、组合。这种编排、组合，既显示书刊的内容结构，同时又体现图文版面的设计创意，达到一定的审美效果。图文合成的审美效果体现在多方面，如排列有序、变化有章，构思独特、别具一格，大小得体、轻重适当，色彩和谐、基调分明，等等。

图文的合成大体有三种样式。

1.　文主图辅

这种样式是以文为主、图起辅助作用，即“图随文走”。不便在同一页面实施图文合成的，必须遵循“文先图后”的规定，并在相应的文字处标注插图编号，以作说明，但图与文字不宜相距太远。

2. 图文并重

这种样式要求图文须在同一版面（包括和合页）上合成。因文字具有与图并重的地位，所以其字号一般不宜过小。知识普及读物、休闲读物、幼儿读物、连环画等图文类书刊中的版面图文合成都如此。

3. 图主文辅

这种样式是以图为主、文字起辅助作用。在版面上，图是主体，文字只是对图的说明，故称“图注文字”。

（五）图题、图注的位置和排式设计

关于图题、图注的结构和用字格式设计，《出版专业实务·初级》已有讲述。这里主要介绍对图题、图注的空间位置和排式的设计。

1. 图题和图注的位置

图题与图片之间、图题与图注之间的空距，以力求美观为主。整个插图（包括图题、图注）与上下正文主体文字之间的空距，一般略大于其行距；图题与插图、图题与图注之间的空距，一般大致等于正文主体文字行距。

如图题或图注过长而必须转行时，一般图题的行距为图题字高的1/2，图注的行距为图注字高的1/2。

2. 图题和图注的排式

科技图书中图题和图注一般在图下居中排。

有些图文并茂或以图为主的图书，图题的排法有所创意，有的在图下靠一边排，也有的在图侧竖排。

画册和摄影作品集由于图片大小不同，经常将一个版面或一个视面（和合面）的图题及说明文字集中在一起排，再用一个方位示意图来表示图序，如图4–15所示。

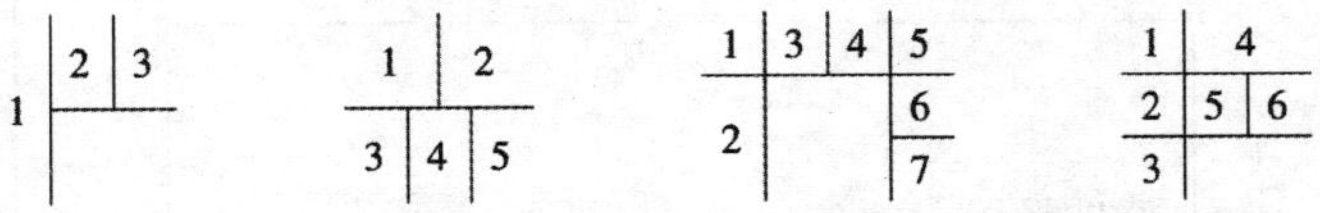

图 4–15 图序方位示意

图序号与图名之间加 1 字空。

图题如果较长而必须转行，应从意义相对完整的停顿处转行，第二行的题文可采用齐头排或居中排。上下两行的字数长短要较均匀，不宜相差过多，最好是第二行略短于第一行。图注转行的数量如在两行以上，第二行起可齐头排，最后一行有齐头排和居中排两种形式，各行的字数也要比较均匀。

图注用的注码不论是用何种数字或字母，应与插图中所用的注码相同。注码与注文间可加短横线形式的连接号、脚点、冒号等，也可加 1/2 字空。图注文字若较短时可采用分栏排，这时，每栏的序码必须对齐，注文后可不加符号（见图 4–16）。

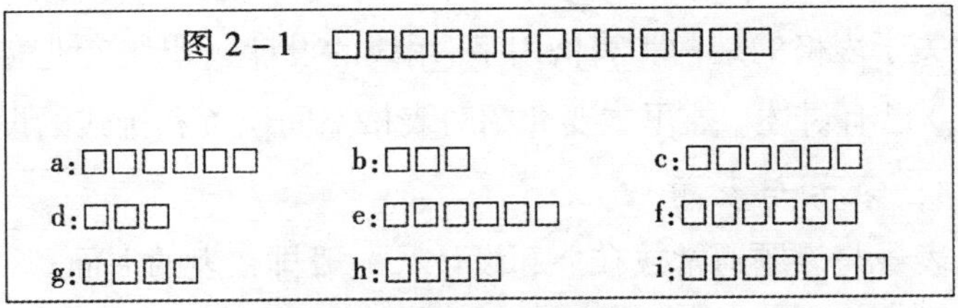

图 4–16 图注分栏排格式

如图注接排，每一个图注后排分号；若注文后不用标点符号，加 1 字空；最后一个图注后不排标点。应注意注码不能排在行尾，后面必须排有注文，排版时可以调节图注的行长，使版面规范（见图 4–17）。

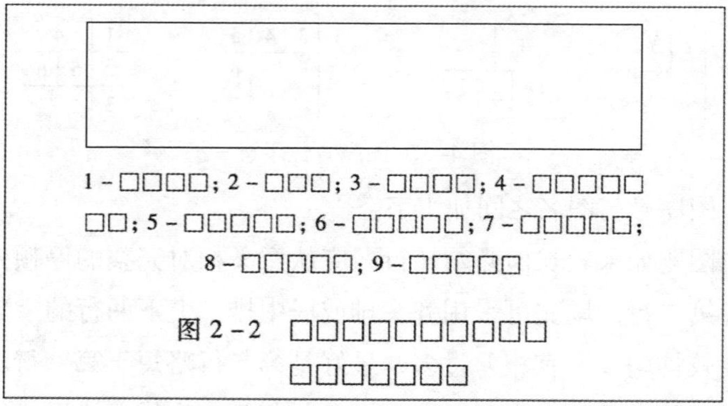

图 4-17　图注接排格式

二、表格版式设计

书刊中的表格，起着概括表述较多分类内容或数据及其相互关系的作用，具有简明、系统、一目了然的功能。因此，书刊正文中常设有各种各样的表格，既节省篇幅，又条理清晰。

（一）表格位置和排式的设计

关于表格的结构和表格用字、用线的设计，《出版专业实务·初级》已有讲述。这里主要介绍对表格空间位置和排式的设计。

1．*表号与表题*

表号与表题通常放在一起设计，一般排在表的上面。

表号与表题有多种排法：可以整体居中排或居左排，表号与表题之间加 1 字空。也可以表题居中排，表号部分齐左或距左墙线 2 字排。

如果只有表题、没有表号，一般以表格宽为基准左右居中排列。

只有表号、没有表题，一般距左墙线 2 字排或左右居中排。

如果表格右上角设有类似“单位：×××”或“年月日”的文字，居中排的表题可稍偏左；若表题较长，排完表题后已无空位，这类文字可以另起一行排。

2. 表头

表头的高度要与书刊开本的大小、表身的大小相称，同时还要考虑到表头的层次和文字的多少。一般情况是：单层表头的高度应大于或等于表身中表行的高度，多层表头中每层的高度也应大于或等于表身中表行的高度。表头中不应使用斜线。

表头栏过窄时，文字可改为竖排，字数不同时要尽量排得高低均衡。

3. 表身

表身的栏宽应根据表头和表身内文字的多少与版心尺寸大小而定。表身的行高可根据各行文字是否需要转行而定，不一定完全相同。表身中部各数据栏中的文字，可居中排也可左齐排。同一栏中各单元格内都是数值时，应个位数对齐。

4. 表注

表注部分应以“注：”作为标题。对表格总体作说明的注文若多于一项，各项前一般宜加上用阿拉伯数字表示的序号；对表中某处的注解，一般用互相对应的圈码作为标志，排式与脚注相同。

（二）一般表格的排式

一般书刊中设置表格位置的原则，是表随文走，即“先见文、后见表”，表格与相关文字紧排在一起。表格的基本排式有竖排表、卧排表。对很宽而在一个页面上排不下的表格，可采用和合表排式。

1. 竖排表

竖排表是表中文字与天头、地脚平行的表格。对于竖开本书刊，竖排法适用于横向表项相对较少、纵向表项相对较多（即栏少行多）的表格；对于横开本书刊，竖排法适用于横向表项相对较多、纵向表项相对较少（即栏多行少）的表格。

2. 卧排表

卧排表是表中文字与天头、地脚垂直的表格，阅读时须将书刊顺时针旋转 90 度。对于竖开本书刊，卧排法适用于横向表项相对较多、纵向表项相对较少（即栏多行少）的表格；对于横开本书刊，卧排法适用于横向表项相对较少、纵向表项相对较多（即栏少行多）的表格。卧排表在版面上的排列，必须顶线在左、底线在右，即在双码面上应靠翻口起排，在单码面上应靠订口起排。

3. 和合表

和合表也称“跨版表”，是排在由双码、单码两个页面拼合成的一个大版面（即“和合面”）上的表格。

和合表适用于无论采用竖排还是卧排都难以安排在一个页面上的表格。分成竖排和合表与卧排和合表两类，如图 4-18 所示。

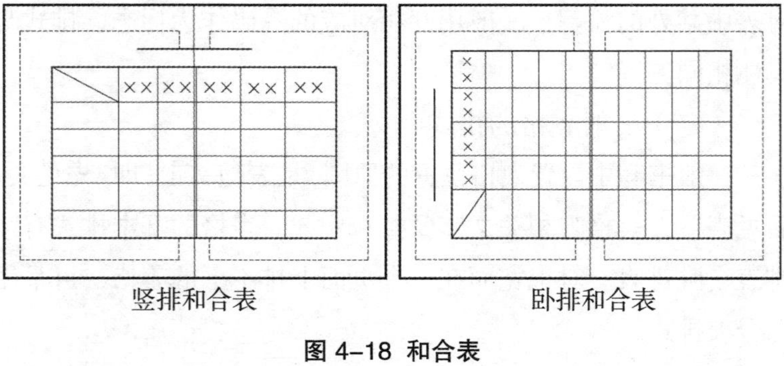

竖排和合表　　　　卧排和合表

图 4-18 和合表

需要注意的是，对于纵向表项较多的表格，如果能够利用排“续表”的方法安排在两个或更多页面中，应尽量少用和合表形式，因为和合表的排版比较费事，稍有不慎，两个页面上的相关项目就显得不齐整，甚至靠近订口处的内容被“挤压”得看不见。此外，和合表由于横贯两个页面，印刷、装订时要保证对行十分精确，尤其是要保证细小的表线能够精确对接，是很困难的。所以，在必须设置和合表形式时，要对表格的形式妥善考虑并作好处理，尽量减少横向线条，尤其是正线。

卧排和合表在版面上的排列，也必须顶线在左、底线在右，即应在双码面上靠翻口起排。

（三）特殊表格的设计处理

对于因尺寸较大或内容较多而在相对独立的某个区域内（一栏内或者一个版面内）难以容纳的表格，需要进行专门的设计处理。

1. 跨栏表

在分栏版面中，表格一般应该排在本栏中。如果表格比较宽而难以在一栏内安排，也可以占用其他栏的空间。这种表格就称为“跨栏表”。表格所跨的栏数没有限制，可以占用相邻的一栏或多栏的空间，占用的宽度也没有一定之规，都依表格宽度的需要而定。跨栏表的表侧可串文。

如果表格的宽度需要跨越版面上所有各栏，与版心宽度已相差无几，那么，跨栏表就演化成为通栏表。

2. 续表

对于行数特别多且宽度又超过版心宽 1/2 的表格，如在一个页面中排不下，可以设计成续表形式，即由后面页面的表格接续前一个页面上的表格内容。续表可以占用一个页面或其中的部分区域，也可以连续地依次占用数个页面。续表从单码面或双码面起排均可。

在排续表时须注意，接排在下一面上的表格，应该重复排表头，但不必再加表题，只须在表头上方标上“续表”或“表 ××（续）”（“表 ××”代表表号）字样。但是，对于主体内容都采用表格形式且篇幅较大的作品（如《世界各国基本情况表》《中国历代纪元表》《常用法定计量单位与非法定计量单位换算表》等），也可以不加“续表”字样，以节约版面空间。

有续表的表格，每个表的顶线和底线仍用反线。

3. 折栏表

有的表格竖栏少、横行多，呈竖长横窄状，而每栏里的文字又不多，如图 4–19 中的原表。

对这种表格，如果增大栏宽通栏排，表格显得太松散；若在表格的一侧串文，既不美观，又会因表格较长而跨页甚至跨章节等。这时，可以将全表拦腰拆开，回转成两栏或多栏，排成折栏表，如图 4–19 所示。

Ⅰ	Ⅱ	Ⅲ
1		
2		
3		
4		

Ⅰ	Ⅱ	Ⅲ
26		
27		
28		
29		

原　表

Ⅰ	Ⅱ	Ⅲ	Ⅰ	Ⅱ	Ⅲ	Ⅰ	Ⅱ	Ⅲ
1			11			21		
2			12			22		
3			13			23		
4			14			24		
5			15			25		
6			16			26		
7			17			27		
8			18			28		
9			19			29		
10			20					

改成的折栏表

图 4–19　折栏表

排折栏表时，每一折栏必须加排表头，每两折栏之间排双线，而且要连同表头一起通线排，各折栏间互相对应的栏宽应当基本一致。一般情况下，各栏的行数要相等。如果表格内容不能恰好占满各栏全部表行时，可在最末一折栏里留下空表行。

折栏表需跨页排时，排在上页与下页的表项应分别连续。如图 4–19 中，若本页只能排下 21 项，需将 8 项移到下页，那么，可将第 22—29 项排到下页，不能将第 8—10、18—20 和 28—29 项排到下页。

4. 叠栏表

有时表宽超出版心，栏多行少，横宽竖短。如改成和合表，既不美观，也可能不是正好处于双码面跨单码面的位置，而且表的高度又比版心的高度小得多。遇到这种情况时，可把表格沿中部拆开，分成两段，上下叠排，排成叠栏表，如图 4–20 所示。

表×-×　　××××××××××

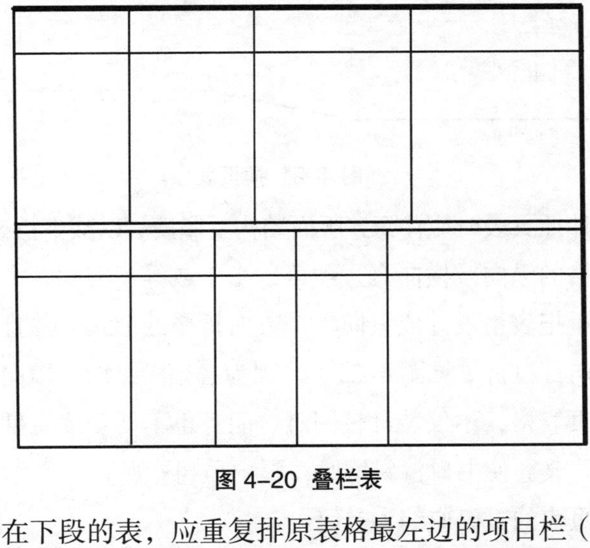

图 4–20 叠栏表

转在下段的表，应重复排原表格最左边的项目栏（其宽度与上段该栏相同），并在上下两段间用通长的双线隔开。由于上下两部分表格的其他栏宽度不一定相同，两部分的竖表线不连通。

5. 插页表

有些特殊的表格面积特别大，缩小表格中的文字并且用竖排表、卧排表或和合表的形式都无法排，又因行、栏对照关系很密切而不能拆开转页面排续表。针对这种情况，可以考虑采用插页表（见图 4–21）形式，即设计成不受书刊开本尺寸约束的表格。

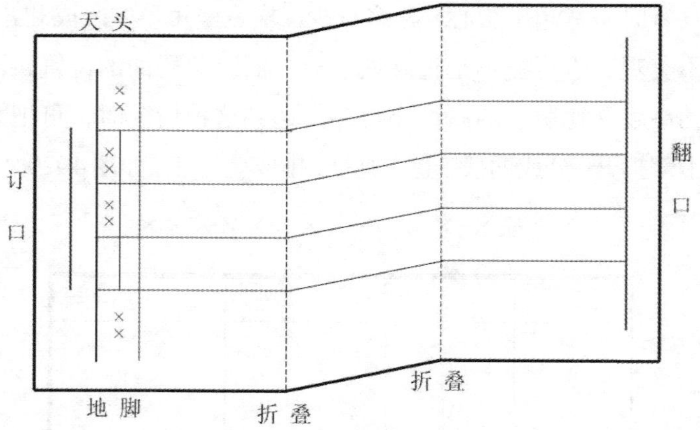

图 4–21 插页表

设计插页表时应注意：版面结构要紧凑，以减少折叠次数。只要表格的纵向或横向有一项可以小于或等于书刊开本的，就应该尽量把表格设计成只向一个方向折叠的形式，并且最好是沿翻口向订口折（见图 4–21）。因为必须沿纵向和横向交叉折叠的插页表格，不仅装订较困难，而且也不便于读者翻阅，易被撕破，又会使书口偏斜增厚，影响书刊外观。

插页表的页码应编为空码。

思考题

1．选择书刊开本、结构和装订样式时应考虑哪些因素？它们具体体现在哪些方面？

2．怎样选择书刊书芯用纸？

3．书刊美术设计的特点、内容和手段各是什么？

4．对图书封面和护封、环衬、衬页、主书名页、腰封进行设计，分别要注意什么事项？

5．对期刊的封面、广告插页进行设计应注意哪些事项？

6．书刊装帧工艺材料与表面整饰加工工艺各有哪些种类？

7．设计书刊表面整饰加工方案需要考虑哪些因素？

8．版心规格设计包含哪些内容？版心在版面上的大小与位置如何设计？

9．版面字数的设计与哪些因素相关？怎样计算每行字数、版心宽度、每面行数和版心高度？版面字数与书脊宽度有什么关系？

10．图书正文版式设计有哪些具体内容？

11．图书正文主体文字的版式设计包含哪些内容？

12．对图书标题的设计应把握哪些要点？

13．对图书引文、注释的版式设计各应把握哪些要点？

14．对图书书眉和页码的版式设计应把握哪些要点？

15．对图书中常见辅文的版式设计各应把握哪些要点？

16．与图书正文版式设计相比，期刊正文主体文字、标题的版式设计各有哪些特点？

17．与图书版式设计相比，期刊页眉、页码、目次表的版式设计各有哪些特点？

18．图片在版面上的位置有哪些种类？设计中各应注意什么？

19．图文合成的样式有哪几种？它们的设计要点各是什么？

20．图题和图注应如何设计？

21．一般表格有哪几种排式？它们各有什么特点，设计时应注意哪些事项？

22．什么是跨栏表？它有哪些特点？对续表的设计应该注意什么？

23．插页表的适用范围是什么？设计插页表时要注意哪些事项？

第五章　书刊校对

重点提示：校对工作的操作工序和操作模式。责任校对的职责，校对工作量化管理，外校管理。技术整理的作用，技术整理的任务。利用原稿电子文件进行排版的方式，计算机排版校样的差错特征。校对软件的主要性能特点，校对软件应用技术，人机结合校对模式。

第一节　校对工作的规范和程序

《图书质量保障体系》规定，“坚持责任校对制度和‘三校一读’制度”，这是我国出版业校对工作的基本制度，必须严格执行。

校对工作制度的切实执行，要靠一定的操作工序来保证，每一道工序都有其明确的工作要求，而各工序采用不同的组合方式，可组成多种校对操作模式。

一、校对工作的操作工序

校对工作的基本操作，包括初校、二校、三校、誊样、核红、通读、技术整理、对片 / 对蓝样八个工序。前三个工序和对片 / 对蓝样在《出版专业实务 · 初级》中已经详细介绍，技术整理将在本章第三节详细讲述，这里对誊样、核红和通读三个工序作进一步的说明。

（一）誊样

誊样又称“并样”。指为了让作者进一步把关，除校对人员使用的一份校样外，一般还有完全相同的一份或两份校样交由作者、编辑审读，在结束某次校样的校对之前，将作者、编辑审改的校样（副样）上确认需作的改动誊抄到校对人员使用的校样（正样）上。一般誊样都是在同一校次的校样之间进行。

随着校对流程的改进，编辑审读的校样不再输出，编辑审读时只需审读经校对人员校对后的校样即可。

誊样工作一般由责任编辑承担，责任校对复核检查。誊样中要注意避免遗漏必要的修改以及因笔误造成的错改。

誊样时，对副样改动部分不能照搬照改简单地誊抄，而是要先判断改动是否正确和有无必要。有时因校样改动较大，如增删大段文字、公式、图注，或调整了图表大小，导致版面变动，则要精心调整版面，尽可能减少版面变动造成的影响，保持版面美观。

如果副样上个别页面改动很多，而正样相同页面上改动很少，也可以将正样相应页面上的修改内容誊抄到副样上，同时在副样涉及页面上逐页标注“以副样替换正样”，用来替换正样的相应页面。替换下来的校样页面随同誊抄后的校样一同返还校对部门。替换校样时，编辑要逐一审查替换上去的副样上修改是否合理、所作的修改操作是否规范、字迹是否工整，酌情取舍，并对修改操作不规范之处进行弥补，以防副样修改不当造成差错。校对人员对替换下来的正样与替换上去的副样要逐页、逐行核对，防止发生誊抄遗漏或副样与正样本身存在差异的现象。

如果副样与正样是不同校次的校样，比如作者看的是一校样，而校对人员用的是二校样，就不能以副样替换正样。

（二）核红

核红又称“核对”，是指检查、核对前次或前几次校样上色笔改动之处在后次校样上是否已经改正，并校正其漏改或错改之处的工作。凡改版后输出新校样，都要先核红。

核红分校次间核红与付印清样核红两种。相对而言，对付印清样核红的要求更加严格、细致。

1. 校次间核红

校次间核红是指将改版后的校样与前一次或前几次的校样进行核对。

校次间核红与校对操作模式（见本节“校对操作模式”）有关。在基本校对模式中，采用的是校对一次就改版一次的操作，则二校人员必须先核红再校对，三校人员应将新校样与前两次校样都作核红。

常用的初校、二校连续进行的校对操作模式，是改版后再三校和通读，所以通常由三校人员先核红，再校对。

核红的具体要求见后面“付印清样核红”的部分内容。对于校次间核红，核红的要求可根据具体的校对操作模式酌情确定。

核红时，对新校样上根据前次校样修改的内容应以铅笔在其下画线作标记，因为前次校样上可能存在不同于原稿的修改之处，标记后可避免对照原稿校对时再改回去。

2. 付印清样核红

付印清样核红是将付印样（即终校样）改版后输出的付印清样与付印样进行核对。

虽然从理论上说，付印清样上不会再遗留任何差错，但是从出版工作实践来看，付印清样上由于种种原因仍然可能存在差错。因此，为了确保书刊成品质量，付印清样仍须核红。

进行付印清样核红，一般先由专人核对一次，再由责任校对（或其他把关的校对人员）复核一次并清点页码，然后交责任编辑审核认定，重要书刊的校样或有重大修改的校样还要经复审者和终审者认定。如果付印清样上还有改动，则要继续退改、核红；如果付印清样上已经没有任何改动，一般情况下可将排版单位据此制作的印刷用电子文件发往印刷单位，进入印制阶段。

出版单位根据实际需求如对于重点产品、精细产品，可于付印后要求印刷单位增加一次蓝样输出，并将蓝样与付印清样核对。如果核对蓝样过程中发现了差错，应要求排版单位再次改版、送出版单位核红、重新制作印刷用电子文件。此时，蓝样作为印制的依据。

计算机直接制版（CTP）印刷、数字印刷、制作电子书等，可根据情况将付印清样或蓝样作为印制的依据。

付印清样核红时要注意以下事项。

第一，除核对前次校样上修改之处在新校样上是否一一改正之外，还应注意新校样每个页面的首末行、各行起止文字是否与前次校样一致，如有胀、缩或串版现象，要找出原因，改正存在的差错。若标题文字、数字、外文等需要修改字体、字号，要注意检查后续文字的字体、字号。

第二，如果前次校样存在因增删文字造成版面变动的情况，则对新校样不能仅仅核对改动之处，还要对牵连到的相关字、行、面作全面检查、核对，有图、表、公式的，要注意其位置是否适宜。

第三，如发现应改漏改或不应改而误改的地方，必须在上下各三行中逐字检查一遍（尤其要注意相同字或墨色较淡的字），以免发生邻行错改或邻位错改等改错的情况，造成新的错误。

第四，如改版后页码或版面有变动，与前次校样不完全一致，应检查目录、书眉、注释、索引等处是否需要作相应改动。

第五，有时前次校样无错，新校样上却出现新增大段文字、格式变化等莫名差错，这可能是改版操作失误或计算机系统不兼容所致。核红时一旦发现一处这类差错，就要对付印清样作全面检查，必要时可增加折校，以防其他地方还有类似差错。

第六，核红时，如发现付印清样中个别页面存在较多差错或重要差错，应要求排版单位根据改正后的付印清样改版后再次输出涉及改版页面的校样，返回出版单位重新核红。发生版面变动时，应核对所有牵连的页面。

（三）通读

通读是“三校一读”的组成部分，主要承担校是非的职责。供通读的校样是经过必要的折校、已经消灭了绝大部分异同差错的校样。如果是改版后输出的新校样，应先核红再通读。

通读前，校对人员应了解此前校样已经完成的校对、改版过程及校对质量，了解原稿的内容组成、图表公式数量和特点、有无疑难内容或敏感内容等，做好通读准备工作。

通读过程中脱离原稿阅读、检查校样。当怀疑校样上存在差错时，一般应核对原稿。如果推断是原稿差错，则起到校是非的作用；如果确认是排版差错，则起到校异同的作用。

通读时，要消灭校样上遗留的各种差错，包括原稿差错、三审和编辑加工过程中产生的差错、排版改版过程中产生的差错、校对过程中产生的差错等，尤其要注意隐性的政治性、思想性、知识性、语法性和逻辑性差错，还要注意文稿内容的相互呼应和人名、地名、组织机构名、书刊名、体例格式等的前后统一。遇到图、表、公式等容易发生差错的内容，一般应校读结合，先依照原稿局部折校一次，再进行通读。

校对人员发现是非差错，通过质疑的方式用铅笔标注在校样上，待通读完成后交给编辑处理。提出质疑要有依据，必要时应查阅相关的工具书、参考书或可靠的网络资源，力求改必有据。如果随意提质疑，见到不明白的内容就打问号，会加大编辑处理质疑的工作量，甚至引起编辑对校对人员工作能力和工作态度的质疑。

承担校样通读工作的校对人员，应具有较高的文化水平和丰富的校对工作经验，熟悉所通读校样的专业内容。有些专业性强的书刊，如工具书、古籍、科技书刊、外文书等，除了责任校对通读外，还应请具有相应专业知识的编辑、资深校对或相关专家帮助通读，以确保书刊编校质量。

当原稿基础好、排版认真规范，提校（即排版单位向出版单位送交初校样）质量比较高，校样对照原稿进行折校后出现的异同差错很少，校对部门有可能采用减少一次折校增加一次通读的方式完成后续校对工作，这样做有助于加大校是非的力度，消除原稿本身的差错。

重点书可安排多次通读，每次通读可由多人承担（各人在各次通读的内容不重复），但责任校对应通读大部分校样。

如果是彩色版面，而先前为节省成本只校对了黑白校样，则一般应打印彩色样用于通读，以便对全书内容和色彩作全面检查。

二、校对操作模式

原则上，为了确保编校质量，校对的各道工序不能随意减少，需要时还应当增加，如增加校对、核红、通读、技术整理等的次数和输出校样的次数。不过，工序的顺序可以根据实际情况调整和灵活安排。校对工序的不同组合形成了多种校对操作模式，较为常见的有以下几种。

1. 初、二连校模式

初、二连校模式的流程环节一般为：

初校（可同时安排作者审读校样）+ 二校 + 编辑审读校样、誊样 + 技术整理 → 改版 → 核红 + 三校 + 通读 + 技术整理 → 改版 → 付印清样核红 → 付印

相对基本校对模式（见《出版专业实务 · 初级》），初、二连校模式的流程环节较少，可以缩短出版周期，并且由于三校是在校样已经改过一次版的基础上进行的，需要再改动的地方相应减少，付印样的改动也随之减少，有利于保证付印清样的质量。

2. 二、三连校模式

二、三连校模式的流程环节一般为：

初校（可同时安排作者审读校样）+ 编辑审读校样、誊样 + 技术整理 → 改版 → 核红 + 二校 + 三校 + 通读 + 技术整理 → 改版 → 付印清样核红 → 付印

同样，二、三连校模式的流程环节也相对较少，出版周期有所缩短。如果编辑、作者审读初校样时作了比较多的修改，经誊样、改版、输出二校样后，则适宜采用二、三连校模式，这样能充分发现漏改错改之处，检验改版的质量。

应当强调，作者的创作、编辑的修改，应当在发稿前完成，体现在原稿上，不应后移到校样上，所以过多修改校样应尽量避免。

3. 人机结合校对模式

这是计算机校对软件应用普及以来形成的新的校对操作模式。

根据原稿的载体不同，人机结合校对模式的具体流程也有所不同，一般可分为带有纸质原稿的校对模式和无纸化校对模式两类（详见本章第五节）。

第二节　校对职责与校对管理

为了保证校对工作的质量，所有校对人员都必须认真履行工作职责，同时需要对其进行科学、有效的管理。

一、责任校对的职责

校异同和校是非是各校次校对人员的共同职责。按具体工作任务的不同，各校次校对工作与责任校对的具体职责各有侧重。关于各校次校对人员的职责，《出版专业实务·初级》中已经讲述，这里主要讲责任校对的职责。

责任校对承担校对的主要责任，应认真履行以下职责。

第一，参与各校次校对。责任校对应参与各校次的校对，并达到一定的校对量，以便了解校样的基本状况。

第二，检查校对修改质量。责任校对要负责监督检查各校次校对人员的校对修改是否正确、规范，有无笔误，并汇总各位校对人员的质疑，及时与责任编辑和出版部门商量解决。

第三，负责技术整理。责任校对要负责校样的最后一次技术整理工作，保证体例的规范和统一。

第四，通读付印样。责任校对负责付印样的通读工作。通读付印样可以全面审查校样的内容和体例格式，对保障全书的编校质量具有重要作用，不可忽视。

二、校对工作量化管理

校对工作量化管理是保证书刊质量和生产运行的常用管理措施，包括任务量化和质量量化两个方面。

校对任务量化管理，又称定额管理，即给校对人员规定校对工作量定额。校对工作量定额以字数为单位。月定额即每人一个月实际工作日内应当完成的校对字数。当月实际完成校对字数与月定额之差，即当月的超额或缺额。针对不同类型的书稿，计算校对工作量可有所差别。核红、通读、技术整理与计算机校对后作人工处理的工作量可根据工作量确定适当的比例折算成校对工作量。

校对工作是脑体并用的智力劳动，过度身心疲劳会影响校对质量，应合理确定工作量定额。

校对质量量化管理，对不同校次规定"灭错率"或遗留差错率。遗留差错率即遗留的差错占校对总字数的比率，按万分比计算。经过三个校次，原则上要消灭全部差错。图书终校样的遗留差错率不超过万分之一，超过此限的编校质量为不合格。每一种书刊均应建立校对记录表，记载各校次发现的差错，后面各校次发现的差错之和就是前面校次遗留的差错。待书刊付印后，即可计算出各校次的灭错率和遗留差错率。

排版单位必须做到提校校样差错率低于与出版单位约定的容许遗留差错率，达到提校的基本质量要求。

实施校对管理，既要计算校对人员完成的校对工作量，又要考核校对质量。如果校对质量没有达到规定的量化标准，应扣减相应校对工作量作为惩罚；对长期或经常发生校对质量不合格的校对人员，应安排业务培训或调离校对岗位。如果校对质量长期好于规定的标准，则应给予奖励。校对人员发现原稿重大差错，应给予奖励。

三、外校管理

“外校”是指出版单位约请外部人员承担部分校对工作。

在出版单位专职校对人员不足的情况下，适当使用外部校对力量，可对出版单位校对力量起到补充作用。外校人员只能承担一校、二校的任务。为保证校对质量，必须加强外校管理，将外校置于有效的监管之下。

外校管理可从以下方面着手。

第一，选用合适人才，建立素质较高、适合本出版单位业务需要、相对稳定的外校队伍。

第二，对外校人员进行岗前培训，培养他们的工作责任心和校对业务技能，经考核符合要求的方可安排校对任务。

第三，为外校人员配备必要的工具书，指导并要求其正确使用。

第四，建立原稿与校样管理制度，收发原稿（包括原稿电子文件）和校样要及时登记，并由双方经手人签字，以明确责任。

第五，安排本出版单位高水平的专职校对人员检查、监督外校的工作质量，并将质量检查情况记录在案，建立外校人员工作质量档案；检查中发现质量问题，要及时向外校人员指出，并给予指导。

第六，实行计件付酬和质量量化考核相结合的管理制度，按照外校人员完成工作的质量情况，定期评定等级，按质论价。对校对质量不能达标的外校人员要及时淘汰。

第七，以人为本，尊重外校人员。要及时发放校对费；定期就外校人员工作中存在的共性问题组织培训，交流工作经验，有条件的可对外校人员进行个别辅导；组织业务技能竞赛，评选先进，激发他们的主动性和创造性；对工作质量好的外校人员给予精神和物质奖励。

第八，与专业校对机构密切合作，但合作时要统一实施外校全程监控，校对质量管理跟踪到人。

出版单位必须具有一批高素质的专职校对人员，只有通过他们，才能建立、培养并利用好外校队伍。

第三节　技术整理

技术整理简称“整理”，是指主要从体例格式方面检查和整理全部书刊校样的工作。责任校对要承担书刊的最后一次技术整理工作。技术整理是书刊校对工作的工序之一，也是责任校对制度中的一项重要内容。责任校对必须做好技术整理工作，以使整部校样在退改前和付印前达到体例格式规范统一，从而保证书刊的编校质量。

根据不同的校对操作模式，各出版单位在安排上有所不同：有的将技术整理与三校（或终校）结合；有的将技术整理与通读结合；有的则在初、二校连校后进行第一次整理，三校后进行第二次整理，在付印前进行第三次整理。虽然各出版单位做法不尽相同，但在对任何书刊的校样都必须进行技术整理这一点上，则是一致的。

一、技术整理的作用

技术整理的作用主要在以下三个方面。

（一）弥补版式设计工作的疏漏

书刊的类别不同，内容、形式的繁简程度不同，版面格式多种多样。由于版式设计人员的疏漏，排版人员的操作失误，以致稿件排版后会出现版式差错或者前后格式不一致的现象。这就需要通过技术整理来弥补和改正。

有些出版单位进行书刊内文版式设计时，对部分设计项目只在发排单或设计说明文件中作总体说明，在原稿中并不逐项作详细设计批注。排版人员如果掌握不当，输出的校样就可能出现偏差，这就需要通过技术整理对版式作调整。

（二）改正排版造成的差错

在排版过程中，由于图、表太多太大，或由于标题太密，或由于公式、化学反应式太长等原因，会产生文字、图表脱离，图表本身被割裂或移位等情况，导致图文或表文不呼应、排版位置不恰当，这就要通过技术整理进行调整。

插页应排在双码面之后、单码面之前，和合表、和合图应从双码面跨到单码面排，但实际工作中常见排错的情况；文字排版后，常会出现背题、单字成行、单行成面等问题。诸如此类的排版问题，需要校对人员在技术整理时审查、改正。

（三）保持多人校对时的体例格式统一

篇幅大的稿件，往往每个校次都由若干校对人员分工校对。由于校对人员的业务水平和对体例格式的处理方法有差异，对同一种书刊的校样在版式处理上也会不一致、不统一，所以责任校对应作全面检查并作相应的处理。

二、技术整理的任务

进行技术整理时，要先检查原稿和校样是否齐全，核对页码是否衔接，尤其要注意文前辅文和文后辅文的编排顺序和页码衔接，然后再从下列几个方面进行检查和整理。

（一）核对相关文字

为了保证全书相关文字的一致性，责任校对要对有关文字进行统一核查。

1. 核对主要标志文字

书名、版次、出版单位名称、出版时间、作者名及著作方式等相关项目，在封面、扉页和版本记录页中应保持一致，在附书名页、作者名单页、序言、前言、后记、跋、凡例、目录、宣传文字等部件中出现时也应保持一致。如有差异，应查明原因后再处理，防止改错。

上述内容如在某处作了修改，应注意核对可能出现该内容的其他各处是否全部作了修改。

责任校对通常还负责校对封面、扉页和版本记录页文字，对上述内容应重点核查。

2. 核对目录

在检查正文中的标题序号和格式之后，要根据正文核对目录（目次），保证目录中所列标题层次得当，与正文中标题的文字完全一致，并按校样填写或核对目录中各标题所标页码与正文中对应标题所在页码是否一致。凡正文中标题文字有改动的，应核对目录中对应的文字，反之亦然。若遇版面变动，应检查、核对牵连页面中标题的页码。

图书目录中所列标题的层级应当基本一致，除非由于正文某些部分出现特殊情况而省略了部分层级的标题。

3. 核对书眉

如果书刊设计了书眉（或中缝，下同），应查看书眉文字是否符合设计要求并与所在页面相应内容一致。

采取篇、章、节标题形式的图书，书眉内容一般应符合“双高单低”的规则。例如，双码面书眉排章序号与章标题，单码面书眉排节序号与节标题。

书眉一般由排版软件自动抽取，如果排版操作不规范，抽取的书眉就可能不符合设计要求，或出现书眉内容差错。

4. 检查序号

应检查图、表、公式、注释、参考文献、附录等的编号形式是否恰当；同一类型的编号是否格式一致、连续，无缺漏、无重复。采用顺序编码制的参考文献编号应连续，无跳跃。这些编号都应与正文主体文字中相呼应文字涉及的编号正确对应。若一处编号发生变动，要检查后续该类编号和呼应文字中的编号是否已随之更改。

5. 检查呼应内容

图、表、公式内容应与正文主体文字的叙述正确呼应，文中引用参考文献应与参考文献表正确呼应，参见内容应正确呼应，教辅读物中习题与答案应正确呼应，等等。

（二）检查版面格式

技术整理时要按照版面设计的要求，检查版面各个相关项目，保证全书版面格式的统一。

1. 通观检查校样版面

应该按照发稿单和版式设计要求，检查校样上正文主体文字、标题、引文、注文的字体、字号等，检查页码与书眉（或下书眉、中缝）在版面上的位置和格式。如出现不恰当的转行、换段现象，或出现单字成行、单行成面的现象，要作适当处理。

对单字成行现象，可以在本段落内进行伸字，让最末一行的字数增加。如果伸字比较困难，也可以在本段落内作缩行处理。由于缩行处理会导致整个页面发生变动，甚至影响到后面很多页面，必要时应在本页面的其他段落或相邻页面再作伸行处理。对付印样，应尽量减少因版面变动而受牵连的页面数量。

对单行成面现象，从节省成本角度考虑，在初校样上首选的处理方法是缩面。但是，缩面处理会造成后续页面的状态发生连锁变动。如果这种变动导致原来采用和合面设计的两个页面的页码变成由单码面到双码面，则要采取其他适宜的处理措施。对付印样上的单行成面现象，只适宜采用伸行方法处理。

篇章页或辑封如背面需空白，应注明“背白”。

2. 检查标题

要对正文全部标题逐一检查，使同级标题的序号连续，字体、字号、占行数和版面位置保持一致，并符合版式设计要求。

应该根据版式设计的规范要求，妥善处理标题转行、居中短标题增加字空等问题。

如采用图标作为某些内容的标识，应检查同类标识的图标是否一致。

对于由主题与副题构成的多行标题，要注意主题与副题既要在字号、字体等方面有所差别，又要整体协调。

二级及以下层级的独立占行标题排于版面下端，而标题下方本页面中正文主体文字少于规定行数的现象，称为“背题”。背题使读者阅读时有题文不连贯的感觉，无论是图书还是期刊都应当避免。校样上如有背题，要作适当处理，使二级标题下有不少于三行的正文主体文字，三级标题（有时还包括更低层级的独立占行标题）下有不少于一行的正文主体文字。对标题的背题现象，可以对标题上方的字行进行伸行处理，从而把标题顺移到下一面；也可以对标题上方的字行进行缩行处理，让下一页面的字行往上顺移。此外，对标题上方的图片（或表格）适当增加或减少边空，也是解决背题的一种方法。为了减少版面变动牵连页面的数量，对相邻页面可以采取相反的缩行或伸行处理。

3. 检查图片

要查看图片在版面上的位置。对以文为主、以图为辅的书刊，技术整理时要注意是否遵循了“文先图后”的原则；对图文并重的书刊或以图为主的书刊，技术整理时要注意图与文是否紧密配合，是否被分离安排在不同页面上了。

占版心不足一半的图，其位置的偏上、偏下或居中，可视相应的文字而定，但图前文字最好成一段落。如果必须把一段文字截断，要尽可能只将行末有标点的字行截断。占版心宽度一大半的图，图旁可不排正文，但可排图注。如果图片占满一面又不宜缩小，则只能用排和合图的办法把图注排在另一页面上，让图和图注虽不在同一页面上但在同一个视觉范围内。需要超出版心的插图，如不超过成品尺寸，可在校样上注明暗码第几页。超过成品尺寸的插图，看能否合理缩小，使其不大于成品尺寸或版心尺寸，否则就需制作插页，导致阅读不便、制作成本增加。

和合图不论竖排还是卧排，都必须排成双跨单的形式。竖放的和合图，其图注必须跨面居中排。

以图片为主的书刊，如画册、画报和摄影集等，版面上文字较少，技术整理时要注意文字有无遗漏、图的位置是否平齐、图的次序有无错误等。

对不占页码的彩色插页，要注明插在第几面与第几面之间。彩色插页如集中排在书刊前部或中部某处，正文主体文字中涉及该插页的地方应作必要的指引说明。

4. 检查表格

应检查表题格式、表头排版样式。检查表线是否正确：表线有细线（正线）、粗线（反线）之分。表身、表头的框线为粗线，表内栏线、行线为细线。注意同一栏内上下行文字的对齐方式、各栏之间的文字对齐方式。

注意查看表格在版心中的位置是否符合“文先表后”的规范要求。特殊情况下，为使表格版面美观、便于阅读，还可以改变表格版式。但是，对表格版式的改变只能在允许版面有变动的初校样上实施，在二校样及之后的校样上不宜采用，以避免版面变动连带造成各种新的问题。若改变了表格版式，改版后须仔细校对。

续表应重复排表头,并在表上方排“续表”或“表××(续)”。

考虑到续表会造成一定程度的阅读不便，所以，如果采用续表形式的表格上移或下移数行即可排在同一个页面内，且表格内容与文字叙述也可基本保持“文先表后”的呼应关系，一般就不宜保留续表形式。除了移动表格，把表格的行高稍稍缩小，降低整个表格的高度，也可以使整个表格排在一个页面上。调整表格高度会涉及表格的排版方式，可能造成版面变动，因此要慎重恰当。

对和合表应重点检查，要求做到：表格中分布在两个页面上的行、列匀称；竖排和合表的表题要跨该两个页面居中排；如有表注，也应跨面排；双码面与单码面接合处的栏线一般应放在单码面；两个页面上的行线应对齐。

5. 检查公式

需要查看单独占行的公式、化学结构式等在版心中的位置是否合适，各个公式、化学结构式等的位置是否一致；它们如与正文主体文字联排，要检查高低上下和文字的大小是否适当。

要注意检查复杂公式的转行是否合理。

6. 检查引文、注文

要检查引文、注文的格式是否一致，注文（包括脚注）的顺序是否与正文中的注码相对应。

要特别注意脚注的注文与正文主体文字中被注释文字是否在同一页面上。有时，由于被注释文字所在字行正好处于页面最后一行，而脚注部分的空间已经难以容纳本页注文的全部内容，以致注文无法与被注释文字位于同一页面。对这种情况要进行妥善处理，一般有两种处理方法可以选择。一种方法是对被注释文字上方的正文主体文字作伸行或稍微加大行距的处理，从而将被注释文字所在的字行连同注文一起移到下一面。另一种方法是在被注释文字所在字行的前面作缩行处理，以便给注文部分增加一两行空间。这类操作如果发生在付印样上，后续页面上还要进行相反的缩行或伸行的处理，使版面伸缩造成的影响范围尽量缩小。如果版面变动造成标题页码发生变化，应核对目录中相应标题对应的页码，以及标题所对应的书眉文字。

（三）复核校对修改之处

技术整理时责任校对还要注意复核各校次校对人员在校样上的改动。复核包括：书写是否工整，有无笔误；校对符号使用是否正确，勾画是否清楚无歧义；汉语拼音字母的字体有没有标明；外文字母是否按规定用印刷体书写并注明了外文文种和大小写、正斜体、黑白体等；删去一个外文单词中间的字母时，有没有标明其前后的字母是接排还是分开；转行分音节是否正确；等等。

（四）检查页面的下转上接之处

期刊中文章如有转页接排的，要检查下转和上接的页码是否标注正确，转接部分的篇幅大小在版面上是否合适等。

第四节　计算机排版及其差错特征

熟悉计算机排版、改版过程及其差错特征，有利于在校对工作中准确识别差错，提高校对工作质量和工作效率。

一、利用原稿电子文件排版

作者写稿时多采用 WPS、Word 等办公文字处理软件，交给出版单位的电子原稿也以这两种软件所形成对应格式的电子文件为主，少数场合也有其他格式的电子文件。

出版单位收到作者提交的原稿电子文件，应复制副本用于编辑、排版和校对工作，而将原始电子文件妥善存档，以便在必要时核查。

与一般的办公文字处理软件不同，专门用于书刊排版的计算机排版软件，在版面制作方面的功能要强大得多。需要将作者提供的原稿电子文件导入排版软件系统，再进行图文组版、输出校样和改版等。办公文字处理软件也被一些排版单位用于排版，其优点是与作者写作用的软件高度兼容，缺点是某些排版功能尚不及专用排版软件。

利用作者原稿电子文件进行排版，主要有以下三种方式。

（一）纸质原稿随附电子文件发排

采用这种方式时，作者向出版单位提供原稿电子文件的同时提供一份有作者亲笔签名的完整打印原稿。打印原稿与原稿电子文件内容和格式应完全一致。作者打印纸质原稿有利于在交稿前做全面检查。

如果作者未提供打印原稿，出版单位可以利用作者提交的原稿电子文件代为打印，但应该事先要求作者书面授权。出版单位打印原稿时，如果发现打印出的纸质原稿中出现文字、图表、公式等内容丢失、变异甚至乱码等情况，很可能是使用了与作者不同的软件或相同软件的不同版本，出现软件不兼容的问题，要及时与作者联系解决。

出版单位用作者提供的打印原稿按编辑工作规范进行审稿、编辑加工整理等一系列编辑工作。发稿时，将作者原稿电子文件副本随附于纸质原稿一起交给排版单位。排版单位依据经审定的打印原稿，利用电子文件进行排版并输出校样。

编辑工作在纸质原稿上进行，能直观反映对稿件的处理情况，既有利于提高工作质量，也可为后续工序提供可靠的依据。目前，大多数图书出版单位采用这种方式处理书稿。

（二）电子文件先行发排

电子文件先行发排，是指履行一定的出版手续后，将作者提交的原稿电子文件在开始编辑加工之前先行送排版单位排版，打印出排版后的纸质稿交出版单位，由编辑按照编辑工作规范进行后续编辑加工整理等工作。此后的排版、校对工作步骤与采用纸质原稿的步骤基本相同。供编辑加工整理用的纸质稿，是排版单位利用作者原电子文件转换而成，转换后打印的纸质稿与原电子文件并未进行过核对，排版过程中如发生操作失误，就会造成纸质稿失真。

这种方式适用于图片较多，版式要求复杂，原稿尚不完善、作者授权出版单位对书稿作较多修改的情况。

（三）电子文件直接发排

出版单位对作者提交的原稿电子文件进行三级审稿认定可以接受出版后，确认已获得作者对修改的书面授权（签订带有相应条款的出版合同）。编辑直接在计算机上对原稿电子文件进行审稿和编辑加工整理，在请作者确认编辑所作的修改之后，按照编辑工作规范发稿。排版单位对经编辑加工后的电子文件排版，然后输出电子文件形式的校样。付印前，一般应请作者确认出版单位所作的修改。

这种流程使原稿与校样合二为一，所以校样中绝大部分文字（尤其是通用字）与原稿相同。但是，在排版过程中，由于使用的是作者原电子文件，电子文件中的一些符号、冷僻字可能发生变异（甚至乱码），字母的正斜体也容易发生变化，图、表、公式容易发生差错。因此，如果在初校就用通读方式对校样进行校是非，校对人员要注意同时校异同，勤查原稿进行核对。特别是在校对重点书刊的校样时，尤其需要对校异同给予足够的重视。

为了充分保证书刊成品的质量，也为了方便校对人员顺利工作，编辑在用原稿电子文件发稿的同时，有必要再打印一份保存了该电子文件原貌的纸质原稿供校对人员使用。如果校对过程中不将校样对照原稿进行校对，纯粹无纸化，排版过程中操作失误造成的差错将较难发现，因此存在一定的质量隐患。由于编排过程相对快捷，电子文件直接发排方式多为报刊出版单位采用。

二、计算机排版校样的常见差错特征

在计算机排版形成的校样中，可能出现的差错类型大体相似，但不同排版软件造成的差错也有细微差别。

利用原稿电子文件排版而形成的校样中，绝大部分文字是作者输入的（利用计算机对作者提供的原稿电子文件进行编辑加工整理并以电子文件形式发稿时，还有编辑修改的文字），所以除了由于计算机系统兼容性不好而出现的差错（一般是冷僻字、不常用的符号、图、表、公式）之外，校样中出现的其他文字差错是作者（或编辑）造成的，数量较少。但是，在组版和改版过程中均可能发生新的差错。

下面分别介绍几个环节常见的差错特征。前面环节产生的差错可能会带到后面的环节中；后面环节既可能产生与前面环节类似的差错，还可能产生新类型的差错。

（一）作者原稿带入差错

一般来说，原稿中的差错在审稿和编辑加工整理过程中就应该改正，但由于种种原因也可能有一部分遗留到排版过程中。

1. 文字输入引起差错

作者输入文字大多采用拼音输入法，少数作者采用五笔字型输入法或其他输入法。原稿中的文字也有的由扫描识别所得。目前仍有极少数利用纸质手写原稿录排形成校样的情况，所有文字都由排版单位的输入人员输入计算机，文字出错的情况比较多，甚至存在漏行、漏段的现象。文字输入方式不同，造成差错的类型也有所不同。

采用拼音法输入文字时，最常见的差错是同音别字。同音字差错大多是在输入时选错字造成的；有的文字输入软件本身就可能提供错误的词语选项，输入人员如果所掌握的语言文字知识不扎实，很容易被计算机输入软件中的错误词语迷惑。有时，输入单个汉字需要多次翻面并以数字键选择，既慢又容易出错。如果先输入一个包含该字的词再删去多余的字反而更快，例如，输入“击退”，删去“退”，再输入“键盘”，删去“盘”，即可获得“击键”两字。对操作熟练者，用这种输入方式要比分别输入“击”和“键”两个字更快。如果输入过程中忘记删去多余的字，就可能成为“击退键”或“击键盘”，出现多余的字。

采用五笔字型法输入文字时，容易产生因字根拆分失误而产生的形似别字。

采用扫描识别获得的文稿中差错很多，以形似别字为主。有的字笔画十分相似，校对时要仔细辨别。例如，“人”与“入”、“士”与“土”、“未”与“末”、“社”与“杜”、“要”与“耍”，等等。

一些文字处理软件具有将简化字与繁体字相互转换的功能，常出现两类转换差错：一是因操作失误，在简化字文稿中夹杂了繁体字。二是简化字转换成繁体字发生差错。由于软件难以对一个简化字对应几个繁体字的情况作出智能判断，而是机械地作一对一的转换，就会导致较多谬误。例如，“仪表堂堂”转为繁体字时，“表”应不变，而系统却转成错误的“儀錶堂堂”。

2. 图、表、公式出现差错

少数作者使用绘图软件不熟练，可能造成线条图曲线不正确、线条粗细不恰当，或图中文字位置不合理。作者提供的图片有的清晰度不够、技术指标不符合出版要求。

当作者将专用绘图软件绘制的图稿粘贴到以办公文字处理软件写作的原稿电子文件中后，可能发生软件不兼容的问题，使图片清晰度下降，甚至造成图中线条、文字变形、丢失等差错。

常用办公文字处理软件的表格功能可满足大多数写作需

要，但对于复杂表格，有的作者制作时会力不从心，造成差错。如当表格中省略横表线时，容易造成左右多栏文字不能对齐。

复杂公式中常带有外文正斜体、上下标差错。若未使用专用公式排版软件，而以文本方式排公式，一旦版面发生变化则可能导致公式各部分分离或对应位置严重变形，甚至无法阅读。

3. 办公文字处理软件自动更正功能造成差错

有的办公文字处理软件会判断用户输入的文字、符号，并根据一定的规则自动变更。如果变更的规则设置不完善，就可能造成标题序号、外文字母大小写、数字格式等方面的差错，有时还会将数值转换成无关的日期。

4. 打印稿与电子文件不一致

作者向出版单位同时提供的原稿电子文件和打印稿，二者应该完全一致，但实践中常有两者不一致的情况发生，原因如下。

一是作者打印稿件后，发现其中有些地方需要修改，如果只在原稿电子文件中修改而没有重新打印纸质原稿，出版单位在纸质原稿上完成三审和编辑加工整理时可能注意不到作者在原稿电子文件上所作的修改。如果以作者提交的原稿电子文件进行排版并形成校样，而以经审定的纸质原稿作为依据进行校对，就会发现二者内容不一致，校对可能无所适从。正确的做法是：如果作者需要作很少量的修改，请作者直接在打印的纸质原稿上以蓝色笔（因黑色笔在打印稿中不醒目，不宜采用，而红色笔作为编辑的专用笔）标注，原稿电子文件则不必修改。由于纸质原稿中已经显示了全部修改内容，排版时会依据纸质原稿修改电子文件。如果修改量很大，作者应先在原稿电子文件中修改，再将修改过的所有页面全部重新打印用以替换修改前打印原稿的相应页面。要注意重新打印的纸质原稿与未重新打印的部分正确衔接，内容无重复、无缺漏。总之，以纸质原稿为依据，不能出现电子文件中的内容与纸质原稿不一致的现象。

二是作者写作时电子文件中可能保存了书稿的多个中间版本，打印稿用的是最后定稿版本，而交给出版单位的电子文件却误复制了中间版本，二者不一致。为此，出版单位在接收稿件时，应请作者确认其提交的电子文件和打印稿均为定稿。

三是作者写作过程中使用了自造字，但在交稿时没有一并提供造字文件，导致电子文件中显示的文字与打印稿不一致。因此，出版单位在接收稿件时，务必问清作者是否有自造字。如有，必须检查提交的电子文件中是否包含了造字文件。出版单位在向排版单位发排并移交原稿电子文件时，也要同时移交造字文件。

（二）排版人员输入文字导致差错

尽管排版人员依据作者手写原稿输入文字的情况越来越少，但在排版、改版的过程中，仍需输入作者、编辑和校对人员在原稿和校样中修改的少量文字，在此过程中可能产生差错。

1. 误读原稿

如果原稿中的文字书写不工整、不清晰，则很容易导致输入的文字出错。比较常见的有：

草字误判。多因原稿书写不清晰、不规范而引起。

形似字误判。多因输入人员看错字而输入字形相似的别字。

错分字。多因由左右两个或三个独体字组合而成的合体字书写得较松散而引起。

错合字。在相邻两个汉字笔画都少，书写时两字又挨得很紧的情况下，容易造成误判。

多字、漏字与颠倒字。因输入人员看错原稿或击键错误造成。

2. 造字差错

当稿件中出现字库中没有的手写字时，输入人员应当辨清字形，查阅《现代汉语词典》等权威语言文字工具书确认后，利用造字功能构造相同的汉字。如果经过查证确认书写潦草的手写字实际上是常用字库中已有的字，则不应当造字。造字容易出现以下两类差错。

第一，原稿书写笔画不清，或写了错字，排版人员未经仔细辨认和查证，造出了根本不是字的错字。

第二，利用计算机所造的字，其形体和编码都存储在专门的造字文件中，并不直接附在稿件的电子文件中。作者的造字文件、排版单位常用的造字文件与印刷版输出单位常用的造字文件通常有各自的编码 - 造字对应关系，一旦衔接有误，就会出现混乱。有的时候造的字会变成一个黑方块或黑圆圈。更严重的是，A 计算机所造甲字使用的编码在 B 计算机中用于造乙字，一旦没有将 A 计算机的造字文件复制到 B 计算机上，而操作人员又调用了造字文件（有时对造字文件的调用是计算机自动进行的），那么，乙字就会替代甲字出现在校样中或者印版中，极易造成质量事故。校样中出现了黑方块或黑圆圈，因其比较醒目而容易引起校对人员、排版人员的注意，一般能及时被改正。甲字被乙字替代的情况，则很难注意到，必须经过认真、仔细的校对才能发现。

3. 输入编码差错

专职排版人员输入汉字时大多采用五笔字型输入法。这种输入法根据字形进行编码，有利于快速输入。排版人员如果输入的编码有误，又没有仔细看输入的文字，就会造成差错。

4. 击键错误

由于排版人员大多采用“盲打”，击键错误是文字输入错误的主要原因。

文字输入人员击键时，如果手指移位不准、力度不足或左右手动作不协调而击错了键，会导致输入错误。常见的击键错误有：误击相邻键、左右对称键（该用左手击键，却误用右手对称的手指，或反之），左右手击键顺序颠倒，手指到位却未真击键，选错序码，多击键，等等，导致各种意想不到的差错。

5. 字母混淆

输入外文字母时，大写、小写须按换挡键来控制。如果操作人员没能准确按上档键，就会将大写字母输成小写或反之。

计算机键盘上的各个键大多与英文字母和数字对应，而书刊稿件中还会出现希腊文字母、俄文字母和其他符号。操作人员输入文字或者改版时，如果没能正确辨认不同文种的字母并正确切换键盘设置，就会造成字母差错。

（三）排版人员排版操作引起差错

目前，以文字为主的书刊排版常用方正书版软件、InDesign专业排版软件及办公文字处理软件Word等，这些排版软件使用中易出现的校样差错类型基本相同。方正书版软件以排版命令（又称“注解”）实现排版目的，排版结果在操作界面上并不直接显示出来，需要经必要的操作才可显示出来。如果排版人员操作失误，又未仔细检查排版结果，就可能造成各种差错。现以方正书版软件为例，将排版操作容易造成的差错列举如下。

1. 标题差错

标题差错多为格式不符合设计要求，包括占行、位置、转行、字体、字号等方面。字数较少的标题排成疏排题时，可能出现应加的字空未加或字空不均匀。背题在初校样与改版后的各次校样中均可发生。

2. 字体差错

校样上出现的字体可能不符合版式设计要求。典型的差错有以下两种。

一是把不常用的字体排成了常用字体。这是由于输入文字后，漏加设置字体的排版命令所致。

二是字体错误成行、成片。这是由于更换字体的命令未在适当地方准确调换所致。例如，版式设计要求小标题用黑体，正文主体文字用宋体，但排完小标题后未加入恢复宋体的命令，致使正文主体文字也排成了黑体。

方正书版软件对汉字、外文与数字分别采用不同的排版命令加以控制，如果排版操作不规范，在某处修改了外文（或数字）的字体，却没有在这之后立即输入恢复后续外文（或数字）字体的命令，后续校样中可能出现成片的外文（或数字）字体错误。

3. 文字中出现多余符号

方正书版软件需要在文稿中添加排版命令，而排版命令是放在白鱼尾括号“〖　〗”或方括号“[ ]”内的。例如，排黑体字的命令为“〖HTH〗”或“[HTH]”。如果操作人员在排版或改版时多输入了半个括号，在版面中就会出现多余的半个白鱼尾括号“〖”或“〗”或半个方括号“[”或“]”，甚至出现部分排版命令，如“HTH〗”。

采用五笔字型输入法输入文字时，对于编码不足4位的字，输入编码后需按一下空格键。如果输入应该使用4位编码的汉字或者短语时，输入人员习惯性地又按一下空格键，文字间就会出现多余的字空。

4. 转行不符合要求

转行有顶格排和缩格排两种形式，排版时若用错换行符或换段符，就会出现转行不符合要求的现象。

阿拉伯数字、外文、标点符号转行有一定的规则，排版人员如未注意，可能产生差错。

5. 图、表、公式差错

利用作者原稿电子文件进行转换排版时，对其中的图、表、公式或化学结构式要作大量人工操作，可能产生许多差错。校对过程中要重点注意这些内容，一般应局部增加校次。

线条图很可能经过重新绘制，以求图形、线条和文字的规范化。校样中看上去与原稿很相似的图，可能存在很多差错，必须仔细核对。专业性强的图还应由熟悉专业的编辑和作者进行专项校对和审查，确保图中线条准确表达专业知识符合技术规范要求，确保图中文字及其位置正确。

表格大多经过重新排版，表线、表中文字及其位置、对齐方式都需要仔细校对。按排版规范，续表上方应排“（续表）”或“表××（续）”；表身、表头的框线采用较粗的反线，内部栏线采用较细的正线。

公式经重新排版后，符号正斜体、上下标，以及运算关系、公式转行等，都容易出错。

6. 其他排版差错

漏行。表现为原稿中的一行文字或上次校样中相当于一行的文字在新校样中消失了。在按照原稿输入文字时，如果上下两个字行以相同的字开头，输入人员容易错看字行而漏输入一行。改版时，如果操作人员不慎误操作，也会出现漏行现象。排版文件中的一行文字在校样上并非正好显示成一行，误删的一行文字可能是由上次校样的连续两行中上行的后部分与下行的前部分组成的。

漏段。一般表现为页面末或章节末的成段文字消失了。这多因排版、改版时为调换版面，进行剪切操作后未进行粘贴操作而造成。

版面文字重复。大多是由于进行复制操作时重复粘贴所引起。

转页差错。指把需要转换页面的内容转到了非指定页面的现象。期刊校样中，有时需要将文章末尾部分文字作转页处理。排版系统中页面的页码是由排版参数指定的，排版人员改版时，如果调整一些页面后未正确修改转页文字的页码参数，就会发生转页差错。

（四）改版操作差错

输入、排版过程中可能发生的各类差错，在改版过程中均可能发生。改版时，如果进行了增删文字、调整字号、调整图表大小或位置等操作，都可能引起版面变化。如果排版人员改版后未认真检查版面并作必要的调整，就可能在新校样上产生各种差错。

1. 邻行错改、邻位错改

“邻行错改”是指在改版的过程中，遇到上下行中有相同字、词时，很容易将应在某行中作的修改误在其上行或下行中修改，而应改之处却未改正。

“邻位错改”是指改版时看错字行中需修改文字的位置，将相邻的不该改的字改了，而该改的字却未改，例如，某字行中的第七个字应该修改，改版人员却误将同一行中的第八个字改了；或者发生误操作，在修改处附近多删或少删了文字。

由于方正书版软件采用命令方式排版，排版人员改版时看到的内容与校样内容格式不一样，是造成错改的重要原因。

2. 格式错改

有时校样上某些部位的文字格式，明明在前次校样上是对的，但是到新校样上却错了。这是改版操作不当造成的。例如，对某个地方修改后，原排版命令未及时恢复，把改动处后面不该修改部分的格式也改了。这多见于对标题、表题或图题等处的字体、字号等格式进行修改后的校样。

（五）计算机系统引起差错

校样或书刊成品中有时会出现不该修改的地方发生了变化，甚至冒出一些奇怪的文字符号。这类差错常常是由计算机系统引起的。

1. 系统不兼容导致差错

由办公文字处理软件所形成的原稿电子文件，当转到方正书版软件或其他排版软件后，有时会因两个系统不完全兼容而出现字体、字号变更的错误，尤其是不常用的符号容易产生差错。有的公式无法转换或变成一些关系混乱的字符。一些复杂的图稿，在不同的计算机上打开，可能出现线条、文字变形甚至丢失的现象。还有一些文字（尤其是自造字）或符号会错得莫名其妙，甚至出现一片乱码。

上述问题也可能发生于调用多年前排版的付印电子文件用于修订新版排版的情况，因此当排版软件发生了重大版本升级，或者改用不同排版软件排版时，须仔细校对和通读审查。

有的出版单位采用 Word 等办公文字处理软件排版，在不同的计算机上输出校样或印刷用PDF文件，可能发生版面变化，甚至造成页码增减。

用于输出印刷版的软件系统，如果与排版单位的软件不完全兼容，有可能引起造字、生僻字和不常用符号发生变异或消失的情况。

2. 感染病毒导致出错

计算机受到病毒感染后，对排版结果会产生影响，甚至会造成各种意想不到的严重后果。如发现这类差错，应高度重视，认真检查全部校样，并要求排版单位严格清除病毒。

第五节　校对软件应用与人机结合校对模式

利用计算机校对软件处理原稿或排版文件，类似于人工通读，通过对文稿进行语词分析，对差错作出提示标记，供人工判断处理。校对软件既可作为出版工作的辅助工具，用于检查原稿或排版文件，也可作为办公工具，用于检查文稿差错。

校对软件易学易用，经过短时间的学习就能掌握。

人机结合校对，在人工校对主导下，发挥校对软件的优势，克服其不足，可提高校对工作的效率和校对质量。

一、校对软件的主要性能特点

校对软件在识别中文语词差错方面具有优势，而且校对速度快、开放性好、适应性强。缺点是存在差错误报和漏报问题。

黑马校对软件是当前应用最普遍的中文校对软件，以下的阐述主要以该软件的性能为基础。

近年来，一些其他机构相继组织开发了几种编校方面的软件，功能各具特色。其中，方正审校软件已具备应用推广条件，本书将作简要介绍。

（一）黑马校对软件报错的特点

经过计算机校对后的电子文件中，标注红色的文字、符号是校对软件认为出错可能性较大的部分，标注粉红色的文字、符号是校对软件认为有可能出错但把握较小的部分。但是，有时标成红色或粉红色的文字并无差错，与其相邻的文字中却有差错，这些部分都需要编辑或校对人员逐一甄别，并根据情况在原稿或校样上改正。

黑马校对软件在识别常见中文语词差错方面比较有效。软件以语言文字规范和《现代汉语词典》《辞海》等常用工具书为依据，在对各种类型文稿差错进行分析的基础上，总结出常见差错的出错规律，对词语中的音似别字、形似别字、多字、漏字等类型的差错有较高的报错率。这些差错大多属于以汉语拼音输入法、五笔字型输入法或扫描识别法输入文字时产生的常见差错，或者是人们日常使用中容易发生的词语用法差错。

黑马校对软件对语法、标点符号、数字用法、量和单位用法、汉语拼音、英文拼写等方面的差错，辨别能力较弱。该软件有时也能查出一些不符合汉语语法和语义习惯的词语搭配差错。

黑马校对软件对某些政治性词语差错、领导人姓名与职务的搭配差错等也有一些识别能力，但能发现的这类差错数量和类型仅限于预先在软件中作了专门设置的特定情况，并不具有广泛性，更不能像人工校对那样“举一反三”。软件版本升级时，这类资料会相应更新。

黑马校对软件在识别逻辑差错、数量大小、知识信息、思想观点、政治见解以及体例格式等差错方面，几乎无能为力。

误报差错和漏报差错是黑马校对软件存在的主要不足。误报差错是指计算机校对时把并不错的地方标为错误。漏报差错是指应当作差错标记的地方未作标记。有时，校对软件在某个语句中能够识别的某个差错，在另一个语句中出现同样的差错时却可能识别不了。也就是说，计算机校对软件做重复的劳动也会出错。产生这些现象的原因是，尽管黑马校对软件是一款性能优异的人工智能系统，但由于语言文字本身极其复杂，目前的校对软件辨错功能的强弱完全取决于预先在软件中输入资料的多少和正误，以及软件自身对海量资料的处理能力。如果没有预先输入相应的资料，或者输入的资料有误，或者对语言文字的复杂关系没有弄清，那么处理结果也会出错。校对软件运行过程中，对语句中的词语采取不同的切分方式加以处理，会导致不同的判断结果。原稿或排版文件中的差错多种多样、难以预料，这也使得校对软件难以尽善尽美。

目前，黑马校对软件在处理普及类书刊稿件时效果比较好；但对专业性较强的书刊，如古籍、科技书刊和某些语法结构复杂的文艺类书刊，校对的效果稍逊。

（二）黑马校对软件的校对速度

黑马校对软件可对稿件自动快速地进行校对，根据计算机运行速度和校对模式的不同，校对速度会有所差异，通常每小时可校对 200 万字左右。校对软件提供多种校对级别（快速、一般、严格）和校对方式（连续校对、边校对边提示）等选项，校对速度会有差异。

采用不同的校对级别，校对结果中报错的数量会有很大差别。采用“快速”级别校对时，报错数量少，漏报差错的可能性就大，所报差错中有效报错所占比例较大；采用“严格”级别校对，报错数量多，但所报差错中不是差错的标记数量增多，也就是误报差错增多，人工处理计算机校对结果就需要更长时间。因此，校对软件使用者要根据书稿特点，选择恰当校对级别。

（三）黑马校对软件的开放性

校对软件的开放性主要体现在，可以挂接系统提供的专业词库，并允许用户自行编写、使用个性化词库。

用户可从黑马校对软件附带的几十种专业词库中选择挂接一种最贴近文稿内容的专业词库，以提高软件对专业稿件的校对性能。

黑马校对软件允许用户自行编辑用户词库，在校对过程中使用，从而提高校对质量。比如，用户可将被计算机作了差错标记但不是真正差错的词或短语添加到用户库中，把随着社会发展而出现的新词也添加到用户库中，这样就可以使计算机不再继续对这些词语进行误报；将计算机校对软件尚不能识别的差错词语添加到错词库中，可增加有效报错，减少差错漏报。常用的用户词库有用户库、错词库、敏感词库等，各有不同的功能。

（四）黑马校对软件的辅助功能

黑马校对软件还有一些方便实用的辅助功能，如成批查找、检查重句功能等。

成批查找功能允许用户在文稿中一次性查找多个词语（包括标点、外文符号等），待查找词语可以是几百个甚至几千个，数量几乎不受限制。用户将稿件中特定的差错添加进成批查找库，将这样的词库作为待查找词语，在稿件中进行查找，可以有针对性地快速查找文稿中可能存在的差错。采用这种方式查找错误词语，遗漏的情况比较少。

检查重句功能可检查文稿中是否存在重复语句，对教辅类书稿可检查是否存在重复的练习题。

（五）方正审校软件

方正审校软件在检查字词差错方面的功能与黑马校对软件有相似之处，可检查错别字、敏感词、科技名词、异体字，以及语词搭配、标点符号、重复语句等差错。

方正审校软件还有一些特色功能。例如，检查书稿的标题，包括标题序号是否连续、标题序号体例是否一致、是否存在重复标题或孤标题；检查科技类书稿中常见的图、表、公式的序号，包括序号是否连续、序号体例是否一致、序号引用是否正确；检查历史纪年及其与公元纪年的对应关系。

方正审校软件运用了云技术、机器深度学习技术等，理论上应该具有较强的开放性，有利于软件不断更新升级。

方正审校软件开发者所希望的上述功能，是否已经成熟，能在编校工作中发挥多大作用，还需要在应用实践中加以检验。

二、校对软件应用技术

在出版过程中，恰当使用校对软件可以提高编校工作效率，过度依赖校对软件或使用不当则会留下质量隐患。

（一）人机结合校对的必要性

一方面，由于校对软件还存在一定局限性，计算机校对目前还不能代替人工校对，只能起一定的辅助作用。另一方面，人的智慧和灵活性虽然超过计算机，但人工校对也存在不足，如校对人员可能会受先入为主的思维定式，或掌握知识的局限性，包括连续工作产生疲劳感等方面的影响，出现疏漏或误判，而计算机恰恰在这些方面具有优势。

正因为如此，人工校对和计算机校对相结合就成为一种合理的校对模式，这种校对模式可以充分发挥各自的优势，相互取长补短，提高校对质量。

单纯依赖校对软件进行校对，取消必要的人工校对，必然会在书刊成品中遗留大量差错，出版单位必须从制度上杜绝这种不负责任的行为。

（二）计算机校对软件的使用环节和使用主体

出版工作中，计算机校对可在编辑加工整理环节或校对环节使用。通常在整个出版流程中使用一次计算机校对，即可充分发挥其效能。

多年来，“计算机校对软件”这个习惯说法使很多人先入为主地认为，这是一个校对工具。然而，熟悉这类软件的编辑和校对人员发现，其工作原理相当于对原稿进行通读、分析，并对可能的差错进行标记，计算机所起的作用更像编辑，在编辑加工整理环节使用更能有效地发挥其效能。

有的出版单位采取编辑在加工整理时使用校对软件，先对原稿电子文件进行一次检查，然后再作人工加工，而校对环节不再使用计算机校对。尽管在排版、改版过程中产生的差错没有经过计算机校对，但这些差错都可由人工校对改正。

如果在校对环节使用计算机校对，对利用作者原稿电子文件组版而成的排版文件，计算机校对发现的差错大多来自原稿，需要编辑对计算机标记的差错逐一加以判断、处理。通常，由校对人员完成计算机校对操作，其校对结果的处理一般采用以下两种方式：一种是由编辑直接在计算机上审阅校对结果，并在输出的纸质校样上修改。编辑可对计算机校对后报错的文字及其周边文字的具体情况作出合理判断，充分发挥计算机校对的效能，工作效率比较高。另一种是由校对人员对计算机校对结果作初步筛选，选取其中较有价值的差错标记，将差错性质连同修改建议以铅笔标注在纸质校样上，再交给编辑处理。这种方式受制于校对人员对计算机校对报错提示的判断能力，而且工作效率比较低。

（三）用户对黑马校对软件的个性化开发

积累使用经验可以更好地发挥黑马校对软件的性能。

由于黑马校对软件存在差错误报和漏报现象，一些使用计算机校对软件经验不足的人会认为计算机校对工作效率不高。实际上，用户如果能够根据本人或本单位书稿的特征，利用校对软件的开放性，自行编制和使用个性化的用户词库，或利用成批查找功能，就可以提高有效报错率，降低误报率，从而改善计算机校对软件的应用效果，提高校对质量和工作效率。

三、人机结合校对模式

人机结合校对通常有以下两种模式。

（一）带有纸质原稿的校对模式

根据电子文件发排方式的不同，这种模式主要有以下两种情况。一是纸质原稿随附电子文件发排。即对作者提供的纸质原稿（或由出版单位打印）进行编辑加工并发稿，原电子文件随纸质稿发排形成纸质校样，校对人员依据纸质稿与纸质校样进行核校。二是电子文件先行发排。即作者提交的电子文件先发排，排版后打印出已改变格式的纸质稿，编辑对这份原稿进行编辑工作，发稿后经改版输出纸质校样，由校对人员开始校对。

对上述两种情况均可采取人工校对与计算机校对相结合的校对流程。人工校对的对象仍然是纸质校样和纸质原稿，而计算机校对的对象是排版后的电子文件。其典型流程如图 5-1 所示。

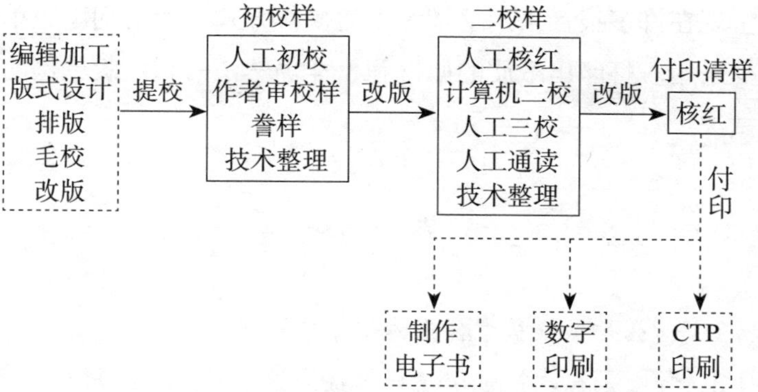

图 5–1　人机结合校对典型操作流程（二、三连校模式）

这种带有纸质原稿的校对模式减少了一次人工校对，可以充分发挥计算机校对与人工校对的优势，缩短校对周期，减轻校对人员的负担，但强调要做好人工通读工作。

（二）无纸化校对模式

根据发排方式，无纸化校对模式是建立在电子文件直接发排（详见第四节“利用原稿电子文件排版”）的基础上的。由编辑直接在计算机上对原稿电子文件进行编辑加工，电子文件经过规定程序的审核后，直接发到排版单位排版并输出电子文件形式的校样并进行无纸化校对。无纸化校对模式相对于纸质原稿校对，具有以下特点：操作过程无纸化，校是非上升为主要功能，通读成为主要校对手段，技术整理难度增加。由于没有纸质原稿和纸质校样，不能通过二者对校发现排版过程中可能产生的差错，因而存在一定的质量隐患。编辑和作者仔细审阅电子文件形式的校样就显得十分重要。

这种校对工作的方式主要是通读。校对软件使用一次，可以在编辑加工整理过程中使用，也可以在校对过程中使用。

现在许多报社采用这种无纸化操作方式，而书刊出版单位较少采用。打印出纸质的原稿和校样仍然是书刊出版单位的通行做法。

思 考 题

1．什么是誊样？誊样有哪些基本要求？

2．什么是核红？付印清样核红应该注意哪些问题？

3．什么是通读？通读的任务有哪些？

4．请列举几种校对操作模式并说明其特点。

5．责任校对的职责是什么？

6．校对工作量化管理有哪些具体要求？

7．外校管理应从哪些方面开展工作？

8．为什么要进行技术整理？

9．技术整理包括哪些方面的内容？它们各有哪些要求？

10．利用原稿电子文件排版有哪几种发排方式？

11．计算机排版校样上常见的文字输入差错有哪些？

12．计算机排版校样上常见的由排版、改版操作失误引起的差错有哪些？

13．计算机排版校样上常见的由计算机系统引起的差错有哪些？

14．黑马校对软件有哪些主要性能特点？

15．为什么说人机结合校对是一种合理的校对模式？

16．书刊出版单位通常如何实施人机结合校对？

第六章　书刊印制

重点提示：书刊印制常用专业用语。书刊印前制作中图像的扫描与存储；印刷设计稿的作用及其制作时应注意的问题；激光照排机输出胶片常见质量问题，书刊打样方式及计算机直接制版，计算机直接制版对传统印刷流程的改变。书刊印刷方式的选用；平版印刷品质量判定；数字印刷的特点、种类与按需印刷；绿色印刷。书刊装订工艺流程；书刊装帧加工。书刊制版、印刷、装订和表面整饰加工费用的计算。

第一节　书刊印制常用专业用语

在书刊印制过程中，作为委托方的出版单位需要与作为受托方的印制单位经常性地进行业务沟通，才能保证印制质量、生产周期，合理控制成本。这种业务沟通具有专业性，会用到各种专业用语。因此，本节按照出版专业技术人员的实际工作需要，简要介绍一些与书刊印制计量和书刊装帧加工相关的常用专业用语。

一、计量方面的专业用语

书刊印制中常用的计量用语有：印张、令、定量、令重、方、令价、色令等。其中前四个在《出版专业实务·初级》中已经介绍过，这里结合初级教材中的已有内容，着重介绍后三个。

（一）令和方

在计算印刷用纸量和统计纸张存量时，通常用“令”和“方”这两个计量用语。

全张纸 500 张为 1 令，不足 1 令的尾数按“方”计算；1 张全开纸为 2 方，1 张对开纸为 1 方。即：

1 令 =500 张全张纸 =1 000 张对开纸 =1 000 方

目前常用的书刊印刷设备多为对开机，因此，用“方”计算用纸量比较方便，并且“方”与“令”的换算为千进制，不易出错，举例如下：

由于 1 令是 500 张全张纸，将不足 1 令的纸张数量以“令”来表示时，必须除以 500，而不能仅将小数点移动。如 5 令 200 张全张纸不能换算成 5.2 令，而是 5.4 令。如用“方”来计算，则 5 令为 5 000 方，200 张是 400 方，共 5 400 方，即 5.4 令，就不容易错了。

“方”与“印张”的关系：“方”一般用于纸张用量的计算，而“印张”一般用于成品或半成品所用纸张数量的计算。针对同一产品，两者数值相等，按印张数可以直接得到用纸方数。如某图书为 16 印张，则该图书正文用纸就为 16 方。

（二）令重和令价

市场上纸张贸易以“吨”为计量单位，但使用纸张时需要知道某种纸张 1 吨可折合多少令，并从而计算出令价——每令纸张的价格。

因为令重以“千克”为单位，而 1 吨是 1 000 千克，只要用其除以令重就可得到令数，即：

每吨令数＝1 000÷令重　　（6.1）

已知 1 吨纸有多少令后，只要把每吨的价格除以每吨令数，就可知道令价。即：

令价＝吨价÷每吨令数　　（6.2）

例如：规格为 850 毫米 ×1 168 毫米、定量为 60 克/米^2 的胶印书刊纸，令重为 29.784 千克/令，则其 1 吨共有约 33.575 令；若这种纸的每吨单价为 6 000 元，那么，其令价为 178.70 元/令。具体计算过程和方法如下：

每吨令数＝1 000÷29.784 ≈ 33.575（令/吨）

令价＝6 000÷33.575 ≈ 178.70（元/令）

（三）色令

色令是平版印刷中计算印刷工作量的基本计量用语，常用于表示印刷工价，如 35 元 / 色令。

计算色令仅以理论用纸总量（通常称之为“用纸正数”）为依据，不考虑加放量。但在生产纸张调拨中，必须把加放量考虑进去。

印刷机在纸张一面上印刷一次只能印上一种颜色，所以印刷色数就等于印刷次数；多色印刷机虽然表面上看来可以一次印多种颜色，但实际上是由多个印刷滚筒各自印刷一次，所以印刷色数仍然等于印刷次数。

1 令纸为 1 000 张对开纸（即 500 张全张纸），单面印一次（色），即为 1 色令，也称为 1 个对开千印。印两次（色），就为 2 色令（2 个对开千印），余类推。因此，“色令”同“对开千印”是同一概念，由于书刊通常为双面印刷，1 令纸双面印刷各 1 次即为 2 个对开千印，也就是 2 色令。

结合上述两点，就可以得出计算色令的公式：

$$\text{色令数}_{(\text{单面印刷})}=\text{纸张令数}\times\text{印刷色数} \quad (6.3)$$

例如：印刷 8 000 张对开宣传画，采用单面 4 色印刷，就有 32 色令。这是因为 8 000 张对开纸合 8 令；单面印 4 次，就为 32 色令。

用公式（6.3）计算得出的是仅仅在纸张一个表面印刷图文时的色令数。如果需要在纸张的正反两面都印图文，就需要根据两面的印刷情况分别处理。

如果纸张两面的印刷色数相同，可将按公式（6.3）计算得到的结果再乘以 2（即印刷的面数），变成：

$$\text{色令数}_{(\text{双面色数相同})}=\text{纸张令数}\times\text{印刷色数}\times\text{印刷面数} \quad (6.4)$$

这个公式适用于对书芯印刷量的计算，因为书芯中的书页一般都是双面印刷（由于书刊印刷设备多为对开幅面，书中空白页面在印刷时不能剔除，也必须计算在印刷工作量内）。

例如：某 32 开图书每册书芯 6 个印张，用胶版纸黑白印刷，总共需印 20 000 册。那么，其理论用纸量为 120 令。因为是黑白印刷，所以 1 面只能印 1 次，正反 2 面都印，则印刷量为 240 色令（$120 \times 1 \times 2$）。

如果纸张两面的印刷色数不同，那就要将两面的印刷色数分别计算，然后再相加。

例如：某 32 开手册需印 48 000 册；其封面纸为 16 开；面封和底封四色印刷，而封二和封三双色印刷。那么，印制该书封面的用纸量为 6 令，面封和底封的印刷量为 24 色令，封二和封三的印刷量为 12 色令，封面的全部印刷量为 36 色令。

二、书刊装帧加工的相关专业用语

书刊装帧加工中，经常会用到一些专业用语，其中有些用语虽语言形式与编辑工作中的相应用语相同，但含义却有所不同。出版专业技术人员在就书刊装帧问题与印制单位进行沟通时，务必注意某些用语的差别之处，这样才有利于双方的顺利沟通，促进合作。

（一）与平装本和精装本均相关的专业用语

书刊平装本和精装本虽然有许多不同之处，但也有一些共同的地方。由此也就有一些共同适用于平装本和精装本的书刊装帧加工用语。其中有些用语的语言形式不同，而所指对象大致相同。

1. 书芯

书芯指未上封面的书册。书芯除了没有封面以外，作为书籍的全部组成部分都已齐备，包括环衬、插页、书帖等。

2. 封面、书壳

封面就是与书芯固定连接的书刊外皮。

书壳也称“书封壳”，是用纸板和软质封面经加工后制成的硬质封面，一般用于精装书。

3. 书背、书脊

书背在书刊装帧加工中专指书帖配册后需粘连的部分或成书后与其对应的部位。精装本和平装本都有书背，精装本的书背还有方背、圆背之分，相应形成平脊精装本和圆脊精装本。

书刊装帧加工中的“书脊”，与编辑工作中所说的“书脊”不同，专指书背两侧的凸起部分（棱）。平装书刊的书脊与封面是平齐的，而精装书刊的书脊有时会因对书背作变形处理而稍稍隆起。

4. 压痕线（翻书线）、书槽

压痕线是用模具在书刊面封和底封上靠近书脊处压出的线痕，基本上与封二、封三上的黏合剂涂布区域边缘对应平齐。一般用于平装本，其作用是使书刊便于翻阅。

书槽又称“书沟”“沟槽”，是精装本套合加工后在书壳面封和底封上靠近书脊处压出的槽沟。书槽的作用与平装本的压痕线相同。

（二）仅与精装本相关的用语

精装本的装帧加工比平装本复杂得多，所以在书刊装帧加工中出现了一些仅适用于精装本的专业用语（如图 6–1 所示）。

1. 中腰

中腰也称“书腰”，指书壳的封一和封四的连接部位，即编辑工作中所说的“书脊”部位。

2. 中径

中径是指书壳的封二与封三之间的部位，包括中径条和中缝。中径条是在中径上粘接的纸板、卡纸或纸张。

3. 中缝

中缝是指中径条与封二、封三之间的空隙。制作书壳时留出中缝，是为了封面中可以压出书槽，方便翻阅。

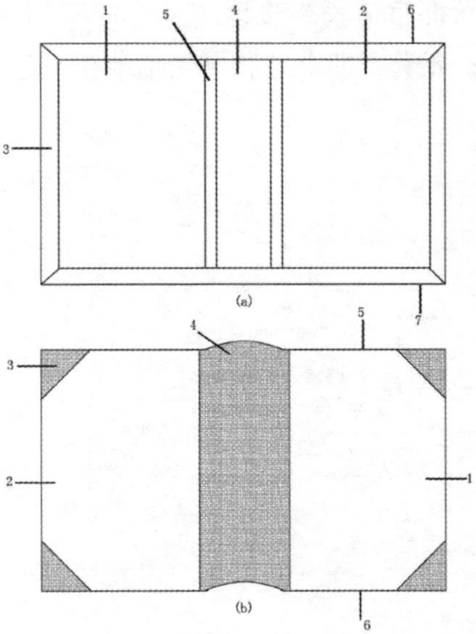

（a）书壳里：1 —封二；2 —封三；3 —包边；4 —中径；5 —中缝；6 —天头；7 —地脚

（b）书壳面：1 —封一；2 —封四；3 —包角；4 —中腰；5 —天头；6 —地脚

图 6–1 书壳

4. 飘口

飘口是指精装本书壳超出书芯切口的部分。飘口的作用是保护书芯并使书刊外形美观。飘口一般宽 3 毫米，也可根据书刊幅面大小适当增减。

5. 堵头布

堵头布也称“堵布”，是粘贴在精装本书背上下两端的带状纺织品。它的作用是盖住精装本中每帖的折痕，使外形更美观，同时也可使书帖连接更为牢固。

6. 活套、死套

活套与死套都指精装本的套合加工形式。活套，即书芯和书壳可以分开；死套，即书芯和书壳粘结在一起，不能分开。

第二节　书刊的印前制作

印前制作是在印刷之前进行图文信息设计、输入、处理和输出等，即按照书刊的整体设计将原稿加工制作成印版（或相应电子文件）的工艺过程。一般的书刊印前制作工艺流程，包括原稿检核、图文输入、图文处理、图文输出、打样、印版制作等环节，《出版专业实务·初级》中对这些方面的基础知识已有阐述。印前制作以前都由印制单位完成，而随着数字化印前技术的发展和计算机软件的不断创新升级，已有许多出版单位自行完成图文输入和图文处理工作，交给印制单位的是已排好版的电子文件。因此，本节根据对出版专业中级技术人员的专业技能要求，对图文输入、图文处理以及图文输出方面的相关内容作进一步阐述。

一、图文输入

《出版专业实务·初级》已经对文字、图像、图形的各种输入与存储方法作了比较详尽的阐述，本节着重阐述图像扫描输入中需要注意的一些问题。目前，数字照相机的普及，使其在图像采集和图文输入中起到了较为广泛的作用，但我们要注意的是，扫描技术是在恒定的高光下等大采集原稿信息，受外界影响极小，图像品质更加稳定和优质。因此，扫描的图文采集方法在一定时期内仍很重要。

图像扫描输入是输入图像的一种重要方式，其质量的高低直接影响最终印刷品的质量。因此，图像扫描的操作必须合乎规范。

（一）图像扫描仪的种类

扫描仪的种类很多，印前制作中最常用的主要是平面扫描仪和滚筒扫描仪。

平面扫描仪扫描速度快，使用方便，对原稿的适应性强。高档平面扫描仪的性能接近滚筒扫描仪的水平，较多地应用于印前图像输入。中低档的平面扫描仪往往存在诸如密度动态范围较低，分辨率和清晰度一般（尤其是图像暗调部分的层次梯度不够大），对透射稿的扫描效果不够理想等缺点，只能适应一般图像扫描的需要。

滚筒扫描仪采用光电倍增管作为光电接收器件，对光的敏感程度高，而且能在很大光强范围内精确反映光的强弱变化，因此扫描的密度动态范围大，图像暗调部分的层次梯度也比较大，适用于图像复制要求高的产品。

（二）图像扫描输入工艺流程

图像扫描输入工艺流程的主要环节有：扫描仪的准备，正确定位原稿，激活扫描仪软件、选择扫描方式，预扫描并选定扫描区域，设置分辨率和图像尺寸，阶调调整、颜色校正和清晰度强调（锐化处理），去网，扫描图像。在这些环节中，扫描分辨率的确定、阶调调整、颜色校正和清晰度强调是最为关键的，对扫描质量有很大影响，而去网只是指扫描印刷品原稿时对印刷品上原有网纹的处理，扫描其他原稿时不用去网。

1. 扫描分辨率的确定

扫描分辨率的设置对于扫描图像的质量影响很大。分辨率设置太低，图像往往变得粗糙，导致图像边缘出现锯齿状，放大后模糊不清，图像有明显的“马赛克”现象。分辨率设置太高，就会使原稿中不必要的细节（如画面上的斑点及图像周围的其他背景）突显出来，还会使图像占用的存储空间过大，影响图像的处理速度。因此，应正确设置扫描分辨率，以得到清晰的图像。

在设置扫描分辨率之前，应了解所用扫描仪光学分辨率的大小，最好将分辨率设置在扫描仪的光学分辨率范围内。同时还应考虑扫描图像的印刷加网线数、图像输出时的缩放倍率以及扫描时的质量因子（扫描质量因子可以在 1.5 ～ 2 的范围内，一般选择 2）。

印刷加网线数应根据印刷品的类别、视觉距离和印刷用纸的种类等因素考虑，表 6–1 所列数据可供参考。

表 6–1　不同印刷品的加网线数

加网线数	印刷品类别	视觉距离	印刷用纸
32 ～ 40 线 / 厘米（80 ～ 100 线 / 英寸）	全张宣传画、招贴画、电影海报等	较远	招贴纸
40 ～ 53 线 / 厘米（100 ～ 133 线 / 英寸）	对开年画、宣传画、教育挂图等	较远	胶版印刷纸
59 ～ 69 线 / 厘米（150 ～ 175 线 / 英寸）	月历、明信片、画报、画册、书刊封面等	较近	铜版纸
69 ～ 79 线 / 厘米（175 ～ 200 线 / 英寸）	精细画册、古画复制、精致插图等	较近	高级铜版纸、铸涂纸

2. 阶调调整

阶调调整一般包括两个方面的工作。

（1）白场、黑场定标

白场和黑场分别是密度范围的起始点和终止点。选择不同的密度点作为白场和黑场，图像扫描复制的效果就有很大不同，因此白场、黑场的定标是图像扫描阶调调整中的一个重要步骤，其目的是使原稿上图像的颜色深浅范围与印刷所能表现的阶调范围相对应。只有合理地确定了原稿上的白场和黑场的密度值，才能有效地进行层次和颜色调整。

（2）层次调整

当一幅原稿的层次分布合理、明暗适中，扫描时的层次调整就比较容易。如果原稿的层次具有一定的缺陷，则扫描时往往要采用多种方法，才能重新分布层次，以满足人们的视觉享受要求。大多数偏色原稿一般也采用层次调整的方法纠正色偏。

3. 颜色校正

彩色复制过程是色分解、色传递、色组合的过程。在复制过程中，始终会有色误差产生。要想得到还原的彩色复制品，就必须设法消除和校正色误差，这就是颜色校正的主要任务。

4. 清晰度强调

图像清晰度包括三方面的含义：

第一，指图像层次对景物细小质点的分辨率，即细微层次的精细程度。分辨率越高，景物细部表现得越细致，清晰度也越高。

第二，指图像相邻细部的阶调层次密度差别。图像相邻细部的阶调层次的密度差别越明显，图像的清晰度越高。

第三，指形成图像网点的边缘虚实情况。网点边缘渐变的过渡宽度小、边界实、锐度高，清晰度就高；反之，清晰度差。

图像经过扫描，清晰度或多或少会下降，而且图像复制需要经过很多工序，特别是在制版、印刷工序中，网点的增大或缩小，都会导致图像清晰度下降。因此，在图像扫描输入中注重清晰度，即需进行锐化处理。

许多扫描仪具有对图像自动锐化的功能。也可以通过人工调整图像锐化参数，使扫描结果符合锐化要求。对于非专业人员而言，应尽可能选择图像自动锐化的功能。

5. 图像扫描文件的存储格式

扫描得到的图像需要以电子文件的形式存储，才能作进一步的处理。书刊印前制作中常用的图像文件格式有 JPEG、BMP、GIF、TIFF、PSD 等。

（1）JPEG 文件格式

JPEG 是最为常见的一种压缩图像格式，文件扩展名为“.jpg”。这种格式用有损压缩方式去除冗余的图像和彩色数据，在获得极高压缩率的同时，能为展现十分丰富生动的图像而保留所需的基本数据。它适用于对图像精度要求不是很高，有大量图像文件需要存储的场合。

（2）BMP 文件格式

BMP 是位图图像的普遍存储格式，文件扩展名为“.bmp”。这种格式可包含较丰富的图像信息，但占用存储空间大。BMP 图像文件可以存储单色（1 位）、16 色（4 位）、256 色（8 位）、全彩色（24 位）、黑白和灰度色彩模式的图像数据，但不支持 CMYK 或双色调彩色图像；全彩色（24 位）的图像存储时只能采取不压缩方式，而其他色彩模式可以选择压缩和不压缩两种方式。在 Windows 下运行的图形图像软件都支持 BMP 格式。

（3）GIF 文件格式

GIF 是交换图片时常用的格式，文件扩展名为".gif"。这种格式采用改进版的 LZW 压缩方式，压缩比高，存储空间占用较少；具有多元化结构，能够存储多张图像。GIF 格式的文件最多只能存储 256 种颜色，但色彩的种类、数量可以选择。

（4）TIFF 文件格式

TIFF 是可压缩保存的格式，文件扩展名为".tif"。这种格式可保存非常丰富的图像细微层次信息，图像的质量也得以提高，故而非常有利于原稿的复制。现在已成为跨平台应用最为广泛的图像文件格式。

（5）PSD 文件格式

PSD 是 Photoshop 图像处理软件的专用格式，文件扩展名为".psd"。这种格式可保存图像的任何数据信息，但占用空间特别大。PSD 好似 Photoshop 进行平面设计的一张"草稿图"，包含有各种图层、通道、蒙版等多种设计的样稿，以便再次打开文件时可以修改上一次的设计。在 Photoshop 所支持的各种图像格式中，PSD 的存取速度比其他格式快很多。

二、图文处理

图文处理是按照整体设计要求对需要复制的文字、符号、图像、图形信息进行处理，并将处理后的图文组合成完整的页面。在正式进行版面组合前，一般应对拟使用的图像、图形先作加工处理，使其达到版面制作的要求，而对文字的格式处理，一般在组版时进行。

《出版专业实务·初级》中已经对图像处理、图形处理和组版作了介绍，这里主要介绍印刷设计稿（通常称之为设计样张）和计算机组版。

（一）印刷设计稿

技术编辑提供的印刷设计稿是组版的依据，印刷设计稿要符合印刷的条件，才能印制出符合质量要求的书刊。

1. 印刷设计稿的作用

印刷设计稿的作用主要有：

（1）标明书刊成品尺寸和制版尺寸

印刷设计稿上标明的四个内角线，表示书刊成品的尺寸（即裁切后的实际尺寸）；标明的四个外角线，表示制版尺寸。

（2）标明图形、图像的状态

印刷设计稿上用墨线画出的矩形或圆形，可以标明图像或图形的形状、大小、位置和图像的缩放倍率。

（3）标明图形、文字的颜色

印刷设计稿上一般可以直接用数字标明三原色和黑色的网点百分比，从而说明图形和文字的颜色。将色样贴在印刷设计稿相应的位置上，也可以起到同样的作用。

（4）提供整个版面的图文排式

印刷设计稿能够对整个版面的图文排式作出示意，还常常可以对于一些特殊要求予以说明。

2. 制作印刷设计稿必须注意的问题

在彩色印刷中，反映多色套印是否准确的套准率是衡量印刷品质量的主要指标之一。然而，印刷过程中很多因素均会影响套准率。所以，印刷设计稿在对文字的设计和叠印的处理上必须注意以下问题：

第一，字形过小的文字应避免选择笔画太细的字体。仿宋体、细圆体等字体的笔画原本就较细，如果字形过小，印刷时容易导致字迹不全。

第二，文字，尤其是细小的文字，应避免使用多色套印。如果文字采用多色叠印，一旦稍有误差，文字就会模糊不清。

第三，尽量避免使用细小的反白文字（阴文）。在印刷滚筒的压力下，网点扩大，印迹会变粗，从而造成印刷品中的反白文字笔画变得更细，导致难以辨认。

第四，细小的文字应避免叠印在深色的背景上。由于呈色方式的不同，在计算机显示屏上，深色背景的细小文字一般也可以看得很清楚，但是到了印刷品上，细小文字则会变得很不醒目。

第五，细小的文字应避免使用金墨、银墨印刷。金墨、银墨的颗粒比一般油墨粗，用于印刷细小的文字时，容易导致字迹模糊等问题。

第六，当需要在底色上印文字和图片时，应该尽可能采用叠印方式在浅色底色上印深色文字和图片，而不用在底色版上挖空的方式。这是由于套印误差难以完全避免，采用在底色版上挖空的方式会使图片、文字的周边产生露白现象。

第七，当书刊印制用纸平滑度不够时，尽量不用高线数，因为过小的网点会“掉在纸坑”中，严重影响图文呈现。

（二）计算机组版

现在书刊印制中的组版工作，都是利用计算机组版软件来实现的。

1. 组版软件的选用

目前国内书刊排版使用最广泛的组版软件有方正书版、方正飞翔（为方正飞腾的升级新版）和 InDesign 等。

实际使用时，要根据版面特点选用组版软件，这样可以加快组版速度，提高工作效率。

2. 版面处理

组版时，对标题格式、页码、书眉等应采用规范的操作方式加以设置。组版的顺序应遵循“先底层，后上层；先主体，后零星”的原则。顺序是否规范，会直接影响组版的速度、效率和质量。

3. 拼大版

拼大版也称“拼上机版”，是按印版幅面和印后加工的要求，进行多页面组合的过程。每个页面必须准确位于一定的对应位置上，才能保证印刷好的纸张经过折叠后能形成页序正确的书帖。

在传统胶片印刷中，拼大版后，要先出胶片，再通过晒版制作印版。随着绿色印刷的推进，部分地区已把印刷制版中传统晒版工艺列入《淘汰落后工艺及设备的目录》，这意味着胶片印刷将逐渐淡出市场，计算机直接制版（CTP）技术将成为主流。在计算机直接制版流程中，拼大版一般由印制单位完成。印制单位根据出版单位要求，以及印刷机型、印后加工的特点，通过组版软件把页面组合成与印版幅面大小相同的版面，并形成可以直接制版的电子文件，然后制版印刷。

三、图文输出

完成版面制作后，就可以实施图文输出。《出版专业实务·初级》中已经讲述了如何依据书刊页面输出的不同目的和不同要求，分别选择使用黑白激光打印机、彩色激光打印机、彩色喷墨打印机、激光照排机和印版输出机输出图文。这里着重阐述一下激光照排机输出胶片时的常见质量问题、打样的分类和作用，以及计算机直接制版对图文输出流程的改变和工艺优势。

（一）激光照排机输出胶片常见质量问题

激光照排机输出图文到胶片上时，如果存在计算机软件不匹配、激光照排机有故障、胶片质量不佳等不良因素，输出胶片的质量就会受影响。

较为常见的胶片输出质量问题有两类。

1. 字符有误

胶片上一些不常用的汉字、字母和其他符号的字体与原稿不一致，甚至变成乱码。这种情况多数是由于排版、组版的计算机与激光照排机的软件或字库不匹配造成的。

胶片上如有少量字符变成黑方块或者变成与上下文不相干的其他字符，是因为这些字符由排版人员新造，而激光照排机输出胶片时操作人员却没有调用相应的造字文件。

2. 设备故障或操作不当造成的质量问题

胶片文字失真、断线、版面不全、划痕、版面脏迹等质量问题是由于激光照排机故障引起的；胶片密度不足、灰雾度过大主要是由于冲洗技术掌握不当造成的。

（二）书刊打样

打样是检查印前处理质量并为印刷提供参考的方法，分模拟打样和数字打样两种方式。目前，在书刊的印前制作中较广泛使用数字打样的方式。

1. 打样的作用

打样能够检验图文处理等环节的质量。通过打样，可以检查图文的版式规格是否正确、图文内容是否还有差错，可以观察画面的颜色、层次、清晰度是否达到质量要求。

打样是试验性的仿照印刷，可为编辑、校对提供审校样张。编校人员可以利用样张审校并预览印刷品的质量效果。

打样能为印刷工序提供标准样张。印刷工序依据样张对材料和机器作调整，以样张为标准进行印刷生产和印刷品质量检验。

打样能为客户提供最终印刷质量凭证，客户能据以批准付印。这类打样样张又称为“合同样张”，理想的效果是与最终印刷品完全一致。

2. 打样的种类

打样主要有模拟打样、数字打样两大类，后者还可按打样操作在什么地方进行而分为本地打样与远程打样，按所得样张的特点分成硬打样与屏幕软打样等具体方式。

（1）模拟打样

模拟打样即传统意义上的打样。因为其运用原理和印刷相同，能够很逼真地模拟印刷环境，所以一般认为模拟打样可以表现出来的效果与实际印刷的效果很接近。但是，由于打样机与印刷机在压印方式、印刷速度、工作环境等方面毕竟有差异，所以打样的结果要与正式印刷的结果完全一致是不可能的，只能要求尽可能接近实际的印刷条件。为此，打样要尽可能做到与印刷的“三个相同”——纸张相同、油墨相同、色序相同。

（2）数字打样

数字打样是随着数字技术的发展应运而生的一种打样方式。它是把彩色桌面系统制作的页面（或印张）数据，直接由彩色数字打样机输出样张，以检查印前工序的图像页面质量，为印刷工序提供参照样张，并为客户提供可以签字付印的依据。

数字打样不但可以在排版单位场所进行，还可以与网络技术和 PDF 文件应用技术相结合，实现远程打样。排版单位、出版单位和印制单位之间都可以通过网络传递 PDF 文件数据，然后再各自采用相同的数字打样机进行输出并核对样张。

数字打样不但能够打出纸质样张，而且随着显示器技术、色彩管理技术的不断发展和完善，还可以实现屏幕软打样。软打样是以显示器为基础显示印刷效果的打样技术，所得到的样张是基于屏幕的图像，具有“看得见，摸不着”的特点。正是由于具有这样一个特点，屏幕软打样又被称为“虚拟打样”。

（三）计算机直接制版对传统印刷流程的改变

计算机直接制版流程中没有了输出胶片和晒版的环节，从而就失去了模拟打样（传统打样）的基础。因此，通过模拟打样检查内容与色彩是否正确的功能，就转移到数码样和印制单位所制作的蓝纸上。基于这一点，印刷流程就发生了一个明显变化。

传统印刷流程是：拼大版——打传统样——出版单位检查——确定内容与色彩是否正确——无误后发印制单位印刷。

而计算机直接制版的印刷流程是：用页面文件打数码样——出版单位检查并确认色彩（与印刷机印刷还是有差异）——印制单位对印刷文件进行 RIP（光栅图像处理）——打蓝纸——出版单位通过检查蓝纸确认图文内容——无误后通知印制单位印刷。

（四）计算机直接制版的工艺优势

第一，简化了工艺流程，节省了时间和材料，能更好地保护环境。

第二，采用计算机拼大版工艺，精度高，但必须整版输出。

第三，能输出全开、对开、四开等各种幅面的印版，以满足不同印刷机要求。

第四，解像度高，具有 3000—5000 像素的输出精度，保证图像印刷时的清晰程度。

第五，能形成 175—300 像素、256 阶调的网点，印版上能再现 2%—98% 的网点。

第六，制版速度快。

第七，制版时印版能精确定位，保证印版套准要求，达到印刷要求，并能防止因网点的形状、角度问题引起龟纹现象。

第八，具有良好的操作性，CTP 设备有自动输送、自动曝光、自动显影功能，保证印版制作准确无误。

第三节　书刊的印刷

出版单位在委托印刷厂承印书刊前，要根据书刊印刷的技术要求、质量要求、出书周期要求等，对拟选择的承印单位的技术与设备条件、实际生产能力、质量保证措施、印刷管理水平等，作必要的了解和审核，以便对完成某一书刊印刷任务的可行性作出周密的、实事求是的评估和决定。印制单位如果印刷能力较弱，就不宜选为大型或重点图书的承印单位。出版专业技术人员了解常用印刷机械的特性，能选择采用适宜的方式来印制本单位的书刊，就可以更好地把握书刊的成本与印制周期。同时，掌握印刷质量判定的基本知识，有利于对书刊印刷质量进行监督。

目前，书刊印刷主要采用传统印刷中的平版印刷工艺，也有小印量的书刊采用各种数字印刷工艺。同时，环保的绿色印刷越来越受到欢迎。

一、平版印刷

书刊印刷一般采用平版印刷机（也称“胶印机”）。平版印刷机按照一个印刷过程可完成的印刷色数，可以分为单色机、双色机和多色机；按照一次印刷的面数多少，可以分为单面印刷机和双面印刷机；按照输纸方式，可以分为单张纸印刷机和卷筒纸印刷机。不同类型的印刷机具有不同的用途。在此，从输纸方式角度归纳介绍两大类可供书刊印刷使用的印刷方式。

（一）单张纸胶印方式

单张纸印刷机都有一个输纸器，它将呈堆叠状态的纸张一张张分开，并将纸张平稳准确地送到印刷滚筒之间。单张纸印刷机的特点是印刷精度高、承印物种类多、纸张浪费少，但是印刷速度比卷筒纸印刷机慢。主要用于印刷精度要求高、印数不多的书刊。

1. 单张纸单面单色印刷

单张纸单面单色印刷，是指胶印机在一个印刷过程中可以对一张纸的一个表面完成一种颜色的印刷。这种胶印方式适合单色图文的书刊封面、书芯等。

单张纸单面单色胶印机有三个滚筒，即印版滚筒、橡皮滚筒和压印滚筒。印刷时，印版上的图文先转印到橡皮滚筒表面的橡皮布上，纸张在橡皮滚筒与压印滚筒之间通过，完成图文的印刷。它印出的网点结实。一般印数较少的单色书刊书芯选用这种方式印刷。

2. 单张纸单面多色印刷

单张纸单面多色印刷，是指胶印机通过一个印刷过程即能在一张纸的一个表面上印出多于一种的颜色。最常见的印刷机是双色机和四色机，其机组数量不同，能印的颜色也不同。如四色机由四个机组组成，通过黄、品红、青、黑四种颜色的油墨叠加套印完成彩色印刷。这种设备印出的网点结实，一次就可以完成印刷品多个颜色的印刷，印刷效率高。常用于中高档彩色书刊的印刷，如用于印刷色彩精美的画册、挂历和精致的书刊封面等。

另有其他多色机，如五色机、六色机、七色机，它们是在原有四色机组的基础上增加了专色机组，以达到更复杂的印刷效果，如在印普通彩色图文之外，还可以加上银、金等专色印刷。

3. 单张纸双面单色印刷

单张纸双面单色印刷，是指胶印机通过一个印刷过程可以完成在一张纸的正反两面各印上一种颜色，特别适用于印数较大的单色图文书刊的快速印刷，能节省时间并降低成本。这种胶印机也称为“B-B 型”胶印机。它没有压印滚筒，由上下两个橡皮滚筒对压印刷。纸张从两个带有图文的橡皮滚筒之间通过时，两面同时被印上图文。

4. 单张纸双面多色印刷

单张纸双面多色印刷，是指胶印机通过一个印刷过程即能在一张纸的正反两面上各印出多于一种的颜色。近年来单张纸双面印刷机得到了快速发展。它特别适合印刷一般彩色书刊。但是，由于印迹是在两个橡皮滚筒的压力下转移到承印物上的，受到的压力较小，所以印制效果不如单面多色印刷机。

（二）卷筒纸胶印方式

卷筒纸胶印方式也称“轮转胶印方式”，主要采用卷筒纸进行双面印刷，印刷速度比单张纸印刷要快得多，尤其省去了单独折页环节，特别适合印刷印数大的书刊书芯，如中小学教材教辅。

1. 新闻卷筒纸胶印

新闻卷筒纸胶印一般采用冷固型油墨，不需要配备烘干及冷却装置。它的主要特点是印刷速度快，但精度略低，折页一般只折到八开幅面。新闻卷筒纸胶印适用于报纸印刷。

2. 商业卷筒纸胶印

商业卷筒纸胶印又称“商轮印刷”，一般采用热固型油墨，需要配备烘干、冷却、涂硅油等装置，对套印控制和墨色要求严格。商业卷筒纸胶印机一般配备综合型折页机，主要适用于印数大、开本为常规开数的彩色书刊和一些商业印刷品等，如各种精细画报、画刊、彩色图文书和包装品、商标、广告等。近年中小学教材越来越多地采用这种印刷方式进行生产。

3. 书刊卷筒纸胶印

书刊卷筒纸胶印是一种介于新闻卷筒纸胶印和商业卷筒纸胶印之间的印刷方式，一般采用冷固型油墨，不配备烘干和冷却装置，机器结构相对较简单，但配备综合折页机。它的印刷精度比新闻卷筒纸胶印高，但要逊色于商业卷筒纸印刷。此种印刷方式适用于常规开本的大印量彩色书刊。中小学教材、教辅多采用这种印刷方式。

（三）平版印刷书刊的质量鉴别

书刊的印刷质量一方面与印刷设备的性能和配套、材料的性能和使用、工艺技术的选择和应用、标准制度的完善和贯彻、现场条件的规范和管理等密切相关，另一方面也与原稿的类型和质量、工艺设计的合理性、颜色分解的正确和平衡、制版条件的规范、图文转移的效果、印刷时各色的套合等密切相关。《出版专业实务·初级》中已讲述了平版印刷书刊的常见质量问题。这里进一步讲述鉴定平版印刷质量的几个方面。

1. 阶调

阶调是指图像明暗或颜色深浅变化的视觉表现。图像最暗调用实地密度（均匀且无空白地印刷出来的表面颜色密度）表示，图像最亮调（如冰川、海洋、雪景、玉雕等）用最小网点面积表现。印刷品要求其阶调再现，即图像亮、中、暗调分明，有立体感、空间感、质感。

2. 层次

印刷品中的图像要求层次清晰。层次是产品质量的重要指标，涉及原稿质量、印刷全过程和所用的相关材料，其中原稿的层次是印刷品层次的基础。在制版正确、合理选择印刷适性条件的前提下，要解决好套印精度，控制好网点增大值和相对反差值，以原稿层次为基础，在可复制阶调值的范围内，达到视觉能辨别的亮度等级或密度等级越多越好的目标。

3. 套印

多色版图像要求轮廓清晰，套印位置准确，套印误差控制在允许值范围内。套印得越准，图像就越清晰，故清晰度是套印精度的一种表现。

在印版符合要求的前提下，套印精度涉及设备精度、纸张性能、油墨性能、给墨量、橡皮布性能、工艺操作技术、润版液的性能与用量、周围环境（温湿度大小）等因素，并与这些因素相匹配。

4. 网点

书刊上的图像是由网点组成的，故要求网点清晰、网点角度准确，这样才能保证不出重影，不出龟纹。

5. 相对反差值

相对反差值是控制或反映中间调至暗调层次的指标，简称K值。相对反差值主要反映在印刷品的层次上，反差值越高，则层次拉得越开，给人的视觉冲击越大；反之，层次并级，出现色偏，给人以沉闷的感觉。

6. 颜色

印刷品图像的颜色复制应真实、自然、协调，符合付印样。同批产品中相同页面的颜色以及不同页面中的公共色要基本一致。

7. 外观

外观方面要求版面干净，无明显褶皱、折痕、脏迹。文字完整、清晰，图像位置准确。

二、数字印刷

数字印刷是由数字信息生成逐面可变的图文影像，借助成像装置，直接在承印物上成像或在非脱机影像载体上成像，并将呈色及辅助物质间接传递至承印物而形成印刷品，且满足工业化生产要求的印刷方法。

（一）数字印刷的特点

数字印刷过程是直接把数字文件转换成印刷品的过程，由于不需要制作印版，缩短了周期，在短版印刷、可变数据印刷等方面具备明显优势。

1. 印刷周期短

数字印刷将印前图文处理的页面信息直接复制在承印介质上，中间省去了制版等环节，生产周期比传统印刷大大缩短。

2. 一张起印

传统印刷有起印量要求，其单位成本随印量的增加而降低，但数字印刷免除了传统印刷中印版制作、上版、调色、套准等大量的工作，节约了时间和人力。正是这些原因，导致数字印刷单位成本不随印数的变化而变化，使一张起印成为可能。

3. 实现可变数据印刷

在数据技术的支持下，感光鼓可以在每次印刷之前生成不同的影像，即改变每一页的图像或文字，使每一页的印刷内容都不同，从而实现可变数据印刷。

（二）数字印刷技术的分类

数字印刷按成像方式可以分为静电印刷、喷墨印刷和其他成像印刷（磁成像、热成像、离子成像）等。下面主要讲述一下静电成像和喷墨成像的印刷方式。

1. 静电成像的印刷方式

静电成像的印刷方式，是根据异性电荷相吸引的原理，利用带电荷色剂获取可视图文。静电印刷时，电子设备在计算机数字文件的控制下，通过激光扫描在光导体上形成具有一定电荷属性的静电潜影，再利用带相反电荷的色粉与静电潜影之间的库仑作用力实现潜影的可视化（显影），最后将色粉转移到承印物上并予以固化，从而在承印物上复制出图文。

静电印刷基本不受印量的限制。它不仅是目前办公自动化中应用最广、形式最灵活的印刷方式，在书刊按需印刷、可变数据印刷、包装印刷等领域也得到了应用。

2. 喷墨成像的印刷方式

喷墨成像的印刷方式，是印刷机根据计算机指令将细微墨滴导向承印物的一定部位，使之产生可视图文。喷墨印刷时，电子设备在计算机数字文件控制下，使油墨以一定的速度从微细喷嘴有选择地喷射到承印物上，从而再现可视图文。喷墨印刷分为连续喷墨印刷和按需喷墨印刷。

喷墨印刷不仅具有印刷色彩效果好、印刷速度快等特点，而且还具有可适应较大的印刷幅面和不受承印物长度限制的连续印刷性能。因此，喷墨印刷广泛应用于数字打样、书刊按需印刷、数字喷绘、包装印刷及大型广告喷绘等方面。

（三）按需印刷

按需印刷（print on demand，POD）是基于数字印刷技术的发展而出现的一种印刷方式。这是在数字化信息远距离传输和数字式信息高密度存储的基础上，用计算机及数字印刷系统将数字化图文信息直接印制成印刷产品的技术。

按需印刷技术应用于出版物的印刷，能够满足客户以下几个方面的要求，推动了按需出版的发展。

第一，按照客户需要的印刷数量进行印刷。即使客户需要的仅仅是几册甚至一册书刊，也可以在成本可控的情况下做到。

第二，按照客户需要的个性化要求进行印刷制作。可以从原来的某种书刊中仅仅选取部分内容印刷，甚至还可以从已有的多种书刊中分别选出部分内容，马上重新组合在一起印刷；书刊的外部装帧也可以按照客户的需求进行个性化设计。

第三，按照客户需要的时间完成印刷。只要具有组好版的电子文件，数字印刷机就能够在很短的时间内印出，并完成装订。

第四，产品既不会积压，也不会脱销。采用传统印刷方式生产书刊，是“印了再卖”，书刊要有一定库存。这样，如果动销很快，就容易脱销；如果动销较慢，库存就会积压。采用按需印刷方式生产书刊，是“卖了再印”，有多少销售数量就安排印制多少，不需要有库存；一旦接到新订单，再次安排印制也很容易，这就不会产生脱销。

三、绿色印刷

绿色印刷是指采用环保材料和节约资源、能源的工艺和设备，生产易于回收、循环利用或自然降解的产品，能够减少和降低对人体和生态环境危害的印刷方式。

（一）绿色印刷的背景

2011年10月，新闻出版总署和环境保护部联合发布《关于实施绿色印刷的公告》，通过在印刷业实施绿色印刷战略，促进印刷业发展方式的转变，加快建设印刷强国，推动生态文明、环境友好型社会建设。这是实施绿色印刷的宗旨，是我国印刷业主动贯彻“节约资源和保护环境”基本国策的战略选择。

2017年，国家新闻出版广电总局发布《印刷业“十三五”时期发展规划》，明确了“坚持绿色发展道路，增强绿色印刷实效”的重点任务，要求继续大力实施绿色印刷，提升产业绿色发展水平。

2019年，国家新闻出版署、国家发展改革委、工业和信息化部、生态环境部、国家市场监督管理总局五部委联合印发《关于推进印刷业绿色化发展的意见》。《意见》明确指出：要“建立完善印刷业绿色化发展制度体系，解决突出环境问题，落实印刷业风险防控要求”。

可以说，绿色印刷战略的实施，为印刷业加快推进生态文明建设奠定了基础，切实树立并践行了“创新、协调、绿色、开放、共享”五大发展理念。利在当代，功在千秋。

（二）绿色印刷的实施范围和依据

实施绿色印刷的范围包括印刷的生产设备、原辅材料、生产过程，以及出版物、包装装潢物品等印刷品，涉及印刷产品生产全过程。就是说，绿色印刷不仅要求在印刷过程中采用环保材料和工艺，减少对环境的污染，节约资源和能源，而且印刷品也应对人体和生物无毒、无害，并且废弃后易于回收再利用、可自然降解、对生态环境影响小。

自 2011 年环境保护部发布国家环境保护标准《环境标志产品技术要求 印刷 第一部分 平版印刷》（HJ 2503—2011）以来，印刷业也积极推进标准化进程，相继发布了《绿色印刷 术语》（CY/T 129—2015）、《绿色印刷 通用技术要求与评价方法 第 1 部分：平版印刷》（CY/T 130.1—2015）、《绿色印刷 产品抽样方法及测试部位确定原则》（CY/T 131—2015）和《绿色印刷 产品合格判定准则 第 1 部分：阅读类印刷品》（CY/T 132.1—2015）。这四个标准的发布，为绿色印刷构建了系统的依据。

（三）绿色印刷的主要特征

一般而言，绿色印刷应具有以下基本特征：

第一，减量与适度。绿色印刷在满足信息的识别、保护和方便销售等功能的条件下，应是材料用量最少、工艺最简化的适度印刷。

第二，无毒与无害。印刷材料对人体和生物应无毒与无害。印刷材料中不应含有有毒物质，或有毒物质的含量应控制在有关标准以下。

第三，无污染与无公害。印刷产品从原材料采集、材料加工、产品制造、产品使用、废弃物回收再生，直至最终处理的生命全过程，均不应对人体及环境造成公害。

（四）绿色印刷全覆盖

2012 年 4 月 6 日，新闻出版总署与教育部、环境保护部联合发出《关于中小学教科书实施绿色印刷的通知》，之后经过两年的努力，全国义务教育阶段中小学教科书就实现了绿色印刷全覆盖的目标。在此引领下，绿色印刷覆盖面迅速扩展到少儿读物、高中及大中专教科书以及部分教辅材料方面，同时在书刊领域之外的票据印刷、包装装潢印刷领域也取得了长足发展。这使印刷业在进一步“完善绿色化发展制度体系”的道路上，又迈进了一大步。

第四节　书刊的装订

装订是将已经完成印刷的纸张加工成册所需的各种加工工序的总称。它是用一定订书方法将书页订合联结起来，并按规定的装帧设计要求制作成一定外形样式书刊的过程。骑马订装书刊和平装书刊的装订在《出版专业实务·初级》中已经讲过，这里主要介绍精装图书的装订。

一、精装装订工艺流程

精装就是书芯经订联、裁切、造型后，用硬纸板或软质材料作书壳，表面装潢讲究和耐用、耐保存的一种书籍装订方式。

精装的工艺流程比较复杂，由书芯加工、书壳加工和套合三大部分组成。三大部分各自又包括许多具体环节。

（一）书芯加工

组成书芯加工工艺流程的主要环节有：

折页→粘、套插页→配书帖→订书→半成品检查→压平→涂黏合剂→裁切半成品→扒圆→起脊→涂黏合剂→粘丝带和堵头布→涂黏合剂→粘书背纱布和书脊纸。

（二）书壳加工

组成书壳加工工艺流程的主要环节有：

计算规格→开料→涂黏合剂→组壳→包壳→压平→自然干燥→烫印。

（三）套合

组成套合加工工艺流程的主要环节有：

中缝涂黏合剂→套壳→压槽定型→扫衬→压平→自然干燥→成品检查→包护封→套书盒→包装贴标志。

二、精装图书的装帧加工方法

精装与平装图书装帧加工的主要区别，不但在于封面材料不同，而且还在于装帧加工中要对书芯和封面进行造型加工。除了精装流程中介绍的方法以外，为了提高美观、牢固程度，还可以选择采用以下装帧加工方法。

（一）书芯造型

书芯造型主要选择采用以下加工方法。

1. 圆背加工

这是对书芯的书背进行变形加工，使之呈现一定弧度。圆背又分“有脊”和“无脊”两种类型。书脊突出书面的称“有脊”，不突出书面的称“无脊”。有脊的图书更为美观大方而且容易翻阅。

不作任何变形加工而保持平直的书背，称作“方背”。

2. 圆角加工

这是对书芯处于书口部位的两个书角进行加工，使之呈圆弧状。不作圆角加工的书角称“方角”。书芯无论是圆背还是方背，都可以采用方角或圆角的造型。

3. 堵头布选用

在圆背和较厚的方背图书上，可以选用不同的堵头布来装饰书芯。

（二）书壳造型

书壳造型主要选择采用以下装饰加工方法。

1. 包角

包角是在书壳的四个角上或仅面封的两个角上包一层皮革或织物。它一般适用于纸面书壳。在图书使用过程中书角部位受到的摩擦比其他部位更多，而纸张耐磨性较差，包角则可以延长书壳的使用寿命。

2. 圆角加工

这是对书壳的书角进行加工使之呈圆弧状。一般来讲，如果书芯已经作圆角加工，那么书壳也宜相应地进行圆角加工；也有书芯不作圆角加工而仅书壳作圆角加工的。圆角书壳的制作比较费工，但牢固性比较好，并且不易损坏装书的包、袋，所以多为便携式工具书采用。

3. 套合造型

套合形式主要有两种，一种是书壳同书芯黏合在一起，称为“实背”；一种是书壳没有同书芯黏合，称之为“空背”，也叫“活腔背”。

三、书刊装帧工艺材料

一般的装帧工艺材料对图书（尤其是精装本图书）都适用，而用于期刊的主要是用作封面的纸张材料。

（一）封面、环衬类材料

常见的封面、环衬类材料有铜版纸、彩色书皮纸、布纹纸、米卡纸、铸涂纸等。它们的纸质强韧，耐磨耐折，耐水性好，纸面平整，色泽柔和，能够起到保护书刊内页纸张的作用。这些纸张主要用于制作书刊的封面、环衬、衬页、插页，有时也用于书名页、辑封和篇章页，其中的铜版纸也可用于印刷书刊正文。

近年来还常常用各种非涂布的压纹纸作为封面、环衬材料。压纹纸的表面有经机械压花工艺加工而形成的凹凸图案。它们品种繁多，表面较粗糙，更具质感，表现力强，装饰效果更好。由于压纹纸带有凹凸不平的图案和颜色，故印刷适性各不相同，在使用时要格外注意。

（二）封壳类材料

常见的封壳类材料有棉、麻、丝、化纤织物，封面纸板、封套纸、中缝卡纸，以及聚氯乙烯（PVC）塑料、涂塑纸、塑料胶化纸等。

（三）贴背类材料

贴背材料有堵头布、书背布、书背纸及丝带等。

常用的书背布是纱布。经上浆后贴在精装书的书背上，可使之变得硬挺。

书背纸是粘在书背上的纸张，用以加固书背。对于平装书刊，当书芯厚度达到 15 毫米及以上时，需要粘书背纸。精装书书背纸主要采用强度和柔韧性较好的牛皮纸。

丝带又称“书签带”，是一种 5 ～ 8 毫米宽的线织带，丝带夹在书芯内，一端固定在书背靠近天头处，另一端外露在书根下，丝带长度要比书芯对角线长度多 20 毫米。

（四）烫印类材料

常见的烫印类材料有电化铝箔、各色粉箔（色片）等。

第五节　书刊印制费用

书刊印制费用是书刊直接成本的重要组成部分，包括“制版费用”“印刷费用”“装订及表面整饰加工费用”三类。

本节介绍书刊印制费用的各个项目，主要是为了帮助出版专业技术人员掌握预测和计算书刊印制成本的基本原理。在市场经济条件下，书刊印制费用的具体计算方法和基本单价在不同地区往往是有区别的。不仅如此，基本单价在一些特殊情况下还会发生浮动变化，浮动的比例或者具体细则，在各个地区也常常各不相同。有鉴于此，本节的介绍只是就一些最为基本、常见的情况而言，着重讲述其中的主要项目及其计算原理。出版专业技术人员在实际工作中，一定要结合相应书刊的整体设计情况和各种具体的印制要求，按照本地区的具体价格和细则进行书刊印制成本的测算。另外，本节中使用的单价只是假设，与实际情况会有不同。

一、制版费用

制版费用属于书刊印制的固定成本，包括输入输出费和制版上版费两部分，其中各个具体项目及其计价基本方式如表6–2所示。

表 6–2 书刊制版费用具体项目

<table>
<tr><th colspan="2">费 用</th><th>计价方式</th></tr>
<tr><td rowspan="5">输入输出费</td><td>文字录入排版费</td><td>按千字数或按页面数计价</td></tr>
<tr><td>图片输入费</td><td>按幅面大小、幅数或按字节数计价</td></tr>
<tr><td>图文处理费</td><td>按开本大小、面数以及色数计价</td></tr>
<tr><td>胶片（电子胶片）输出费</td><td>传统胶片按开本大小、胶片面数计价，电子胶片一般也按开本大小和面数进行计价</td></tr>
<tr><td>打样费</td><td>按开本大小、色数计价</td></tr>
<tr><td colspan="2">制版上版费</td><td>按对开印版块数计价</td></tr>
</table>

（一）输入输出费

输入输出费主要包括以下费用项目。

1. 文字录入排版费

虽然现在很多作者交到出版单位的稿件是电子文件形式的，但也难免有手写稿。这类稿件需要排版单位先将文字录入再排成版面。文字的录入按千字数计价或录入完后按页面数计价。

2. 图片输入费

书稿正文和封面中的各种图形、图像都需要输入到计算机内才能进行处理。扫描是图片输入的一种最常用方式。这项费用一般按图片幅面大小、幅数计价，有时也按其电子文件的字节数计价。

3. 图文处理费

在图文处理过程中，先要将图形或图像进行处理，然后将文字及图形、图像组合在一个版面上。这部分工作有时可由出版单位自行完成，有时需由专业的排版制作单位完成。

专业排版制作单位收取图文处理费时，一般按书芯或封面的开本大小、面数以及色数计价。图文并茂的版面往往每一面上图与文的位置、大小都不同，要一面面地设计，也要一面面地进行图文处理，故费用比纯文字版面的费用要高。双色、四色印刷的版面，图文处理费要比单色印刷的版面高。

书刊的正文中，除了汉字、符号、图形、图像外，还有表格、公式、拼音、外文、音标、歌谱、曲谱等等各种复杂版面，它们的图文处理费用需要根据具体情况分别按不同的单价计价。

4. 胶片输出费

输出胶片的费用一般按书刊的开本大小、胶片面数计价。开本越大，单价越高。胶片的输出工作，除了输出工序外，还要辅以多道核查、缺损图文修补等工作，这些工作在采用计算机直接制版和数字印刷时，并没有完全消失，而是换作其他方式进行，比如对电子胶片图文的核查，对文件版本的有效管理和存储，等等，同样需要付出一定的成本，并不能因为不再输出实物胶片，就认为没有费用支出。

5. 打样费

在传统的印前制作中，要打出样张，以供出版单位审核印前制作的质量并将之作为出版单位与印制单位的合同样张。打样费按打样对象的开本大小、色数来计价。

采用计算机直接制版和数字印刷时，是通过数字打样来对图文处理的质量进行检验。也是按开本大小、色数计价。

（二）制版上版费

虽说印前制作应该到印版制成为止，但从书刊印制的实际情况来看，排版单位一般并不制作印版，而是由承接印刷任务的印制单位制作出印版。因此，制作印版的费用通常与上版费用合在一起计算，统称为“制版上版费”。所谓“上版”，就是将印版装载到印刷机上，并进行技术性调节以符合印刷要求。

图书重印时，制版费用中的其他各项费用是否发生，要根据有无改动、改动数量的多少而定，而制版上版费每次重印都会发生的，只是这时因为不需要再拼版而单价一般可以降低些。

用数字印刷工艺印制书刊时不需要印版，所以也就没有这项费用。

采用传统的印版制作工艺计算制版上版费时要考虑书刊的单册印张数、印刷面数和印刷色数这三个因素。若采用计算机直接制版工艺，虽然不再手工拼版和制版，但也要支付上版费，计算原理仍与传统印版一样。

印刷机有全张纸印刷机、对开纸印刷机、四开纸印刷机等不同类型，不同类型的印刷机需要用的印版数量也不同。例如书芯印刷时，同样是 2 个印张印 1 种颜色，用对开纸印刷机印刷需要 4 块印版，用全张纸印刷机印刷就只需要 2 块印版，用四开纸印刷机印刷就需要 8 块印版。但是，无论是采用传统的印版制作工艺还是采用计算机直接制版的工艺，制版上版费均按对开版以“元 / 块”为单位来计算，只是由于采用的工艺不同，相应的单价会有所不同。这样，因为印张也可按对开纸计（即 1 张对开纸 2 面印制为 1 个印张），所以计算单色印刷的书芯（包括正文及各种与正文一起用同样纸张印刷的辅文等）的制版上版费时，只要将印张数乘上印刷面数（因书页的正反两面都要印刷，所以取 2），就可以得出印版数量；计算彩色印刷的制版上版费时，则还应该乘上印刷色数。

据此，书芯制版上版费的计算公式是：

书芯制版上版费＝单价 × 单册印张数 × 印刷面数 × 印刷色数　　（6.5）

对上式中的“单册印张数”的计算须注意准确进位。对开纸印刷机印刷时，0.5 印张印 1 种颜色就要用 1 块印版；不足 0.5 印张的印 1 种颜色也用 1 块印版，所以印张数按 0.5 印张计；超过 0.5 印张但不足 1 印张的部分按 1 印张计。

上式中的“印刷色数”的数值，取决于书刊是黑白印刷还是彩色印刷。黑白印刷（即单色印刷）的，该数值取“1”；彩色印刷的，则应该按照实际需要印多少种颜色来取值。

例如：3 印张单色印刷，要用 6 块印版；3.25 印张单色印刷，需要用 7 块印版（应按 3.5 印张计）；2 印张双色印刷，就要用 8 块印版；5 印张 4 色印刷，就要用 40 块印版。

制版上版费的单价，除了按印刷机机型的不同而有所不同之外，还与全张纸的规格有关。一般以普通规格（即规格为 787 毫米 ×1 092 毫米）的纸张为标准，幅面规格大于普通规格的纸张，制版上版费的单价一般要上浮。此外，彩色印刷的制版上版费单价一般也比单色印刷略高一些。

书刊封面的印刷一般不以印张计费，而是印一色就需制 1 块版；故计算书刊封面的制版上版费时，若套用公式（6.5），可视印张数为 1，图书封面如果只印 1 面的话，其印刷面数也为 1。期刊封面一般双面都要印刷，则印刷面数取 2。

例如：某 16 开期刊书芯有 5 个印张，用 60 克 / 米 ^{2} 轻量涂布纸、对开四色单张纸印刷机四色印刷；封面纸为 8 开，用 180 克 / 米 ^{2} 铜版纸印刷，封二、封三有广告，需要四色双面印刷，也采用对开四色单张纸印刷方式，共印 10 000 册。若制版上版费单价皆为 90 元 / 块，书芯需要制版上版费 3 600 元，封面需要制版上版费 720 元。制版上版费总额为 4 320 元。

具体计算过程和方法如下：

书芯制版上版费＝单价 × 单册印张数 × 印刷面数 × 印刷色数＝ 90×5×2×4 ＝ 3 600（元）

封面制版上版费＝单价 × 单册印张数 × 印刷面数 × 印刷色数＝ 90×1×2×4 ＝ 720（元）

制版上版费总额＝ 3 600 ＋ 720 ＝ 4320（元）

又如：某 32 开图书书芯有 12.25 个印张，用 60 克 / 米 ^{2} 胶版纸、对开单色单张纸印刷机印刷；封面纸为 4 开，用 200 克 / 米 ^{2} 铜版纸、四色单面印刷（封二、封三为空白），采用对开四色单张纸印刷机；共印 8 000 册。若单色制版上版费单价为 80 元 / 块，四色印刷制版上版费单价为 90 元 / 块，则书芯的制版上版费为 2 000 元，封面的制版上版费为 360 元，该书的制版上版费总额为 2 360 元。

具体计算过程和方法如下：

书芯制版上版费＝单价 × 单册印张数 × 印刷面数 × 印刷色数＝ 80×12.5×2×1 ＝ 2 000（元）

封面制版上版费＝单价 × 单册印张数 × 印刷面数 × 印刷色数＝ 90×1×1×4 ＝ 360（元）

制版上版费总额＝ 2 000 ＋ 360 ＝ 2 360（元）

二、印刷费用

书刊的印刷费用一般是指用单张纸印刷方式或卷筒纸印刷方式印刷的费用。

印刷费用的计算方法在我国印刷界主要有两种：一是色令制计价法；二是印张制计价法。第一种计算方法使用比较普遍，第二种方法在某些地区使用。

无论采用何种计算方法，传统印刷方式通常都有最低印数的要求。书刊实际印数不足最低印数的，须按最低印数计价；实际印数超过最低印数的，则按实际印数计价。

印刷费的单价一般按印刷色数的多少而不同。通常是单色印刷的单价最低，印刷色数越多，单价就越高。

印刷费单价还经常有一定的浮动。如书刊印数分成若干档次，印数越高的档次，单价越低；纸张定量在45克/米^{2}及以下或者幅面超过普通规格（787毫米 ×1 092毫米）的，单价一般要上浮；彩色印刷以“元/四色对开单面”为计价单位时，双面印刷或者单面印刷而不足四色，单价相应地上下浮动；使用对开纸印刷机、四开纸印刷机、全张纸印刷机或卷筒纸印刷机印刷，单价也都相应地会有所不同。

（一）色令制计价法

色令制计价法的基本特点是按照总色令数的多少来计算费用，以“元/色令”（或“元/对开千印”）为单位。将总色令数乘上单价，就可得出印刷费用。如单价为30元/色令，印刷50色令的费用就是1 500元；若单价为40元/色令，印刷50色令的费用就是2 000元。

书芯部分总色令数和封面总色令数的计算，相应采用本章第一节中的公式即可。将这两部分的总色令数分别乘上相应的单价，就可计算出书芯印刷费用和封面印刷费用，然后把两笔印刷费用相加，便得出总的书刊印刷费。

图书封面目前大多只印一面，而期刊的封面通常印刷两面，在计算时要根据具体情况将数字代入公式。

需要说明的是，与计算用纸量不同，计算印刷费用时，用纸令数只要取理论用纸量，不必加上加放率。

此外，书刊封面常常印刷色数较多而印刷数量相对较少。

所以，计算封面的印刷量时，一般采取“每面每色印刷量不足5色令的按5色令计，达到或超过5色令的按实际数量计”的方式。

例如：某32开图书书芯有12.25个印张，用60克/米^{2}胶版纸、对开单色单张纸印刷方式印刷；封面纸为4开，用200克/米^{2}铜版纸、四色单面印刷（封二、封三不印），采用对开四色单张纸印刷方式；共印8 000册。若单色印刷单价为15元/色令，四色印刷单价为35元/色令，每面每色最低印刷量不少于5色令，那么，书芯印刷费需要2 940元，封面印刷费需要700元。

具体计算过程和方法如下：

第一步，计算书芯的色令数。因书芯是双面印刷的，需使用公式（6.4），即：

色令数$_{(双面色数相同)}$＝纸张令数×印刷色数×印刷面数＝印张×印数÷1 000×印刷色数×印刷面数＝12.25×8 000÷1 000×1×2＝196（色令）

第二步，计算封面的色令数。这个步骤比较复杂，因封面正反两面的印刷色数不同，并且还有“每面每色最低印刷量不少于5色令”的计价条件。根据这种情况，需要先用公式（6.3）计算出每面每色的印刷量，再根据结果决定是否需要调整，然后再计算封面的总印刷量。

封面正面（面封和底封部分）的单色印刷量可用公式（6.3）计算，即

色令数$_{(单面印刷)}$＝纸张令数×印刷色数＝（印数÷封面纸开数÷500）×印刷色数＝（8 000÷4÷500）×1＝4（色令）

由于每面每色的印刷量不足5色令，按照上述计价条件应

按 5 色令计。

这样，封面正面印 4 种颜色的印刷量就为 20 色令：

封面正面印刷量＝ 5×4 ＝ 20（色令）

封面反面（封二和封三部分）由于是空白的，其印刷量就为 0 色令，即：

色令数（单面印刷）＝纸张令数 × 印刷色数＝（印数 ÷ 封面纸开数 ÷500）× 印刷色数＝（8 000÷4÷500）×0 ＝ 0（色令）

因为空白的封面反面根本不必印刷，所以也不存在按计价条件进行调整的问题。

封面正反两面的印刷量相加，可得到其总印刷量为 20 色令，即：

封面总色令数＝ 20 ＋ 0 ＝ 20（色令）

进行这一步的计算时，需要注意：

如果每面每色的印刷量已经超过计价条件约定的数额（比如有 7 色令），那就不应再调整，而是直接用这个结果乘以印刷色数，四色印刷的就乘 4，双色印刷的就乘 2（如 7×4 或 7×2）。

如果封面反面也需要印刷图文，应该在计算出正面的印刷量后再另行计算，并且也应该根据计价条件按具体计算结果决定是否需要进行调整，然后再按照印刷色数计算该面的印刷量。

第三步，根据上一步计算的印刷量，分别按照相应的单价计算书芯印刷费用和封面印刷费用，最后将两者相加，即可得出全部印刷费用。如：

书芯印刷费用＝ 15×196 ＝ 2 940（元）

封面印刷费用＝ 35×20 ＝ 700（元）

全部印刷费用＝ 2 940+700 ＝ 3 640（元）

（二）印张制计价法

印张制计价法的基本特点是按照印刷的总印张数以印一种颜色为基数来计算印刷费，即印刷费的计价无论是书芯部分还是封面，都以“元/印张”为单位，并且印刷不止一种颜色时，需要乘上相应的倍数。

计算时，先分别算出书芯部分的总印张数和封面的总印张数，然后分别乘上色数和相应的单价，最后将书芯印刷费和封面印刷费相加。

印张制计价法一般较多用于以卷筒纸印刷机印制书刊时的印刷费用结算。

印张制计价法的印刷费用计算公式为：

印刷费用＝单价 × 单册印张数 × 印数 × 印刷色数　（6.6）

上式中“单册印张数”不足0.5印张的部分，按0.5印张计；超过0.5印张、不足1印张的部分，按1印张计。

例如，某32开图书的书芯部分共8个印张，单色印12 500册，采用787毫米 ×1 092毫米规格的60克/米^{2}双面胶纸印刷。如果适用的印刷费单价为0.04元/印张，则书芯印刷费共为4 000元。具体计算过程和方法如下：

印刷费用＝ 0.04×8×12 500×1 ＝ 4 000（元）

三、书刊装订及表面整饰加工费用

印后阶段的工序多，其费用项目也多，因此在印刷工价表中，装订费用的计算相对繁琐，尤其是精装图书，费用项目更加复杂。即使是平装书刊，也要考虑到单册书页数、书刊印数、用纸种类、书刊装帧设计特点等多种因素。

根据出版专业技术人员的实际工作需要，这里只以最简单的普通平装书刊为例，作简要的介绍。

（一）装订费用

一般所说的装订费用，是将书页订联费用和包封面费用合在一起的。

计算书刊装订费用最为简便的方法，是按书帖数量来计价。

这种方法的基本特点，是以"元/帖"为单位，按照装订的总书帖数来计算。计算时只要先算出单册书刊的书帖数，再乘书刊印数得出总书帖数，然后乘上单价。

计算单册书帖数时，需要分别计算出封面、正文的帖数；如果还有采用不同于正文纸张的书名页、环衬、衬页、插页等其他部件，也需要分别计算它们的帖数。这种书刊装订费计算方法的公式为：

装订费＝单价×（正文帖数＋封面帖数＋其他部件帖数）×印数 （6.7）

采用这种方法计算书刊装订费时，书刊各种部件的帖数计算是：封面一般计作2帖。书芯部分的计价，通常是正文部分（包括用相同纸张印刷的出版前言、目录等辅文）1印张折合1帖，不足1印张的按1帖计；书名页随正文一起印刷的计入正文，书名页不与正文一起印刷的，单独或与用纸种类相同的相邻单页型插页合计作1帖。环衬或衬页都是每个计作1帖。其他集合型书页的插页，比照正文计算帖数；单页型插页一般单独计作1帖，等等。

纸张幅面超过普通规格（787毫米×1 092毫米）时，装订费单价一般要上浮。订书方式不同（如采用锁线订、胶粘订或锁线胶粘订等）、开本大小不同及纸张定量不同，单价也不同。

例如：某32开图书正文有15.5个印张，用60克/米^{2}胶版纸印刷；封面用200克／米^{2}铜版纸印刷；衬页1页与主书名页相连，用90克／米^{2}胶版纸印刷。印数为10 000册，装订单价为0.04元/帖。其总帖数为19帖，装订费需要7 600元。

具体计算过程和方法如下：

总帖数＝正文帖数＋封面帖数＋其他部件帖数＝16+2+1＝19（帖）

装订费＝单价×总帖数×印数＝0.04×19×10 000＝7 600（元）

此外，有些地区对书刊装订费用的计价，以“元/印张”为单位，并且按书刊印数分成若干档次，每档内再按订书方式分项，各项的单价不同；每册书刊中不足0.5印张的部分按0.5印张计，超过0.5印张、不足1印张的按1印张计。

精装图书的书芯订联费用与平装书刊相似，但如果需要对书芯进行造型加工，就要增加相应的费用。精装图书封壳的制作、装帧加工和套合的工艺流程比较复杂，通常都需要单独计价，不能像平装图书那样简单地与书页订联费合在一起。

（二）表面整饰加工费用

书刊的表面整饰加工费用包括覆膜费、热固化上光（过油）费、局部紫外线固化上光（UV上光）费、烫印费、压痕费，等等，其中最主要的是前三种。

覆膜及局部紫外线固化上光的费用，一般按幅面大小计算；热固化上光费参照印刷费计价方式按专色印刷费来计算。

如果书刊封面还要进行烫印、压痕等处理，也要分项计算费用。

思考题

1．书刊印制常用的计量用语有哪些？它们分别表示什么含义？

2．如何计算书刊印刷的色令数？

3．书刊装帧加工的相关专业用语中与平装本、精装本有关的各有哪些？

4．图像扫描输入中的分辨率应如何确定？

5．印刷设计稿有哪些作用？对文字和叠印的处理应该注意哪些问题？

6．打样有哪些种类？作用是什么？

7．数字打样有什么特点？

8．计算机直接制版对传统印刷流程的改变是什么？

9．计算机直接制版的工艺优势有哪些？

10．书刊印刷有哪些方式？如何选用？

11．平版印刷品质量判定包括哪些方面？

12．数字印刷有哪些特点？

13．数字印刷技术有哪些分类方式？

14．什么是按需印刷？

15．什么是绿色印刷？绿色印刷有哪些主要特征？

16．各种书刊装订的工艺流程各包括哪些主要环节？

17．精装图书的装帧加工方法主要有哪些？

18．书刊装帧常用的工艺材料包括哪几类？各类中主要有哪些具体材料？

19．书刊的制版费用主要包括哪些项目？

20．书芯与封面的制版上版费各应如何计算？

21．如何按色令制计价法计算印刷费用？

22．如何按印张制计价法计算印刷费用？

23．按书帖计算装订费的基本原理是什么？

第七章　音像制品出版

重点提示：音像制品的概念、类别、特点和发展趋势。国家关于音像制品出版、制作和进口管理的规定，关于音像电子出版物专用书号和中国标准录音制品编码的规定。音像制品的选题策划与稿件组织。音像节目的编辑制作，音像制品的包装设计和要求，音像节目制作过程中的编辑工作。音像制品的审查。音像制品的复制。

第一节　音像制品概述

音像制品是出版物的一类。与音像制品的编辑、复制和发行等有关的社会行业，一般称为音像业（国际上一般称唱片业或家庭娱乐业），是我国出版业的组成部分。

音像业是随着科学技术的进步而逐步发展起来的。人类历史上第一次成功录放声音是在1877年7月18日，美国发明家爱迪生在实验室里录下并重放了他自己朗诵的歌词。那就是唱片的起源。从那时至今的一百多年里，科学技术不断发展，音像制品的载体和记录方式也不断进步：每分钟78转的胶木唱片曾流行相当长时间，后来胶木唱片先后被立体声密纹唱片、磁带替代。1982年，音像业开始引入数字化技术制作存储音乐的激光唱盘，后又出现了激光视盘。近年来音像节目的数字出版已现出强劲的发展趋势，利用互联网和无线通信网络发布的音像节目日益增多。

一、音像制品的概念

一般来说，音像制品就是用数字或模拟信号，将图、文、声、像记录下来，经编辑加工后加载在电、光、磁介质的载体上，通过视听设备播放使用的出版物。

二、音像制品的类别

音像制品可分为录音制品和录像制品两大类。

（一）录音制品

录音制品用于记录声音，具有再现音乐作品、语言等功能，主要有盒式录音带、激光唱盘（CD，compact disc）、黑胶唱片等载体形式。

（二）录像制品

录像制品用于记录声音、动作、画面、表情和场景等，具有类似或再现电影、电视剧（片）的功能，主要有盒式录像带、激光视盘等载体形式。激光视盘又有激光压缩视盘（VCD，video compact disc）、数字激光视盘（DVD，digital video disc）、蓝光光盘（BD，Blu-ray disc）、中国蓝光高清光盘（CBHD，China Blu-ray high-definition disc）等。近年来盒式录像带、VCD已经基本退出我国的音像制品市场，移动硬盘、闪存卡（flash card）等新的载体形式相继出现。

三、音像制品的特点

与纸介质出版物相比，音像制品具有以下特点。

（一）内容方面的特点

音像制品几乎可以承载所有的文化艺术形式。高保真音质和高清晰度画面的再现，使它在文化的积累、传承、开发和普及方面有独特的优势。

录音制品将语言和音乐集于一身，录像制品将文字、图像、语言、音乐和连贯的动作表演等融于一体，运用各种艺术和技术手段，以形象、生动、直观的方式表达思想，展现艺术和传授知识。

与其他类型的出版物相比，音像制品具有听觉、视觉的冲击力，具有更强烈的立体感染力，因而广受大众的喜爱。

（二）生产方面的特点

与书刊等其他出版物一样，音像制品也是可以批量生产的精神文化产品，其生产过程也具有精神生产和物质生产两个过程。但是，音像制品的前期节目制作（即精神生产过程）的资金投入通常比书刊等高得多，而后期复制（即物质生产过程）的成本相对较低。因此，销售数量越大，出版利润率就越高。这一点，在音像制品的生产中比在书刊生产中表现得更为突出。

音像制品在生产上的另一特点，是作为前期生产成果的音像节目可多次利用，可实现多级开发效益。例如，一首作为影视剧主题曲的优秀歌曲，随着影视剧的播放而广泛传播。利用它制作音像制品，歌曲演唱可以制成录音带、CD，音乐电视（MTV）可以制成 VCD、DVD 等。可见，优秀音像节目的叠加效益是非常明显的。

（三）流通方面的特点

音像制品的内容信息含量很大，而物质载体却小、轻、薄，在流通领域里便于运输、仓储、展示，可以方便、快捷地通过分销渠道转移到消费者手中。

四、音像制品发展趋势

2010 年以来，中国移动互联网飞速发展，手机、平板电脑等智能终端的普及，音视频节目的海量传播，免费的互联网经济模式等，给传统音像出版带来了新一轮的挑战，也提供了新的发展机遇。音视频内容以有声读物、知识付费、短视频等新的媒体形式通过移动互联网平台进行传播，逐渐形成了音视频内容运营的新生态。新媒体时代，音视频内容随手可得，虽不乏有价值的内容，但也存在内容同质化、良莠不齐、信息过量等问题，导致受众甄选的时间成本过高。音视频内容越丰富，受众对于优质内容的需求就越迫切。音像出版单位在优质内容策划、组织创作、选择、优化等方面有自身的优势。越来越多的音像出版单位以音视频为着力点，深耕自身优势资源，研发精品内容，以在线知识付费方式实现销售，形成自身的优势特色。音像制品的出版方式从以传统磁带、光盘等有形物理载体的实体出版向融合出版转化，传播渠道由线下发行转向线上线下并存。

第二节　国家关于音像制品管理的规定

音像制品作为出版物的一类，与书刊等其他出版物既有共同之处，也有不同之处。出版专业技术人员除了要熟悉国家对于出版管理的共同性规定（详见《出版专业基础·初级》和《出版专业基础·中级》）之外，还必须熟知国家对于音像制品管理的一些特有规定，并认真执行。

国务院颁布的行政法规《出版管理条例》和《音像制品管理条例》，原新闻出版总署 2004 年颁布的《音像制品出版管理规定》、2008 年颁布的《音像制品制作管理规定》、2011 年下发的《〈中国标准录音制品编码〉（GB/T 13396—2009）国家标准实施办法》和《音像电子出版物专用书号管理办法》、1996 年颁布的《音像制品复制管理办法》、2011 年颁布的《音像制品进出口管理办法》等，对音像制品出版的各个环节有明确的规定。这里着重从出版专业技术人员工作实践需要的角度，概要介绍国家对于音像制品管理的一些特有规定。

一、关于音像制品出版的规定

国家对音像制品的出版实行许可制度。未经许可，任何单位和个人不得从事音像制品的出版活动。

设立音像出版单位，由其主办单位向所在地省、自治区、直辖市人民政府提出申请，省级出版主管部门审核同意后，报国家出版主管部门审批。主办单位收到批准后，向所在地省级出版主管部门登记，领取《音像制品出版许可证》。出版单位持《音像制品出版许可证》向市场监督管理部门登记，依法领取营业执照。

图书出版社、报社、期刊社、电子出版物出版社如需出版配合本版出版物的音像制品，应向所在地省、自治区、直辖市人民政府出版主管部门提出申请，省级出版主管部门审核批准后报国家出版主管部门备案。申请书中须写明本版出版物的名称、制作单位、主创人员、主要内容、出版时间、节目长度、复制数量和载体形式等内容。申请获得批准的，参照音像出版单位享有权利、承担义务，并由省级出版主管部门配发复制委托书。所出音像制品的名称须与本版出版物一致，并须与本版出版物统一配套销售，不得单独定价销售。

在音像制品及其包装的明显位置上，应当标明出版单位的名称、地址，音像制品的中国标准书号及其条码，出版时间，责任编辑和相关著作权记录等。出版进口的音像制品，还应标明进口批准文号。

二、关于音像制品制作的规定

国家对音像制品的制作实行许可制度。未经许可，任何单位和个人不得从事音像制品的制作活动。

音像出版单位无需申请取得《音像制品制作许可证》即可从事音像制品制作活动，也可按照国家出版主管部门规定的办法办理一定手续后与香港特别行政区、澳门特别行政区、台湾地区或者外国的组织、个人合作制作音像制品。

音像出版单位以外的单位要设立独立从事音像制品制作业

务的音像制作单位，必须向所在地省、自治区、直辖市人民政府出版主管部门提出申请，经批准获得《音像制品制作许可证》后，持该证到市场监督管理部门登记、依法领取营业执照。

音像出版单位和经批准配合本版出版物出版音像制品的其他出版单位，不得委托未取得《音像制品制作许可证》的单位制作音像制品。

音像制作单位接受委托制作音像制品，应当按照国家有关规定，与委托的出版单位订立制作委托合同；验证出版单位的《音像制品出版许可证》（或本版出版物的证明）和由出版单位盖章的音像制品制作委托书。

音像制作单位不得出版、复制、批发、零售音像制品。

三、关于音像制品进口的规定

音像出版单位可以在批准的出版业务范围内从事进口音像制品的出版业务。进口用于出版的音像制品，应当报国家出版主管部门进行内容审查。申报材料包括：进口录音（像）制品报审表；著作权贸易协议（中外文文本）草案，原始著作权证明书，著作权授权书和著作权认证机构的登记认证文件；节目样片；内容审查所需的其他材料。根据国家版权局规定，音像出版单位出版进口音像制品，应将著作权贸易协议、原始著作权证明书、著作权授权书报中国版权保护中心认证后登记。

音像制品进口单位不得擅自更改报送国家出版主管部门进行内容审查的样片原有名称和内容。音像制品进口单位与对方签订的音像制品进口协议（或合同）应当符合中国法律法规的规定。

国家出版主管部门在收到全部申报文件和材料后，组织音像制品内容审查委员会审查音像制品内容，并作出是否批准进口的决定。凡是批准进口的，发给批准文件。音像制品进口单位凭批准文件到海关办理母带（或母盘）的进口手续。

音像出版单位出版进口音像制品应当符合国家出版主管部门批准文件要求，不得擅自变更节目名称和增删节目内容；出版进口音像制品必须在音像制品及其包装的明显位置标明国家出版主管部门的进口批准文件的文号，要使用经批准的中文节目名称，外语节目应当在音像制品和封面包装上标明中外文名称。音像出版单位还应在音像制品上标明著作权认证登记的登记号。出版进口音像制品使用的语言文字应当符合国家公布的国家通用语言文字规范。

音像制品进口单位应当在进口音像制品出版后 30 日内将样品报国家出版主管部门备案。在经批准进口出版的音像制品著作权授权期限内，不得进口该音像制品成品。

经国家出版主管部门批准进口的音像制品，自批准之日起一年内未出版发行的，进口单位应当报国家出版主管部门备案并说明原因；决定终止进口的，由国家出版主管部门撤销其进口批准文号。

四、关于音像电子出版物专用书号和中国标准录音制品编码的规定

（一）音像电子出版物专用书号

我国正式出版、发行的音像制品，均应使用中国标准书号（ISBN）作为出版物标识，须在音像制品载体或包装的显著位置标识中国标准书号（ISBN）。音像制品专用书号，其使用范围和分配原则，参照《中国标准书号》国家标准和《中国标准

书号使用手册》规定执行。

出版单位出版不同版本的音像制品，须使用不同的中国标准书号（ISBN），具体规定如下：

第一，载体形式不同或采用不同格式出版的音像制品，应使用不同的中国标准书号（ISBN）。

第二，套装中每一节目单独销售，则每一节目均需要分配一个中国标准书号（ISBN）。

第三，同一版本出版物有不同产品形式并单独销售，每一出版物均应分配一个中国标准书号（ISBN），不同产品形式或格式应在末尾括号中注明。

（二）中国标准录音制品编码

中国标准录音制品编码为在中国登记的录音制品和音乐录像制品提供在全世界唯一的标准标识代码。依据《中国标准录音制品编码》（GB/T 13396—2009），中国标准录音制品编码等同采用国际标准录音制品编码（International Standard Recording Code，ISRC）。对涉及录音节目和音乐录像节目的音像制品，须先向中国ISRC中心申请分配新版ISRC编码后，再申请配发ISBN。申领ISRC是录音制品和音乐录像制品申领ISBN的前置条件。

接下来简要说明中国标准录音制品编码的适用范围、作用和编码方式。

1. 适用范围

按国家标准规定，中国标准录音制品编码适用于在中国登记的录音制品和音乐录像制品，分配给每一个录音制品、音乐录像制品或者每一个可以独立使用的曲目篇节，作为其在全世界范围内的永久的唯一标准化识别代码。

中国标准录音制品编码不分配给录音制品的载体和音乐录像制品的载体，也不分配给音乐录像制品之外的录像制品（如电影、电视剧等）及其载体。

每个录音制品和音乐录像制品都应分配一个唯一的中国标准录音制品编码，且该编码应该永久性地加载到它们的所有复制品中。

如果录音制品、音乐录像制品的内容发生变更，应该为其分配新的中国标准录音制品编码。但是录音制品、音乐录像制品的内容不发生变更，其载体、包装或价格发生变化时，都不分配新的中国标准录音制品编码。

2. 作用

中国标准录音制品编码的作用，主要是为了加强保护录音制品的著作权，方便录音制品制作者、著作权管理机构、广播机构、图书馆、档案馆等检索使用，促进录音制品和音乐录像制品的传播。

中国标准录音制品编码（ISRC）只标识被编码对象，不能作为出版物标识。我国正式出版、发行的音像制品，均应使用中国标准书号（ISBN）作为出版物的标准化识别代码。

3. 编码方式

中国标准录音制品编码由标志符“ISRC”和 4 段共 12 个字母和数字组成。标志符“ISRC”后留半个汉字空，接续的 4 段顺次为国家码、登记者码、登记年、制品码，段之间以连字符“–”相隔。其结构关系如下所示：

ISRC 国家码 – 登记者码 – 登记年 – 制品码

示例：ISRC CN–S05–12–31701

中国标准录音制品编码中每段的编码都应遵循一定的规则。

（1）国家码

国家码由两个字母组成，表示登记的机构（或组织）所在的国家。中国的国家码是大写字母“CN”。

（2）登记者码

登记者码由大写英文字母（A—Z，其中字母 O 和 I 除外）或阿拉伯数字（0—9）组成的 3 个字符构成，表示向中国标准录音制品编码中心申请并获得编码的机构或组织。

登记者码由中国标准录音制品编码中心分配和管理，1 个登记者只能分配到 1 个登记者码，而 1 个登记者码只分配给 1 个登记者。登记者码与国家码结合，就成为全世界唯一的表示某个机构或组织的编码。登记者码不能转让或重新分配使用。

（3）登记年

登记年由 2 位数字组成，表示该制品获得中国标准录音制品编码时的年份，取年份的最后两位数字作为标识。登记年由该制品的登记者分配。

（4）制品码

制品码由按顺序编排的 5 位数字组成，不足 5 位数时，在数列前加“0”，以补足 5 位。制品码由登记者分配给每个制品或每一可被独立使用部分的代码，在同一登记年内其制品码不得重复。

用于出版（含信息网络出版）的录音制品和音乐录像制品，均应按照《中国标准录音制品编码》（GB/T 13396—2009）的规范要求携载 ISRC 编码。

第三节　音像制品的选题策划

由于产品形态不同，音像制品的出版流程与图书出版并不完全相同。音像制品出版流程包括选题策划、编辑制作、审查、复制、发行等环节。

编辑工作贯穿于出版流程的每一个环节。音像制品的编辑工作有区别于纸介质出版物编辑工作的特点，这是与音像制品本身的许多内在特质紧密联系在一起的。如音像编辑需要考虑媒体的选择、声音的配置、画面的安排、解说词的撰写，以及音响效果、拍摄场地等。这些都使得音像制品编辑工作具有其特殊性。

与纸介质出版物的编辑工作相比较，音像制品编辑工作的特点主要体现在选题策划、编辑制作、审查等方面。下面将分别予以说明。

一、音像制品选题的种类

音像制品选题从不同的角度可以划分成不同的种类。

（一）按来源划分的选题种类

按照来源，音像制品选题可以分成原创性选题、非原创性选题。

1. 原创性选题

原创性选题是音像出版单位的编辑人员通过信息采集，根据音像制品市场的需求而自行策划开发的选题。

原创性选题的实施，从总体设计，到音像节目的组织创作、录制拍摄、编辑加工、素材合成，再到委托复制、发行等，全部由音像出版单位独立完成。例如某文艺音像出版社编辑人员策划了一个选题——某青年歌手的《×××新歌集》，歌曲的创作和歌手的演唱录制等工作，全部由该音像出版社组织完成，并且这些节目是首次面世的。那么，这个选题就是原创性选题。

2. 非原创性选题

非原创性选题是来自音像出版单位以外的选题。非原创性选题有以下常见类型：

（1）对已有音像节目进行再次开发而形成的选题。有些音像节目已经通过其他途径在社会上公开发表并传播，如已经在舞台上演出，在电视或广播中演播等。音像制品编辑如果以自己的职业敏感发现其蕴藏的文化艺术价值较大、市场上也有相当大的开发空间，就可以提出选题策划，将之制作成音像制品，向公众发行。如某歌唱家举办的独唱音乐会非常成功，音像出版社就可以与歌唱家和相应的音乐作品著作权人联系沟通，达成合作协议，将歌唱家在独唱音乐会上演唱的曲目重新录制和编辑合成，制作成音像制品。这类选题的实施，要在尊重原创节目的基础上，对其进行再次加工，努力优化，推出精品。

（2）对已制作完成的音像节目再次开发而形成的选题。专业音像节目制作单位提供已经完成制作的音像节目，音像出版单位根据国家规定对其进行审查把关、编辑加工后，组织安排复制生产等，并由音像出版单位向公众发行音像制品。

（3）与作者方合作开发的选题。由作者方提出音像节目选题，音像出版单位经过论证通过后，与其合作制作，并由音像出版单位进行审查把关、编辑加工和组织安排复制生产，成品也由音像出版单位负责发行。

（4）引进类选题。音像出版单位对境外已出版的音像制品根据国家相关规定进口出版的，属于这一类。

（二）按内容题材划分的选题种类

按照内容题材，音像制品的选题可以大致上分成存在一定交叉关系的文化、艺术、教育、社科、科技、少儿类。

1. 文化、艺术类选题

文化、艺术类选题涉及文化、艺术方面的众多内容。例如，歌曲、乐曲、舞蹈、戏剧、曲艺、电影、电视剧、动漫，以及综艺节目和文化专题等，均可通过权利人授权获得音像制品出版权，编辑成专辑或合辑出版发行。

在新科技、新产业的发展和建设过程中，难免会有一些古老的文明遭到破坏甚至消失，因而保护人类文化遗产的呼声绵延不绝。音像制品编辑可以与文物管理部门、旅游单位、博物馆、图书馆合作，策划有益于文化积累的音像制品选题，把珍贵的文化遗产收藏在音像制品中，使子孙后代能有机会再见古代文明的真容奇采。通过这些音像制品的宣传，一些濒危文化资源有可能因此而受到重视和关注并得到保护，甚至能焕发光彩。

在现代传媒技术迅速发展和普及的过程中，同样有一批传统的艺术形式受到冷落甚至在逐步消亡，因此拯救传统艺术同样不能忽视。音像制品编辑应该在策划富有民族特色的优秀音像制品选题方面下功夫，形成出版特色。这类选题不仅可以获得良好的社会效益，而且通过市场运作也可以得到可观的经济效益。如有些以出版中国戏曲类音像制品为主的出版单位，根据剧种、名家、名剧等不同特点，从挖掘继承到提高创新，开发了一系列选题，逐渐形成了有规模效应的品牌。再如，京剧音配像工程的成功也已经成为我国戏曲类音像制品推陈出新的典范。这一大批京剧音像节目不仅保留了众多艺术大师的千古绝唱，而且新配的录像大都能达到或近似当年的演出原貌，为国家、为后人保留了极其珍贵的文化瑰宝。同时，配像时对有缺陷的录音所作的技术处理和在录像手段上的成功探索，也体现了技术的创新。

文化、艺术类音像制品的选题策划，要特别注意对我国非物质文化遗产的保护、挖掘与开发。

2. 教育类选题

音像制品的教育类选题，包括围绕我国高等教育、基础教育与各种类型的学校教育而策划开发的选题。可分为教材、教辅和普及性教育选题等。

我国的各级、各类学校有几十万所，学生人数近3亿，而且大多是正在成长中的青少年，各级、各类学校中学科门类又很多，因此，配合学校教育进行音像制品选题策划，前景非常广阔。如为配合教材辅助教学、配合特定教育活动及帮助进行智力开发等而设计生产相应的各种音像制品。

此类音像制品的选题策划，着眼点并不在于形式和包装的华丽，而在于巧妙地运用音像手段和独特的艺术手法，根据不同的教学方法对内容进行适当安排、精心制作，从而满足某一特定学生群体的需要。如某教育音像出版社出版的《初中数理化名师大讲堂》系列产品，抓住初中数理化教学过程中的热点、难点，邀请当地著名的特级教师进行讲学，并科学编排，辅以许多精美的解释性画面和实际操作演示画面，使学生学起来轻松愉快，便于理解和掌握。

3. 社科、科技类选题

社科类选题涉及的范围比较广，如时事政治、法律法规、企业管理、职业培训、婚姻家庭、国民心理等；科技类选题包括科学技术、医学卫生、科普知识、计算机应用、技能培训等。因此，社科和科技方面可以开发的音像制品选题很多。

随着国家经济实力的不断增强，人民生活水平的不断提高，人们的精神文化需求日益增强。特别是在知识经济时代，人们对各种知识的需求也日渐旺盛。这也给社科类、科技类音像制品的开发提供了极大的机会。

二、音像制品选题策划的要点

音像制品编辑人员策划选题时，需要注意下列要点。

（一）拓宽视野，力求创新

音像制品市场的竞争非常激烈，内容上没有新意的音像制品几乎无人问津。因此，音像制品选题的策划要拓宽视野，力求创新，才能取得良好的社会效益和经济效益。

除了文化娱乐市场以外，音像制品也可以为社会其他行业提供服务。如配合新教材引入新的教学观念和方法，开发教育类音像制品新品种，就会引起学习者的兴趣。有些教育音像出版单位已经利用自己拥有丰富出版资源的优势，开发、制作具有中国特色的教育音像制品，让它们以家庭教师的角色走进千家万户，从而开拓出一个潜力巨大的市场。

音像制品编辑应勤于社会调查，敏锐捕捉信息，努力把握机遇，充分发挥新技术的优势，在策划满足社会需求的音像制品选题方面，是可以大有作为的。

（二）实事求是，量力而行

音像节目，尤其是文化、艺术类节目的制作投资相对较大。拍摄一部电视剧往往需要上千万元乃至上亿元的投入，即使制作一首歌曲只有几分钟的 MTV，花上几十万元也很普遍。有些音像出版单位发现有潜质的歌手后便与之签约，经过培养、包装、宣传，直至其成为歌星，再制作专辑推向市场。这个过程往往需要几年，投入的费用相当可观。因此，音像制品编辑在策划选题时，必须遵循实事求是的原则，充分考虑本出版单位的制作技术水平、相应的经济实力等客观条件，量力而行。否则，不切实际、好大喜功，策划出来的选题就只能是空中楼阁，无法实施。

（三）抓住社会热点，开发衍生产品

在当今社会里，各种热点接连不断，它们常常是策划音像制品选题的切入点。比如，有的电影卖座，有的电视剧收视率见涨，有的歌星走红，有的节目耐看，有的事件万众关注。对这些热点要善于观察、跟踪分析，从中寻觅合适的选题，及时组稿，推出与之配合的衍生音像制品。这样的音像制品，大多会受到市场欢迎。

这类选题的开发竞争很激烈，要视出版单位的综合实力作出选择。

三、音像制品选题策划的过程

音像制品编辑策划一个新选题的一般过程，与图书的选题策划基本相同。

音像制品编辑要依据音像制品的特点，通过周密的市场需求调研，采集足够多的信息，从而明确为哪些消费者开发什么样的音像制品。音像制品的选题范围比较广泛，音像制品编辑要结合自己的专业特长，在自己熟悉的类别范围内寻找适合用音像形式表现的内容，设计成一个较完整的选题，然后再通过市场调查分析，预测所设想的产品是否适合消费者的需求，以此作为提出选题报告的客观依据。

音像制品选题报告的内容与图书的选题报告大体相同，一般包括：策划该选题的编辑意图，预期的社会效益和经济效益；节目名称，内容介绍，著作权情况，出版方式，出版类别和主创人员情况介绍；经费预算，资金来源，预计完成时间；发行对象和预计发行量等。

选题经论证审批通过并列入选题计划后，编辑就可开始实施。

四、音像制品的稿件组织

组织稿件是音像制品编辑开展选题策划工作的重要环节。音像制品的组稿与图书的组稿有许多相同之处，但也有一些差异。

（一）组稿内容多样化

音像制品编辑为落实一个选题所需组织的作者往往不止一名，需要选择各种专门人才参与作品创作。如录音节目的作者，往往有谱曲配乐的作曲者、撰写歌词的作词者；录像节目的作者则更多，往往有编写剧本的编剧、完成分镜头剧本的导演和所配歌曲的作词、作曲者等。可见，音像制品编辑的组稿工作不但程序较为复杂，专业性要求也较强。

音像制品编辑的组稿工作中常常还包括“组人”，即组织和物色适合表演这一脚本（指用文字叙述的作品总体结构和主要内容）的演播人员。在音像编辑工作实践中，脚本组织与“组人”有时可以分别进行，但在多数情况下是同步进行的。在组织脚本创作的同时“组人”，有利于量体裁衣，既利于发挥演员的表演才能，又可减少脚本创作中的盲目和浪费。

（二）编辑参与创作的程度高

音像制品编辑在组稿过程中，常常需要参与到作者的创作中。编辑在同作者讲清脚本创作意图后，还要投入较多的关注。

编辑不仅要关注作者创作中的技术问题，还要关注作者创作的内容是否适合用某种特定方式进行制作。此外，由于录音录像节目脚本的最终产品形式是录音或录像制品，因而对作品的空间延伸有特殊要求。音像制品编辑应该时刻注意作品在容量上是否超出了选题中所设计的时间长度预算，要随时进行控制，提请脚本作者按选题中设计的要求和时间长度来撰写。

（三）对作者的要求高

音像制品编辑组稿时对作者的要求是比较高的，因为音像脚本不仅应该具备一定的精神文化创意，而且还要适合导演、演播人员进行二度创作的需要，便于录音师、摄像师进行技术加工。具备这些基础性条件的脚本，才能在经过编辑的审查、加工修改后，顺利转化为合格的音像制品。所以，音像脚本的作者不仅要有较高的文学艺术修养和较宽的知识面，还要具备一定的声音和图像方面的知识，能够较好地将文字、声音、图像三者有机地结合起来，形成一种互补关系，以声音和图像吸引观众，以情节和文字感染观众。这样，才能达到脚本创作的最终目的。

选择的作者不仅要具有相应的创作才能，还必须熟悉音像制品的编辑制作流程，了解音像制品生产过程中一些工艺的技术性要求。

第四节　音像节目的编辑制作

音像节目的编辑制作，是指通过录音、录像等技术手段，将图、文、声、像等内容整理加工成音像制品节目源的活动。简单来讲，音像节目的编辑制作，专指音像制品组稿完成后进行的编辑和录制工作。

一、脚本的审查

脚本是节目创作人员用文字形式呈现的作品总体结构和主要内容，如分镜头剧本和曲谱、歌词等，它们是音像节目制作的基础。虽然脚本本身并不具有制作音像节目的实际操作性，但编辑要根据选题策划时的设想来审查脚本是否符合要求。对录像节目分镜头剧本的审查尤为重要，因为分镜头剧本是制作录像节目的依据，只有经过审查和编辑加工，使其尽可能完美，才能保证节目的质量。

在作者提交脚本后，责任编辑要审读脚本，并按照选题报告确定的要求对其提出意见。如果拍摄录像片，还要审查导演提供的分镜头剧本。分镜头剧本是拍摄录像片的依据，要有完整的艺术构思，对场景、画面、人物、音乐、字幕和拍摄技巧运用等都要考虑周密，既要突出主题，又要使画面具有视觉冲击力，给人以心灵震撼。

责任编辑审稿后须填写初审意见，将脚本与节目制作具体实施方案、著作权使用合同、经费预算等一起送编辑部主任复审。编辑部主任对不符合出版要求的要退回重新修改，文件不齐的退回限时补齐；对符合出版要求的，要填写复审意见，送出版单位领导终审。脚本等必须经终审通过后，责任编辑才可开始安排节目的实际制作。

脚本等如需修改，编辑要及时与作者联系，作出安排。修改后的脚本等还应重新进行三审。

二、录音节目的编辑制作

录音，简单地说，就是把所需要的声音信号收集起来并存储记录在磁带、磁盘、光盘等各种载体上。编辑制作录音节目的工作人员一般有编辑、播音员（或表演者）、录音师等。

（一）专业录音的种类和过程

专业录音有现场实况录音和录音棚录音两种。现场实况录音一般适用于录制现场演出节目。供制作录音制品用的节目大多在具有良好声学条件的录音棚里录制。

专业录音一般分两步进行。

第一步，声音信号先由传声器转换成经过调制的音频电信号，然后该电信号由调音台放大和处理，再输入双声道录音机或多声道录音机，由此得到双声道或多声道信号。

第二步，对已有的双声道或多声道信号用调音台、混响器、延时器、激励器等声音信号处理设备进行后期处理，经过混合和编辑后，再输入到录音机里，把立体声信号录在一定的存储载体上。

随着数字化录音技术的发展，数字音频工作站已被普遍采用。录音师面对显示器，利用计算机处理数字音频信息，完成第一步的录音和第二步的混录。这不仅提高了录音质量，而且使一些过去必须靠熟练技巧才能做的工作，如人声的切入点、错音的修改等，都能很快完成。

（二）录音节目制作流程

以录制歌曲为例，编辑制作录音节目的流程一般分三个阶段。

1. 前期准备

这个阶段责任编辑将经审定的歌曲给选定的歌手学唱；选定专人为歌曲伴奏写配器总谱；根据配器总谱抄写分谱，并将总谱、分谱分发给指挥、监听和器乐演奏员，进行正式录音前的练习。

2. 节目录音

这个阶段的工作是采用多轨录音方式，分三步进行节目的录制。

第一步，录歌曲的节拍和报录音乐小节编号（以便修改或插录时寻找）。

第二步，依次分轨录打击乐器、定音乐器与其他各种乐器，完成伴奏素材录制。在录音时一定要作详细的分轨内容记录，以便后期混录时查找。

第三步，录歌手的演唱，歌手在由伴奏素材大致合成的伴奏音乐伴奏下反复多次演唱，直到完成演唱的录制。

3. 后期混录合成

在这个阶段，录音师与监听合作，分轨对伴奏素材作音色修饰、方向定位；再综合平衡歌声与伴奏，以达到最佳效果；最后将多轨信号合并成左、右声道的两轨立体声信号，录在一定的存储载体上。至此，单首歌曲（单曲）的制作即告完成。

将多首制作完成的单曲按选题策划要求编排起来，就可以集录成原版带（或原版盘）。如果是盒带产品的原版带，则要分 A、B 面，两面的时间长度尽量要均衡。

原版带（或原版盘）经过三审通过后，便可以作为据以进行批量复制的原版发稿。

录制语言节目比录制音乐节目相对简单些，一般不需要采用多轨录音方式。

三、录像节目的编辑制作

录像，简而言之，就是把动态画面与伴音信号记录在一定载体上。编辑制作录像节目，需要编剧、策划、导演、演员、摄像师、录音师、灯光、美工、场记、剧务、化妆、服装、录像剪辑和编辑等许多工作人员合作完成。

（一）录像的过程

录像一般分成两步进行。

第一步，摄像设备把被摄对象的光学图像转变成相应的电信号，形成被记录对象的信号源。

第二步，录像设备把摄像设备送来的电信号通过电磁转换或模拟数字转换系统变成磁信号或数字信号，并将其记录在一定的存储载体上。

录像节目中的声音，有的是在拍摄现场同步录制，也有的在后期制作时再录制。

（二）录像节目制作流程

拍摄录制电视剧（片）的过程过于复杂，故这里仅以录制一首歌曲的音乐电视片为例。

编辑制作录像节目的流程一般分为三个阶段。

1. 前期准备

这个阶段编辑按照节目制作要求组建摄制组，明确各人的工作分工和责任。同时，由导演根据审定的分镜头剧本选景、选演员、选道具服装和特技拍摄需要的各种设备等。只有做好一切准备工作，拍摄工作才能顺利进行。

2. 拍摄录像

这个阶段的工作主要由导演指挥完成。摄像师在导演指挥下，根据分镜头剧本的要求，用摄像机以多种技巧把要拍摄的场景、演员表演等拍下来，同时录像设备把拍摄下来的视频信号记录在一定载体上。同一内容可能要拍多次，以供后期编辑合成时选择使用。拍摄录像要特别注意用光（自然光与人造光）技巧，以取得最佳视觉效果。

3. 后期编辑合成

在这个阶段，导演、编辑、录像剪辑等要先审看录像素材，检查素材是否包括分镜头剧本要求的全部内容，画面质量是否符合要求；再根据拍摄现场记录的每段录像素材的资料，经分析后基本确定编辑合成时的切入点和跳出点，大致安排镜头的顺序，以便实际操作时能全局在胸、心中有数；然后开始正式编辑合成。

虽然从技术上讲，编辑合成只是把一连串镜头连接起来，但要让一个个镜头组合成有机的整体，使音乐电视片中歌曲与画面上人、景、物的运动和情节发展有机结合，必须根据内容和结构的要求，安排节奏的起伏。在实际操作时，可以运用剪接、延长、压缩镜头或段落长度的方式来改变画面的节奏和视觉效果，但镜头的连接要准确、自然、流畅，以增强感染力。最后，用字幕机把歌曲名、词曲作者、演唱者、导演等主创人员和工作人员名单等打在片头、片尾，再配合歌曲演唱把歌词打上。这样，一首歌曲的音乐电视片就制作完成了。

将完成制作的若干首歌曲按照选题策划要求组合编排起来，就可以集成母盘。

母盘经过三审通过后，就可以作为据以批量复制的原版发稿。

四、音像制品的包装设计和要求

作为音像制品的录音带、激光唱盘和激光视盘一般都有配套的塑料盒，包上塑料薄膜后就可直接作为外包装，也有在塑料盒外再套彩印卡纸纸盒的。这些是最常见的包装方式。有些低价的激光唱盘或激光视盘也有用彩印卡纸袋简单包装的。有些与图书配套或若干录音带、光盘成套销售的，就需要专门设计特殊规格的纸盒或塑料盒了。

音像制品的包装设计一般包括录音带的 A、B 面盒贴，光盘表面图文，内装说明书；有时还包括录音带、光盘塑料盒的面封和底封，外套纸盒的面封、底封，彩印卡纸袋等。从美术创意角度说，音像制品包装设计的要求与图书装帧设计的要求相似，只是录音带、光盘塑料盒的尺寸一般较小，要特别注意选择合适的图文比例和字符的大小等。

音像制品的外包装上必须按前文所述的国家规定标明有关内容。

五、音像节目制作过程中的编辑工作

音像节目的制作主要由导演、录音师、摄像师、监听等负责，但音像制品的责任编辑也必须参与其中，并做好以下几个方面的工作。

第一，制作音像节目涉及的人员、设备较多，一般需设立制作组；拍摄录像制品则有时还要拍外景，工作更繁复，一般要建立摄制组。责任编辑要及时做好与导演等主创人员、主要演员和其他参与者签订有关合同的工作。

第二，责任编辑要充分考虑到在哪些环节可能会发生哪些问题及其会产生什么影响，并在录制现场及时提出意见，以免节目编辑合成后因需返工而造成损失。制作的音乐类节目中若有一个音符、一个字唱错，教学类节目中若出现别字、发音不合规范等现象，都会直接影响节目的质量。有经验的音像制品编辑往往能在录音、录像现场及时发现此类错误并当场提出改正意见。

第三，责任编辑要监督制作组（或摄制组）按照经过审定的节目制作具体实施方案，在经费预算范围内组织拍摄制作；有较大变动或需要突破预算，必须及时向上级作出专项报告。

第四，责任编辑要在音像素材编辑合成前，根据音像制品出版的需要，对于每张光盘的容量、盒式录音带的分面、成套节目的分盘等一些问题，提出处理方案，以免合成后又因重新分割而浪费人力、物力、财力。

第五，责任编辑要参与节目制作最后阶段的音像素材编辑合成工作，进行试听、试看、校对等，以便及早发现问题，及时采取补录等补救措施。

第六，责任编辑要提出音像制品彩封、包装、宣传的设计要求并提供所需的文字材料，填写彩封设计通知送审单和印刷品印制申请单，经过复审和终审批准后，分别交美术设计、宣传部门和安排印刷品加工的部门。编辑还要对音像制品封面包装、说明书、宣传材料上的文字等进行校核。

第七，责任编辑要重视音像制品出版环节中有关材料的收集和保管，整理好后交出版单位相关部门验收归档，以便日后查考或者调用。这类材料包括音像节目制作过程中的各种文字、录音、录像资料。文字资料包括：音像节目的著作权使用或转让合同，海外引进节目的原始著作权证明书；国家有关部门的各种批准文件，如批准引进出版的文件，重大选题备案答复的文件等；音像节目审稿单；音像制品复制委托书存根联，复制加工合同；音像制品彩封与宣传品的审稿单和印刷小样；影视节目剧本（或其译本）；录音制品的歌词（组织创作的节目应有总谱或曲谱）；委托发行或联合发行合同，联合录制节目的联合录制合同，与主创、主演等有关人员签订的劳务合同，以及其他有关业务文件等。录音、录像资料包括：母带（母盘），送审样带（或样盘），成品样带（或样盘）；音像节目编辑制作过程中有保留价值的录音、录像素材等。

第五节 音像制品的审查

对音像制品进行审查是音像编辑工作的重要内容。一般来说，对于图书编辑审稿和编辑加工整理的基本要求，也适用于音像编辑对音像节目的审查。但是，音像制品审查的步骤、方式与图书审稿和编辑加工整理又有所不同。

一、音像制品审查的步骤

在音像制品的审查中，首先要对基本完成制作的母版文件（母带或母盘）进行审查，还要审看产品的包装，最后还需要对音像制品成品进行测试性抽查。

（一）母版文件审查

节目录制并编辑合成后，可以说音像节目的制作已经基本完成。这时，需要对载有音像节目、拟用于批量复制的磁带（或光盘）进行审查。对母盘的审查，由责任编辑初审，编辑部主任复审，出版单位领导（必要时需邀请专家参与）终审，并分别填写音像节目审稿单。责任编辑按照审查意见安排修改后，须将用于发稿的母版文件再次送审。审查通过后，责任编辑才可填写复制加工申请单，将母版文件交有关部门安排复制生产。

（二）包装审查

音像编辑还应对美编设计制作的包装进行审查，确保外封、盘面、说明文字等内容无误，正确携载 ISBN 及条形码，录音制品及音乐录像制品还应检查ISRC是否正确携载。

（三）样品审查

对复制单位生产出的音像制品成品，编辑也要抽取样品在相应的视听设备上进行测试性审查，以检查音像节目的实际使用效果，防止复制过程中由于种种原因而可能给音像节目带来的瑕疵出现在音像制品成品中。

二、音像制品审查的方式

审查录音节目主要靠听，审查录像节目需要又听又看，耳眼并用。声音转瞬即逝，画面一晃而过，这就需要音像制品编辑全神贯注、思想高度集中地进行审查。

三、审查音像制品需注意的事项

按照音像制品的制作特点，编辑进行审查评改时必须特别注意以下几点。

（一）审查要全面

音像节目信息量很大，音像制品编辑要对音像节目的政治性、思想性、科学性、艺术性、知识性、技术性等进行全面审查。

音像节目的政治性和思想性在选题策划阶段已有充分考虑，在审改时要从制作效果上严格加以复核。如音像节目画面中的地图问题容易被忽视。即使是一闪而过的一个镜头画面，音像制品编辑也应严格按照国家相关规定核实地图来源，履行送审流程，标注地图审图号，确保不出现错误。音像节目的科学性、艺术性和知识性，虽然在总体上可以由导演、监听等专家把关，但有些问题往往还是需要音像制品编辑的提醒。如对于录音节目的脚本，要看语言表达方式是否适合不同听众对象的特点和口味，如是否口语化、个性化、富于意境，语调是否抑扬顿挫，语序是否便于理解；对于录像节目，就要考虑解说词、画面和音乐之间是否协调，是不是在用画面说话，解说词是否起到了画龙点睛的作用，音乐是否能烘托主题、推波助澜，等等。音像节目的技术性是指音像节目的技术质量需符合国家相关标准，不可出现声画不同步、偏色、声音失真、声音忽高忽低等技术问题。

（二）注意语言文字的把关

音像节目虽然不会像书刊那样有许多文字，但编辑也不能忽视语言文字的把关。教育类音像节目中若存在语言文字不规范的现象，对消费者的损害极大，这是不言而喻的。即使是其他种类的音像节目，如果出现文字差错，也会大大降低它们的质量。

音像出版单位一般不设专职校对人员，因而音像制品编辑特别需要注意把好语言文字规范这一关。音像制品编辑还应承担与书刊校对相似的工作，检查音乐节目说明书的歌词与实际演唱是否一致，语言教学节目的播讲内容与教材是否一致，录像节目中的语音解说与字幕、画面是否同步，等等。这些都是编辑在审查节目的同时要注意把关的。

（三）做好修改复核工作

对音像节目的审查，从其工作内容来说，实际上是审稿与修改复核的穿插进行：脚本审查通过后，要对脚本作修改复核；然后再对母盘进行审查，也可能反复进行修改复核工作。

对脚本的修改，若涉及艺术内容、艺术表现形式等，一般是编辑提出意见后由作者进行，编辑有时也可以作修改，但必须经作者认可；对脚本其他方面的修改，则一般由编辑按照稿件加工整理的普遍要求进行。

对音像节目的修改，一般是由剪辑师等技术人员来完成的，这就要求编辑整理好审查意见，使之达到“齐、清、定”的标准，从而避免在音像节目的修改中出现大面积的返工。技术人员完成修改后，编辑还需对照审查意见进行认真的复核，避免漏改或误改现象发生。

第六节　音像制品的复制

音像制品的复制，就是用母版文件（母带或母盘）翻制出若干个内容与之一模一样的子带（或子盘），并将之妥善包装。这是音像制品批量生产的主要手段。在我国，音像制品的批量生产通常由出版单位依照国家相关规定委托持有《音像制品复制经营许可证》的光盘复制单位完成。音像出版单位还需向委托复制单位出具省级以上音像制品行政管理部门核发的《录音录像制品复制委托书》等证明文件。

一、磁带的复制

磁带的复制，是利用快速复录设备将原版带上的信息复制到子带上并将子带加工成家用盒式磁带。

磁带的复制一般有四道工序。

（一）工作母带制作

音像制品原版带不能直接用于复制，须先由专门技术人员据以制作出适合高速复录母机循环放音的工作母带。

工作母带既要忠实于原版，又要符合批量生产的使用要求。制作时要注意发现和弥补原版带中可能存在的技术缺陷。

（二）子带复录

子带复录采用四路高速复录方式，复录的速度已标准化为 32 ：1、64 ：1 和 96 ：1。与一台高速复录母机连接的有若干台高速复录子机。工作母带上的信号通过这套系统复录到圈绕成饼状的子带上。

（三）切割灌装

切割灌装是利用机器将已经录有音像节目内容的饼状子带自动分段切割后装入盒子。

（四）产品包装

在磁带盒两面分别贴上印有音像节目内容的盒贴后，把磁带连同说明书一起放进塑料外盒里，套上外盒封并包上塑料薄膜。盒式录音带的包装已基本实现自动化。

盒式录音带的产品质量检验，一般采取随机抽查方式。质量标准依据新闻出版署 1997 年 12 月 24 日发布的《盒式音带高速复制系统技术要求和测试方法》。

二、光盘的复制

激光唱盘和激光视盘的复制特点，是物质载体（基材盘片）和数据记录同时形成，几道工序在一条生产线上连续完成。因此，它们的复制比磁带的复制要复杂得多。

（一）检测母盘质量

复制单位在接收母盘的时候，先要对其物理性能作仔细的检查，以确认母盘无损、有效。如记录层存在脱膜或划伤情况，就不能使用，必须更换。

（二）制作玻璃母盘

这个环节是将刻录在原版盘上的原始信号复制到玻璃盘基上。

（三）制作压模盘

这一环节也称“电铸”。玻璃母盘必须通过电铸，做成符合要求的金属压模。

（四）模压加工

首先用热注塑模压法制成盘基，同时将金属压模盘上凹凸起伏的数据信息压制到盘基的记录面上，然后在盘基表面镀膜、涂布保护层。

（五）印刷图文

复制好的光盘，还要在标示面（即不载有数据信息的那面）印上出版物名称、出版者名称等各种必载的文字信息和图案。

（六）检测产品质量

这个环节的主要任务是：检测材料品质、光盘的光电信号和印刷质量，剔除残次品；抽样检测产品的运行状况，并留样品存档。

思考题

1．什么是音像制品？音像制品包括哪些种类？有哪些特点？

2．国家对音像制品的出版、制作和进口各有哪些规定？

3．什么是中国标准录音制品编码？中国标准录音制品编码由哪几个部分组成，各表示什么意义？

4．音像制品的选题有哪些种类？音像制品的选题策划有哪些要点？

5．音像制品编辑工作在稿件组织方面有哪些特点？

6．为什么说音像制品的脚本审查非常重要？

7．录音节目制作流程有哪几个主要阶段？每个阶段的主要工作内容是什么？

8．录像节目制作流程有哪几个主要阶段？每个阶段的主要工作内容是什么？

9．音像制品的包装上要标明哪些内容？

10．在音像节目制作过程中音像制品编辑要做哪些工作？

11．音像节目审查包括哪些步骤？采用什么方式进行？审查音像节目需要注意什么？

12. 磁带复制有哪几道工序？光盘复制有哪几道工序？

第八章　电子出版物出版

重点提示：电子出版物的概念、类别、主要载体和特点，国家关于电子出版物出版的管理规定。对电子出版物编辑人员的基本要求。原创性电子出版物的编辑制作流程，纸介质图书转化为电子书的编辑制作流程，引进版电子出版物的编辑制作流程，电子出版物的包装设计。

第一节　电子出版物概述

电子出版是随着计算机技术、信息技术的发展而逐渐发展起来的一种出版形式。电子出版物初期主要以软磁盘为载体。20 世纪 80 年代中期，大容量的计算机只读光盘和个人计算机出现，CD-ROM 开始投入市场。进入 21 世纪后，多媒体 CD-ROM 的出版势头有所减弱，逐步出现新的移动存储设备，新的电子出版方式不断出现。

一、电子出版物的概念

对于电子出版物的概念，中外的定义是有所不同的。ISO 9707:2008《信息与文献：图书、报纸、期刊和电子出版物的出版和发行统计》中定义的电子出版物为："以数字形式出版的文献，可通过互联网或物理载体（CD-ROM、DVD）获取。"2008 年新闻出版总署发布的《电子出版物出版管理规定》则认定："本规定所称电子出版物，是指以数字代码方式，将有知识性、思想性内容的信息编辑加工后存储在固定物理形态的磁、光、电等介质上，通过电子阅读、显示、播放设备读取使用的大众传播媒体，包括只读光盘（CD-ROM、DVD-ROM 等）、一次写入光盘（CD-R、DVD-R 等）、可擦写光盘（CD-RW、DVD-RW 等）、软磁盘、硬磁盘、集成电路卡等，以及新闻出版总署认定的其他媒体形态。"

可见，国际标准化组织的定义，是根据出版物记录内容信息所采用的方式，将凡是用数字编码方式记录内容信息的，都归属于电子出版物，而不论内容信息与物质载体的结合状况，也不论它们的传播有哪些途径。我国《电子出版物出版管理规定》中的定义，则不仅考虑到出版物记录内容信息所采用的方式，还考虑到内容信息与物质载体的结合状况（即“存储在固定物理形态的……介质上”）；同时，由于具有固定物理形态的载体不可能通过电流、光波或电磁波传送，所以实际上也把“通过互联网传送”排除在传播途径之外了；从而，把“电子出版物”与“互联网出版产品”区分开来了，因为后者在传输中不必固定在一定的物质载体上，表示内容的一连串编码数字可只通过信息网络发送。

本书采用我国关于电子出版物的定义。

与纸介质出版物相比，电子出版物在信息的记录方式、存储介质、读取方法和浏览方式上是完全不同的；与互联网出版产品相比，则电子出版物主要在复制、存储、传播等方面有所不同。

二、电子出版物的类别

电子出版物可从不同的角度作如下分类。

（一）按载体分类

电子出版物可分为磁盘类（含软磁盘、硬磁盘、磁介质光盘、数据磁带等）、光盘类（含只读光盘、可刻录光盘）、移动存储与设备类（集成电路卡类、闪存、移动设备等）。

（二）按对用户操作的反应情况分类

按对用户操作的反应情况不同，电子出版物可分为单向类和交互类等。前者如照片光盘（Photo-CD），后者如交互式光盘（CD-I）和移动存储设备。

（三）按包含的信息表现形式分类

按所包含的信息表现形式，电子出版物可分为文字类、图片类、声音类、图像类、动画类、图文声像并茂的多媒体类、进行产品固化封装存储的集成图文声像和交互行为的应用类等。

（四）按基本用途分类

按基本用途，电子出版物可分为计算机软件类、信息检索类、阅读类、素材类、教育类、游戏类、知识服务类等。

（五）按所含传播媒体特征分类

按所含的传播媒体特征，电子出版物可分为电子图书类、电子词典、电子地图、电子游戏、电子数据库以及连续型电子出版物等。连续型电子出版物是指有固定名称，用卷、期、册或者年、月顺序编号，按照一定周期出版的电子出版物。

三、电子出版物的主要载体

如上所述，电子出版物的载体有多种，它们各有一些特点。

（一）软磁盘

软磁盘是20世纪70年代早期电子出版物的主要载体，以塑料为基材，表层涂布磁粉以记载电磁信号。盘的直径一般为88.9毫米（3.5英寸），容量为1.44兆字节。

软磁盘使用方便、灵活，适合用于信息量较小的出版物。它的缺点是容易损坏，并且如不采用特殊的加密手段，很容易被侵权使用和复制。目前，软磁盘已经很少使用。

（二）只读光盘

只读光盘是电子出版物的常用载体，利用激光束非接触阅读。它以透明的聚碳酸酯为基材，注塑时在信息面压上表示信息的一系列凹坑，然后镀上铝膜。使用时用激光束扫描信息坑，根据反射光的强弱来读取信息。

按照记录信息的格式，只读光盘目前可分为三大类。

1. 普通只读光盘

普通只读光盘习称“CD-ROM”，来自英文compact disc-read only memory的缩写。市售的交互式光盘（CD-I）、图文光盘（CD-G）和照片光盘（Photo-CD）实际上均为CD-ROM，只是内容不同。通用盘直径120毫米，容量为650兆字节；小型盘直径80毫米，容量为200兆字节。

CD-ROM是常见的电子出版物载体，适合制作大信息量的电子出版物，可以大批量生产。它的缺点是表面容易划伤，而且也容易被盗版复制。

2. 高密度只读光盘

高密度只读光盘习称“DVD-ROM”，来自英文digital versatile disc-read only memory（数字多功能只读光盘）的缩写。

高密度只读光盘的直径为120毫米，中心孔直径为15毫米，有四种规格。单面单层规格的容量为4.7吉字节，单面双层规格的容量为8.5吉字节，双面单层规格的容量为9.4吉字节，双面双层规格的容量为17吉字节。

高密度只读光盘适合制作超大信息量的多媒体电子出版物，且音频和视频播放的质量明显提高。它的缺点是表面容易划伤，复制工艺较CD-ROM复杂，需要配置DVD-ROM驱动器才能阅读。

3. 蓝光光盘

前两种只读光盘都是用红色激光扫描盘面来读取信息。近年来随着光盘制造技术的提升，一种用蓝色激光进行信息读取的光盘应运而生，即蓝光光盘。

蓝光光盘采用蓝色激光束扫描记录信息的凹坑进行读取。由于蓝色激光的波长较短，可以形成比红色激光更小的扫描光斑，所以记录信息的凹坑能比红光激光光盘明显提高密度。蓝光光盘容量可以达到几十吉字节。

（三）移动存储与设备类

1. 集成电路卡

集成电路卡又称“IC卡”，是英文 integrated circuit card 的部分缩略译名。

集成电路卡内置大规模或超大规模集成电路芯片，容量一般为几十兆字节。

与IC卡配套使用的阅读器，有的是固定式的，卡不能更换；有的是可调式的，可以更换卡。

IC卡的优点是使用方便，不易被非法复制。缺点是容量小，只能用于小型的电子出版物。

利用集成电路卡记录图文（或多媒体）信息的卡式电子出版物，常用于游戏、教科书和掌上电子词典类电子出版物。

2. 闪存

闪存即快闪存储器（flash memory）。是一种电子式可清除程序化只读存储器的形式，允许在操作中被多次擦或写的存储器。闪存体积小便于携带，数据读取速度快，是一种非易失性存储器，数据不会因为时间而消失，存储数据更加安全。

闪存按种类一般包括优盘（U 盘）、SD/MMC 卡、CF 卡、SM 卡、记忆棒、XD 卡、MS 卡、TF 卡、PCIe 闪存卡等。在电子出版中使用较多的是优盘，SD 卡也有所使用。

3．移动设备

移动设备也称“行动装置（mobile device）、流动装置、手持装置（handheld device）”等，通过移动设备能够随时随地访问获得各种信息，可以随时随地满足用户的各种需求。

移动设备的分类一般包括手持阅读器、移动电话、智能手机、平板电脑等。随着信息技术的发展，移动设备的性能、操作都更加优化便捷，电子出版物也以移动设备中基于智能手机、平板电脑的移动应用程序（App，application 的缩写）的形态呈现。

（四）其他载体

除了以上几种载体，电子出版物也有以磁介质光盘（习称“MO”，为英文 magneto-optical disc 的减词缩略形式）、档案光盘、硬磁盘、数据磁带为载体的。但是，它们一般只应用于数据的发布和备份，很少用于批量复制电子出版物产品。

电子出版物的载体介质虽然有所不同，但在图文声像等素材的编辑加工、资料集成、界面设计及产品质量规范等方面基本相同。因而，本章后面的讲述虽只以 CD-ROM 类光盘为例，但也适合于采用其他载体介质的电子出版物。

四、电子出版物的特点

电子出版物的特点分内在和外在两个方面。

（一）电子出版物的内在特点

电子出版物内在的特点主要有以下六个。

1. 存储信息量大

无论采用哪种载体，与同体积的纸介质出版物相比，电子出版物的信息存储量都要大得多。一张普通只读光盘的容量为650兆字节左右，可用来存储大量文字、声音、图像等多媒体信息。

2. 检索便捷

电子出版物利用计算机技术的支持，可以实现多种途径的检索，并且速度很快。特别是电子工具书，检索途径除词头、条头外，还有引例、引文、作者、图片、夹注、外文、拼音和全文等多种方式。有些中文工具书还设有通过笔画检索、部首检索和汉语拼音检索等途径选定需查检字、词的功能。除使用这些常规的检索方式外，电子出版物还可以使用模糊检索、布尔逻辑检索等方式。

3. 具备多媒体的表现方式

纸介质出版物主要通过文字和图片来传播和表达主题的文化内涵，媒体表现的方式都是单一的、静止的。电子出版物则能将文字、图片、动画、音频和视频等多种媒体信息组织起来，生动地展示出平面媒体所不能表达的内容。

4. 交互式结构可实现用户的参与

电子出版物不仅向用户提供丰富的信息和知识，而且注重用户的参与。如用户使用教育类电子出版物可以在计算机上进行测验考试，计算机会自动分析答卷并评分。游戏类电子出版物的交互功能更加丰富，用户的参与性更强。

5. 超链接设置拓展用户视野

电子出版物中的文字、图片等素材都可以设为其他素材的链接入口，用户只要用鼠标点击链接就可以跳转到相关的页面或者新开一个窗口，新的页面或窗口中还可以有新的链接入口。通过与互联网相连的阅读显示设备，电子出版物所设超链接更可以将出版物的内容与互联网上的资源相关联，扩大信息源，使用户对所阅读的主题有更深入的理解。

6. 快速结合技术发展实现载体延伸

电子出版物是出版内容与计算机信息技术高度结合的一种出版形态，是随着计算机技术、信息技术发展而发展的，电子出版物具有内容特性和突出的技术属性，这种内在的技术属性使得电子出版物是出版形态中技术更新最快的一种出版形态，能够随着技术不断发展，快速结合新的技术载体形成新的电子出版物形态。

（二）电子出版物的外在特点

从电子出版物的外表形态、使用方式及更新和复制方式等外在方面来看，它具有以下特点。

1. 内容存储量大，携带方便

一张 CD-ROM 格式光盘可记录 3 亿多汉字，相当于一座小型图书馆。但其直径仅为 120 毫米，厚仅约 1 毫米，质量仅有十几克，携带十分方便。闪存、移动设备形态的电子出版物能够记录的内容规模就更大，同时数据不易丢失，携带更为方便。

2. 必须借助设备读取信息

与纸介质出版物具有的直观性相比，电子出版物由于是数字代码的图文声像等信息的封装产品，必须利用计算机或其他专用的设备进行数字解析，并且由于其交互性的特点，电子出版物的审读、管理也更加困难。

3. 复制便捷，载体属性强

电子出版物复制过程主要是信息的批量复制，相对纸介质出版物的复制更加简单，载体属性突出。批量复制 CD-ROM 光盘，每一张的平均成本仅几角钱。随着科学技术的发展，光盘刻录机已经开始大规模应用，使光盘的复制变得十分简单，刻录光盘的成本也很低。

内容产品封装于闪存和移动存储设备的复制，其载体特点更加突出，能够根据实际需求实现少量或批量化的复制，按需出版。

4. 版本更新快捷

电子出版物数据的更新比较简便，只需改变电子文件。内容增减之后，一般不影响整个出版物的页面，移动应用类的电子出版物，内容框架调整只需改动编码即可完成。这是纸介质出版物无法相比的。

五、国家关于电子出版物的特有规定

电子出版物与图书、报纸、期刊、音像制品等出版物既有许多共同之处，也有许多不同之处。出版专业技术人员除了要熟悉国家对于出版管理的共同性规定（详见《出版专业基础·初级》《出版专业基础·中级》）之外，还必须知道国家对于电子出版物管理的一些特有规定，并认真执行。

国务院颁布的《音像制品管理条例》第四十九条规定：“除本条例第三十五条外，电子出版物的出版、制作、复制、进口、批发、零售等活动适用本条例。”据此，除了在设立从事发行业务的中外合作经营企业方面的规定有所不同外，本书第七章中所述国家对音像制品的管理规定，也适用于对电子出版物的管理。因此，这里主要补充讲述国家针对电子出版物与音像制品的一些不同之处而作的规定。

（一）关于电子出版物使用书号、连续出版物号的规定

出版连续型电子出版物（指有固定名称，用卷、期、册或者年、月顺序编号，按照一定周期出版的电子出版物，即一般所说的“电子期刊”“电子报纸”等），必须经主管单位同意后，由主办单位向所在地省级出版主管部门提出申请，经省级出版主管部门审核同意后，报国家出版主管部门审批；获得批准后方可出版。出版连续型电子出版物必须按规定使用国内统一连续出版物号（即 CN 号），不得使用中国标准书号。

出版非连续型电子出版物（如电子书、电子游戏、计算机软件、电子数据库、数字图像或图形素材库等），必须按规定使用中国标准书号。同一内容，不同载体形态、格式的电子出版物，应当分别使用不同的中国标准书号。

电子出版物的专用中国标准书号或国内统一连续出版物号，只能用于出版相对应的电子出版物，不得用于出版纸介质书刊和其他类型的出版物。

（二）关于电子出版物的版本著录项目

必须在电子出版物载体的印刷标志面或其装帧的显著位置载明电子出版物名称，制作单位、出版单位名称，中国标准书号（或国内统一连续出版物号）及相应条码，著作权人名称，出版日期等其他有关事项。出版境外著作权人授权的电子出版物，还应当载明著作权授权合同登记证号。

第二节　对电子出版物编辑人员的要求

电子出版物的出版是出版业的一个组成部分，编辑工作是其中的重要环节之一。对纸介质出版物编辑工作的基本要求，同样适用于电子出版物的编辑工作。在对编辑人员素质和能力的要求方面，在信息采集、选题策划、组稿、审稿、加工整理和样品检查、出版物宣传等编辑工作的主要环节方面，电子出版物都与纸介质出版物有许多共同之处。但是，电子出版物区别于纸介质出版物的特点，又导致对相应的编辑人员有一些较独特的要求。

一、电子出版物编辑的策划能力要求

框架结构设计是各类出版物选题策划工作的基本内容之一，而不同的电子出版物产品在内容的结构组成与呈现方式、艺术表现形式等方面均有自己的特色，相应地它的框架结构设计也就具有自身的一定特点，尤其是需要有较充分的艺术创意。

框架结构的设计主要体现在脚本的编写中。脚本要能表达项目的主题和内容，并要规划表现内容的方式。这是一部电子出版物能得以成功的根本基础。所以，在策划电子出版物选题的过程中，编辑人员无论是自己动手撰写脚本，还是对他人提供的脚本进行审阅、编辑加工，都需要具备并充分发挥框架结

构设计方面的能力。这些能力主要体现在以下几个方面。

（一）把握框架结构设计的内容

框架结构的设计，就是确定电子出版物应该具有哪些功能与这些功能的使用场合，规划电子出版物的模块、层次，分配各种媒体的比例，设计模块与层次之间、各种媒体之间的互动关系，等等。

多媒体电子出版物的典型结构是树状的：它的多个模块就像一棵树的主要枝干（一级内容导航模块），它们之间只有逻辑意义上的联系，没有必然的先后顺序；每条枝干上又分别连着更多的小枝条（二级及其以下内容导航模块），而小枝条上又挂着许多树叶（内容呈现模块）。还有一些电子出版物采用数据库结构，也称“网状结构”，用户既可以从一个页面跳转到另一模块中的一个页面，也可以按照一定的逻辑关系选择阅读。所以，在进行框架结构设计时要综合考虑和科学配置。

要设计好框架结构，必须知道哪些表现方式已经可以利用计算机技术实现，哪些暂时还做不到。

（二）进行框架结构的艺术创意设计

艺术创意设计在电子出版物基本框架结构已经形成的基础上进行，包括美术、动画创意，音响效果设计和音乐创作等。其中的美术创意又包括界面元素、背景图片、文字版式、整体包装和宣传品的创意设计。

对框架结构的艺术创意设计，要考虑到多媒体表现方式的特点及其局限性，考虑到交互形式和载体容量对图片、动画、声音、影像文件在数量、规格大小和精度等方面的制约。

为了提高结构设计和艺术创意的能力，电子出版物编辑应加强学习和实践，努力做到以下几个方面。

第一，大量阅读国内外优秀的电子出版物，借鉴和学习他人的优点，结合自己产品的主题内容和现有素材进行创作。这是提高电子出版物编辑人员业务水平的有效方法。

第二，加强用户调研，将用户反馈意见融入产品策划中，满足不同层次用户的差异化需求。

第三，大胆采用新技术，充分发挥技术的特点和优势，努力创新而不生搬硬套，实现内容和技术的有机结合。

第四，注意电子出版物中的用户交互设计，提升用户体验，提高用户使用电子出版物的满意度。

第五，注意形式、用户需求、内容三者的统一，把握住“产品是为表达思想、积累知识、普及文化的，内容是为用户需求服务的，结构与创意是为内容服务的，产品的功能是为作品服务的，作品是为用户服务的”这一原则，力求简洁明了、恰到好处。

二、电子出版物编辑的技术能力要求

电子出版物是一种基于信息技术的出版物，编辑工作基本上要依靠使用多媒体计算机来完成。因此，对电子出版物编辑人员就有熟练使用多媒体计算机的要求。然而，有关计算机硬件、软件的知识范围很广，不是本书所能包容得了的。因此，在此仅简要谈谈它们的一般概况，至于具体的技术内容，请参阅有关的计算机专业教材和参考书。

（一）熟悉硬件和操作系统

制作或编辑加工电子出版物作品，需要利用多媒体计算机和配套的光盘刻录机、扫描仪、数字照相机、打印机等各种硬件设备。如今硬件升级换代迅速，为了做好电子出版物编辑工作，编辑人员要对新的、性能更优化的硬件设备不断追踪学习，熟悉其性能特点，争取最大限度地发挥硬件设备的工作能力。

各种用于制作、编辑加工多媒体电子出版物作品的应用软件都需以操作系统为平台运行，所以，用于电子出版物编辑工作的计算机必须配置能管理多媒体资源的操作系统。编辑人员在从事编辑工作的过程中，对于各种主流操作系统的性能和兼容条件应有所了解，这不仅是顺利完成编辑工作的必备条件，而且也可以保证电子出版物成品在操作系统配置不同的用户计算机上、移动设备上能够顺利运行。

（二）熟练运用相关的应用软件

制作或编辑加工电子出版物作品，必须运用相关的计算机应用软件。这方面的应用软件可以分为两大类：一是计算机编程语言，二是相应的工具软件。

1. 计算机编程语言

在电子出版物编辑工作中，编辑人员如需要对已制作好的电子出版物作品进行功能性修改，就必须熟悉并能够运用相应的计算机编程语言。目前使用较多的计算机编程语言是 Visual Basic、Visual C、C++、Java、Delphi、Python 等。

2. 工具软件

用于电子出版物作品制作和编辑加工的工具软件分为两类。

（1）基础工具软件

这是一些通用性比较强的工具软件。它们虽然并非专门针对电子出版物的需要而开发，但是在制作和加工修改多媒体电子出版物作品时经常使用，如 Photoshop、Flash 等软件。

（2）专用工具软件

这是为了适应制作多媒体电子出版物的市场需要，专门针对电子出版物的特点而开发的工具软件。它们能够集成处理和有序管理文本、图片、动画、音频和视频文件。目前使用较多的专用工具软件，有 Adobe Premiere （视频媒体剪辑软件）、Adobe After Effects（视频媒体特效软件）、Adobe Illustrator（矢量图编辑软件）等。利用这些工具软件，可在具有交互性和面向对象的环境下进行制作或编辑加工，操作相对比较简单，周期也可大大缩短。但是，利用专用工具软件开发、制作的电子出版物作品，其内容信息的可移植性较低。

用于多媒体制作与编辑工作的应用软件多种多样，各具特色，应根据实际需要选择。选择过程中应考虑以下几点：

第一，选题的设计方案中是否涉及对数据库管理功能、超文本功能、超媒体功能等的运用。

第二，拟选择的工具软件对运行的软件和硬件环境有什么要求。

第三，工具软件是否支持网络协同开发，是否支持中文显示。

（三）加强对制作过程中原始内容文件的管理

随着出版行业信息化建设的发展，大部分出版社都有内部的内容资源管理系统。编辑要注重对出版社内部系统的使用，做好电子出版物相关文字、图片、音频、视频、动画等信息内容的标引和源文件的管理，内部内容资源管理系统的使用有助于文字编辑、美术编辑、多媒体编辑和计算机程序员的协同编纂工作。在没有内部内容资源管理系统的情况下，要做好内容文件在局域网的传输、存储、交换和共享。电子出版物编辑要注重对图片、音频、视频等文件的原始文件或工程文件的管理，便于后续对电子出版物的修订。随着技术发展带来的产品技术更新或变革，原始文件或工程文件能够让新形态产品的生成更加快捷、便利。

三、电子出版物的著作权保护

电子出版物是一种数字化作品，其中所承载的内容和支撑运行的计算机软件都受著作权法保护。但是，由于大多数电子出版物容易被非法复制，所以电子出版物所面临的被盗版的危险性大大高于纸介质出版物。有鉴于此，电子出版物出版单位不仅自己要尊重内容作品著作权人和计算机软件著作权人的合法权益，依照法律规定取得合法授权，而且在确定选题、实施制作等编辑工作过程中，也要考虑如何运用各种技术手段保护电子出版物的著作权，以维护作者和出版者的权益。

电子出版物在著作权保护方面，可以选用下列加密技术手段。

（一）硬件加密

可以采用专门的硬件接口或者专用设备（如加密盘、加密“狗”、专用阅读器等），使电子出版物必须与之配套方可使用，以此防范被非法复制。

（二）软件加密

可以设置密码和设定时效。

用户专用密码可采用产品序列号的形式，随正版产品的销售提供给用户，产品安装时必须输入这个序列号才能正常使用。产品序列号具有唯一性，相同产品中每一个体的产品序列号都与其他个体不同，不能互用。

对测试版或试用期的产品一般可设置有效日期，到期后产品便自动失效，不能继续使用。

（三）数据加密

电子书刊可以在制作过程中加密，以防止被非法复制。根据销售方式的不同，加密的方法也有所区别。

1. 密钥加密

这是一种软、硬件相结合的加密方式，主要用于通过有线网络或无线网络销售的单本电子书。用户下载购买。

用户登录电子出版物销售网站并按规定程序付费以后，零售服务器就将信息发到授权服务器上。授权服务器验证后通过零售服务器为购买者开通密钥。在用户提出的下载申请获得通过后，加密软件自动读取用户所用阅读设备的芯片或底板编码，产生一个密码，并将加密程序加载到阅读软件中一起发送给用户。在用户使用电子出版物时，软件会自动读取其阅读设备芯片或底板上的编码，验证通过后程序方能正常运行。

2. 授权控制

这是利用基于网络的服务器和软件对授权电子书刊的副本数量和授权时限进行控制。

图书馆和学校购买电子书往往是大批量的，出版单位便以数据包的形式提供。数据包安装于图书馆的借阅服务器中供用户借阅，但在授权服务器没有确认收到费用之前，数据包不能打开。一套数据包容量上百吉字节或达到太字节级，包含几千种书，每一种电子书都带有副本数量和借书时限的加密信息。所谓“副本数量”，是指一种电子书同时可以在网上借出的次数；而“借书时限”则指一种电子书允许用户一次借阅的时间期限，期限一到该书便自动回收（对借阅者来说即为过时失效），又可以供他人借阅。

第三节　电子出版物的编辑制作流程

非连续型电子出版物与连续型电子出版物的编辑制作流程基本相同，所以这里主要以非连续型电子出版物为例，讲述电子出版物的编辑制作流程。

从稿件来源分析，非连续型电子出版物既有由出版单位自行策划选题、组织和审核稿件并编辑加工整理后制作出版的，也有利用已有纸介质出版物经转化后制作出版的，还有接受制作单位制作的作品经审定后予以出版的，以及通过著作权贸易方式引进国外（境外）电子出版物作加工后出版的。本节着重讲述出版单位自行开发的原创性非连续型电子出版物的编辑制作流程。以其他三种来源的稿件所编辑出版的电子出版物，在编辑制作流程上与原创性电子出版物是基本相同的，所以只讲述关键环节中需要注意的重点问题。

一、原创性电子出版物的编辑制作流程

电子出版物的编辑制作流程始自信息采集、选题策划、素材收集加工，直到制成可据以批量复制的电子出版物原版盘。其中有些环节的内容和要求与图书编辑工作的相应环节相同，有些环节基本相似、略有差异。为突出电子出版物编辑制作流程的特点，下面的讲述中对于那些与图书编辑工作相同或相似的环节从略。

（一）选题策划

策划电子出版物选题时要遵循的原则和程序，与图书基本一致。但是，在需考虑的因素和选题总体方案的具体策划上有不同于图书之处。

1. 选题策划时需考虑的因素

策划电子出版物的选题时，不仅要考虑到市场和用户需求、制作成本和销售方式，还要考虑到产品是否适宜用多媒体形式表现。表现方式丰富、交互性强、信息容量大的出版物产品，才能充分发挥电子出版物的长处。有的选题虽主题很好，但是相关素材难以收集，或者无法得到著作权人的使用许可，就不能列入出版计划。

策划选题时既要考虑到制作者的软、硬件设备条件与人力资源、财力资源，也要兼顾计算机硬件升级的趋势和大多数用户的计算机运行环境。技术落后的产品会很快被市场淘汰；然而，过度追求技术上的超前也不可取，因为这势必增加投入，延迟开发时间，还会限制用户范围，造成销售困难。

此外，载体形式对选题也有影响。编辑在策划选题时，应该对电子出版物拟采用什么载体、这种载体的可用容量有多少等因素有足够考虑，避免发生预计的载体容量无法容纳电子出版物内容的情况。

2. 选题总体方案策划

在电子出版物的出版活动中，做好选题的总体方案策划是至关重要的。策划的依据包括产品所需的素材资源和制作力量资源。优秀的总体方案策划就是要合理地调动可以利用的资源，用各种方式有效地表现出版物的内容。

框架结构设计是策划总体方案时的重要内容，它的总体要求参见本章第二节，这里不再重复。除了框架结构策划之外，选题策划的具体内容还包括以下几个方面。

（1）模块和层次的编制

在为电子出版物编制的框架结构设计大纲中，对模块和层次的策划如同对图书中卷册、章节的计划安排。

此外，大纲还应包括对媒体的选用、载体种类的选择和素材数量等的设计。

策划的结果常用关系图来表示。关系图中应列出模块的数量，模块之间的对应关系，各模块中的层次分级结构，界面的类型和总数，各界面之间的联系，文件名的编制规范等，作为程序开发、多媒体制作与编辑加工产品的重要依据。

（2）多媒体设计

这是电子出版物策划的重点之一。多媒体设计的内容包括：文本、图形、图像、音频、视频、动画、虚拟现实、三维建模等各种媒体素材的使用与规格，素材的播放控制，动画合理使用的场合与形式（二维或三维），特种图文处理，图片格式与精度等。

（3）交互性设计

这是电子出版物策划的重要特色。设计内容主要是用户操作与结果反馈，鼠标移动与屏幕反应等。交互性设计应注重电子出版物的用户定位，对用户群体的操作习惯、兴趣爱好通过调研等手段进行了解。交互设计应该注重人性化，符合用户群体的心理需求。

（4）链接设计

为了用户能够实现无障碍阅读，让其能从当前阅读的内容灵活、快速地跳转查看其他相关内容，需对模块之间、层次之间、各种媒体之间的交叉链接进行周密设计。有时还要建立屏幕显示内容与互联网资源的链接等。需要特别说明的是，互联网资源的链接目标服务器，有可能变化，作为电子出版物应确保链接目标的正确性。

（5）功能设计

这是电子出版物策划的关键。需设计的功能主要有：内容灵活选择，文字检索，用户导航，书签安放，注释添加，重点标注，测验计时，成绩记录，阅读过程跟踪，工具条提供，在线帮助，打印输出，等等。

这些功能，并非每种电子出版物都必须具备。对于不同内容种类的电子出版物，可以从中选择某些与其性质和用途相适应的功能，并作出具体设计。

（6）数据库的应用

如果电子出版物需要对大量有规则的数据进行高效管理，以便快速、准确地查找与读取数据，通常要使用数据库技术。如词典、专业词汇、试题库、图库、各种报表数据等，就常常采用数据库的形式。

（7）文件名的规范化编制

一部电子出版物包含有大量类型多种多样的电子文件。在编辑制作和修改过程中，这些文件需要经过众多编辑人员和程序员的处理。为了便于管理，文件名必须统一编制，以识别文件所属的模块、层次、群组和类型。

（8）加密手段的选择确定

电子出版物可选择采用或者不采用版权保护技术。为了对出版物进行著作权保护，使之免遭非法复制，进行策划时需要选定可采取的技术保护手段。

（二）准备素材

为制作电子出版物准备素材的工作，包括素材的收集、审查和加工三个方面。

1. 素材收集

素材收集是根据选题设计的需要，备齐各种必要的文字、图片、照片、音频、视频、动画等素材。若素材收集不足，会影响电子出版物的制作和出版计划。

这项工作与图书编辑过程中的稿件组织类似，所以对于图书组稿的基本要求也适用于电子出版物的素材收集工作。但是，电子出版物的素材收集还有自己的一些特点。

电子出版物信息容量大，可以包含大量的文字，文字输入、校对的工作量很大，需及时作好安排。以纸介质出版物为基础策划的电子出版物，可利用原有的计算机排版文件，以减少文字录入的工作量，但是要根据电子出版物的要求重新排列和组合文字，并要注意缺字补字的问题。

收集图片、照片、动画、音频、视频素材时，应尽可能利用已有的资料。重要的资料如有短缺，必须专门拍摄、制作。解说词必须专门编写和配音。

凡是享有著作权保护的素材，都须获得著作权人的正式许可方可使用。一部电子出版物的素材资料要有专人妥善保存，注重版本管理，否则由于使用的人员众多和使用方式复杂，容易遗失或变得混乱。

2. 素材审查

素材审查主要是根据三审制的要求，对已经准备好的各种素材在政治性、思想性、科学性、知识性和艺术性等方面进行仔细审核，以保证电子出版物的质量。

这项工作与图书编辑过程中的审稿相同，所以，对于图书审稿的基本要求也适用于电子出版物的素材审查。审查中发现存在问题的素材，要及时进行处理，或更换其他同类素材，或者退请作者修改，或者由编辑修改后征得作者的认可。

3. 素材加工

素材加工包括文字、图片、音频和视频资料等的加工。进行加工的基本原则和基本要求，与图书编辑过程中的稿件加工整理相似，但同时又有自己的特点。

（1）文字资料加工

输入并校对后的文字资料（包括可以利用的原计算机排版文件），往往要根据电子出版物的要求重新排列、分段和组合，并根据需要以相应的格式用不同的文件名存储。

要注意缺字补字的问题。工具书类电子出版物中，冷僻汉字和特殊符号多，因有检索的需要，一般的图片补字方法是行不通的。通常要提供专门的挂接字库或者扩充字库。如可以采用扩充操作系统字库的方法，将增补的字加入到扩充字库中。在安装软件的过程中，安装程序会将扩充字库嵌入操作系统，让冷僻字和特殊符号生效。

（2）图片资料加工

电子出版物的图片目前一般来源于数码照片、计算机制作的图形、已有的素材类电子出版物、图片素材网站等。图片一般可用 Photoshop、Illustrator、CorelDraw 等软件编辑，将尺寸改变为实际使用的大小以后，形成 PSD、TIF、JPG、BMP、PNG 等格式保存。

（3）音频资料加工

声音是多媒体中的一种媒体，电子出版物中常用的声音材料包括解说旁白、背景音乐、提示声响等。音频资料一般使用数字化录音设备采集生成。数字化音频资料的质量，与采样频率、采样位数和通道数等因素有关。

音频文件的格式主要有MP3、WAV、MIDI和WMA等。同一格式中音效的质量越好，数据量就越大。从资源管理的角度来看，一张光盘的容量有限，如果音频文件占用的空间小，其他媒体的内容才能容纳得更多。因此，若对音质没有特别要求，标准质量声音节目数字出版物一般采用双声道16位44.1千赫采样频率就可以了（音频采样与数据量大小的关系见表8–1）。随着音频压缩技术的发展，新的多媒体制作软件都支持音质较好而压缩比很大的MP3格式。

表8–1 音频采样与数据量大小的关系

采样位数	采样频率	每分钟数据量
16	44.1千赫	10.09兆字节
24	48千赫	16.48兆字节
24	96千赫	32.96兆字节
24	192千赫	65.92兆字节

（4）视频资料加工

视频资料的来源有两种：一种是数字式视频文件，来自互联网或者数字式视频记录设备；另一种是磁记录设备记录的模拟信号磁带。目前数字式视频较为常见。

模拟信号的数字化要经过取样、量化和编码三个步骤，需要配置视频捕捉卡。常用的视频编辑工具有Premiere和MS Media Encoder，Premiere也可以用于配音。视频信号经数字化转换后，数据量很大，需要经过适当的压缩处理才能达到电子出版物的要求。

常用的视频文件格式有AVI、MOV和WMV等。视频文件的数据量与基色数（黑白/彩色）、色梯级数和窗口大小有关。

二维动画制作一般使用Flash软件，文件存储为SWF格式和GIF格式。SWF格式文件中声音的录制使用WAV格式，用MP3格式压缩。三维动画制作则常用3DS Max、MAYA等软件，一般可输出为各类视频文件格式。

（三）设计界面

界面对于电子出版物是十分重要的。它是选题风格的体现，是多媒体表演的舞台，是互动性阅读时环境与指示内容之间相互关联的工作面板。背景图像、文字、选单（习称“菜单”）和图标等是组成界面的元素，通过它们，用户才能查询信息、实现多媒体的播放。在优秀的电子出版物中，界面元素都经过精心的设计，其造型与主题结合巧妙，成为出版物的重要组成部分。

设计界面要掌握如下几点。

1. 风格与产品内容一致

这是最基本的要求。界面设计应符合产品内容的中心思想，适应内容的表现形式，符合用户群体需求。

2. 元素成套化

背景图像、文字、导航条、选单、线框、光标和按钮等界面元素的设计，要色调和谐，看上去显得相互协调，带有成套性。

3. 模块层次系列化

不同模块或层次的界面，应既有明显的变化，又具系列的特征。例如，图案、颜色有各种变化，而版式却有连贯性。

4. 体现界面友好性

要注意到用户在终端上阅读和操作的舒适和方便：按钮图

案简洁，示意明确；字体、字号和背景的颜色适合长时间的屏幕阅读；“热字”“热区”（以文字或图案等标示的链接入口处）的设置适当，便于用户鼠标操作。

界面设计完成以后，技术编辑（程序员）才有可能进行素材和功能的合成。产品合成后，界面根据实际需要也可以有少量修改，但是难以再作结构上的调整，所以界面设计要经过多方面的审核和修正后才予以确定。

（四）编辑集成

素材加工和界面设计完成以后，就由技术编辑开始编辑集成（也称合成）。这个阶段的工作主要分以下五个环节。

第一，根据项目的功能要求，选择适合本项目的工具软件。

第二，根据关系图，先创建模块和各模块中的层次结构，就像为一棵光杆树扎上大小枝条；然后将各种素材放入相应的层次，就像在枝条上挂叶子、花朵。

第三，根据关系图和设计要求，创建播放、检索、标注、超链接、测验、计分、计时、打印等功能。

第四，进行试运行，检测编程的效果并作必要的修正。

第五，检测通过后，对于需安装才能运行的电子出版物，需编制“安装程序”，以便用户使用。

在编辑集成的过程中，往往会发现结构设计、素材加工和界面设计方面存在的问题，技术编辑要与负责策划的责任编辑和美术编辑多次沟通，进行调整。

（五）检测质量

编辑集成时的编程效果检测，不能替代产品质量的检测，因为前者受到设备不具代表性和技术编辑专业职能的局限，无法作全面的测试。

电子出版物在进行批量复制前必须全面检测质量，这相当于纸介质出版物编辑工作中的校样处理，目的是纠正前期工作中存在的错失，弥补缺漏。

质量检测首先是检查文字、图片、声音、动画、视频是否正确，然后进行下列五个环节的工作。

第一，检测交互性，如产品对鼠标动作、用户操作的反应和效果是否符合预定的设计目标。

第二，检测各种功能，如超链接、文字检索、书签安放、标注、计时、计分、阅读过程跟踪、打印等功能可否实现，容错功能是否完善等。

第三，检测数据库，如数据的调用和存储是否准确、顺利。

第四，测试运行环境。电子出版物根据内容的不同，对计算机的软、硬件配置有不同的要求，测试需要根据当前大多数用户的计算机配置，配备多台计算机（各安装有不同速度的中央处理器，不同数量的内存，不同型号的显卡、声卡与不同的操作系统）进行。

第五，检测与杀灭病毒。在正式发稿前，对电子出版物要进行一次彻底的计算机病毒的查杀，防止将病毒带给用户。

电子出版物在批量复制前，还要进行用户测试。测试应由专门的部门负责，为了广泛地收集意见，通常将产品测试版复制多份，向相关组织和人员散发试用，限时反馈意见。

（六）审核发稿

电子出版物完成制作之后，须按三审制的要求对其整体状况再次进行审核。

责任编辑在进行质量检测时，实际上已经同时做了初审工作，因此，对于质量检测合格的电子出版物制作结果，就可写出审稿意见报请复审和终审。复审者和终审者经过审核后，如认为还有必要修改，责任编辑要及时安排修改。经过修改后的有关材料，还须再次报请复审和终审。在终审批准后，责任编辑方可安排发稿。

与纸介质出版物的发稿形式不同，电子出版物完成制作后，需要将完整的资料（包括内容文件包、安装程序、授权文件、工程文件等）进行存档备份，可存入 CD-R、硬盘等存储设备，随着信息技术的发展，也可直接存入内部资源管理系统服务器或进行云端存储。如果采用刻盘模式，需要选用优质的 CD-R，刻 2—3 份，用于发稿和备份。刻录好的 CD-R 表面用柔软的油性标记笔写上名称和日期后，便可作为该电子出版物的原版盘发往复制单位。硬盘、服务器或云存储模式下，通过互联网进行电子出版物数据信息传输。

发稿时需要注意的是：在制作过程中，技术编辑的计算机里会同时存在多个版本的半成品，它们常常会造成混淆。用于发稿的必须是经过检测和修正的最终版本。

光盘载体下 CD-ROM 的复制与其表面印刷是同时进行的，所以电子出版物发稿时通常都带有光盘表面印刷用的文件或分色胶片。

二、由纸介质图书转化为电子书的编辑制作流程

电子书的概念有广义和狭义之分。广义的电子书又称“数字图书”，是指文字、图片、声音、影像等信息内容已经数字化的出版物，其既可以与相应的阅读设备封装在一起销售给用户，也可以复制在光盘上提供给用户使用，还可以通过互联网或无线通信网发送给用户。狭义的电子书则特指植入或下载数

字化文字、图片、声音、影像等信息内容，集存储介质和显示终端于一体的手持阅读器。

无论是从广义上还是狭义上理解，电子书的生产工作都是对文字、图片、声音、影像等信息内容进行数字化制作加工，只是最终的数字文件格式有时存在差异，这些工作都需要由出版专业技术人员完成。所以，下文的具体讲述一般不再区分电子书概念的广义与狭义。

计算机排版技术在纸介质图书生产上的广泛应用，为出版单位再度开发已有信息资源、制作生产电子书提供了技术基础。图书的电子排版文档只要稍加转换，增添一些功能即可成为电子书，成本低、速度快。如果把已有纸介质图书的各种内容资源重新组合，通过高附加值的深度编辑加工而制成多媒体电子书，则不仅能展现图书上的文字、图片内容，同时还可以附带音频、视频等多媒体内容，满足广大消费者的不同需求。

与原创性电子出版物的编辑制作流程相比，将纸介质图书转化为电子书的编辑制作流程主要在准备素材这一环节有所不同，而素材准备好后，增加链接、检索等功能，进行数据加密、界面设计、集成、质量检测等工作，则与原创性电子出版物的制作相同。

将纸介质图书转化为电子书时，其素材的准备主要通过将已有图书内容转换成相应格式的电子文件。因此，这里着重讲述这个转换过程。

（一）准备数字文件

数字文件的准备分文字文件准备和图片文件准备。

1. 准备文字文件

文字文件的准备主要有三种途径。

（1）利用计算机排版文件

对已经全部采用计算机排版的图书，利用计算机排版文件来转化，可以省去重复排版和初校的过程，缩短电子书的生产周期。但是，出版单位保存的电子文件并不一定是完整的，需要核查、补充，尤其要注意冷僻字的缺字补字问题。

（2）光电扫描

这是利用计算机光电扫描自动识别技术（OCR）逐页扫描，将纸介质图书上的印刷文字转换成文字代码。这种方法比较适合文艺小说等版式简单、文种单一的图书，识别的准确率有时可达 95% 以上。

（3）重新输入

如果没有上述条件，就需要人工重新输入文字。

2. 准备图片文件

图片文件的准备主要有两种途径。

（1）利用印刷版的电子分色图片文件

这是将印刷组版时使用的电子分色图片文件转换成 RGB 模式备用。转换时可适当降低分辨率，因为电子书需要的屏幕显示分辨率比印刷品低得多。

（2）重新扫描

最好是将图片的原稿重新扫描后备用。若图片原稿难以收集完整，也可利用印刷品扫描，但这时所获得的图像质量有时较低，甚至有莫尔条纹出现，增加扫描后加工的难度。

（二）数据转换

将原来的图书排版文件转换成电子书，需要使用一定的转换工具软件。出版单位可以自行转换，也可以委托专业公司进行转换。

转换工具软件的选用与电子书的格式有关。

目前国内出版界制作纸介质图书时采用较多的是方正排版软件。如果采用其他公司的电子书制作系统，则需要将方正排版文件或由其他中文排版软件生成的图书排版文件进行转换。如果需要还要作造字、补字等处理。

转换而成的电子书，其页面版式与原印刷版可以相同，也可不同。

三、引进版电子出版物的编辑制作流程

挑选、引进优良的国外（境外）电子出版物，并通过审核、汉化（将计算机软件翻译成中文版习称“汉化”，下同）等编辑工作最终出版，已成为当前出版单位经常性的工作。如果编辑措施不当，没有认真细致的工作态度和切实可行的质量保障措施，就难以消除引进版电子出版物中可能存在的导向性错误，或者导致出版物的质量下降。这种情况在实际工作中曾多次出现。因此，懂得怎样选择、汉化和检测引进的电子出版物是十分重要的。

（一）产品的选择

国外（境外）的电子出版物产品五花八门，选择引进产品时，要坚持以下原则。

第一，内容必须符合《出版管理条例》第二十五、二十六条的规定。

第二，具有知识性、科学性或艺术性等。

第三，技术上有先进性，并考虑到广大用户当前和未来的软、硬件配置情况。

第四，国家规定的必备文件齐全。

第五，版税额及支付方式符合本出版单位的支付能力。

（二）内容审核及注意事项

对国外（境外）电子出版物的审核是一项严肃认真的工作。若掉以轻心，便容易出现政治问题。应该严格执行三级审稿责任制度，并且在基本要求上与纸介质出版物的审稿相同。如：属于重大选题范围的应该履行申报备案手续；内容要符合宪法、法律和法规的规定，不存在政治性、思想性方面的错误；内容的知识性、科学性要经得起检验，具有一定的独创性、艺术性；对于涉及知识范围广泛，或者底层技术和操作系统差异性很大的电子出版物，出版单位如无相应专业知识的编辑人员，应当聘请专家帮助进行外审，等等。为了做好引进产品的审核工作，除按上述审核要求严格审核外，还要做好两件事。

1. 审查隐含文件

除了与主题有关的文件之外，引进的电子出版物中还常夹有大量与主题无关的隐含文件。它们有的是制作过程中的原始文件的残余，有的则是嵌入的资料，有时会存在政治性问题或会产生负面社会影响。这些文件游离在主题之外，甚至自成体系，十分隐蔽。因此，必须了解该电子出版物的框架结构，在计算机屏幕上逐层展开树状目录，通过多种路径反复审核所有文件，以免遗漏。

2. 要求提供全部文字脚本

在著作权贸易合同中除了要求对方提供源代码之外，还需要提供全部文字脚本（包括配音和附件的文本资料），以便于审核。

（三）汉化及质量管理

汉化的过程也是一个质量管理的过程。只有每一个环节保证质量，才有可能达到整体的高质量，使引进版电子出版物的精髓得以完美体现。汉化过程中要做好下列工作。

1. 整体分析和策划

这是工作的开端，关系到整体工作效率和质量。目的是要搞清楚内容的各层次关系，各分支的容量、表现形式及其相互关系，并根据实际需要和出版单位的汉化能力，对翻译的程度和范围作出界定。在这个基础上，对本单位的资源（人力、设备等）作出恰当的安排。

2. 文字翻译

除了游戏题材之外，文字材料一般是电子出版物的主体，且常会涉及各专业领域。文字翻译的水准直接影响电子出版物的质量，所以应该由专业外语工作人员翻译或审核。如果是多人分工合译的，专业术语、人名、地名的译法必须统一，否则计算机无法准确检索，而且会影响电子出版物质量。不能确切翻译的专有名词应当保留原文。

3. 界面、选单、按钮和图标的汉化

界面、选单（菜单）、按钮和图标等是电子出版物独有的表现形式，原则上应该全部汉化，并注意汉化时应该使它们与原有风格保持一致。中文字体要选择得当，中文词句的长度与外文相差较大，在重制界面、选单和图标时要调整字号和字间距。

4. 配音汉化

原有的纯背景音乐可保留，而序言、动画、视频和提示的旁白均需翻译。为此要准备配音的脚本，并按段落编号。录音时要调节语速，力争音、像同步；录音后要及时复听和补正。原有旁白已与背景音乐混为一体的，汉化时还必须另配背景音乐。

5. 编辑集成

将汉化之后的各种媒体的文件集中存储在技术编辑或合作技术公司的计算机中，文件依原来的文件名编制后另存，然后替换掉原有的同名文件。这是一项细致的工作，前道工序的任何差错在这里都会暴露无遗：文件名中错漏一个字符，阅读就会中断；图片尺寸若有误差，就会造成图像切换时的不规则跳动，等等。因此，多次的反复调整是必要的。

6. 汉化质量检测

集成后的产品，在刻录到 CD-R 上之前应进行综合检测。为了防范文件混淆，检测的设备必须是没有参与过制作的计算机；为了保证检测的全面性，检测应该由多名检测员在多台配置不同的计算机上进行。

四、电子出版物的包装设计

电子出版物的产品形态，或者呈单独存在状态，如各种光盘和某些可用于替换的 IC 卡、优盘等；或者与移动存储设备紧密结合、内置于其中，如植入各种手持阅读器、智能手机或平板电脑的电子出版物；或者是只存在于出版单位的服务器中，作为售后服务通过互联网、无线通信网等网络提供给已经购买相应电子出版物的用户进行版本升级或内容扩充。

显然，只有前两类产品需要有包装，而其中的第二类产品基本上是使用电子设备产品的包装形式，只是必须按照国家规定在包装上载明与出版物性质相关的一些项目（与光盘表面应印制的标志内容相同）。因此，这里说的电子出版物包装设计，主要着眼于第一类产品。

电子出版物的包装设计如同图书的装帧设计，首先要选定包装方式，然后再进行内容设计。包装设计的要求和审稿程序，与图书装帧设计基本相同。实际上，高质量的印刷包装也是一种防盗版的手段。

（一）包装方式

电子出版物的包装方式有精装、简装之分。

1. 精装

电子出版物的精装是用纸盒进行包装。除了少量的品种采用织物裱制的纸盒之外，大多数的精装形式是普通纸盒。

2. 简装

电子出版物的简装有两种形式，一般仅用于光盘类产品。

（1）塑料盒包装

这是将承载光盘的塑料盒以塑膜密封后，就当作外包装。

（2）纸袋包装

这是将光盘直接放在纸袋内，常用于与硬件捆绑销售的产品。附属于纸介质书刊的电子出版物，也用纸袋包装，插有光盘的纸袋一般粘贴在书刊的底封里或夹在书刊中间。

（二）包装设计的内容

电子出版物包装设计的内容涉及五个方面，但这仅是就总体而言，每种具体产品的包装设计，一般只涉及其中的一部分。

1. 光盘表面的印刷内容设计

光盘表面必须印有电子出版物的名称、中国标准书号及其条码（或国内统一连续出版物号）、出版单位名称、制作单位名称、出版日期。

光盘表面的印刷分胶印和丝网印刷两种，印刷色数要根据实际需要和光盘复制单位的印刷工艺而定。

2. 塑料盒面封、底封设计

这如同图书的封面美术设计，设计的美术要求高于对光盘表面印刷内容的设计。

塑料盒封面必须印上与光盘表面相同的标志性内容。

3. 说明书设计

说明书一般为插入包装盒内的小册子，说明电子出版物安装、使用的方法，以及对计算机配置的要求等。对说明书彩色封面、插图和内文版式的设计，如同对小型图书的设计。

4. 纸袋设计

纸袋常用卡纸制作，带有插入式的翻盖。纸袋若用于包装单独销售的电子出版物，应该印上与光盘表面相同的标志性内容；若用于包装非单独销售的附属性电子出版物，表面可只印出版物名称。

5. 外包装盒设计

电子出版物的外包装盒形式多样，最常见的是厚卡纸纸盒，也有将铜版纸印刷后套在通用的白色细瓦楞纸盒外面的。后者较为经济灵活。

包装设计不但要有好的艺术创意，还要兼顾电子出版物的界面风格。

外包装盒必须印上与光盘表面相同的标志性内容。

出版单位可以将已印制好的电子出版物外包装交给复制单位，委托复制单位包装，也可以自行包装。已包装好的电子出版物可开始发行。

思 考 题

1．什么是电子出版物？它有哪些种类？

2．电子出版物有哪些特点？

3．国家关于电子出版物的出版有哪些管理规定？

4．对电子出版物的编辑人员有哪些比较独特的要求？

5．什么是电子出版物的框架结构设计？编辑如何提高这种设计能力？

6．电子出版物常用的著作权保护技术手段有哪些？

7．原创性电子出版物的编辑制作流程主要有哪些环节？它们各有什么要求？

8．利用纸介质图书制作电子书的转化过程有哪些步骤？

9．审核引进出版国外（境外）电子出版物时应特别注意什么？如何保证这类电子出版物的汉化质量？

10．电子出版物的包装方式有哪几种？包装设计有哪些要求？

第九章　出版物的成本与定价

重点提示：出版物成本的总体构成；直接成本、间接成本和期间费用所包括的主要项目。本量利分析的概念、原则、特点和作用；变动成本和固定成本的特性；本量利分析的基本公式及其主要应用。影响出版物定价的几种因素；出版单位定价目标的种类及其特点。成本定价法的基本特点及其操作方式；印张定价法的基本特点及其操作方式；理解价值定价法、需求差别定价法和随行就市定价法的概念。

第一节　出版物的成本及其构成

在社会主义市场经济条件下，出版物的生产经营必须遵循一定的经济规律。出版专业技术人员策划、实施出版物生产经营项目，应进行成本核算，在确保社会效益的前提下尽量争取有更好的经济效益，从而保证出版业的长久发展。为此，出版专业技术人员必须理解出版物成本的性质及其构成情况。

一、出版物成本概述

出版物成本是出版单位为生产和销售产品、提供劳务而发生的各种耗费，或者说，就是出版单位在进行出版物的编辑、复制和发行等活动中所支付的费用。

出版物成本受出版物生产、销售和管理活动的影响。各类出版物的生产工艺、物质载体形式不同，而出版单位的管理模式、销售方式也有所不同，所以各类出版物的具体成本组合也有所不同。但从总体上看，出版物成本都是出版物生产、销售、管理过程中各阶段性支出的归集，反映了出版物生产经营活动所需要的全部费用。

出版物成本按照品种、版（印、期、批）次归集和分配。

二、出版物成本的总体构成

出版物的全部成本由直接成本、间接成本和期间费用构成。

如表 9–1 所示：

表 9–1 出版物成本的总体构成示意

出版物成本	直接成本	开发成本	信息收集费
			调研交通费
			通信费
			组稿费
			专题会议费
			开发阶段工薪
			其他费用
		制作成本	稿酬及校订费
			租型费用
			原材料及辅助材料费用
			制版费用
			印装（制作）费用
			出版损失
			制作阶段工薪
			其他直接费用
	间接成本		编录经费
	期间费用		管理费用
			财务费用
			营业费用

（一）出版物的直接成本

直接成本指可以分清为哪种产品消耗、直接反映某一出版物品种生产过程的各项支出，计算出版物成本时可以根据原始凭证（如稿费支付单、购置原辅材料发票等）直接计入的成本。直接成本一般分为开发成本和制作成本。开发成本是指出版物产品设计阶段（从信息采集到组稿）一系列环节中发生的费用，包括信息收集费、调研交通费、通信费、组稿费、专题会议费、参与开发的职工薪酬等。制作成本是指在出版物产品的精神生产阶段和物质生产阶段一系列环节中发生的费用，包括稿费、审稿费、编辑加工费、校对费、录入费、直接材料费、印制费、固定资产折旧、参与制作的职工薪酬等。

为了方便对直接成本的计算，可以将各项费用归结简化为稿酬及校订费、租型费用、原材料及辅助材料费用、制版费用、印装（制作）费用、出版损失和其他直接费用七个项目。

1. 稿酬及校订费

稿酬及校订费是指支付给著者、译者、校订者的基本稿酬、印数稿酬、版税、一次性稿酬等所有报酬，以及支付给各种文字翻译审核者的校订费用。

2. 租型费用

租型费用是从其他出版单位租赁型版(已定型的出版物“母版”，可按印刷、复制工艺要求翻制成用于批量生产出版物产品的“工作母版”）来生产、发行出版物而支付给出租单位的专有出版权再许可使用费。例如，甲出版社向乙出版社租借制版胶片或者相应电子文件印制、发行某教材，因此而产生的收益归甲出版社所有，但需按该教材定价的一定比例向乙出版社支付专有出版权再许可使用费。

3. 原材料及辅助材料费用

原材料及辅助材料费用是指为生产某一出版物而消耗的原材料及辅助用料的费用，如纸质出版物的纸张费用和装帧材料费用等。

4. 制版费用

制版费用是指出版物生产过程中从发稿之后到批量复制（如纸质出版物的上机印刷，音像制品和电子出版物的商品盘等的生产）之前或在互联网上正式推出之前这个阶段的生产费用。

5. 印装（制作）费用

印装（制作）费用是指出版物生产过程中从批量复制开始到上市销售之前这个阶段的出版物加工费用。按生产工序可分为印刷（复制）费和装订（包装）费。

印刷（复制）费，包括纸质出版物从上机印刷开始到装订之前的费用，音像制品、电子出版物从批量复制开始到包装之前的费用。

装订（包装）费，包括将印刷完工的散页纸张组合为成册书刊并打包的费用，或将音像制品、电子出版物包装在盒（袋）内的费用。

6. 出版损失

出版损失是指因出版物产品在生产过程中出现问题而发生的各种经济损失。包括报废净损失（即扣除过失人应承担的赔偿费或保险公司赔款以及残料价值后的损失），由于出版单位的责任而发生的重新生产所需再次支付的原辅材料费、加工费，以及非管理原因造成的报废损失等。

如果出版物中止出版，已发生的各项支出应全部作为报废损失处理，不包括在出版损失之中。

7. 其他直接费用

其他直接费用是指除上述各项费用以外的其他直接成本。例如：明确为特定出版物品种支付的审稿费、编选费、资料费、绘图费、装帧设计费、编辑加工费、校对费等；为策划和编辑某一出版物品种而发生的开发、研究费用，信息收集费用，交通费用，通信费用和专题会议费用；某一音像制品或电子出版物品种的测试费用；为特定出版物支付的设计阶段和生产阶段的人工费用，等等。

带有加工性质的费用支出，凡能够明确归于某一特定出版物品种的，归入直接成本项目内；不能明确归于某一特定出版物品种的，则计入间接成本项目。

（二）出版物的间接成本

出版物的间接成本又称“编录经费”，是指出版单位编辑部门所发生的，不能分清为哪种产品消耗而不能直接计入某一种出版物成本的各项间接生产费用。间接成本按照一定标准分配计入出版物成本。

1. 间接成本的项目

间接成本包括编辑部门共担的人工费用（工资、奖金、津贴、补助）、办公费、差旅费、会议费、业务招待费、资料费、编录用品费和不能进入单一出版物品种成本的审稿费、编选费、绘图费、装帧设计费、编辑加工费等。

2. 间接成本的分配

应按照因果原则、受益原则、公平原则，采取比较科学、合理的方法将间接成本分摊到每一种出版物成本中。一般是在结算期（月、季）末，将当期发生的间接成本按当期完工产品的总印张数或总定价、总初版字数、总盒数、总印数等进行分摊。分摊时，既可将其中一种因素作为依据，也可同时组合多种因素作为依据；既可以只按各个编辑部门分摊，也可以根据出版单位的管理需要，分别按编辑部门、出版项目、单一出版物品种等进行分摊。

出版单位具体采用哪种分摊方式，在满足科学性、合理性要求的原则下，由出版单位自行决定，但分摊方式一经确定，本年度内一般不随意变更。

（三）期间费用

期间费用是指不能直接归属于某种产品或者服务，全部由当期损益负担的费用，包括营业费用、管理费用和财务费用。

期间费用在会计处理时不直接计入产品的生产成本，而是一次性在当期收入中直接扣除，但在预测或核算某个出版物品种的全部成本费用时，应该将它们按一定方式分摊计入。

1. 营业费用

营业费用又称“销售费用”，是指出版单位在销售商品过程中发生的费用。包括销售人员的工资、奖金、津贴和补助等，销售人员的办公费、会议费、差旅费、业务招待费等；销售过程中发生的仓储费、运输费、装卸费、包装费、宣传费、广告费、样品赠阅费、资料费、展览费等。

2. 管理费用

管理费用是指出版单位为组织和管理出版经营活动而发生的各种费用。包括管理部门人员的工资、奖金、津贴和补助；劳动保护费、社会统筹费、工会经费、职工教育经费、为职工提供的福利支出，办公费、会议费、图书资料费、低值易耗品支出、差旅费；固定资产折旧费，财产保险费，提取的出版单位资产损失准备；相关税金（主要是以财产税为主的房产税、车船使用税、土地增值税、印花税等），以及诉讼费，无形资产摊销，等等。

3. 财务费用

财务费用是指出版单位为筹集生产经营所需资金而发生的费用。包括贷款、发行债券等资金筹措活动的利息，外汇业务的汇兑损失，支付给金融机构的手续费，等等。

第二节　本量利分析

提高经济效益，一方面要努力扩大市场销售数量，另一方面要降低成本投入。成本费用的升降和销售收入的多少，直接影响利润。因此，在选题策划和出版物生产过程中，诸如需要投入多少成本，需要销售多少数量的出版物才能够收回成本，销售一定数量的出版物会带来多少利润，需要销售多少出版物才能实现目标利润，都是出版专业技术人员必须考虑的问题。

为此，就需要运用本量利分析这一财务分析方法。

一、本量利分析的原则、特点和作用

本量利分析是对“成本、产量（或销售量）、利润依存关系分析”的简称，是指在变动成本计算模式的基础上，以数学化的会计模型来揭示出版物固定成本、变动成本、销售数量、定价、销售额、利润等变量之间的内在规律性联系，研究销售数量、定价、成本和利润之间的变化规律，从而找到生产数量、成本投入、利润的最佳匹配点。

（一）本量利分析的原则

面对错综复杂的分析对象，为了使分析能够顺利进行并得到比较科学的分析结果，本量利分析必须遵守下列原则。

第一，出版物的成本费用必须划分为变动成本和固定成本。

本量利分析是建立在变动成本法基础上的，所以利用本量

利分析法进行分析时，需要把出版物的成本划分为变动成本和固定成本。

第二，需假设计划生产的产品可以全部实现销售。

本量利分析使用的主要变量是销售数量，要通过研究销售数量、单位成本费用、利润的相互影响，分析得出销售数量与利润的关系；而单位成本费用取决于生产数量，只有生产数量确定后，才可以最终确定单位成本，从而测算销售数量对利润的影响。所以，本量利分析的前提条件是必须设定生产数量等同于销售数量，即假设生产出来的产品能全部销售出去，不考虑积压，才能将单位成本确定下来，并由此进行分析、计算。

第三，可以预估一些变量的值。

本量利分析往往在出版物的物质生产过程（或其中的批量复制阶段）之前运用，这时有些变量的值还不可能确定，所以只能根据已有数据和经验去估计其近似值。

第四，固定成本和单位变动成本的不变，是就生产数量在一定的范围内变化而言的。

第五，将销售数量视为影响成本的唯一因素。

（二）本量利分析的特点

本量利分析有下列特点。

第一，分析和计算必须以许多假设为前提条件。

第二，分析结果与实际情况不可能完全吻合，必然存在差异。这是因为进行分析时假设的条件实际上往往会发生变化。例如：在出版物发行的全过程中，发行折扣率不可能始终如一；原材料和辅助材料的价格，因进货渠道、进货时间不同而不同；印装（制作）费用也会因承接业务的单位变动或加工工艺的改变而不相一致，等等。虽然差异实际上不可避免，但我们仍要力求使这种差异减小，尽可能接近实际。因此，在预估一些变量的数值时，力求拥有较多的实际数据或参考比较可信的历史资料。

第三，是具有较大的动态性。进行本量利分析时，为了使计算能够进行下去，要求一些变量的值固定不变，但实际上它们经常处于变化之中。因此，对某一出版物品种的本量利分析往往需要根据客观情况的变化而多次调整。

（三）本量利分析的作用

本量利分析是经营管理的一种筹划手段，在出版单位经营管理方面大致可发挥下列作用。

第一，预测出版物的保本销售数量（即保本点）。

第二，测算出版物生产的预期利润。

第三，根据目标利润测算出版物的定价、生产数量（等同于销售数量）和销售收入。

第四，制订定额和考核标准。

第五，作为经营决策、收支平衡控制和投入产出能力分析的依据。

二、变动成本和固定成本

本量利分析中，首先需要把出版物成本划分为变动成本和固定成本两类。

（一）变动成本和固定成本的划分标准

把某一种出版物的各种成本项目划分为变动成本和固定成本的标准，是成本项目会不会随该种出版物生产数量的变动而变动。总额在一定范围内随着生产数量的变动而呈线性变动的成本，是变动成本；总额在一定范围内不随生产数量变动的成本，是固定成本。

（二）变动成本和固定成本的特性

1. 变动成本和单位变动成本的特性

变动成本的特性，是它的总额随该种出版物生产数量的增加或减少而相应地增加或减少，并且在一定范围内呈正比例变化。

表 9–2 以图书纸张费用为例展示了变动成本与生产数量的关系。

表 9–2　变动成本与生产数量的关系

生产数量（册）	每册印张（个）	总印张（个）	每印张纸张费（元）	纸张费用（元）
6 000	20	120 000	0.20	24 000
7 000	20	140 000	0.20	28 000
8 000	20	160 000	0.20	32 000

如果生产数量变化范围跨度很大，变动成本总额虽然也随生产数量的增加而上升，但不一定呈正比例变动。这是因为有些费用的单价往往分成数个档次，数量大时单价常常相对较低。

每一单位出版物（如一册图书）的变动成本，相应地称为“单位变动成本”。

单位变动成本 = 变动成本（总额）/ 生产数量

当生产数量在一定范围内变化时，单位变动成本不随生产数量的增减而变化。

例如：1 册图书有 20 个印张，每印张的纸张费为 0.20 元。那么，生产 6 000 册图书，纸张成本就是“0.20 × 20 × 6 000=24 000（元）”；生产 7 000 册图书，纸张成本就是“0.20 × 20 × 7 000=28 000（元）”；生产 8 000 册图书，纸张成本就是“0.20 × 20 × 8 000=32 000（元）”。但是，无论总共生产多少册，每册书的纸张用量都是 20 印张，纸张费均为 4 元，如表 9–3

所示。

表 9–3　单位变动成本与生产数量之间的关系

生产数量（册）	每册印张数（个）	每印张纸张费（元）	每册图书纸张费（元）
6 000	20	0.20	4
7 000	20	0.20	4
8 000	20	0.20	4

可见，生产数量增加只会使全部产品的变动成本总额上升，但不会影响到单位变动成本数额。当然，这也要以生产数量的变化限于一定范围为前提。

2. 固定成本和单位固定成本的特性

固定成本的特性，是它的总额在一定时期、一定范围内不受该种出版物生产数量变动的影响。

表 9–4 以图书排版费为例，展示了固定成本与生产数量的关系。

表 9–4　固定成本与生产数量的关系

生产数量（册）	正文排版书页（面）	每面排版价（元）	排版费用（元）
5 000	500	8	4 000
8 000	500	8	4 000
10 000	500	8	4 000

每一单位出版物（如一册图书）的固定成本，相应地称为"单位固定成本"。

单位固定成本 = 固定成本（总额）/ 生产数量

单位固定成本随着生产数量的增减而呈反比例变化，即生产数量增加，单位固定成本下降，而生产数量降低，单位固定成本就上升。这是因为，生产一种产品时，其固定成本的总额是不变的，如果分摊的份数越多，每份所摊到的数额就越少。

例如：生产某图书的固定成本总额为 20 000 元；如果生产数量是 1 000 册，那么，每册图书分摊到的单位固定成本是"20 000÷1 000=20（元）"；如果生产数量增加到 2 000 册，那么每册图书的单位固定成本就是"20 000÷2 000 = 10(元)"。

（三）变动成本项目

根据出版物成本组成结构，属于变动成本的项目有下列各项。

1. 版税与印数稿酬

按我国支付稿酬的三种基本方式计付的作品稿酬中，版税和基本稿酬加印数稿酬方式中的印数稿酬，与生产数量变动是同步增减变动的。

版税的支付一般以实际销售数为依据定期结算。不过，由于本量利分析的基本原则之一是假设生产数量等于销售数量，所以也可以认为版税的数额随生产数量的增减而相应升降。

印数稿酬的支付是按基本稿酬的一定比例根据生产数量计算的，显然它会随生产数量的变化而变化。不过，因为印数稿酬的计算以"千册"作为印数计量单位，所以与版税有所不同，其数额并非与生产数量呈直线状的正比例关系。当生产数量在某"千册"范围内发生变化时，印数稿酬的数额不变，表现出类似固定成本的特点。

2. 租型费用

租型费用的计算方式与版税相似，所以也是生产数量（等同于销售数量）越多，付费也就越多。

3. 原材料及辅助材料费用

形成出版物物质载体所必需的各种材料的费用都归入原材

料及辅助材料费用，包括纸质出版物所用纸张、装帧材料的费用，音像制品和电子出版物所用压制光盘用料的费用，以及包装材料、防伪标志等材料的费用。每一单位出版物（如一册图书）的生产都需要消耗一定的原材料和辅助材料，所以它们的费用随生产数量的变化而变化。

随着社会分工的不断细化，由加工企业供料的项目逐渐增多，材料费与加工费的区别因此也逐渐模糊。包含在加工费中的材料费，出版单位在进行成本划分时可把它们归入印装（制作）费用。

4. 印装（制作）费用

印装（制作）费用是出版单位委托印刷、复制单位加工生产出版物而支付的加工费用，基本上属于变动成本。纸质出版物生产中的这项费用，包含印刷费、装订费和表面整饰加工费。音像制品和电子出版物生产中的这项费用，包含复制费、刻录费、包装物印刷费、包装费；如果由加工企业提供材料，则材料费用也可列入印装（制作）费用。

印装（制作）费用通常按单价与加工生产的产品数量之乘积计算，所以其数量也随生产数量的增减而升降。

（四）固定成本项目

根据出版物成本组成结构，属于固定成本的有下列项目。

1. 相对固定的稿酬

按我国支付稿酬的三种基本方式计付的作品稿酬中，与生产数量不发生直接关系的是一次性稿酬和基本稿酬加印数稿酬方式中的基本稿酬。

基本稿酬根据字数付酬。在一定的付酬标准下，字数越多，付酬也越多。但利用某一作品生产的出版物无论有多少，均不影响向作者支付基本稿酬的多少。所以，基本稿酬与生产数量无关。

一次性稿酬的计算方式，与基本稿酬相似。

2. 制版费用

纸质出版物的制版费用包括文字录入排版费、图片输入费、图文编辑费、胶片输出费、打样费、制版上版费等。

音像制品和电子出版物的制版费用包括录制费、摄制费、编程费、各种母盘（带、卡）制作费等。前三项按制作所需时间（以小时为单位）或按项目支付；母盘（带、卡）制作费按套支付，也有一些复制单位为提高市场竞争力，免去工作母盘、翻录母盘和压模盘的制作费用，只收取复制费用。

用同一套印版、母盘（带、卡）通常能够生产数量不等的出版物产品，仅在产品数量增加数万甚至数十万而导致印版、母盘（带、卡）磨损严重时，才需要增加印版、母盘（带、卡）。

因此，产品生产数量在一定范围内的波动，不会引起制版费用的变动。

3. 其他直接费用

其他直接费用主要在出版物的精神生产过程中发生，明显地与物质生产过程中的产品生产数量无关。

（五）间接成本和期间费用

间接成本和期间费用在成本计算中有其特殊性。

1. 间接成本和期间费用的特点

在间接成本和期间费用中，有些费用属性较明确，而有些费用既不属于变动成本，也不能归于固定成本，因为它们既不随生产数量的变化而变动，也不是固定不变的，具有半变动、半固定的性质。例如出版物发行过程中支付的运费，向外埠批销时，销售数量的增长必然带来运费的增加；而在本地批销或零售时，由于客户可以自行提货，销售数量增长与否对运费不会产生较大影响。

另外，间接成本和期间费用都难以明确是为哪个具体品种支付的，需由出版单位统一核算。

因此，在进行本量利分析时，必须先对间接成本和期间费用进行分解，然后将其加入到变动成本中参与本量利分析。编辑人员在为某一出版物品种进行本量利分析时，可以根据本单位财务部门制订的标准分解计算该出版物品种应该分摊的间接成本和期间费用数量。

2. 间接成本和期间费用的分解

一般根据具体情况分别采用销售收入（或定价）比例法或单位产量消耗定额法分解间接成本和期间费用。

（1）销售收入（或定价）比例法

采用销售收入（或定价）比例法分解间接成本和期间费用时，先根据出版单位的销售收入（或定价）历史资料，间接成本、期间费用资料与计划期可能产生的变化，确定间接成本和期间费用在销售收入（或定价）中占的比例，然后代入某一出版物品种的估算销售收入（或定价），得出间接成本和期间费用估算数，计入变动成本。

（2）单位产量消耗定额法

采用单位产量消耗定额法分解间接成本和期间费用时，先根据出版单位的生产数量历史资料，间接成本、期间费用资料与计划期可能产生的变化，确定单位产量的间接成本和期间费用消耗定额，然后代入某一出版物品种的估算产量，得出间接成本和期间费用估算数，计入变动成本。

（六）出版损失的性质

出版损失是为了分析和评价生产管理状况和主要失误原因而设置的成本项目，其内容既包括固定成本，也包括变动成本。由于它们基本上是从出版物直接成本结算中分离出来的，所以具有较明确的变动成本或固定成本属性。

三、本量利分析的基本公式及其应用

进行本量利分析时，经常需要用到一些计算公式。只有熟练掌握相关公式，才能既分析顺利，又能获得可靠的结果，而对这些公式的正确运用，又与对一些基本概念的准确理解密切相关。

（一）本量利分析中常用的基本概念

本量利分析时涉及的一些概念，往往相互之间存在着各种联系。理解了概念的意义和它们之间的相互关系，有助于理解本量利分析的计算原理。

1. 定价

定价一般指出版单位给每一单位出版物核定的零售价格。一定数量出版物的定价总额可称为"码洋"。定价有时也指核定价格的行为。可依据上下文的语境来判断该词的具体含义。

2. 发行折扣率

发行折扣率是指出版单位批销出版物时实际结算的货款占定价金额的比值，通常以百分比表示。例如，一本定价为100元的图书，以65元结款，发行折扣率便为65%（习称"六五折"）。

3. 销售数量

销售数量是指某一出版物品种已实现销售的全部数量。由于本量利分析的原则之一是"假设生产数量等同于销售数量"，所以在利用本量利分析的原理进行计算时，销售数量即为生产数量。

4. 增值税

增值税是对在中华人民共和国境内从事销售货物，提供加工、修理、修配劳务，从事进口货物的单位和个人所取得的增值额为课税对象而征收的一种流转税。

从出版单位角度而言，为出售出版物所取得收入而缴纳的增值税称为“销项增值税”，目前适用的税率为9%。从其他企业购进材料、支付加工费用等时所支付的增值税称为“进项增值税”，税率各有不同。

下文若无特别说明，“增值税”一词指“销项增值税”，而“增值税率”取9%。

5. 单位含税销售收入和单位销售收入

单位含税销售收入是指每一单位出版物按发行折扣率销售后所获得的含有增值税的收入，可用下式表示：

$$\text{单位含税销售收入}=\text{定价}\times\text{发行折扣率} \tag{9.1}$$

单位销售收入是指每一单位出版物按发行折扣率销售后所获得的不含增值税的收入，可用下式表示：

$$\text{单位销售收入}=\text{单位含税销售收入}-\text{单位销项增值税税额}$$

或者是

$$\text{单位销售收入}=\frac{\text{定价}\times\text{发行折扣率}}{1+\text{增值税率}} \tag{9.2}$$

将单位销售收入乘以增值税率，便可算出应缴纳的单位增值税税额，可用下式表示：

$$\text{单位增值税税额}=\text{单位销售收入}\times\text{增值税率}$$

或者是

$$单位增值税税额=\frac{定价 \times 发行折扣率}{1+增值税率} \times 增值税率 \quad (9.3)$$

将9.2和9.3两式相加，得到的就是单位含税销售收入。

6. 含税销售收入总额和销售收入总额

含税销售收入总额即实洋，是指某一品种出版物销售一定数量后获得的含有增值税的收入，有时也称“当期含税销售额”。它是“单位含税销售收入”与“销售数量”（在本量利分析中即“生产数量”）的乘积。

含税销售收入总额＝单位含税销售收入 × 生产数量

或者是

含税销售收入总额＝定价 × 发行折扣率 × 生产数量　（9.4）

销售收入总额是指某一品种出版物销售一定数量后获得的不含增值税的收入，有时也称“当期不含税销售额”。它是“单位销售收入”与“销售数量”（在本量利分析中即“生产数量”）的乘积，可用下式表示：

销售收入总额＝单位销售收入 × 生产数量

或者是

$$销售收入总额=\frac{定价 \times 发行折扣率 \times 生产数量}{1+增值税率} \quad (9.5)$$

7. 单位销售税金和销售税金总额

单位销售税金是指每一单位出版物实现销售后以实际缴纳的增值税税额为基数计算缴纳的城市维护建设税、教育费附加和地方教育附加的金额。城市维护建设税率按纳税人所在地的不同而有区别，在城市市区的为7%，在县城或镇的为5%，不在市区、县城或镇的为1%。教育费附加率均为3%。地方教育附加率为2%。由于有些地方对于地方教育附加有一定比例的退税或者阶段性下调企业征收率等措施，故在本量利分析中暂忽略不计。

因为“应缴纳的城市维护建设税 = 实际缴纳的增值税额 × 城市维护建设税率”，“应缴纳的教育费附加 = 实际缴纳的增值税额 × 教育费附加率”，而“实际缴纳的增值税额 = 销项增值税额 − 进项增值税额”，所以，将城市维护建设税和教育费附加的计算合并、整理后，便形成销售税金的计算公式：

$$\text{销售税金}=\left(\text{销项增值税额}-\text{进项增值税额}\right)\times\left(\text{城市维护建设税率}+\text{教育费附加率}\right) \tag{9.6}$$

将每一单位出版物的单位销售收入、应承担的单位销项增值税、单位进项增值税的计算整合，代入上式整理后，得出的单位销售税金计算公式是：

$$\text{单位销售税金}=\left(\frac{\text{定价}\times\text{发行折扣率}}{1+\text{销项增值税率}}\times\text{销项增值税率}-\frac{\text{该品种进项增值税总额}}{\text{生产数量}}\right)\times\left(\text{城市维护建设税率}+\text{教育费附加率}\right) \tag{9.7}$$

上式中：“该品种进项增值税总额”，是出版单位为生产该品种全部出版物而购买材料、加工劳务（如委托其他企业印刷）等时所支付费用中包含的增值税额，凭相应的增值税专用发票可以抵减需要缴纳的销项增值税额。该项目除以“生产数量”后便形成每一单位出版物中所包含的“单位进项增值税额”。

销售税金总额是指某一品种全部出版物实现销售后，以实际缴纳的增值税数额为基数计算缴纳的城市维护建设税和教育费附加的总数。它是单位销售收入应该缴纳的单位销售税金在销售收入总额中的体现，是“单位销售税金”与“销售数量”（在本量利分析中即“生产数量”）之积，可用下式表示：

$$\text{销售税金总额}=\text{单位销售税金}\times\text{生产数量} \tag{9.8}$$

8. 变动成本总额和单位变动成本

变动成本总额是指为生产某一品种出版物而支付的各种变动成本之和。在出版单位进行本量利分析时，一般还包括作为变动成本分摊后计入的间接成本和期间费用。

单位变动成本是指每一单位出版物的变动成本数额，可用下式表示：

$$单位变动成本=\frac{变动成本总额}{生产数量} \tag{9.9}$$

9. 固定成本总额和单位固定成本

固定成本总额是指为生产某一品种出版物而支付的各种固定成本之和。

单位固定成本是指每一单位出版物的固定成本，可用下式表示：

$$单位固定成本=\frac{固定成本总额}{生产数量} \tag{9.10}$$

（二）本量利分析的基本公式

根据经济学原理可知，利润、销售收入、成本、销售税金之间的关系可表述为：

$$利润=销售收入-成本-销售税金 \tag{9.11}$$

其中的成本又分为变动成本和固定成本。

引入“单位销售收入”“单位变动成本”和“单位销售税金”概念并经整理后，公式（9.11）可改写成：

$$利润=\begin{matrix}单位销\\售收入\end{matrix}\times\begin{matrix}生产\\数量\end{matrix}-\begin{matrix}单位销\\售税金\end{matrix}\times\begin{matrix}生产\\数量\end{matrix}-\begin{matrix}单位变\\动成本\end{matrix}\times\begin{matrix}生产\\数量\end{matrix}-\begin{matrix}固定成\\本总额\end{matrix} \tag{9.12}$$

提取公因式后，该式可改写成：

$$利润=\left(\begin{matrix}单位销\\售收入\end{matrix}-\begin{matrix}单位销\\售税金\end{matrix}-\begin{matrix}单位变\\动成本\end{matrix}\right)\times\begin{matrix}生产\\数量\end{matrix}-\begin{matrix}固定成\\本总额\end{matrix} \quad (9.13)$$

公式（9.13）就是本量利分析的基本公式。无论将其如何变换，六个变量中只要设定了任意五个变量的值，就可以计算出另一个变量。按照本量利分析的原则，公式（9.13）中的“生产数量”等同于“销售数量”。

（三）本量利分析的主要应用

本量利分析的基本公式可以用于对出版物生产的保本点、目标销售量和预期利润的测算，这也是对出版专业技术人员来说最具实际意义的应用。此外，它还可以用于定价的测算，将在下一节详细阐述。

1. 保本点测算

本量利分析的最基本应用就是用来测算保本点（也称“盈亏点”）。这是在已知出版物成本的前提下，测算能够全部实现销售的出版物生产数量达到多少时，销售收入才可与成本和税金刚好相等，出版单位能够不亏也不盈，即能够“保本”。这个生产数量，就是所谓的“保本点”。

显然，保本点实际上就是利润为0时的出版物生产数量。测算时，先将利润值0代入公式（9.13），于是便有：

$$0=\left(\begin{matrix}单位销\\售收入\end{matrix}-\begin{matrix}单位销\\售税金\end{matrix}-\begin{matrix}单位变\\动成本\end{matrix}\right)\times\begin{matrix}生产\\数量\end{matrix}-\begin{matrix}固定成\\本总额\end{matrix}$$

将算式变换，便有：

$$生产数量=\frac{固定成本总额}{单位销售收入-单位销售税金-单位变动成本} \quad (9.14)$$

例如，A图书预计单位销售收入11.99元，单位销售税金0.15元，单位变动成本为3.84元，固定成本总额为16 000元，则A图书的保本生产数量为：

$$保本生产数量=\frac{16\,000}{11.99-0.15-3.84}=2\,000（册）$$

例如，B图书定价20元，发行折扣率60%，单位销售税金0.10元，单位变动成本为4.00元，固定成本总额为30 000元，请计算B图书的保本生产数量。

将定价和发行折扣率代入公式（9.2），增值税率按目前适用的9%计算，则

$$单位销售收入=\frac{定价\times发行折扣率}{1+增值税率}=\frac{20\times60\%}{1+9\%}\approx11.01$$

将计算结果代入公式（9.14），便有：

保本生产数量＝30 000÷（11.01−0.10−4.00）≈ 4341.53 ≈ 4 342（册）

2. 目标销售量测算

本量利分析还可以帮助经营者在已知出版物成本和目标利润已确定的情况下，测算为完成目标利润需要达到的生产数量。

根据本量利分析基本公式（9.13）可推导出：

$$生产数量=\frac{固定成本总额+利润}{单位销售收入-单位销售税金-单位变动成本} \tag{9.15}$$

仍以A图书为例，若目标利润已经定为20 000元，而单位销售收入、单位销售税金、单位变动成本、固定成本总额等项目内容不变，则将有关数据代入上式后，就可计算出应全部实现销售的生产数量为：

$$生产数量=\frac{20\,000+16\,000}{11.99-0.15-3.84}=4\,500（册）$$

3. 预期利润测算

本量利分析可以帮助经营者在已知出版物成本和生产数量的情况下，测算预期利润有多少。

仍以A图书为例，若其生产数量增加到3 000册，而单位销售收入、单位销售税金、单位变动成本、固定成本总额等项目内容不变，则将有关数据代入公式（9.13）后，就能计算出预期利润为：

$$\text{预期利润}=(11.99-0.15-3.84)\times 3\ 000-16\ 000=8\ 000\text{（元）}$$

以上均是在销售税金已知的情况下进行生产数量或利润的测算，以下将针对销售税金未知的情况举例。

例如，C图书定价40.00元，发行折扣率60%，生产数量为5 000册，单位变动成本为6.00元，固定成本总额为45 000元。应缴增值税的适用税率是9%，适用的城市维护建设税率是7%，教育费附加率是3%，请测算其预期利润。

将定价和发行折扣率代入公式（9.2），增值税率按目前适用的9%计算，便有：

$$\text{单位销售收入}=\frac{\text{定价}\times\text{发行折扣率}}{1+\text{增值税率}}=\frac{40\times 60\%}{1+9\%}\approx 22.02\text{（元）}$$

由式（9.6）可知，计算销售税金时需要将进项增值税从销项增值税中扣除。在实际工作中，可根据当期实际发生的进项增值税的数值计算。假定进项增值税为0.47元。将相关数值代入公式（9.7），便有：

$$\text{单位销售税金}=(22.02\times 9\%-0.47)\times(7\%+3\%)\approx 0.15\text{（元）}$$

将有关数据代入公式（9.13）后，便有：

$$\text{预期利润}=(22.02-0.15-6.00)\times 5\ 000-45\ 000=34\ 350\text{（元）}$$

音像制品、电子出版物生产的具体成本费用与纸质出版物生产有所不同，但是各种成本费用都可以分别归结为固定成本或者变动成本，从而进行测算。因此，虽然本节中以图书为例作具体分析，但所讲述的测算原理同样适用于其他出版物。

第三节 出版物定价

出版物定价的高低是消费者选择购买出版物时考虑的重要因素之一，所以，出版物的定价是否合理会直接影响到出版物的销售数量及其利润，而出版物的定价既受各种因素影响，又与出版单位经营管理的定价目标有关。

一、影响出版物定价的因素

出版物价格的制定，受成本、利润、生产数量、市场需求、同类出版物价格状况、消费者心理和品牌等因素的影响。

（一）成本和利润

成本和利润是出版物定价时必须考虑的两个密不可分的因素。

首先，成本是影响出版物定价的一个重要因素。一般说来，商品的价格只能以成本为最低界限。

其次，保本价格只能使生产在原有规模上重复，不可能扩大再生产。要扩大再生产，就必须获取利润。所以说，价格高于成本，是出版物和一切商品经营的基本规律。

（二）生产数量

应该说明，只有在应用本量利分析原理进行测算时，“生产数量”才应该等同于“销售数量”，而通常所说的“生产数量”，并不等同于“销售数量”。这里的“生产数量”是就其一般意义而言的。

一般来说，出版物生产数量越大，单位固定成本越低；生产数量越小，单位固定成本越高。成本越低，就越能给定价带来方便，较低的定价也会由于销售数量大而创造较高的利润。高成本则会给定价带来困难：若为了保证一定的销售数量而定价偏低，很可能产品全部销完也回收不了成本；若为了保本而抬高定价，会导致产品销售数量降低，仍然免不了亏损。然而，如果单纯为了降低单位固定成本而把生产数量抬得很高，以致大大超过市场实际需求量，就会造成大量的存货积压，同样会导致亏损。因此，生产数量就成为影响出版物定价的一个重要因素，必须在对市场情况作周密的调查研究后才能确定。

（三）市场需求

出版物生产数量的多少，归根结底取决于市场需求。市场需求有潜在需求和现实需求两种。消费者主观上的某种需求只是潜在需求，有相应购买能力的需求才是现实需求，而两者在一定条件下会相互转化。一般来讲，消费者是按自己的现实需求来决定购买行为的。出版物定价要考虑是否适应市场的现实需求，并且要尽量把一些潜在需求转化为现实需求。供给与需求是一对矛盾：如果供大于求，价格就要定得低一些；如果供不应求，则价格可以适当高一些。

（四）同类出版物价格状况

出版物的定价，还与市场上同类出版物的价格水平有关。在不考虑品牌因素的前提下，一般来说，相同类别的出版物，定价越低越有销售竞争力，定价越高销售越难。出版物的质量如何，若不考虑出版单位品牌的影响力等因素，消费者在实施购买行为的一瞬间难以判断，必须阅读、使用之后才能有所体会和判断。以图书为例，消费者在购买时无法在质量上对主题内容相同的图书作仔细比较，往往只能按照自己的消费需求，从图书的厚薄、开本大小、装帧形式等方面入手作对比。于是，定价相对较低的图书自然容易得到青睐。因此，出版单位在对某种出版物定价时，必须充分掌握市场情况，了解同类产品的价格状况，才便于作出合理的决策。

（五）消费者心理

消费者购买出版物时还受某种消费心理的支配。具有不同消费心理的消费者，对出版物定价的考虑也不同。如某些图书是特定的消费者群体必读的，或者是能给消费者带来很大利益的，他们往往就很少考虑其定价的高低。又如，某些书对消费者来说不是非买不可的，如果定价过高，消费者就会不买。只有让消费者觉得物有所值，他才会接受。可见，消费者心理也是出版物定价时需要考虑的因素之一。

（六）品牌

品牌是影响出版物定价的重要因素之一。品牌实际上就是质量的代名词。人们常说的“一等价钱一等货”“按质论价”，都充分说明了品牌与定价的关系。前面说过，在一瞬间的购买行为中，消费者往往无法对出版物的质量进行细致比较，但只要是名牌出版物，甚至只要是名牌出版社的产品，消费者在心理上就已经肯定它是高质量的出版物，因此觉得定价高一些也愿意接受。有的出版单位为了创品牌，不愿抬高出版物的定价，而采取“价廉物美，薄利多销”的策略，这也不失为一种比较好的竞争手段。

二、出版物定价目标

出版物定价目标是出版单位制定出版物定价策略的依据和出发点。不同出版单位有不同的具体目标，就是同一出版单位，在不同的时期也有不同的具体目标。

总的来讲，出版物的定价目标主要有以下几种。

（一）销售目标

定价目标中的销售目标，是将大幅度增加产品销售数量、提高市场占有率作为最直接的努力方向。越来越多的出版单位经营管理者认识到，利润率是随着市场占有率的提高而增加的，因为市场占有率的提高意味着生产数量的增大，从而会促使生产成本下降，从长期来看又能进一步提高市场占有率。

（二）品牌目标

把品牌目标作为定价目标，显然具有浓厚的品牌意识，旨在为树立品牌服务。品牌，如前所述，既有出版物的品牌，也有出版单位的品牌。以图书来说，名书、名社互为因果。名社是在名书的基础上形成的，名书又大多为名社的产品。名书、名社一旦在消费者心目中扎根，就能在市场竞争中立于不败之地。因而，定价要有利于树立品牌。

（三）利润目标

利润目标以获取利润为努力方向，实际上是定价的最终目标。这是因为没有利润就不能扩大再生产，出版单位就无法发展。所以，在不影响销售、不影响树立品牌的前提下，偏高定价，未尝不可；不能偏高定价者，可以适中定价，以获取一般利润或保本微利。

应当说明的是，虽然获取利润是定价的最终目标，但并不等于每一种出版物的定价都必须保证赢利。一个出版单位有少量出版物亏本，也是正常现象。

三、出版物定价方法

给出版物定价的具体方法有许多种，本节着重讲述成本定价法和印张定价法，另外也简要介绍一下目前主要见于国外的几种定价法。

（一）成本定价法

成本定价法是在设定生产数量（等同于销售数量）的前提下，以成本为基础、以期望利润值为目标来核定出版物价格的方法。

1. 成本定价法公式

本量利分析的基本公式（9.13）中有一项“单位销售收入”，并且计算结果是“利润”。若把计算单位销售收入的算式代入公式（9.13），并把需得到的计算结果改成“定价”，根据各项因数之间的数学关系，可以把公式（9.13）变换为：

$$\text{定价}=\frac{\dfrac{\text{固定成本总额}+\text{利润}}{\text{生产数量}}+\text{单位销售税金}+\text{单位变动成本}}{\text{发行折扣率}}\times(1+\text{增值税率}) \quad (9.16)$$

利用公式（9.16）就可以按照目标利润、各项成本和应纳税金等已知数据测算出版物的定价。例如，A图书的目标利润定为20 000元，预计生产数量为2 000册时可全部实现销售，发行折扣率为60%，单位变动成本为3.59元，单位销售税金为0.21元，固定成本总额为18 000元，应缴增值税的适用税率是9%，将这些数据代入上式后，就可测算出该书的定价：

$$定价=\frac{\dfrac{18\ 000+20\ 000}{2\ 000}+0.21+3.59}{60\%}\times（1+9\%）=41.42（元）$$

在稿酬采取版税形式时，可以将公式（9.16）改写为：

$$定价=\frac{\dfrac{固定成本总额+利润}{生产数量}+\begin{matrix}单位销\\售税金\end{matrix}+\begin{matrix}版税除外的\\单位变动成本\end{matrix}}{发行折扣率-版税率\times（1+增值税率）}\times(1+增值税率）\quad（9.17）$$

公式（9.17）中的两处增值税率应该取相同的值，并且单位变动成本中不再包含版税。

2. 成本定价法经验算式

利用成本定价法测算出版物定价时，需要事先测算出单位销售税金为多少，而要知道单位销售税金是多少，就必须先知道实际缴纳的增值税税额为多少，这就又涉及销项增值税和进项增值税的问题，显然比较复杂，尤其是进项增值税税额的确定。然而，出版专业技术人员需要进行的出版物经济效益测算工作毕竟不是专业的会计核算工作，因此，可以采用与本量利分析基本原理有关的经验算式来测算出版物的定价。

经验算式的特点，主要是假定进项增值税税额为 0，在计算中就不必再考虑用进项增值税税额抵扣销项增值税税额的问题，使得销项增值税税额就等于实际缴纳的增值税税额，测算便得以顺利实现。

适用于稿酬支付方式为一次性稿酬的经验算式是：

$$定价=\frac{\dfrac{固定成本总额+利润}{生产数量}+\begin{matrix}单位变\\动成本\end{matrix}}{发行折扣率}\times\left[1+\begin{matrix}增值\\税率\end{matrix}\times\left(1+\begin{matrix}城市维护\\建设税率\end{matrix}+\begin{matrix}教育费\\附加率\end{matrix}\right)\right]\quad（9.18）$$

例如，B图书预计销售数量为3 000册，发行折扣率为60%，单位变动成本为4.60元，固定成本总额为12 000元，目标利润定为30 000元，应缴增值税的适用税率是9%，适用的城市维护建设税率是7%，教育费附加率是3%，单位销售税金未知。将这些数据代入上式后，就可测算出该书的定价应为：

$$定价=\frac{\frac{12\,000+30\,000}{3\,000}+4.6}{60\%}\times[1+9\%\times(1+7\%+3\%)]\approx 34.07(元)$$

稿酬支付方式为版税时，可以将算式（9.18）改写为：

$$定价=\frac{\frac{固定成本总额+利润}{生产数量}+\begin{matrix}版税除外的\\单位变动成本\end{matrix}}{\begin{matrix}发行\\折扣率\end{matrix}-版税率\times\left[1+\begin{matrix}增值\\税率\end{matrix}\times\left(1+\begin{matrix}城市维护\\建设税率\end{matrix}+\begin{matrix}教育费\\附加率\end{matrix}\right)\right]}\times\left[1+\begin{matrix}增值\\税率\end{matrix}\times\left(1+\begin{matrix}城市维护\\建设税率\end{matrix}+\begin{matrix}教育费\\附加率\end{matrix}\right)\right] \quad (9.19)$$

算式（9.19）中的两处增值税率、城市维护建设税率、教育费附加率都应该取相同的值，并且单位变动成本中不再包含版税。

算式（9.18）和（9.19）的实用性很强，在单位销售税金还无法确定的情况下，可使测算定价的过程大大简化。它们在实际应用中会产生一些微小误差，而这在预测定价时也是允许的。对于并非专门从事财务工作的出版专业技术人员来讲，熟练掌握经验算式会对实际工作有很大帮助。

需要注意的是，固定成本和变动成本中凡是属于向其他企业支付材料（如纸张、装帧材料）、加工劳务（如制版、印刷、装订）等的费用，都应该是不包含增值税的。相关企业开列的发票中已经包含增值税，就要把增值税剔除出去。

3. 成本定价法应用步骤

某一出版物品种的价格通常须在决定付印（或批量复制）时正式计算确定，因为这时较确切地计算成本的条件已基本具备。

运用成本定价法确定出版物价格的步骤是：

第一，根据本出版物品种的内容和形式特点，在充分的市场调查基础上，估计它的等同于销售数量的生产数量。

第二，测算该出版物品种的各种变动成本项目和固定成本项目并分别累计后，再把根据财务部门确定的方法计算所得的间接成本和期间费用加入变动成本，得出该出版物的变动成本总额和固定成本总额。

根据生产数量推算单位变动成本和单位固定成本的工作，既可以在这一步骤中进行，也可以在具体测算时再进行。

第三，根据出版物市场，尤其是出版物批销市场的现实状况，参照市场平均折扣率来设定本出版物品种的发行折扣率。

第四，根据出版物市场状况和本出版单位的经营情况，设定目标利润额。

第五，根据国家对出版物征税的规定，选定该出版物品种适用的税种及税率。

第六，运用出版物定价方法进行计算，测算出该出版物品种的定价，并在综合考虑前述各种影响定价的因素和本出版单位对该出版物品种的定价目标后，作适当调整。

第七，将测算出的定价报请有关部门和出版单位领导审核，并按照审核意见再作调整后，正式确定出版物定价。

（二）印张定价法

印张定价法只适用于纸质出版物。

1. 印张定价法公式

印张定价法的基本特点，是以印张作为计价单位，根据每印张单价和书刊正文的印张数量来计算书刊正文的价格，再加上其他部件的价格后定出整册书刊的价格。这种定价方法要求先分别计算出正文、封面和插页的价格，再将它们相加，从而定出整册书刊的价格。

需要说明的是，定价法中所说的“正文”“封面”和“插页”，包括范围较广泛，与书刊整体设计中的概念不完全一致。这里的正文包括与作品一起用相同纸张印刷的辅文（如前言、目录、索引、附录、后记等），封面包括护封、腰封、函套等不属于书芯的部件，插页包括书芯中用纸与作品部分不同的各种书页（如图片页、书名页、衬页、环衬、辑封、篇章页、题词页等）。由于各类插页的印制成本往往不一致，所以需要按它们的具体情况分别计算。

印张定价法的计算公式是：

$$\text{定价}=\frac{\text{正文印张}}{\text{价格标准}}\times\frac{\text{正文}}{\text{印张数}}+\frac{\text{封面}}{\text{价格}}+\frac{\text{插页}_1\text{价}}{\text{格标准}}\times\frac{\text{插页}_1}{\text{数量}}+\frac{\text{插页}_2\text{价}}{\text{格标准}}\times\frac{\text{插页}_2}{\text{数量}}\cdots\cdots+\frac{\text{插页}_n\text{价}}{\text{格标准}}\times\frac{\text{插页}_n}{\text{数量}} \quad (9.20)$$

上式中：“正文印张价格标准”的单位是元/印张；封面因总是只有一个，就直接采用“封面价格”（如有护封、函套等，其价格可事先加入封面价格，以方便后续计算）；“插页价格标准”的单位是元/页，“插页$_1$、插页$_2$……插页$_n$”表示不同类别的插页。

例如，C图书的正文用纸为19个印张，每印张的价格标准为2.20元；封面价格为1.80元；用纸不同于正文的插页包括：主书名页1页，价格标准为0.25元/页；环衬4页，价格标准为0.20元/页；彩图页4页，价格标准为0.50元/页。

将上述数据代入公式（9.20），便可计算出该书的定价：

定价＝2.20×19+1.80+0.25×1+0.20×4+0.50×4＝46.65（元）

我国出版业使用印张定价法的时间较长。出版单位可根据近期内本单位书刊的定价情况，分别确定正文每印张价格标准的范围和各种装帧样式的封面、各类插页等的价格标准。

实际上，各出版单位在确定本单位的印张价格标准时，一般也要考虑成本、利润、发行折扣率、税金等因素。所以，现在的印张定价法也可说是成本定价法的速算方式。

2. 印张定价法应用步骤

运用印张定价法测算书刊定价，一般也在清样即将付印时进行（期刊的定价在至少一年的时间内应保持稳定，所以在这相对稳定的时间段内不必每期都测算）。

定价的步骤是：

第一，按照清样计算正文（包括与正文一起印刷的前言、目录、索引、附录、后记等辅文）的印张数。

第二，按照书刊的印制特点（如用纸品种、装订样式、印刷色数等）参照同类书刊确定适用的正文印张价格标准。

第三，按照书刊的装帧特点参照同类书刊确定封面的价格标准。

第四，分别计算出各类插页的页数。

第五，分别参照同类书刊确定各类插页的价格标准。

第六，运用印张定价法进行计算，测算出书刊的定价，并在综合考虑前述各种影响定价的因素和本出版单位对该书刊的定价目标后，作适当调整。

第七，将测算出的定价报请有关部门和出版单位领导审核，并按照审核意见再作调整后，正式确定出版物定价。

（三）理解价值定价法

理解价值定价法也称“觉察价值定价法”，是以消费者对商品价值的感受及理解程度作为定价的基本依据。

消费者购买商品时总会在同类商品之间进行比较，选购那些既能满足其消费需要，售价又符合其期望值的商品。消费者对商品价值的理解不同，会形成不同的价格限度。这个限度就是消费者宁愿付货款而不愿失去这次购买机会的价格。如果价格刚好定在这一限度内，消费者就会顺利购买。

现在西方国家有越来越多的出版商采取这种方法。他们认为，确定定价的关键因素是消费者的价值观念，而不是出版者的成本水平。于是，他们便试图衡量自己的出版物与市场上同类出版物相比较的相对直觉价值，并以此作为出版物定价的依据。为此，出版单位需要做好三个环节的工作：

首先，通过市场调研，确定出版物的质量、销售服务、广告宣传等因素在消费者心目中所产生的影响和由此形成的价值感觉，再据此确定出版物的定价并估计在这种价格水平下所能达到的销售数量。

其次，根据销售数量计算所需要的生产数量、投资额和出版物的单位成本。

最后，计算在这样的定价和成本下能否获得满意的利润，如果利润有保证，就正式生产这种出版物，反之就调整产品策划方案。

理解价值定价法的关键，是要准确估计消费者对出版物价值的理解程度，否则就会发生定价过高或过低的失误。

（四）需求差别定价法

需求差别定价法也称“市场细分定价法”，是根据需求差异及紧迫程度的不同，为同一种出版物制定两种或更多种价格。这些价格之间的差异，反映了出版物需求弹性的差异，但并不反映成本上的差异。采用需求差别定价法，必须具备三个条件：

一是市场能够细分，能明确区分需求的差异。

二是在价格上获得优惠的那些机构或个人，没有转手销售给未得到优惠者的机会。

三是不会因销售价格的不同而引起消费者不满，进而失去消费者。

（五）随行就市定价法

随行就市定价法是按照行业的现行平均价格水平来定价。出版单位采用这种方法定价的原因是：

第一，行业的平均价格具有相当的合理性，可以保证自己获得与其他出版单位相近的利润。

第二，在成本难以衡量的情况下，现行价格反映了实现全行业合理利润的集成智慧。

第三，市场上同类产品比较多，竞争激烈，如果另行定价，很难预料消费者的反应，风险较大。

第四，按通行价格定价，损害行业协调性的程度最小。

随行就市定价并不意味着在任何情况下定价都要与其他同类出版物相同，而仅仅是把市场通行价格作为基础，可以有一定的浮动空间。只要出版单位有足够的依据认为消费者相信本出版单位的出版物具有更好的质量，那就可以把价格定得高于现行平均水平。

对于出版单位来说，为出版物核定价格并不能机械地采用上述某种方法，而是根据出版单位的实际情况，综合采用多种方法，形成自己独特的定价策略，甚至可能是某一出版物或某一类出版物的定价策略。

思考题

1．出版物的成本由哪些部分组成？

2．直接成本、间接成本和期间费用各包括哪些主要项目？

3．什么是本量利分析？它的原则、特点和作用各有哪些？

4．固定成本与变动成本的区别主要是什么？它们在总成本和单位成本中各有什么特点？

5．固定成本与变动成本各包括哪些主要项目？

6．本量利分析的基本公式是怎样的？

7. 如何按照本量利分析的基本原理利用本量利分析基本公式测算出版物保本生产数量、目标生产数量和预期利润？

8．影响出版物定价的因素主要有哪些？

9．出版单位的定价目标分为哪几种？它们各有什么特点？

10．如何应用成本定价法测算出版物的定价？有哪些步骤？用什么样的公式和经验算式？

11．如何应用印张定价法测算图书的定价？有哪些步骤？用什么样的公式？

12．理解价值定价法、需求差别定价法和随行就市定价法的特点各是什么？采取这些定价法各应具备什么条件？

第十章　著作权贸易与国际出版合作

重点提示：著作权贸易的基本概念及其特点，开展著作权贸易的法律前提，著作权贸易的基本类型；著作权代理。出版单位在著作权贸易中对引进版选题和输出版选题分别应该考虑的因素，出版单位开展著作权贸易的原则，出版单位著作权贸易管理的内容和流程。获取著作权贸易信息的各种途径；著作权贸易谈判对象的确定，谈判的前期准备、方式和策略；著作权贸易合同的成立方式和主要内容，履行著作权贸易合同中应该注意的问题。国际出版合作概念，国际出版合作的主要形式；中国出版“走出去”战略。

第一节　著作权贸易概述

著作权贸易就是我国出版业习称的“版权贸易”。它作为知识产权贸易的一种，是无形财产权贸易。

著作权贸易有广义和狭义之分。广义的著作权贸易，是指各类作品著作权的许可使用或转让，包括著作权的国内贸易和国际贸易等。狭义的著作权贸易，通常指涉外或国际著作权贸易，主要是作品著作权的引进与输出。根据我国出版工作实践的需要，本书中所说的著作权贸易，专指涉外著作权贸易，即我国出版单位、著作权人、著作权代理机构、著作权集体管理组织等与海外的出版机构、著作权人、著作权代理机构、著作权集体管理组织，就作品著作权中某项或某几项财产权的转让或许可使用所进行的交易活动。

我国大陆地区与香港特别行政区、澳门特别行政区、台湾地区社会制度不同，本书中所述关于著作权贸易的一些规定和操作规程，也适用于我国大陆地区各出版单位、著作权人或著作权代理机构与香港、澳门、台湾地区的出版机构、著作权人或著作权代理机构所进行的涉及著作权的交易活动。

著作权包括人身权和财产权。人身权利与作者的身份密切相关，原则上不能“买卖”或者转让，能够进行“贸易”的只能是著作权中的财产权。从这个意义上讲，“著作权贸易”这一术语表达的是著作权中的财产权贸易。

著作权贸易的主体一方面是卖方，包括作品的著作权人或得到著作权人授权的出版者、代理人、著作权集体管理组织等；另一方面是买方，主要是希望使用作品的出版单位等。著作权贸易的客体是可以进行贸易的著作权中有关的财产权利。

一、著作权贸易的特点

著作权贸易除了遵循对外贸易的一般规则外，与普通商品贸易（包括出版物对外贸易）相比，还具有以下特点。

（一）贸易客体不同

普通商品贸易的客体是有形的商品，而著作权贸易的客体是无形的知识产权，即著作权中的某项或某几项财产权。著作权中的财产权，依据使用作品的方式不同，可以拆分或组合成相应的专项权利，如复制权与发行权组合成出版权，同时复制权中又可以根据复制活动的次数拆分出一次性印制权和重印权，翻译权经常与出版权组合成翻译出版权，改编权也常与出版权组合成改编出版权等。这些专项权利常常还可以按语种、地区进一步细化，如“中国大陆地区的中文翻译出版权”。

出版领域的著作权贸易经常涉及的是翻译权、出版权（含复制权和发行权）和信息网络传播权。在数字出版日渐繁荣的情况下，信息网络传播权成为著作权贸易主体非常重视的权利之一。

（二）贸易方式不同

普通商品贸易的方式是实物（有形商品）所有权的转让，通过有关商品的购买、运输和交割即可完成贸易。买方对该商品如何处置（如自己消费或转让给第三方实现收益等）和在多长时间内实施相应活动，均与卖方基本无关。著作权贸易则因贸易客体的不同（著作权中财产权的所有权或使用权）而有转让和许可使用等不同贸易方式，卖方还要就是否允许买方向第三方转让或转授所购权利，买方所购权利的适用范围、适用期限等作出约定；买方还必须要进行相应的编辑、制作等生产活动以及销售后才能获得收益。

普通商品贸易中，同一件商品一旦卖给某人，就不可能再卖给其他人，否则就违背商品贸易的一般法则。在著作权贸易中，因为适用语种、适用地域、适用传播方式等的不同，“货卖多家”则是一种常见的合法行为。如我国某部作品的著作权人在将该作品的美国范围内的英文翻译出版权许可美国某出版公司使用后，完全可以再授权第三方在美国之外用英文翻译出版。

（三）支付方式不同

普通商品贸易中，货物的买卖价格是固定的，通常货物交割后便要付清货款，银货两讫。著作权贸易中虽也可以一次性付清约定的固定金额，但更多的是以版税方式支付，卖方的收入与买方的经营效果相关。

（四）权利期限不同

普通商品贸易中，商品一旦售出，在所有权问题上即与卖方无关，买方对于该商品享有的所有权是永远的，有权占有、使用、收益和处分。著作权贸易中，买方对贸易客体的相应权利则通常有期限约定，一旦超过期限，买方即丧失相应权利。但偶尔也存在著作权中的财产权可以一次性卖绝（或称“买断”“永久转让”）的情况，这时买方获得的权利则没有时间限制。

二、开展著作权贸易的法律前提

根据著作权的地域性特点，开展著作权贸易的法律前提是著作权贸易主体双方所在的国家或地区，或者就相互的著作权保护签订过双边、多边协定，或者共同加入了有关著作权保护的国际条约。以此为前提，贸易客体（即依据输出国法律获得的作品著作权）在输入国能依法得到承认和有效保护，或者说著作权能得到国际保护。否则，如果某两个国家或地区之间不存在上述的合作关系，任何一方对于对方作者的作品就不承担保护其著作权的义务，著作权贸易也就无从谈起。

著作权的国际保护主要遵循《伯尔尼公约》的四条基本原则，即国民待遇原则、自动保护原则、独立保护原则和最低保护原则。

三、著作权贸易的分类

著作权是民事权利的一种。因此，著作权贸易通常由当事人通过谈判约定交易条件并签订合同，再通过履行合同而实现。按照贸易方式不同，著作权贸易主要分为两种类型——著作权许可使用和著作权转让。

著作权许可使用与转让的最大区别在于：著作权许可使用中，著作权主体不发生转移；著作权转让中，著作权主体发生转移。

（一）著作权许可使用

著作权许可使用是我国出版单位或著作权人与海外出版机构或著作权人进行著作权贸易时最常用的形式。

1. 著作权许可使用的特点

著作权许可使用的特点，概括起来有以下三点。

第一，许可使用不改变著作权的归属，即著作权主体未改变。被许可人取得的只是著作权中一项或多项财产权的有偿（或无偿）使用权，不能成为著作权主体，著作权主体仍是原所有人。在许可使用合同约定期限内，被许可人可以使用有关财产权（即可按合同约定方式使用作品），并依照合同约定支付著作权使用费。

第二，被许可人只能按照许可使用合同约定的方式、地域范围和期限使用作品，未经著作权人许可，不能将其获得的使用权再许可第三方使用。

第三，被许可人取得的如果是非专有使用权，当其权利受到侵害时，不能以自己的名义主张权利（包括提起诉讼），只有取得专有使用权的被许可人，才有权因专有使用权受到侵害而主张权利（包括提起诉讼）。

2. 著作权许可使用的形式

著作权许可使用可以分为专有许可和非专有许可等形式。

（1）专有许可

专有许可是指著作权人在合同约定的条件下，只许可一个使用者以独占方式使用相应权利，其他人不能再获得同样的授权。在图书出版领域，绝大多数的著作权许可使用都是专有许可。

专有许可有时允许“分许可”，即著作权人在通过合同授予使用者专有权利时，同时约定在主合同期限内，使用者可以根据约定条件将同样权利许可第三方使用，并由此获得相应报酬。

（2）非专有许可

非专有许可是指著作权人许可使用者以非独占的方式使用

相应的权利；在同样条件下，著作权人还可以许可其他人使用相同的权利。这种许可使用形式一般适用于篇幅较小的作品，如图片、诗歌、单篇文章、作品片段等作品，在数字出版方面也常使用。在著作权贸易中，往往是著作权人认为使用方的市场空间很大，非专有的多家使用能带来更多效益。

3. 获得许可的方式

在著作权贸易中，我国出版单位取得境外著作权许可的方式和渠道有很多，主要取决于权利人的情况（即谁有权许可）。出版单位既可以与作者或其继承人、代理人签订合同，也可以与享有著作权的境外出版机构或著作权集体管理组织签订合同。对于一些使用频繁或使用范围较广的作品（如音乐作品、美术作品、摄影作品），使用者往往难以一一取得著作权人的授权，而著作权集体管理组织能够较好地解决这类问题。

著作权集体管理组织主要接受著作权人的授权，管理著作权人难以有效行使或者有效控制的著作权。著作权集体管理组织可以以自己的名义，为加入集体管理组织的著作权人主张、行使权利。俄罗斯、德国、意大利等国的著作权集体管理制度比较发达，著作权集体管理组织比较健全。著作权贸易涉及这些国家时，与相关的著作权集体管理组织联系，不失为取得著作权许可的一种好方法。我国的著作权集体管理组织，有中国音乐著作权协会、中国音像著作权集体管理协会、中国文字著作权协会、中国摄影著作权协会和中国电影著作权协会等。

（二）著作权转让

著作权转让是指著作权人将著作权中的某种财产权利部分或全部、有期限或永久让与他人。

1. 转让的特点

概括起来，著作权转让有以下三个特点。

第一，在著作权转让中，受让人通过合同取得某项权利的所有权，因而成为某项权利的主体。

第二，受让人不仅自己可以使用相应权利，还可以将所获得的权利转让给他人或许可第三方使用，并且无须取得原著作权人的同意。

第三，当相应权利受到侵害时，受让人能够对侵犯其权利的侵权行为人主张权利，包括提起诉讼。

2. 转让的种类

一般可分为临时转让和永久转让。

（1）临时转让

临时转让是有时间限定的转让。在转让合同约定期限内，受让人成为相应权利的新的所有人，有权独占性地使用这种（或这些）权利并因此获得报酬，而原著作权人（即转让人）在此期间暂时丧失这些权利。转让合同期满，有关权利又自动回归转让人。

（2）永久转让

永久转让有时也称为“卖绝”或“买断”，是一种没有时间限制的转让，即著作权中的部分或全部财产权一次性永久地转让给受让人，受让人成为新的著作权人，享有对财产权的处分权和收益权。转让人与受让人之间的转让，可以有经济补偿约定，也可以无条件转让，视双方协商而定。

四、著作权代理

著作权代理是开展著作权贸易的一种手段。主要是指由代理人或代理公司经著作权人授权后代理行使著作权人的部分或全部财产权利，包括推荐作品、组织洽谈、签订合同、收取样书和版税、采取法律措施维护著作权人的权利等。代理人一般通过向著作权人收取佣金（或称代理费，通常为著作权人收入的10%～20%）作为自己的服务收入，如合同另有约定的按约定办理。在英美等国家，著作权代理还在发现新作者、接受作者投稿和遴选稿件、向出版单位推荐作者和稿件的过程中起到非常重要的作用。

（一）著作权代理在国外的发展

著作权代理是从文学代理开始的，早期在英美法系国家（主要是英国和美国）比较发达，后在大陆法系国家（如法国、德国、日本等）也逐渐盛行。如今，著作权代理的范围已经相当广泛，涉及各类作品在各种载体上各种类型的使用方式。

国外的著作权代理机构既有独自一人组成的小型公司，也有数十位代理人组成的大型代理公司。代理机构既有只代理一个作者的，也有同时代理多个作者的。

（二）中国的著作权代理

在中国，正式的著作权代理机构和代理活动出现在20世纪80年代。80年代初，台湾地区出现了专业从事著作权代理的大苹果版权代理有限公司。1988年国务院批准成立了中国大陆第一家著作权代理机构——中华版权代理总公司。之后，国家版权局陆续批准成立了上海市版权代理公司、广西万达版权代理中心、北京版权代理有限公司等20多家地方或专业著作权代理机构，这些机构均可以从事涉外著作权贸易代理业务。1998年，经新闻出版署批准，中华版权代理总公司并入新成立的中国版权保护中心，对外仍以中华版权代理总公司的名义开展著作权代理业务。2004年7月1日《中华人民共和国行政许可法》实施后，我国自然人、法人或其他组织成立涉外著作权代理机构无须经过国家版权局的审批，只要办理工商登记注册手续即可营业。同时，境外出版机构、著作权代理机构也在我国陆续设立了自己的代表机构。还有一些民营文化公司、知识产权代理机构也在从事涉外著作权代理中介服务。数字出版环境下，正在兴起的网络稿件交易中心也承担着一部分著作权代理服务功能。

国内著作权代理机构的主要业务范围包括：代理洽谈签订著作权转让或许可使用合同，代理解决著作权纠纷及代理诉讼，代理收转著作权使用报酬，组织国内外著作权贸易洽谈，提供著作权贸易咨询服务，开展其他与著作权贸易有关的业务。

第二节　著作权贸易的经营管理

随着经济全球化的发展和国际科技文化交流的日益增强，现代出版业面向世界大市场的跨国经营越来越普遍。因而，著作权贸易已成为出版单位经营管理中极为重要的一个方面。

一、著作权贸易经营管理概述

由于跨国出版经营的历史较长，经验也比较丰富，发达国家的出版机构普遍从选题策划环节就开始考虑著作权贸易，将主权利（如翻译权、出版权）与附属权利（如图书俱乐部权、期刊连载权、信息网络传播权等），本国市场与国际市场，本语种版本与其他语种版本，平装本、精装本与图书俱乐部版本，纸介质出版物与其他介质出版物甚至衍生产品（如电影、文具、服装、布艺、陶瓷等）结合在一起，统一策划，力求通过优化配置选题资源和著作权资源，获得最大的效益。

随着中国经济的飞速发展，提高国家文化软实力和中华文化影响力，成为新形势下做好宣传思想工作的重要内容，我国的著作权贸易获得空前发展。越来越多的出版单位已认识到将著作权贸易纳入经营范围的重要性，从选题策划起，就开始考虑国内国际两个市场、国内国际两种资源，并进行了有益的尝试和运作，贸易对象所涉及的国家和地区也越来越广泛。著作权贸易已经成为出版单位的重要经济增长点，成为我国出版单位经营活动的重要内容。

二、出版单位的著作权贸易经营

著作权贸易的经营，总体上是从世界大市场着眼，从选题策划源头着手，通过选题本身的适用性以及国际出版合作的多种形式，充分发挥出版资源的效能，按照社会效益和经济效益相结合的原则，提高投资回报率和经济效益。简单来说，经营著作权贸易应立足本出版单位专业范围内的优势领域，从引进版选题和输出版选题两个方面考虑，提高项目的成功率。

这里主要以图书为例介绍选题的引进和输出，其他出版物在这些方面基本上与图书相似。

（一）对引进版选题的考虑

在进行引进版选题的规划和策划时，应注意考虑下列因素作为选择依据。

1. 选题的文化价值

独特的文化价值，是优秀选题的基础，也是开展著作权贸易的重要依据。判断是否具备独特的文化价值，一般可以从独特性、先进性、互补性、实用性、流行性等方面考虑。如引进学术著作，要优先考虑是否具有学术前沿价值，是否具有独创性和参考价值；引进文艺类图书，要考虑是否有文化积累价值、艺术审美价值；引进工具书和经营管理类图书，要考虑它们的实用性、新颖性等。为此，要通过对同类作品的比较、筛选，通过对国内外市场的透彻分析，不断积累经验，尽可能引进经得起时间考验的文化精品。

2. 作者知名度和作品在原市场的反应

作者的知名度和作品在海外市场的销售情况，一定程度上能反映原作品的价值，可作为预测该作品引进出版后国内市场反应状况的参考。但同时也要注意：第一，尽量调查、甄别作者的知名度和图书销售的实际情况，避免讹误。第二，研读作品的表达方式或叙事风格，判断是否符合国人的阅读习惯。第三，调研同类图书在国内市场的出版及销售情况，避免选题的过度重复。

出版单位切忌盲目地追捧世界知名作家和畅销书。国外畅销书引进后，在国内未必也畅销，因为一种书的销售情况受多种因素的制约，如国内读者的认同心理、国人的文化习俗、同类图书的市场容量、作品翻译的质量、图书编校的质量、出版单位的营销能力，以及图书的整体设计状况等。

3. 原作品的出版时间

改革开放以来，我国在著作权贸易方面基本上已完成了对引进海外作品的“补课”。现在的著作权贸易，主要关注的是海外的现当代作品，关注的是与世界发展同步的知识和先进思想的引进。因此，原作品的出版时间可作为判断其内容新旧的参考，也可作为判断该版本是否值得引进的一个依据。同时，还应了解该作品近期是否将有新版本推出。当然，有时最新版本也并不一定是最好的，这主要应看国内市场对不同时期、不同版本的需求情况。总之，内容及内容的系统性是关键因素。对于版本过旧的作品和已去世作者的作品，还要考虑其是否会在近期因著作权保护到期而进入公有领域的情况，因为这对相应权利的使用期限和付酬条件会产生较大的影响。

4. 市场预测和效益评估

引进版出版物最终能否取得成功，还离不开对国内市场的综合分析、研究和预测。这种分析、研究和预测基于三个方面：

第一，各种市场分析报告和统计数据，如图书专业研究机构、有关媒体或权威机构专家的分析报告和排行榜。第二，出版单位市场营销人员和编辑进行的抽样调查，这能够很好地弥补前一种方法的时效滞后和门类细分不足的问题。第三，出版单位相关管理人员（如编辑部主任、总编辑、社长等）的经验和眼光。

在对市场有了较为准确的分析、研究和预测之后，出版单位还应对引进项目进行投入产出效益和经营风险的分析评估。

5. 出版单位的出版能力

著作权贸易也要“量体裁衣”，根据自身的出版方向、出版特色和所拥有的编辑人才、发行队伍、发行渠道等优势进行匹配性引进。与此不相匹配的引进，既有可能混淆自身在出版物市场上的特色与品牌，又可能无法保证翻译质量、编辑出版质量，也无法保证图书的顺利营销。因此，出版单位有没有专业力量做好相关产品，要作为决定是否引进的重要依据。

6. 专家意见和读者反应

引进专业性很强的图书时，要注意征求有关领域国内外专家的意见和关注权威媒体的评论。同时，也可借助互联网或其他途径，了解读者反应。

（二）对输出版选题的考虑

在进行外向型选题开发和著作权对外输出时，要在充分调研的基础上重点考虑以下依据。

1. 作品内容的适用性

作品内容是否能够满足国外读者的需求，是著作权能否输出的最根本的前提。多年的实践表明，传播中国改革发展的经验、与我国居于世界领先地位的一些科技领域有关的读物、体现和诠释中华传统文化精髓的读物、语言文字工具书、对外汉语教学读物、中国旅游读物及少儿读物等，较受国外读者的欢迎，是这些年输出著作权的主流产品。同时，随着我国的国际影响力与日俱增，中外在政治、经济、文化等各领域的交往日益密切，外国读者渴望更深层次地了解中国，因此，体现当代中国文化精神、经济研究领域中的“中国主题”的读物，表现中国人思想与生活的现当代文学作品，以及一些专业性、实用性书籍，越来越受到外国读者的青睐。当然，对不同国家（地区）读者的具体需求不能一概而论。但是，作品内容是否适用于目标对象，将对著作权输出能否实现，以及实现输出后获得的效益高低起着重要作用。

2. 作品翻译的适用性

在著作权输出中，翻译同样起着重要作用。一般来说，达成著作权输出协议的出版物，往往由外方出版机构组织翻译者进行翻译。但也存在两种情况：一种是我国出版机构直接出版中外文对照的双语出版物，以便满足国内国际两个市场的需求。在此情况下，翻译工作常由我方出版机构组织。第二种是中外双方在达成著作权输出协议后，鉴于传达中国文化的准确性和照顾国外读者的阅读习惯，中外双方又常常共同组织翻译。无论何种情况，寻找到好的翻译者，既准确传达原著的神韵又符合国外读者的阅读习惯，是对翻译的基本要求。从较为成功的实践来看，好的翻译者往往是相应外语为其母语的翻译者，尤其是在中国生活和工作过多年、汉语水平较高的外国人。

3. 作品形式的适用性

针对不同的国外读者情况选择合适的作品形式，也有助于著作权输出的达成。在国外普通读者看来，中国文化博大精深，甚至充满神秘，理解起来存在一定难度。为帮助他们了解作品内容，并能引起他们的阅读兴趣，内容的表现方式相当重要。面向普通读者开发的外向型选题，作品内容应该简单明了，有故事，有趣味，再配以生动的图片。如商务印书馆的《汉语图解词典》，是帮助外国人学习汉语的工具书，对每一个词语的解释都配有国外读者比较熟悉的图片，从而让生涩的词义变得熟悉和活泼，很方便读者的使用。面向国外研究机构和专家学者的作品，则要内容充实、逻辑严密、数据准确明晰。

4. 选题策划方式的适用性

在选题策划阶段就考虑实现著作权输出的可行性，这种方式目前在我国出版界越来越普遍。一些出版单位或者直接与国外出版机构合作，双方共同确定选题开发方案；或者借助在国外设立的合资公司（或并购、参股、投资的出版机构），从国外读者的阅读需求出发，专门设计相关选题；或者采取中外作者联合创作的方式，先由中方作者提供材料或拟出初稿，由国外作者根据需要进行修改加工和翻译。选题策划方式的适用，可在很大程度上保证著作权输出的成功率。

5. 出版物类型的适用性

随着数字出版的迅速发展，选择合适的出版形态，不仅有助于著作权输出，也有助于最大化地获取交易的收益。同一种作品，既可以通过出版纸质书获取版税，又可以借助国外出版商比较完善的技术、设备、平台和销售渠道，获取其他出版形态所产生的收入。如人民音乐出版社，不仅授权国外出版机构出版本社的外文版音乐图书，还授权国外出版机构开展单张乐谱的“乐谱租赁”业务。中国大百科全书出版社也曾将《中国大百科全书》数据库授权海外出版机构在网络上出版和发行。根据全球数字出版发展的多元形态，选择合适的方式进行著作权贸易，将成为未来著作权输出的重要趋势。

三、出版单位的著作权贸易管理

出版单位应建立专职部门和相应的工作制度，配备政治素质高，出版专业知识全面，外语能力强，同时熟悉对外贸易业务和著作权贸易业务的专职人员负责著作权贸易工作。

（一）开展著作权贸易的原则

出版单位开展著作权贸易和国际出版合作，应该遵循以下原则。

1. 国家利益第一

应该在遵循我国对外政策和方针的前提下，开展著作权贸易和对外合作出版。

2. 两个效益统一

要把社会效益放在首位，实现社会效益和经济效益相统一，本着“以我为主，为我所用”的宗旨，引进真正代表先进文化的优秀作品，努力对外输出中华文化精品。

3. 遵纪守法

应该遵守我国著作权法和国家对于开展著作权贸易的有关规定及外事纪律。

4. 平等互利、诚实守信

应该通过平等协商，签订双方都可得到一定利益保障的著作权贸易合同，力求双方共赢。履行合同要诚实守信。擅自删改作品内容，不按合同约定寄送样书，瞒报印数和销售数量，不按合同约定提供销售报告并结算支付版税或其他著作权使用费等，都是著作权贸易的大忌。

（二）出版单位著作权贸易管理的主要内容

出版单位著作权贸易管理的工作，主要包括以下内容。

第一，同海外出版机构、著作权代理机构建立和保持经常性的业务联系。

第二，整理本社图书及储备选题信息等，利用电子邮件、参加展会等方式和平台，定期向对口的海外出版机构、著作权代理机构进行推介。

第三，采集海外出版动态、出版物市场需求和著作权贸易信息等，及时提供给本单位有关编辑部门，并帮助编辑部门与海外出版机构沟通，策划合作项目。

第四，根据本单位的制度和要求，统一进行著作权贸易谈判和签订著作权贸易合同。

第五，根据有关规定履行引进选题报批和著作权贸易合同登记手续。

第六，检查、督促和协调编辑与财务等有关部门履行已签订的著作权贸易合同，如版税支付、稿件审核、样书寄送、报表提供等。

第七，做好商务信函和业务活动的登记备案工作，建立和保存著作权贸易业务档案。

第八，做好著作权贸易引进或输出选题样书登记造册的工作，收集整理海内外对于相应图书的评论。

（三）出版单位著作权贸易管理的流程

多数出版单位设有专门的部门或人员管理著作权贸易，其管理也需建立和遵循一定的工作流程。

在选题信息采集、索取样书和前期联系阶段，各出版单位由于情况不同可以有不同的处理办法。如有的出版单位强调从一开始就统一归口由管理著作权贸易的部门或专人负责，有的出版单位则允许编辑先自行联系，直到要正式洽谈交易条件时才归口到著作权贸易管理部门或专人负责。从正式洽谈交易条件起，以后的工作流程则基本相同。

这里主要以引进选题为例，介绍著作权贸易管理的主要流程。

1. 通信管理

通信（包括信件、电子邮件、传真和电话）联系伴随每一个著作权贸易项目的始终。因此，联系过程中的通信管理显得尤为重要，应该每一次通信往来都有案可查。

电子邮件的管理相对较简单，可在局域网上设立共享文件夹，授予相关人员相应的查阅权限；信函或传真则要求以纸质文件形式归档；对重要的电话，要做好书面记录归档。对于电子信箱地址、电话号码、传真号码、邮寄地址、银行账号信息等有关联系方式以及重要内容，都要做好备份并保证查阅便捷。

2. 样书管理

确定选题的一个重要前提是对样书（或书稿、提纲）进行评估，著作权贸易有了最终结果后，也要赠送部分样书给著作权人。因此，样书管理是著作权贸易管理中的重要环节，样书管理得好坏，会影响出版单位开展著作权贸易的结果。

首先是引进样书的管理。引进样书的来源主要是海外出版单位、代理公司或著（译）者。获得样书后，通常在一段时间（数周或一两个月）后要给对方一个明确的答复。如果没有进一步的意向，样书一般应该归还。因此，样书的登记、借阅、及时回复结果和归还，是引进样书管理的主要内容。

其次，对于出版单位按著作权贸易合同已经出版的图书，应按合同约定的数量和时间把样书寄送给著作权人或其代理人。切忌以种种理由为借口，少寄或不寄送样书。

3. 合同管理

在确定了选题意向，并经过谈判确定各项条件后，著作权贸易双方将签署书面合同。著作权贸易合同是受法律保护的重要文件，它对合同双方的权利和义务都有明确的规定，而且在整个合同有效期内都在发挥作用。所以，对著作权贸易合同的管理和执行会影响到一家出版单位的长期利益，应引起足够的重视。

常规的合同管理，主要是指合同的原件要保持完整，归档的门类应清楚，查阅方便、快捷。此外，要按照国家的有关规定，到著作权行政管理部门备案登记涉外著作权贸易合同。

著作权贸易合同一般分阶段规定不同的权利、义务，其管理也应有重点地逐一进行。一般来说，合同签署之初，被授权人就要支付一定的预付金；此后，被授权人应按时出书，寄送样书；再后，要提供销售报告、结算版税等。因此，合同管理，在归档保存之外，还包括逐一执行合同要求、详细登记合同的履行记录。

4. 编辑管理

图书按时出版是履行合同中极为重要的一个环节。这不仅会影响到后续的工作流程，更会影响到双方的合作，进而影响出版单位的利益。

在落实合同的过程中，出版机构的著作权贸易管理部门或者人员，要加强与相关编辑的协调、沟通，督促编辑如期完成图书的编辑出版工作，否则就会给本单位的信誉、利益等带来不必要的损失。这个环节要引起出版单位、著作权贸易管理部门或人员及编辑等相关人员的足够重视。

5. 结算和支付管理

一般包括版税（即著作权使用费）预付金的支付和定期的版税结算。

（1）版税预付金的支付

版税预付金也称“预付版税”，是指在合同签署后被授权人向著作权人或其代理人支付的带有预定性质的费用。在实际工作中，版税预付金甚至起着影响合同是否成立的作用。目前，大部分著作权贸易合同都规定，只有在著作权人或其代理人收到版税预付金后，合同才正式生效；一旦合同不能正常履行，只要不是著作权人的原因，版税预付金基本不予退还。由于各国对于对外贸易外汇结算时间的规定不同，著作权贸易的版税预付金支付时间也不尽相同，通常在著作权贸易合同签订之日起 2 ～ 3 个月内支付，双方签署合同时对此要有明确约定。一旦合同明确约定，就须严格遵守版税预付金的支付时间，否则可能影响合同的效力。版税预付金的数额，主要取决于图书的首次印数、定价（或估价）、版税率等因素，由双方协商而定，实际工作中往往取一个整数。版税预付金在此后结算版税时将予以抵扣。

（2）定期结算版税

定期结算版税，是指被授权人在图书发行后按合同约定的时间向著作权人支付版税。其结算时间，一般在图书销售一定周期后；结算版税所依据的图书册数，双方在合同签署时就应约定，或者依照印数或者依照销售数，而在实际工作中，多按图书销售数结算；结算程序一般是先由被授权人向著作权人递交结算报告，双方无异议后再办理支付手续。

结算版税的标准及其支付方式，在双方签署合同时即应明确约定。一般采取两种方法：一是固定版税率，即无论图书销售多少均按码洋的一定比例计算，版税率通常是 6% ～ 8%；一种是累进版税率，即随着销售数的增加而相应提高版税率，如 5 000 册以下为 7%，5 001 ～ 10 000 册部分为 8%，10 001 ～ 20 000 册部分为 9%。

此外，著作权贸易中有时也采用一次性付酬方式支付著作权使用费，其标准和支付形式由双方当事人在合同中约定。版税的结算和支付管理贯穿每个著作权贸易项目的始终，必须按照我国的外汇管理制度和税收制度规定办理各种手续。

第三节　著作权贸易的具体操作

著作权贸易的操作包括一系列环节，其中每个环节都有特定的内容和要求。

一、著作权贸易信息的获取

我国出版单位获取著作权贸易信息的重要途径，除了参加国际书展外，还有以下几种。

（一）与海外出版机构建立和保持联系

在开展著作权贸易方面，既要追求联系的广泛性，探索更多的合作机会，也要强调联系的针对性，尤其要重视出版方向、特色、门类相似的出版机构。一旦确立了联系，出版机构之间就会定期向对方发送新书目录或图书出版信息，供对方参考选择。

（二）借助著作权代理机构

著作权代理机构是从事著作权贸易的专门机构，掌握众多的图书、作者、出版机构、文学代理人等信息资源，具有开展著作权贸易的专业经验。出版单位可以委托著作权代理机构提供可供选择的目标图书并代为开展著作权贸易；即便出版单位已经选定了目标图书，也可委托著作权代理机构代为联系对方出版机构或著作权人，洽谈贸易合同。出版单位借此可以节省精力，降低成本，提高工作效率，专注于图书的翻译、编辑和出版发行。著作权代理机构须以代理人的身份，充分考虑委托方的要求，把握谈判进程，协调各方面关系，平衡各方利益，避免不正当竞争。

出版单位和著作权代理机构之间也应签署正式的委托合同，明确委托方和被委托方的权利和义务。

（三）借助著作权集体管理组织

著作权集体管理机构是由著作权人自行发起成立的非营利性组织，主要就著作权人无法行使或难以行使的著作权，代表著作权人进行著作权贸易。这类组织与文学经纪人或著作权代理公司不同，后者以营利为目的，前者则以维护著作权人的权利而不是以自身营利为目的。这类组织不仅拥有众多的国内会员（著作权人），而且因为这类组织往往是国际组织的成员，或者各国的同类组织之间签有互相代表协议，所以还间接拥有国外会员（著作权人）。通过著作权集体管理组织，不仅可获取图书信息和著作权贸易信息，还有助于便捷地获得它所代表的著作权人的授权。

（四）阅览出版物目录、行业期刊

一个国家出版业总信息的主要来源是出版目录。世界上两大出版物目录分别是《文学市场》（*Literary Marketplace*，主要包括美国和加拿大出版商的信息）和《国际文学市场》（*International Literary Marketplace*，主要是世界其他国家的出版商信息）。两本目录均由今日信息公司（Information Today Inc.）出版，可以从美国的鲍克公司（R. R. Bowker LLC）订购。

此外，《出版商周刊》（*Publishers Weekly*）和《书商》（*The Bookseller*）等行业期刊登载有最新的国际出版业动态，既包括各个出版门类的最新动态，也有个别重要出版物的专题报道、每周畅销书排行榜、出版商的新书刊广告和出版行业（包括代理公司）的人员变动情况等，极具实用价值。

（五）借助网络查询和调研

目前，出版机构普遍建立了自己的门户网站或交易网站，图书目录信息及出版最新动态在网站都有反映。网站还会就一些重点图书展示专家或者读者的评价。此外，“亚马逊”（Amazon）等网上书店，“国际版权在线”“法兰克福书展”“出版市场”（Publishers Marketplace）等专业网站，也有大量的图书信息。经常访问这些网站，或者借助互联网检索相关书刊在世界各地的市场反应、读者意见，甚至主动就目标图书发起读者调查，都可帮助判断和决定是否可进行著作权贸易。

二、著作权贸易谈判

根据著作权贸易信息确定了引进或输出的选题后，就要进行著作权贸易谈判。

（一）确定著作权归属

在洽谈引进版选题时，最重要的是确定著作权的归属。权属清楚，谈判对象自然就明了。如果是通过海外出版机构或著作权代理公司提供的出版物目录确定选题的，通常可直接找该出版机构或代理公司谈判，提供出版物目录一般意味着该出版机构或代理公司拥有有关权利或已获得著作权人的授权。若是由其他途径获得海外出版物的信息而决定引进的，则一般可以通过该出版物上著作权标记 © 后所列的是作者姓名还是机构名称来初步判断著作权的归属。一般而言，西方国家科技著作的作者往往在出版时就把翻译权等作为从属权利一起授予出版机构，而文艺作品的作者则通常保留除原版出版权以外的所有其他权利，并往往再委托著作权代理公司代理这些权利的贸易。有时，某些出版机构或代理公司尽管获得了有关权利，但为了方便，也会把在不太熟悉的市场（如小语种图书的市场、遥远地区的市场）上的出版权利再委托一家著作权代理公司代理。在无法判断时，可直接同原出版机构联系，对方会告知应该同谁谈判。

对于初次接触的作者或作者继承人、出版单位、著作权代理机构和著作权集体管理组织，可以根据不同情况，要求对方提供经过当地公证机关公证的身份证明、遗嘱、家属之间的协议、作者授权书、图书出版合同、著作权转让（包括赠与）合同、代理合同、集体管理合同等文件的复印件。个别情况下，可以请对方持相关文件到我国驻该国的使馆或领馆进行认证，并向我国出版单位提供经认证后的文件原件。

著作权输出，也须确定是否具备输出著作权的权利。以前，作者与出版社在著作权输出方面的约定比较模糊。近年来，这种情况有所改变。大多数作者同意我国出版机构代理著作权输出，也有些保留著作权的对外贸易权利，单独授权第三方代理。

（二）谈判的前期准备

著作权贸易涉及双方之间的文化交流、出版物内容上的交流，也涉及一系列的经济条款商定，需要做好多种准备。

1. 专业准备

首先应明确所涉作品的专业领域，然后为此作专业上的准备。

卖方尽管重视对方的收益承诺，但他们也清楚，收益承诺能否实现，取决于对方的专业能力。在有诚意且长远的合作中，专业能力更为重要。专业能力，主要指对方是否能够准确理解作品，能否约请到合适的翻译，是否具有完善的营销设想，是否具有落实营销方案的人力。这就需要参与谈判的人员做好专业准备。首先要具备足够的专业知识和对相关作品的深入理解，这样才能取得对方的信任。其次，要熟悉本单位的出版资源、出版特色和出版营销流程，针对目标图书更要与营销策划人员事先沟通，这样才能让对方预知出版后的基本前景。

2. 语言准备

著作权贸易谈判的双方，在大多数情况下是以不同语言为母语的，进行交流时就必须利用双方都能接受的某种语言。由于英语的国际通用程度较高，所以，进行著作权贸易谈判使用英语的情况较多。当然，使用对方熟练掌握的语言进行谈判，有时更能增强双方的亲密感，拉近距离。做好充分的语言准备，是顺利谈判的基础。如果要进行稍微复杂的著作权贸易谈判，更要求谈判者具有较高的外语听、说、读、写、译能力，这样才能准确地领会对方的意思，充分地表达自己的想法，保证谈判不至于因为语言沟通上存在障碍而困难重重。

3. 经济准备

经济准备就是要在经济上进行测算，主要是估计对方的实力和可能报价，并据之测算确定自己一方可力争实现的理想合作条件和能够接受的底线。

对于引进版选题，应在对中国市场预测和经济预算的基础上确定如下内容。

第一，要求取得的权利内容，如中文翻译权、出版权是世界性的还是中国大陆地区的，授权的时限，版本的种类等。

第二，初版印数和远期（合同有效期内）的总销量。

第三，估计定价。

根据上述内容，计算出这个出版项目的基本投入产出数据，并在设定合理的利润水平或盈亏平衡点后，测算所能够承担的版税率及版税的计算和支付方式（包括是否预付部分版税、预付多少，图稿是否另外付费等）。

此外，要较为清晰地划定合作条件的上限、中限和下限，作为谈判时掌握的标准。

4. 优劣势分析

优劣势分析又称“SWOT 分析”，是一种能够较客观而准确地分析和研究某个单位现实情况的方法，由美国旧金山大学的管理学教授于 20 世纪 80 年代创立，后通用在企业管理等诸多领域。主要分析竞争优势、竞争劣势、竞争机会和风险威胁四个方面。在著作权贸易谈判阶段，就这四个方面仔细研究分析，有助于谈判者正确应对各种可能出现的局面，争取达到最有利的谈判结果。

（三）谈判的方式

著作权贸易谈判可以通过传统书信、传真、电子邮件甚至电话进行，也可以在互访或参加国际书展时当面进行。通过几轮谈判，如果能就合作条件达成一致，即可拟订合同草案，由双方审核同意后正式签约成交。一般而言，著作权贸易的条件往往有行业惯例可循，相对比较简单。

（四）谈判的策略

著作权贸易谈判的目的是要达成协议。在能够达成协议的前提下，谈判双方自然会为自身利益的增加而作出各种努力。这时，双方都会使用一些谈判的策略来争取主动或得到更多的利益。因此，了解卖方和买方常用的一些策略，有助于在著作权贸易谈判中充分保障自身的利益。

1. 卖方策略

著作权贸易中的卖方，在谈判过程中常常采用下列几种策略。

（1）拍卖竞价

出版单位或代理人通常会策划组织拍卖会或竞价来销售作品使用权。对一些畅销书作者的书稿，往往会举行专门的拍卖会。实践中比较常见的是竞价销售。卖方先把有关书稿信息或样章广泛散发给有兴趣的出版单位，然后通过邮件或电话组织几家出版单位进行报价，并通过不断向各方发布最高报价信息，轮番抬升报价。这样的竞标过程有时可以持续好几轮。买方出于发展战略或者完善产品线的需要，或者出于竞争策略的需要，或者纯粹是出于要面子而一时冲动，有时会报出几乎让自己无利可图甚至有亏损风险的条件，最终使得卖方获得预期的经济利益。

（2）突出畅销先例

许多作者是著名的畅销书作家，他们的作品是各种畅销书排行榜的常客，其代理人就会在谈判中突出强调先前作品的畅销情况，并以先前作品的畅销量作为计算依据，要求对下一部作品有一个较高的报价。这种策略在多数情况下有其合理性，因为作者先前的作品已经形成了品牌，拥有了固定的读者群，下一部作品的销量有基本保证。但对买方来说，有三个风险因素需要考虑：一是作品水准下降导致销量受阻，如果作者的创作已走入低谷，风险就会更大。二是文化差异因素。在一个国家或具有类似文化背景的区域内畅销的作品，不一定在语言文化背景差异较大的另一个国家或区域内也畅销。在这种情况下，作者的知名度或其作品畅销经历，并不能成为下一部作品也畅销的保证。三是营销差异。畅销书需要辅以诸多营销手段，甚至决定于某一时间或事件。即便作者的先前作品曾经创造畅销的奇迹，如果宣传策划、营销手段有误，买方引进后不一定也能畅销。

（3）结合广播影视作品

与电影和广播、电视相结合的图书，在著作权贸易中，也时常被出版单位或著作权代理人突出强调，并借此提高交易条件。出版单位或代理人制作的图书目录信息，一般会特别标注出与广播影视结合的图书（如 Movie Tie-in 或 TV Tie-in），或专门编制与广播影视结合的图书目录，尤其会强调图书的广播或影视改编方的实力，如著名电影公司或著名导演、著名演员参与等。鉴于影视广播在公众中的影响力，这类图书的市场销售有一定的保证。但仍需要理性鉴别：一是先有图书，然后改编成广播剧、电影或电视（包括电视剧和电视节目），还是先有广播和影视，再据此改编？如是前者，则更有市场优势，因为此后上演的广播和影视，有助于对图书的宣传。二是对图书来说，内容价值最为重要，广播和影视必须适应自身的叙述特点，不同于原书。因此，广播影视剧优秀并不能证明原书的内容同样优秀，反之同样成立。

（4）利用重要人物和重大事件

作品涉及重要人物或重大事件，也经常是出版单位和代理人用来在著作权贸易中获得较高条件的“筹码”。因为关心重要人物和重大事件的公众数量很多，所以有关作品的销量往往就会多于其他一般作品。卖方会借此而开出一个比较高的条件。

（5）权利分拆

数字出版环境下，出版的形态也越来越多样。出版单位和代理人会根据出版形态的不同，将纸质图书出版权、信息网络传播权等拆分开来单独销售，从而将利润最大化。目前国际上普遍的做法是争取获得著作权多项权利的许可，从而保证引进的项目达到预期的目的。

2. 买方策略

买方应对卖方的策略，大致上有下列几种。

（1）眼见为实

买方应该争取审读原书或原稿，必要时还需要邀请相关方面的专家帮助审读作品，对作品内容要有充分的了解和准确的判断。以此为基础，才可能降低风险，切忌盲目决定。面对根本无法看到完整书稿，甚至连稿子都没有的个别情况，买方也要尽可能多地收集相关信息，参考多种资料再作出交易决定，同时要做好承担较大风险的准备。

（2）扬长避短

专业性发展已成为国际出版趋势。出版单位开展著作权贸易，应该立足于自身的品牌和出版特色，加强产品与品牌的关联度。事实上，一家出版单位如果在自己的优势领域从事著作权贸易，成功的概率较高。即便出版单位谋求转型，也要根据专业准备的充足与否，开展目标领域的著作权交易，切忌跟风交易和盲目交易。

（3）货比三家

世界出版业每年的同类型产品众多。买方在确定了著作权贸易的主要方向之后，不必急于确定具体的品种，应该对出版类似作品的出版机构或代理类似作品的代理公司进行全面研究，再从公司品牌、作者知名度、著作权贸易的难易程度等方面进行优化精选，货比三家，从中选出性价比最高的作品，再列出可选作品的先后顺序，依次与卖方进行谈判。这样，可以保证买方以较低的风险获得较优质的作品。

（4）避热就冷

购买热门作品往往有很大的风险。原因在于热门作品竞购者众多，竞争激烈导致价格上升，买方的成本会急剧增加，一旦达不到较高的销售目标，买方就将面临亏损的风险。因此，既要谨慎冷静面对热门作品，更要敢于淘选冷门作品。经验证明，每年都会有许多冷门的作品最终获得市场的认可，得以畅销甚至长销。所以，避热就冷，在冷门中发掘出热门，是著作权贸易中买家追求的最高境界。

（5）果断出手

在竞争激烈的著作权贸易市场，尤其是在诸如法兰克福书展等大型展会上，经常有一些优秀作品资源出现，并且竞争对手较多，机会稍纵即逝。这就要求买方能够果断出手，迅速作出决定。有时为了抢占市场先机，在书稿策划阶段或者书稿尚未完成、没有见到样书的情况下，买方也需要果断决定。为了既能抓住商机又尽可能避免风险，一方面最好由能够拍板和承担责任的领导亲自参加谈判，领导即使不能到现场，也必须能够遥控指挥；另一方面，事先要做好充分准备，对哪些该买、哪些不该买，以什么样的条件报价等，有一个大致的原则和底线，便于"前方"人员随机应变，现场把握。

三、著作权贸易合同及其履行

买卖双方之间的著作权贸易关系，必须通过签订书面的著作权贸易合同方可确立。一个著作权贸易项目的顺利实现，有赖于双方对合同条款的切实履行。我国著作权法要求必须采用书面形式订立著作权转让合同，但对于著作权许可使用合同应采用何种形式，法律未作规定。这样，书面的、口头的、录音的合同都是合法的。通常情况下，为了方便起见，更为了避免今后出现纠纷，合同双方当事人一般都会签署书面合同。

（一）著作权贸易合同的成立

一般情况下，著作权贸易合同由卖方起草，经双方讨论修改后定稿。起草方通常都备有本单位的标准格式合同，双方商谈确定条件后，在预先留空处填入相应数据和条件。

合同必须经过双方正式签署后才能成立。个人作为当事人的，由其本人亲自签名（外国人一般没有个人名章）；机构作为当事人的，须由机构的法定代表人亲自签名，并加盖机构的公章（一般为合同章）。当事人若是获得著作权人授权的代理人或代理机构，签署合同时必须将足以证实其有权代理的书面文件（一般是著作权人的授权委托书）副本（复印件）作为合同的附件。

签署合同的时间必须明确、完整，具体写明年、月、日和签约地点。同时要对合同进行编号，每份合同加盖骑缝公章；有时，外国著作权人还要在合同的每一页上都签字。

涉外著作权贸易合同应按规定报出版单位所在地省级版权局登记。

著作权贸易合同依法订立之后，双方就应该分别按照合同的约定切实履行各自的义务，从而获得相应的权利。

（二）著作权贸易合同的内容

著作权贸易合同是双方当事人就著作权中的某一项或多项财产权利的许可使用或者转让而达成的协议，其主要内容必须符合法律的相关规定。合同中的所有条款，都须经双方当事人协商一致。

1. 法律关于著作权贸易合同内容的规定

我国《著作权法》第二十四条规定了著作权许可使用合同的主要内容，第二十五条规定了著作权转让合同的主要内容。

我国法律的这些规定，并非专门针对著作权贸易合同，而是普遍适用于各种著作权许可使用和转让合同，所以是对基本原则的规定。因此，上述的法律规定中都包括“双方认为需要约定的其他内容”这一弹性条款。这意味着，法律完全允许合同双方当事人根据著作权许可使用或转让的具体项目的具体情况，由双方协商后增补若干内容。但是，法律所规定的主要内容，则是任何合同都必须具备的，不可或缺。

因此，著作权贸易合同的内容既应该遵循法律的原则规定，又可结合本身的具体特点而拟定。

2. 著作权贸易合同的一般内容

根据著作权贸易的特点，著作权贸易合同一般包括下列内容。

（1）当事人身份

合同中须列出双方或多方当事人的名称、地址等。如果有一方是代理人或代理机构，应该予以说明，并注明委托其代理的委托人姓名。当事人的名称应当用正式全称，地址应当详尽，可以同时再列出联系电话、电子邮箱地址、卖方的银行账号信息等。

（2）所涉作品及其作者

著作权是因作品的创作才产生的，并且一般由其作者享有。所以，著作权的许可使用或者转让必然与作品及其作者密不可分。这样，合同中就应该写明所涉及作品的正式名称；如果作品有副标题，副标题也要写明。世界上的各种作品浩如烟海，其中难免存在名称相同的。所以，合同中必须同时写明所涉及作品的作者姓名，这样才能避免张冠李戴。此外，还要标明出版年代和版本；必要时需标明国际标准书号。

（3）著作权承诺

卖方应该承诺拥有有关权利或有权就有关权利进行贸易，买方应该承诺按约定为原作者和原出版者署名、在版权页上刊载版权声明、保护作品的完整性（如准确翻译，未经允许不得增删）、遭受侵权时采取必要措施保护作品著作权等。这也是买卖双方各自应当承担的义务。

（4）交易客体的性质和内容

著作权贸易的交易客体是著作权权利，而著作权权利又细分众多。因此，合同中必须明确说明该合同涉及的是哪一项或哪几项权利，这是对交易客体性质的约定。交易客体的内容也涉及不少方面。如是相应著作权权利所有权的转让还是使用权的许可；若是许可使用，那么这种许可使用属于专有性还是非专有性；买方获得的是哪些版本的出版权，如仅是中文简体字版，还是繁体字版和简体字版都有，抑或是笼统的中文版；买方获得的权利，可以在多大的地域内行使，是世界范围还是限于中国大陆地区；买方是否可以将获得的权利再向第三方分许可（转授权）或再转让等。所有这些与交易客体相关的内容，在合同中都应该明确说明，避免以后出现纠纷。

（5）经济条件

著作权贸易既然是一种交易，买方就必须为获得交易的客体而付出一定的代价。支付代价通常采用以货币结算的方法，偶尔也可采用交给对方某种实物或者对等给予对方某些权利等方法。用货币结算时，合同中应该就付酬的形式、标准和支付方式作出明确约定。采用支付一次性报酬的形式，必须约定报酬的具体数额；采用支付版税的形式，必须约定版税率、首次印数、定价、计算版税的因素（如按印数计算还是按发行数或实际销售数计算，是按定价还是批发价计算）等标准。关于支付方式的约定，主要包括币种、预付金额、结算时间等内容。同时，卖方还应在买方所在国缴纳有关税收，如所得税、营业税等。

（6）意识形态条款

由于社会制度和意识形态不同，在引进出版海外作品的合同中，必须设专门条款明确写明买方有权根据国情对涉及社会政治和意识形态的内容作相应的删改。在著作权贸易中，这是需要特别强调的合同条款。

（7）违约责任

合同中应该约定，任何一方没有履行合同约定的义务或不适当履行合同约定的有关义务时，依照法律规定或按照当事人的约定必须承担何种责任，责任的具体内容有哪些。

（8）争议解决条款

在著作权贸易合同履行期间，有时双方会由于某种原因而发生一些争议或纠纷。合同纠纷发生后，一般由双方友好协商解决，也可以采用签署补充协议书作为原合同附件的方法予以明确。如果双方分歧很大，难以协商成功，通常都要提请仲裁机构仲裁。为避免今后在提请哪个仲裁机构仲裁的问题上产生意见分歧，出现纠纷不能解决、合同难以继续履行的情况，合同中应该提前约定仲裁机构的名称和所适用的仲裁规则。这就是争议解决条款。一般来讲，宜尽量争取选择我国大陆地区的仲裁机构，以降低提请仲裁时的费用支出。当然，合同纠纷发生后，也可以由双方当事人签订仲裁协议并提请仲裁。

关于仲裁的约定应该符合仲裁法的有关规定，不能在合同中同时约定采用诉讼方式和仲裁方式解决合同纠纷，而必须在诉讼和仲裁两者中选择其一。

（9）合同有效性条款

这主要是对合同本身在哪些条件下才有效的约定。一般包括对合同有效期、生效条件、生效日期、合同文本和合同份数等内容的约定。

（10）相关权利和义务条款

这是以上各项中没有包含而买卖双方一致认为需要在合同中写明的条款。比如卖方应提供原著样书供翻译用，或者提供图书排版的电子文件供买方使用；图片的著作权授权方式；买方出版图书的时间，向原作者和原出版者赠送的样书数量及运达方式，图书重印或再版时的通知；续约的时间、方式和买方具有的优先权利；关于在合同期满后已经生产的图书是否可以继续销售的约定等。

（三）著作权贸易合同的履行

著作权贸易合同履行得好坏，直接影响着出版单位的声誉，关系到以后的著作权贸易能否正常开展。有效的著作权贸易合同受法律保护，双方都必须严格按合同约定条件实施有关项目。对于买方来讲，履行合同中需要注意下列问题。

1. 尊重和保护作者的著作权

这是履行著作权贸易合同中需要特别注意的问题。买方应该充分尊重作者的著作权，对作品的使用不能超出合同所约定的条件和范围，对于合同中卖方没有明确授予的权利不能擅自行使。如果合同约定由买方负责打击侵权盗版行为，买方应该采取有力措施，以维护作者的著作权。买方还应当按照约定为作者署名，注明原出版者和原版本，并按约定标准及时支付报酬。

2. 信守合同

进行著作权贸易必须诚信第一。洽谈和签订著作权贸易合同是一项严肃的事情，既不能随意签约，更不能随意毁约。合同签订后要认真履行各项条款，尤其是版税必须如实结算。有意不提交销售报告或在销售报告中故意隐瞒实际印数或销量而借机少付版税的行为，不仅要承担法律责任，也会严重影响买方的声誉，损害买方的长远利益。

3. 及时支付版税预付金

在著作权贸易中，一般用美元、欧元等国际通用性较强的货币进行结算。我国对外汇的兑换、使用有一定的管理制度，需要办理种种手续。因此，如果合同约定的正式生效方式为买方在规定时间内支付版税预付金，买方就要抓紧时间办理各项手续，按时支付版税预付金，保证合同能够生效。万一受客观条件限制而确实无法在规定期限内支付，买方应该提前将有关情况如实告诉卖方，说明缘由，取得对方的谅解和认可；同时尽量缩短本单位办理有关事项的时间，紧密配合相关管理机构工作，尽快支付。

4. 在约定期限内出版发行

大多数著作权贸易合同，对买方制作、生产周期和开始发行的时间都有具体的期限规定。如果买方超过这个期限还不能开始发行，就面临可能被对方解除或终止合同的风险。因此，买方一方面要在谈判时就充分考虑到所需要的时间（一般包括作品翻译、稿件编辑、复制生产等必需的时间），并留有一定余地，不要把开始发行的日期定得太局促；另一方面，一旦合同已经确定了具体日期，就要制订周密的生产计划，排除各种困难，按时完成。

图书出版之后要尽快寄送样书，卖方往往是在收到样书后才承认该书已经发行。

5. 确认是否续约

任何合同都有有效期，著作权贸易合同也不例外。对许多作品来讲，它的生命周期要远大于合同的有效期，这就涉及合同管理的最后一个步骤——续约。

国际上基本有合同到期后优先考虑原买方续约要求的惯例，前提是买方能够完整地履行全部合同，并且买方与其他竞买方处于同等条件。合同的续约也需要进行双方谈判。一般来讲，卖方对续约提出的条件要低于首次购买的条件，但对一些因为市场原因又突然走红的作品，续约条件也很可能高于前次购买条件。因此，买方如果打算续约，在合同期满前就应该把意向通报对方，同时做好相应的谈判准备工作。

买方如果不想续约，也应在合同即将到期之前把此意见正式告诉对方，以便对方安排寻找其他买家的工作。

6. 妥善解决合同纠纷

在著作权贸易合同的履行过程中，经常会出现违约或侵权的情况。常见的违约情形有：不及时支付预付版税，不按时出书，不提供或不按时按数量提供样书，不提供销售报告，无故拖延或不结算版税，擅自删改作品内容，隐瞒印数或销量，合同期满仍然擅自出版，单方面取消合同，未经卖方同意擅自将信息网络传播权、数字化制品复制权等附属权利转授他人等。如果系买方责任，买方应该勇于承担责任，及时提出解决问题的办法，力争将对方的损失降到最低。如系不可抗力引起，应当提供有关证据予以证明。在著作权贸易中，应当自觉维护出版单位的自身形象和中国出版界的整体形象。

第四节　国际出版合作

随着改革开放的推进，中国出版业的市场化程度越来越高，已经深深融入世界市场，国际出版合作日益密切和频繁。

一、国际出版合作的概念

国际出版合作与著作权贸易不同。

狭义的国际出版合作，主要指不同国家（地区）的出版单位共同组织策划选题，共享作品著作权的有关权利，共同或按约定分工合作进行有关出版物的编辑和出版，但分别以不同的语种在不同国家（地区）销售流通。

广义的国际出版合作，指不同国家（地区）在出版物的生产要素、流通市场等方面进行合理分工，既包括具体出版物的策划、编辑和出版，也包括出版产业链各环节的国际化合理分工，还包括出版机构之间在分支机构设置、人员流动、金融投资等方面的合作。

二、国际出版合作的主要形式

在欧美出版界，大型出版机构的跨国色彩较浓，国家出版合作比较频繁，无论在出版物的生产领域还是流通领域，国际化分工合作都相对成熟。我国自改革开放以来，国际出版合作日渐进步，尤其是随着文化体制改革的深入、出版“走出去”

战略的实施，国际出版合作越来越频繁，合作范围日渐广泛，合作关系日渐加深，合作方式也越来越多样化。概括起来，主要有以下合作形式。

（一）出版机构的国际合作

出版机构的国际合作有战略合作，品牌合作，在海外建立合资、独资公司，并购出版机构和资本合作等形式。

1. 战略合作

一般来说，战略合作形式相对松散，对双方的法律约束力不强，基本上属于框架性、意愿性合作。但这种合作形式呈现数量越来越多的趋势，内涵也日渐深化。战略合作的双方，主要是不同国家（地区）的出版机构，著作权人直接与出版机构合作的比较少见；战略合作的内涵，包括达成长期、有效、一定范围内的合作共识，也包括确定重点的合作领域，还包括共同促成出版人才相互交流、出版流程相互借鉴等合作机制，同时也就具体出版物的共同策划编辑、著作权贸易等作出明确的约定。

2. 品牌合作

品牌合作是不同国家（地区）的出版机构对出版物共同署名、共同拥有出版权，在各自的国家（地区）分别销售发行，共同收益。通常所说的出版品牌，主要包括出版单位的品牌、作者的品牌和出版物品牌。比如商务印书馆、兰登书屋属于出版单位的品牌；兰登书屋的《现代文库》、商务印书馆的《新华字典》属于出版物的品牌；一些具有号召力的作者，也形成了作者品牌。随着出版业的国际化交往、交流和著作权贸易的加强，品牌合作愈发受到重视。品牌合作通过相互“借力”来扩大品牌在不同国家（地区）的影响力，为进入他国（地区）

的市场奠定良好的基础。

3. 海外建立合资公司

这一类型的国际出版合作，主要是不同国家（地区）的出版机构以资本为纽带建立合资性股份公司。进入WTO以后，我国对国外资本进入批发、零售领域或合资组建股份公司已经放开。目前，我国出版机构在国外建立的合资公司越来越多，股权也不限于出版企业，还包括投资公司等。建在国外的这些合资公司，为国内出版物在国外的翻译出版，为在国外出版发行有关中国的图书，创造了便利条件。

4. 海外建立独资公司

这一类型的国际出版合作，主要是我国出版机构在国外建立完全独资的公司，采取本土化方式开展出版发行业务。目前，我国也开始在国外大量建立独资出版单位，同时尽量以本土化方式进行经营，聘用当地人员开展编辑出版和发行等业务。

5. 并购出版机构

这一类型的国际出版合作，主要是我国出版机构通过并购国外出版机构的方式进入当地出版领域，融入当地的出版产业。在国外出版业中，出版机构的出售、并购等重组行为频繁发生，其目的是通过自身的不断调整，提高运营效率，实现最优化的投入产出率。在欧美国家，这些出售、兼并等重组行为，不仅发生在某一国的众多出版机构之间，而且还跨越国家或地区的界限；不仅发生在出版行业之内，而且还跨越行业界别。通过并购国外出版社或者国外出版集团的下属社而成为国外出版集团产业链的一部分，可以拥有原出版机构的作者资源、出版权资源和出版物资源，并借助原出版机构既有的品牌、渠道和影响力，扩大我国出版机构在国外的影响力。

6. 资本合作

这一类型的国际出版合作，主要是我国出版机构以资本注入、购买股票的方式拥有国外出版机构的股权，分享股权收益。与合资、并购国外出版机构相比，这种合作主要是资本合作，并不参与出版机构的具体经营和出版物的出版。随着出版发行企业大批上市、融资渠道日渐开放，资本运作在国际出版业越来越频繁。投资国外出版机构，从异域市场中获取投资收益，既符合产业发展规律，也有助于我国出版业进一步融入国际出版舞台。

7. 建立国际编辑部

建立国际编辑部是近年来兴起的一种商业新模式。其优势体现在更契合在海外市场进行本土化运作的市场规律，以及风险更具可控性。国际编辑部以项目的形式运作，有利于双方更有针对性地开展合作。在2019年第26届北京国际图书博览会上，有一批出版单位国际编辑部挂牌成立，通过专业的国际化路径谋求共赢发展。国际编辑部的运作，让双方的文化、出版交流更为紧密、迈向深入。

（二）出版物出版的国际合作

出版物出版的国际合作包括出版物不同编辑出版环节的合作和不同种类出版物的合作。

1. 整体设计与物质生产的加工合作

这一类型的国际出版合作，主要是不同国家（地区）的出版机构在出版物的整体设计、印制等生产环节上的合作，类似工业领域中的“代加工”。在这种合作中，出版物的编辑工作和出版权仍然保留在原出版单位，合作单位的收益主要来自加工费用。由于我国的印刷工艺、生产质量相对较高，这种合作对国外出版机构有较强的吸引力。如一些东南亚国家的出版机构尽管已经从我国的出版单位购买了出版权，但同时也将整体设计和物质生产工作交给我国出版单位。我国出版单位由此可拥有出版权输出费用、生产加工费用两项收益。

2. 选题实施的合作

这一类型的国际出版合作，主要是出版物的选题由国外出版机构策划，而出版物的内容创作、编辑、整体设计和印刷由我国的出版机构完成。以公平对等为原则，国外出版机构和国内出版单位应该在语种版本、销售市场明确划分的前提下，分别享有出版物在不同语种地区出版的权利。随着中国在海外的影响力不断扩大，以及中国出版机构选题能力的增强，也出现了选题由中国出版机构提出，而由国外出版机构负责编辑、整体设计和印刷制作等，并经由国外出版机构在海外主渠道发行。

3. 共同编辑出版

这一类型的国际出版合作，主要是不同国家（地区）的出版机构共同策划选题，共同出版不同语种的版本，在共同协商划定的区域出版发行，共同分担成本、分享收益。如 2005 年英国坎农盖特书局（Canongate Books）启动了“重述神话”合作项目，有中国、美国、加拿大、法国、德国、意大利和瑞典等 30 多个国家（和地区）的知名出版机构共同参与。项目邀请各国著名作家，重写他们最感兴趣的神话。书稿写成后，参与者分别在本国出版发行该书的翻译版本，共同分担支付给作者的版税。我国的重庆出版社参与了该项目，在国内已经推出了作家苏童的《碧奴》等作品，而《碧奴》的其他语种版本也在国外出版。

4. 同步出版

这一类型的国际出版合作，主要是不同国家（地区）的出版机构在同一时间内分别推出某一出版物的不同语种版本。其国际合作表现在三个方面。

第一，出版时间一致，相应出版物在相同或相近时间内面市。

第二，出版物及其作者统一，同步推出的是同一位作者的同一种出版物。

第三，语种、版本有所区别。一般在不同国家（地区）翻译使用的语种和版本有区别，而在英语国家里，语种可以一致，但版本、发行范围则有区别。

目前，全球同步出版的现象越来越普遍，这一合作模式可充分发挥国内和国际两种资源和市场的优势，扩大出版物的收益。

5. 国际组稿

这一类型的国际出版合作，主要是我国出版单位组织国外作者撰写有关中国的图书，并在国内外出版发行。由于国内作者对国外读者的阅读习惯、阅读重点、阅读趋势等的了解相对缺乏，直接组织国外作者来撰写有关中国的图书，已经越来越受到我国出版单位的重视。事实上，由国外作者撰写并在国际上产生重要影响力的有关中国的图书不在少数。如美国未来学家约翰·奈斯比特（John Naisbitt）撰写的《中国大趋势》，在全世界引起了广泛关注。

目前，我国的报纸、期刊出版单位向国外作者直接约稿已经非常普遍，图书出版单位约请国外作者撰写书稿也渐成趋势。比如高等教育出版社曾制订“海外华人丛书”出版计划，联系国外高校和著名科研机构的华人专家、教授撰写尖端学科或交叉学科的专著，作为“当代科学前沿论丛”在国内出版。为了适应国内读者对于英文著作的需求，该社还逐渐积累这些专著的英文出版权，又同包括施普林格、世界科技等公司在内的几家外国出版公司合作出版英文国际版，由高等教育出版社提供英文成书，由这些出版公司负责海外发行，双方共享图书出版利润。此种形式的国际出版合作，不仅能够丰富我国出版单位的作者资源，还将有效地提高中国及中国文化在国际上的影响力。

6. 期刊出版国际合作

我国期刊出版的国际合作从 1980 年就已开始。开始阶段，主要是国外授权使用品牌、允许中文期刊有偿摘译国外期刊内容等。随着期刊以“国际视野、中国内容”为核心的本土化策略实施，期刊在国际合作中出现了新的变化：一是本土期刊的品牌影响力越来越大。二是国内品牌期刊向合作的国外期刊有偿输出内容，其中的“中国内容”大量为对方采用，由之前的“单向引进”变为“双向交流”。三是国内品牌与国外出版机构合作，推出外文版。如《中国国家地理》每期在出版中文版之外，还同期在日本推出日文版，在英国出版英文版，而《中国国家地理·选美中国专辑》曾以英、法、意、德、俄、日、韩、西班牙、阿拉伯语等多种版本向全世界发行。

7. 数字出版国际合作

我国数字出版产业在互联网与新媒体技术的推动下已经进入蓬勃发展时期。

数字出版产业作为出版产业的重要组成部分，在“走出去”过程中扮演着重要的角色。近年来，我国数字出版“走出去”的步伐不断加快，并取得了显著的成绩，数字出版物占出版物出口比重进一步提高。为了更好地推动数字出版健康发展，切实落实国家数字出版“走出去”战略，出版单位可以通过版权合作、产品合作、平台合作等多种形式，积极推动我国数字出版物在国际市场的传播和发展。

三、中国出版“走出去”战略

中国出版“走出去”是中国文化“走出去”的重要组成部分。积极开创新时代出版“走出去”工作新局面，对于加强中国国际传播能力建设，提高国家文化软实力和中华文化影响力具有重要意义。为推动中国出版“走出去”，国家先后出台了一系列支持措施，包括设立了多个有资金支持的计划和工程。相关管理机构按照“自愿申报、专家评审、择优立项、追踪问效”的原则和要求，开展评审评估，对立项项目予以资助。

（一）中国图书对外推广计划

“中国图书对外推广计划”由国务院新闻办公室与国家出版主管部门发起，通过资助中国图书在海外出版等方式，让世界各国人民认识、了解和熟悉中国，扩大中华文化在世界的影响力。

“中国图书对外推广计划”推荐图书的范围主要包括：反映中国当代社会政治、经济、文化等各个方面发展变化，有助于国外读者了解中国、传播中华文化的作品；反映中国自然科学、社会科学重大研究成果的著作；介绍中国传统文化、文学、艺术等具有文化积累价值的作品。

“中国图书对外推广计划”以成员单位制开展工作，通过“中国图书对外推广网”等渠道向国内外出版机构介绍推荐图书。在出版资助方面，国内外出版机构均可申请资助，但项目合作双方只能由一家出面申请资助。

（二）中华学术外译项目

“中华学术外译项目”于2010年经全国哲学社会科学规划领导小组批准设立，用于推动我国哲学社会科学优秀成果和优秀人才走向世界，促进中外学术交流的“走出去”。它既属于国家社会科学基金的一个新类型，又有自身的特性。

“中华学术外译项目”立足于学术层面，旨在资助我国哲学社会科学研究的优秀成果以外文形式在国外权威出版机构出版，进入国外主流发行传播渠道，增进国外对当代中国和中国哲学社会科学的了解，推动中外学术交流与对话，提高中国哲学社会科学的国际影响力。

项目主要资助中国学者在国内已出版优秀成果的翻译及其在国外的出版发行。项目资助的版本语种以英文、法文、俄文、阿拉伯文、西班牙文等5种为主，要求翻译既要保证忠实于原著，又要符合国外受众的阅读习惯。申报成果形式主要是单本学术著作和学术期刊。出版时须标明“中华社会科学基金资助”。

该项目主要资助代表中国学术水准、体现中华文化精髓、反映中国学术前沿的学术精品，包括我国现当代哲学社会科学优秀成果、近现代以来的名家经典以及国家社科基金项目优秀成果的翻译出版。

（三）经典中国国际出版工程

“经典中国国际出版工程”于2009年由新闻出版总署开始组织并实施。该工程通过鼓励和支持适合国外市场需求的外向型优秀图书的出版，力求全面、深入、客观、准确地介绍当代中国的发展状况和中国的辉煌历史，让世界更好地了解中国，提升中华文化的国际传播力和影响力。

“经典中国国际出版工程”采用项目管理方式资助外向型优秀图书的翻译和出版。申请项目必须最终能够实现向非华语地区成功输出著作权或与非华语地区的出版机构进行国际出版合作的目标。

申报“经典中国国际出版工程”项目的出版物种类，原先仅限于图书，从2014年起，所有类别的优秀出版物都可以申报。

（四）中国当代作品翻译工程

“中国当代作品翻译工程”2011年由中宣部批准实施，精选思想精深、艺术精湛、制作精良的现实题材文学作品，对其翻译出版和海外推广进行资助。

随着中国当代作品翻译工程的持续推进，一大批优秀的文学翻译作品，带着中华民族的诚意大步“走出去”，有血有肉地表现中华文化、中国精神，让国外民众在阅读过程中感受中华文化的独特魅力，加深了对中华文化的认识和理解，收到了润物无声的独特效果。《解密》就是由中国当代作品翻译工程第一期所资助的作品，经由企鹅出版社翻译成英文版，在西方主要英语国家中出版发行后，引起巨大轰动，创下了中国当代文学作品英文翻译销售的纪录。

（五）丝路书香出版工程

“丝路书香出版工程”作为中国出版进入国家“一带一路”倡议的重大项目，于2014年12月5日由中宣部批准立项。申报项目必须实现向周边国家和“一带一路”相关国家的出版发行，输出方式可以是版权输出，也可以是合作出版。对与“一带一路”相关国家知名出版机构签署版权输出、合作出版协议书或合同的项目将给予重点资助。同时，重点支持由海外汉学家、翻译家、作家翻译出版和写作中国的项目。

“丝路书香出版工程”的实施，旨在加快推动中国精品图书、汉语教材在丝路国家出版发行，搭建我国对丝路国家的图书版权贸易平台、出版信息资讯平台，形成与丝路国家新闻出版资源互联互通、内容共同发掘、渠道共享共用的发展格局。

思 考 题

1．什么是著作权贸易？与一般商品贸易相比，著作权贸易有哪些特点？

2．开展著作权贸易的法律前提是什么？

3．著作权贸易有哪几种基本类型？它们的主要区别是什么？

4．什么是著作权代理？著作权代理机构或代理人的主要职责是什么？

5．出版单位引进选题时应考虑哪些因素？

6．出版单位输出选题时应考虑哪些因素？

7．出版单位开展著作权贸易时应该掌握哪些原则？

8．出版单位的著作权贸易管理包括哪些内容？

9．一般可以从哪几个方面获得著作权贸易的信息？

10．如何确定著作权贸易谈判的对象？

11．进行著作权贸易谈判需要做哪些前期准备工作？

12．在著作权贸易谈判中，卖方经常使用的策略有哪些？买方的相应策略是什么？

13．著作权贸易合同的成立须具备哪些条件？

14．著作权贸易合同一般包括哪些主要内容？

15．履行著作权贸易合同应该注意哪些问题？

16．出版机构的国际合作有哪些类型？

17．出版物出版的国际合作有哪些类型？

18．国家支持文化“走出去”的战略中，出版方面有哪些资助措施？

参考文献

1. 艾佛利·卡多佐．成功出版完全指南．徐丽芳，等，译．石家庄：河北教育出版社，2004．

2. 本刊记者，崔波，韩建民，郝振省，聂震宁，魏玉山，叶国斌．新时代主题出版新理念．编辑之友，2019（10）．

3. 边春光主编．编辑实用百科全书．北京：中国书籍出版社，1994．

4. 巢峰．出版论稿．上海：上海人民出版社，上海辞书出版社，2001．

5. 车茂丰主编．现代实用印刷技术．上海：上海科学普及出版社，2001．

6. 陈晋平，袁淳，方跃利．《新闻出版业会计核算方法》讲解．北京：中国市场出版社，2004．

7. 陈仁风．现代杂志编辑学．北京：中国人民大学出版社，1995．

8. 陈昕．WTO 与中国出版．桂林：广西师范大学出版社，2000．

9. 陈垣．校勘学释例．北京：中华书局，1959．

10.《出版词典》（修订本）编委会编．出版词典（修订本）．北京：中国书籍出版社，2014．

11. 辞海编辑委员会．辞海，上海：上海辞书出版社，2009．

12. 大辞海编辑委员会．大辞海：文化新闻出版卷．上海：上海辞书出版社，2013．

13. 邓普君主编．现代印刷技术概论．苏州：苏州大学出版社，2003．

14. 方厚枢．中国出版史话．北京：东方出版社，1996．

15. 方卿，姚永春. 图书营销学. 太原：山西经济出版社，2000.

16. 格罗斯主编. 编辑人的世界. 齐若兰，译. 北京：中国工人出版社，2000.

17. 韩建民，熊小明，王卉 . 新时代主题出版发展的思考 . 出版广角，2019（4）

18. 胡康生主编. 中华人民共和国著作权法释义. 北京：法律出版社，2002.

19. 黄钧浩. 试论国外电子出版物汉化的质量管理 // 新闻出版署教育培训中心编. 社长总编辑（主编）论出版：第四辑. 北京：商务印书馆，2000.

20. 黄凯卿，熊玉莲主编. 跨世纪出版业发展研究. 武汉：武汉大学出版社，2000.

21. 吉少甫. 中国出版简史. 上海：学林出版社，1991.

22. 姜昭武主编. 学术期刊编辑规格标准化. 北京：海洋出版社，1993.

23. 焦民. 信息化：出版社成长的必由之路. 科技与出版，2006（4）.

24. 卡特. 中国印刷术的发明和它的西传. 吴泽炎，译. 北京：商务印书馆，1991.

25. 来新夏，等. 中国近代图书事业史. 上海：上海人民出版社，2000.

26. 雷群明. 编辑应用写作. 沈阳：辽海出版社，2003.

27. 李海崑，刘光裕. 现代编辑学. 济南：山东教育出版社，1996.

28. 李明德，许超. 著作权法. 北京：法律出版社，2003.

29. 李明山. 中国近代版权史. 开封：河南大学出版社，2003.

30. 李频. 期刊策划导论. 石家庄：河北教育出版社，2001.

31. 李普涛，杨东升. 音像编辑的理论与实践. 开封：河南大学出版社，1997.

32. 李行健，费锦昌，等．语言文字规范使用指南．上海：上海辞书出版社，2001.

33. 林穗芳．中外编辑出版研究．武汉：华中师范大学出版社，1998.

34. 刘成勇，钱飒飒，周棻．科技出版社信息化建设发展状况调查报告．科技与出版，2006（4）.

35. 刘杲，石峰主编．新中国出版五十年纪事．北京：新华出版社，1999.

36. 刘杲．我们是中国编辑．中国编辑，2002（1）.

37. 刘光裕，王华良．编辑学理论研究．济南：山东教育出版社，1995.

38. 刘仁庆．印刷、包装用纸手册．北京：化学工业出版社，2003.

39. 刘仁庆．纸张小百科．北京：化学工业出版社，2005.

40. 刘哲民．近现代出版新闻法规汇编．上海：学林出版社，1992.

41. 柳富全，孔泽平．电子出版物基础知识．北京：国防工业出版社，1998.

42. 陆伯华．世界出版业：美国卷．北京：世界图书出版公司，1998.

43. 陆琢行．娴熟把握出版专业操作技能．科技与出版，2013（5）.

44. 罗贝尔·埃斯卡皮尔．文学社会学．符锦勇，译．上海：上海译文出版社，1988.

45. 马衡．凡将斋金石丛稿．北京：中华书局，1997.

46. 欧阳广主编．图书校对学．南宁：广西人民出版社，2001.

47. 潘吉星．中国科学技术史：造纸与印刷卷．北京：科学出版社，1998.

48. 庞家驹主编. 科技书籍编辑学教程. 沈阳：辽宁教育出版社，1996.

49. 邱陵. 书籍装帧艺术史. 重庆：重庆出版社，1990.

50. 阙道隆，徐柏容，林穗芳. 书籍编辑学概论. 沈阳：辽宁教育出版社，1995.

51. 任彦，梅慎实，余国光. 著作权与著作权法. 上海：学林出版社，1992.

52. 邵益文. 20 世纪的中国编辑学研究. 石家庄：河北教育出版社，2000.

53. 沈仁干，钟颖科. 著作权法概论. 沈阳：辽宁教育出版社，1995.

54. 石宗源，柳斌杰. 中国出版通史. 北京：中国书籍出版社，2008.

55. 宋原放，孙颙主编. 上海出版志. 上海：上海社会科学院出版社，2000.

56. 孙培境. 校对主体、校对功能和校对者的责任 // 中国出版工作者协会校对研究委员会编. 校对的学问. 北京：金盾出版社，1998.

57. 谈维主编. 校对业务教程. 沈阳：辽海出版社，2000.

58. 田胜立，陈少华，田晶. 电子出版物概论. 武汉：华中理工大学出版社，1998.

59. 王淮珠. 精、平装工艺及材料. 北京：印刷工业出版社，2000.

60. 王吉庆. 信息素养论. 上海：上海教育出版社，2002.

61. 王以铭主编. 量和单位规范用法辞典. 上海：上海辞书出版社，2001.

62. 王益，等. 图书商品学. 北京：人民出版社，1999.

63. 王有朋. 上海出版业述略（建国前部分）. 编辑学刊，1998（5）.

64. 王重民. 中国目录学史. 北京：中华书局，1984.

65. 王子野. 王子野出版文集. 北京：中国书籍出版社，1997.

66. 邬书林. 与时俱进提升主题出版水平. 出版与印刷，2019（2）.

67. 吴添汉. 编辑应用写作. 沈阳：辽宁教育出版社，1995.

68. 吴志华主编. 电子商务. 成都：西南财经大学出版社，2001.

69. 小林一博. 出版大崩溃. 甄西，译. 上海：上海三联书店，2004.

70. 肖东发，方厚枢主编. 中国编辑出版史. 沈阳：辽海出版社，2003.

71. 徐柏容. 编辑创意论. 天津：天津古籍出版社，1999.

72. 徐柏容. 期刊编辑学概论. 沈阳：辽宁教育出版社，1999.

73. 徐令德，张云峰. 排版基础知识. 4版. 北京：印刷工业出版社，2012.

74. 徐蔚. "辞海"精神鼓舞我 // 李伟国主编. 我与辞海. 上海：上海辞书出版社，2003.

75. 薛钟英. 我国古代书籍贸易事业历史初探. 四川大学学报，1984（2）.

76. 严谨. 审稿题、编辑加工题、校对题的不同答题要求及溯源. 科技与出版，2011（4）.

77. 姚立. 法国：电子书进入起步阶段. 光明日报，2010-01-26.

78. 叶再生. 中国近代现代出版通史. 北京：华文出版社，2002.

79. 游滨. 高等教育出版社信息化成功的关键因素. 科技与出版，2006（4）.

80. 袁亮. 出版学概论. 沈阳：辽宁教育出版社，1997.

81. 张伯海主编. 中国期刊. 兰州：甘肃人民出版社，1999.

82. 张芬之主编. 出版策划：理论与实践. 南宁：广西教育出版社，2000.

83. 张进贤. 书籍装帧设计教程. 沈阳：辽宁教育出版社，1997.

84. 张秀民. 中国印刷史. 上海：上海人民出版社，1989.

85. 张志强. 20 世纪上半叶的出版研究. 编辑学刊，2001（3）.

86. 章桂征主编. 中国当代装帧艺术论集. 长春：吉林美术出版社，1998.

87. 赵劲主编. 中国出版理论与实务. 北京：中国书籍出版社，2000.

88. 赵艳玲. 新闻出版企业会计. 上海：立信会计出版社，2005.

89. 赵燕群主编. 连续出版物工作. 北京：北京图书馆出版社，2001.

90. 中国出版工作者协会. 优秀中青年编辑小传. 北京：中国青年出版社，1996.

91. 周慧琳. 努力做好新形势下的主题出版工作. 出版参考，2017（1）.

92. 周奇. 论校对 // 中国出版工作者协会校对研究委员会编. 校对的学问. 北京：金盾出版社，1998.

93. 周蔚华. 主题出版及其在当代中国出版中的地位. 编辑之友，2019（10）.

94. 祝碧衡，杨荣斌，陈超. 创意产业：新经济腾飞的翅膀，都市型产业的灵魂. 文汇报，2002-12-16.

95. Desmarais N. *CD-ROM in Print 1992: An International Guide to CD-ROM*. Westport: Meckler, 1992.